南宁统计年鉴

NANNING STATISTICAL YEARBOOK

2019

南宁市统计局　编

中国统计出版社
China Statistics Press

图书在版编目（CIP）数据

南宁统计年鉴 . 2019 / 南宁市统计局编 . -- 北京 :
中国统计出版社 , 2019.12
ISBN 978-7-5037-9088-1

Ⅰ . ①南…
Ⅱ . ①南…
Ⅲ . ①统计资料 – 南宁 – 2019 – 年鉴
Ⅳ . ① C832.671-54

中国版本图书馆 CIP 数据核字 (2019) 第 290036 号

南宁统计年鉴 -2019

作　　者 / 南宁市统计局
责任编辑 / 高媛媛
装帧设计 / 李朝晖　　林　洁
出版发行 / 中国统计出版社有限公司
地　　址 / 北京市丰台区西三环南路甲 6 号　邮政编码 /100073
电　　话 / 邮购（010）63376909　书店（010）68783171
网　　址 / http://www.zgtjcbs.com
印　　刷 / 广西瑞丰印务有限公司
经　　销 / 新华书店
开　　本 / 889mm × 1240mm　1/16
字　　数 / 1300 千字
印　　张 / 28.5
版　　别 / 2019 年 12 月第 1 版
版　　次 / 2019 年 12 月第 1 次印刷
定　　价 / 300 元

如有印装差错，由本社发行部调换。

《南宁统计年鉴—2019》编辑委员会及编辑人员

编辑委员会

主　　任　黄南方

副 主 任　李文三　韦宇汕　张瑞海　曾志清　刘宗根

委　　员　（以姓氏笔画为序）

卢文胜　李朝晖　李树兴　苏应兵　刘　雁　何志军

周　琪　周　菊　钟毓海　黄　强　黄勐虎

主　　编　黄南方

副 主 编　李文三

编辑人员

执行编辑　李朝晖　林　洁　黄旭梅　赵　旭

编　　辑　（以姓氏笔画为序）

邓琳琳　邓力梅　王吴静　龙文鑫　刘　鸿　刘永翔

李　君　陈　斌　张　佺　余　阳　庞杰尹　周海鹰

周　颖　郑尊丹　郑天东　姚　峰　唐家昀　黄沛明

梁雪丽　覃　艺　曾旭同　廖雅欣　潘德栋

英文翻译　李明松　覃　宁

编 者 说 明

一、《南宁统计年鉴－2019》是一本经济信息资料性年刊。本书全面系统地汇集了2018年南宁经济数据，以及历史重要年份的主要统计数据，是党政领导和各部门了解市情，进行定性定量分析、预警预测、宏观规划、宏观调控、科学决策的重要依据；是研究机构和各企业事业单位了解社会经济基本情况、进行微观策划的重要依据；也是社会各界了解南宁经济状况的指南。

二、本年鉴内容分两大部分。（一）特辑：包括政府工作报告、统计公报；（二）统计资料：内容分为12个篇目，1. 综合；2. 国民经济核算；3. 人口、劳动力和职工工资；4. 农业；5. 工业；6. 运输、邮电；7. 固定资产投资；8. 能源购进、消费与库存；9. 商业、旅游、物价；10. 服务业、科技；11. 财政、金融、保险；12. 广西及省会城市主要统计指标。为方便读者使用资料，附有主要统计指标解释。因政府工作报告、统计公报为年初发布，故使用的是初步统计的快报数，如有冲突，以第二部分统计资料的数据为准。

三、本年鉴所采用的广西及各省会城市数据均为年快报数。

四、本年鉴历年全市口径数据中，2000年以后均为现行行政区划的数据，其余年份数据统计口径请注意各页的注脚。

五、本年鉴中符号使用说明：表内“空格”表示该项指标无数据；“…”表示该数据极小，不足计量单位；“#”表示其中的主要项。

六、本年鉴中由于小数位四舍五入，某些指标分项合计数与总计数尾数略有出入。

七、《南宁统计年鉴》公开出版以来，得到广大读者的关心和支持，对此我们深表谢意。限于我们的水平，年鉴中的错误和不足之处，恳请广大读者给予批评指正，同时竭诚欢迎对本年鉴的结构、指标体系提出宝贵意见。

GDP总量（亿元）

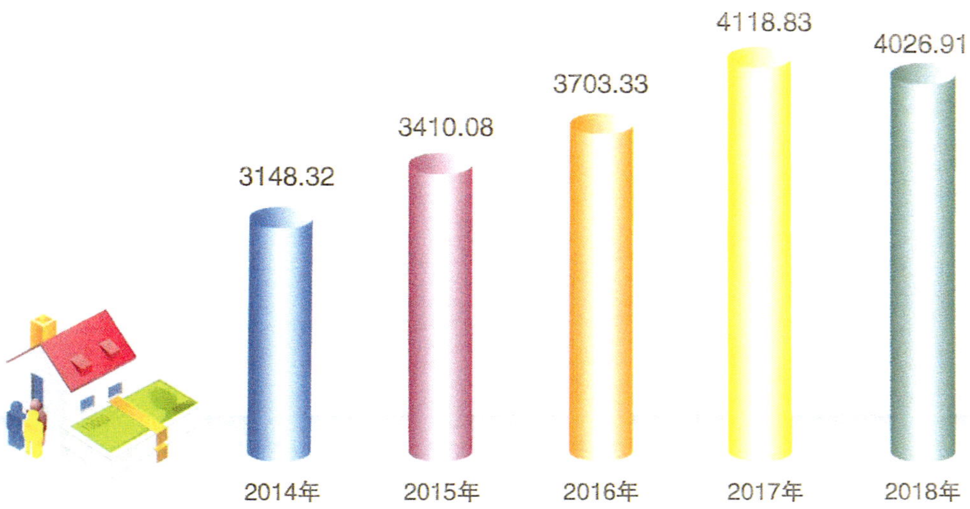

GDP指数（%）

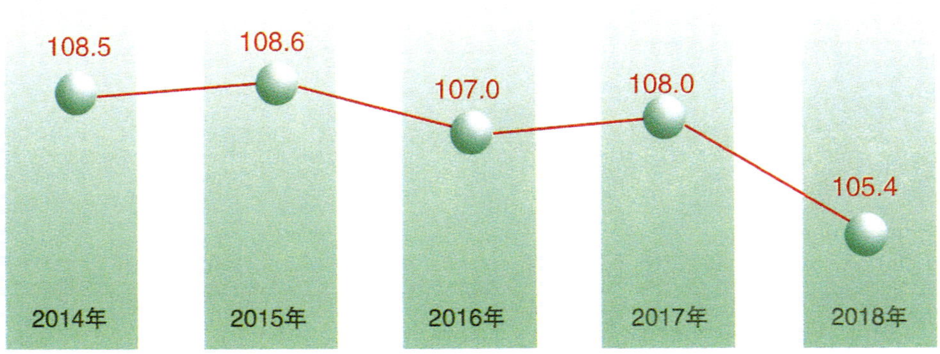

三次产业增速（%）

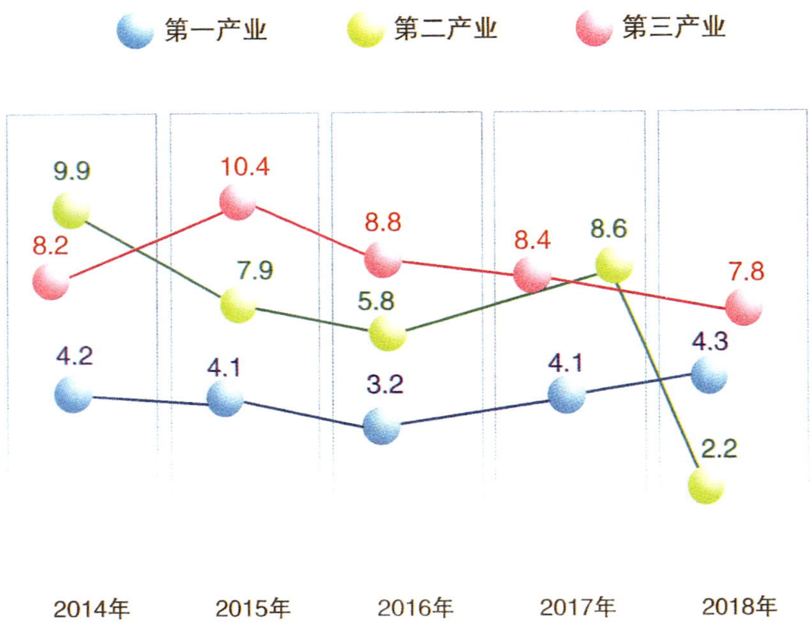

三次产业构成（%）

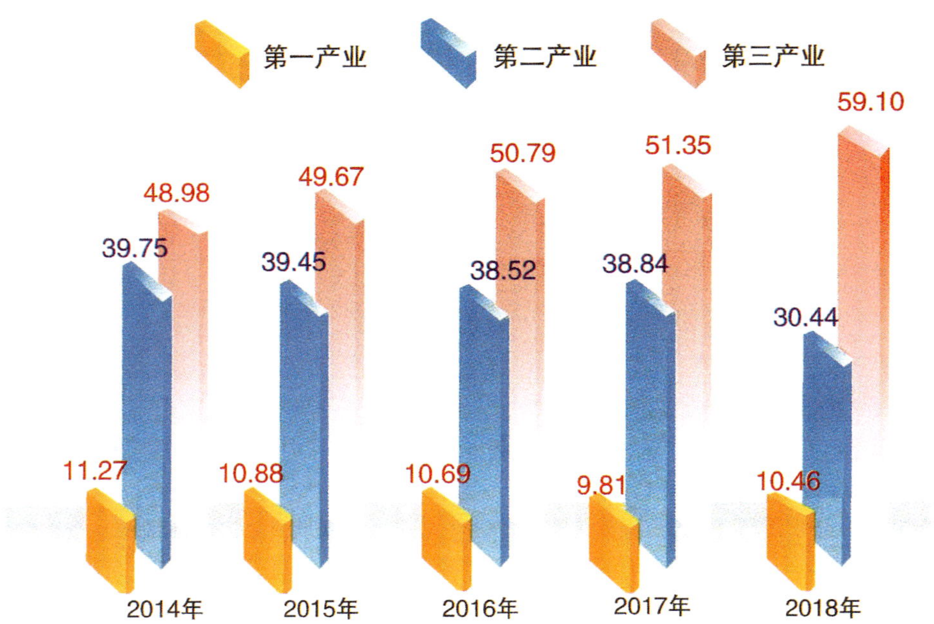

财政收入（亿元）

金融机构贷款余额（亿元）

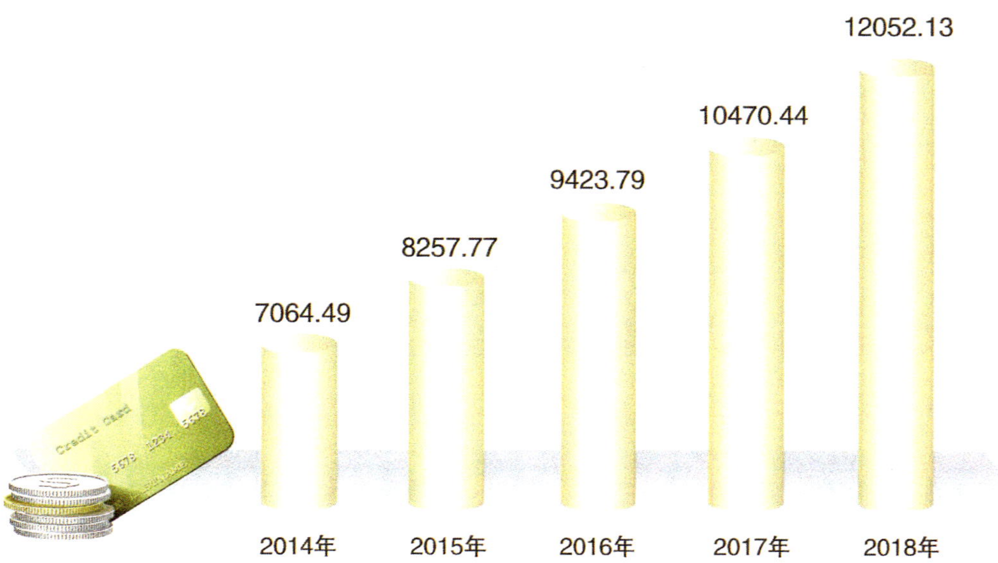

城乡居民储蓄存款余额（亿元）

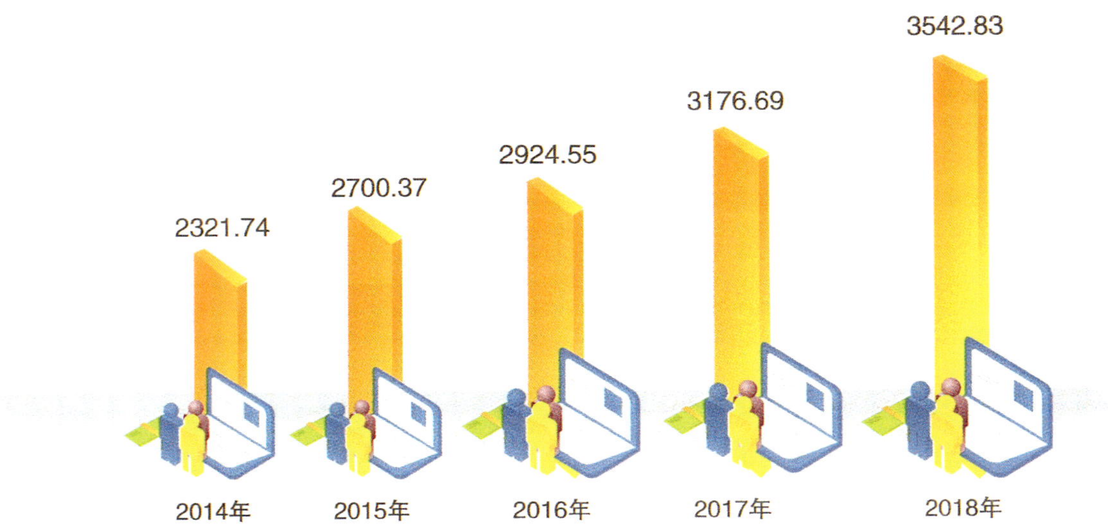

农林牧渔业总产值（亿元）

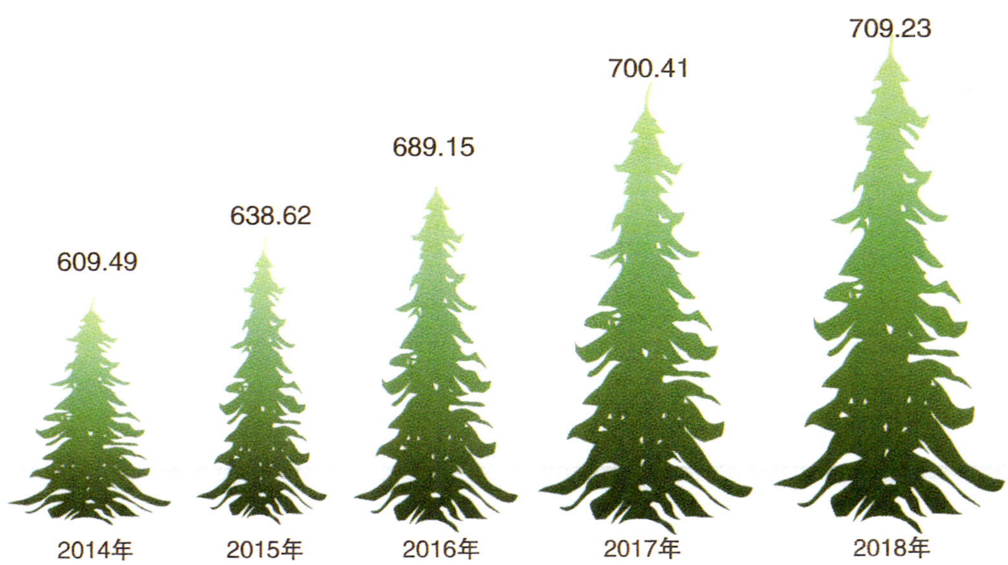

农林牧渔业总产值构成（%）

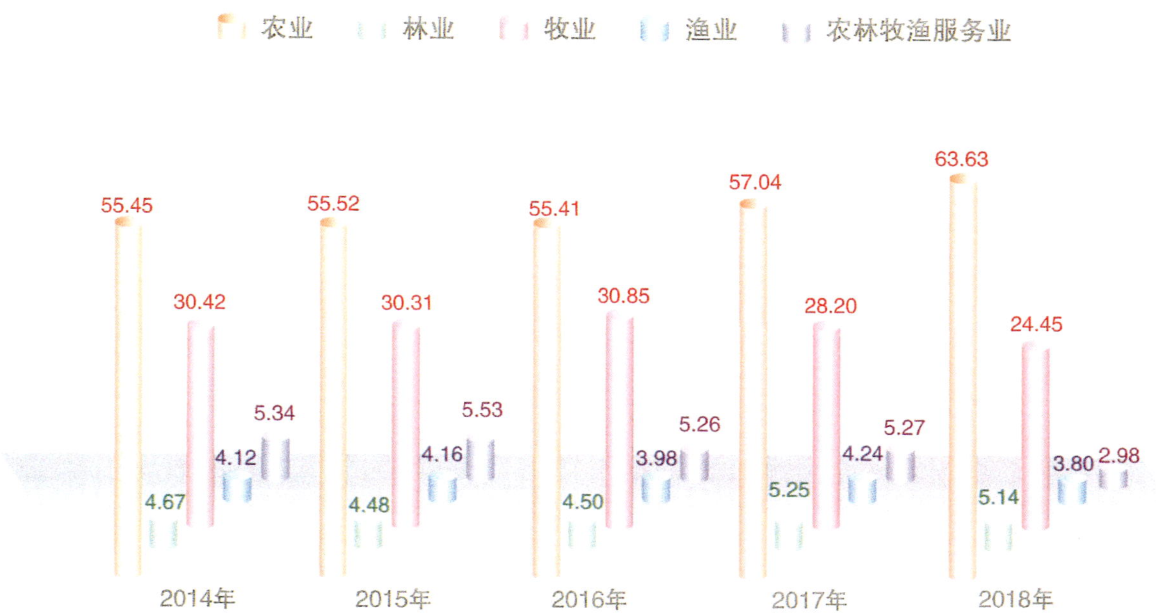

全部工业增加值（亿元）

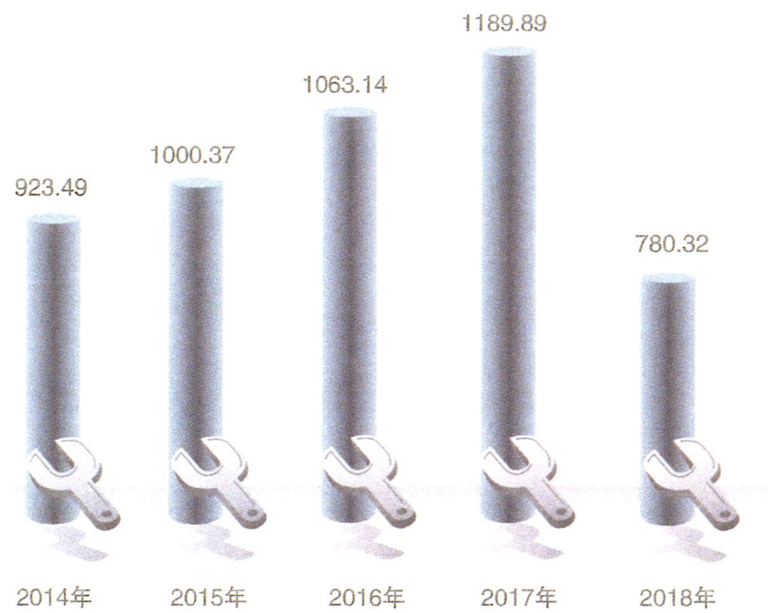

全部工业增加值指数（%）

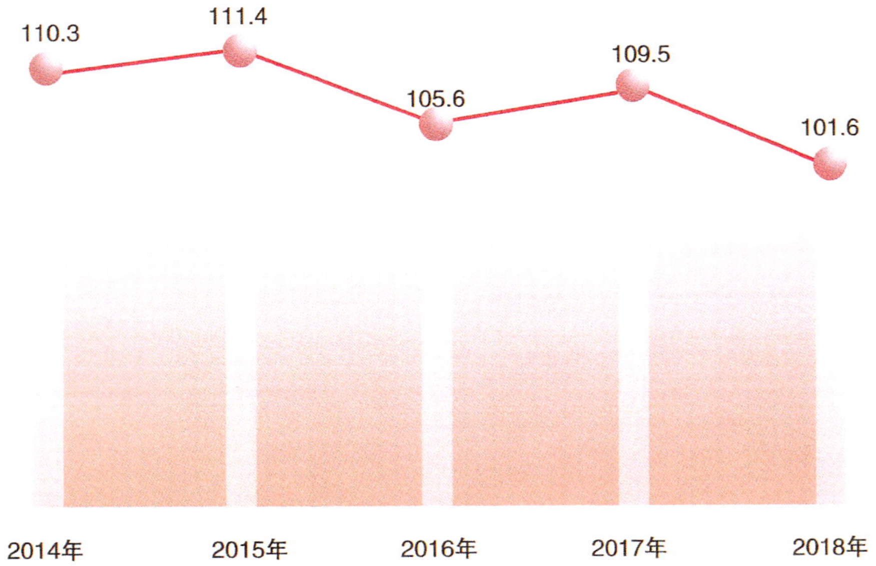

固定资产投资总额（亿元）

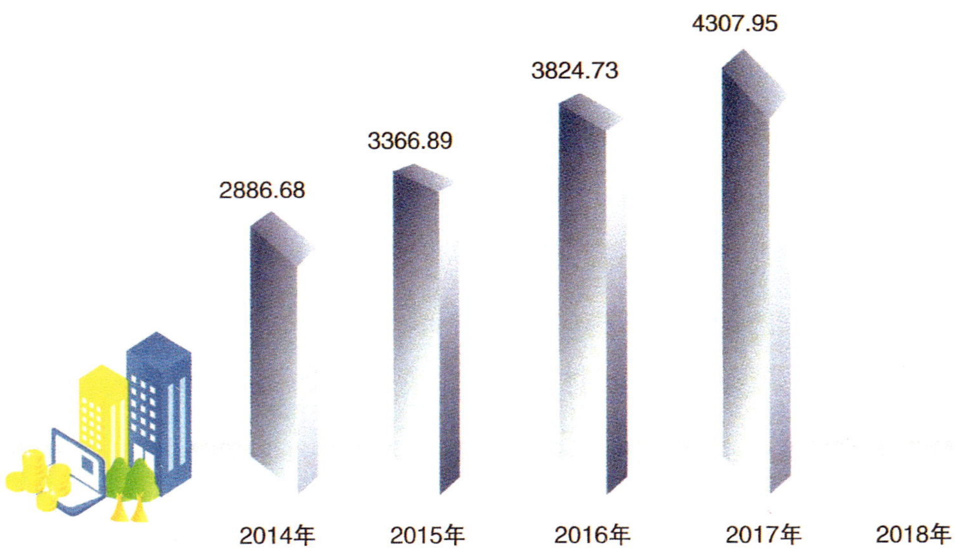

固定资产投资总额增速（%）

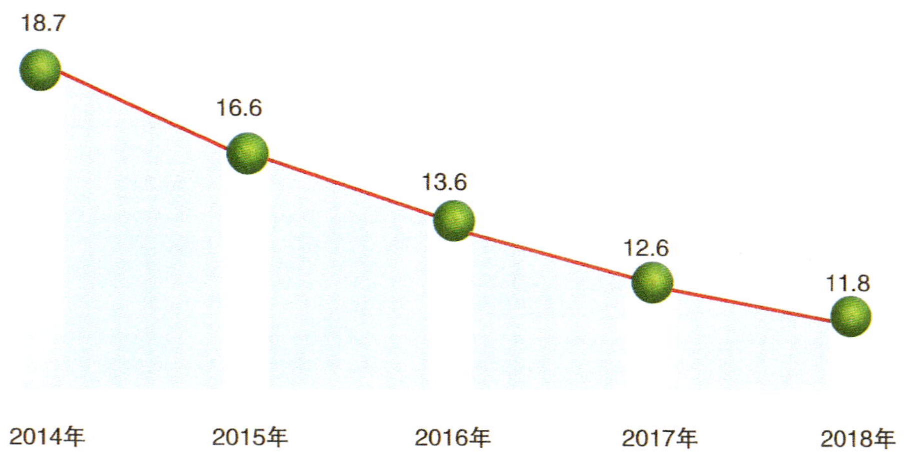

社会消费品零售总额（亿元）

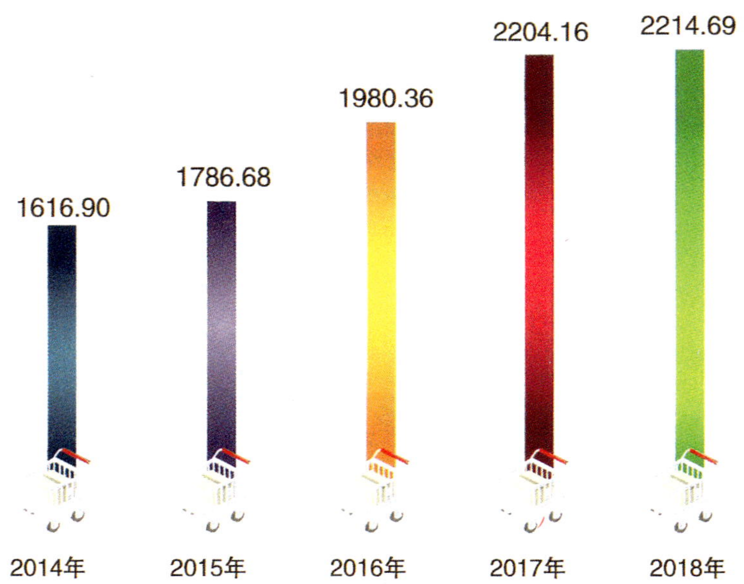

进出口总值（亿元）

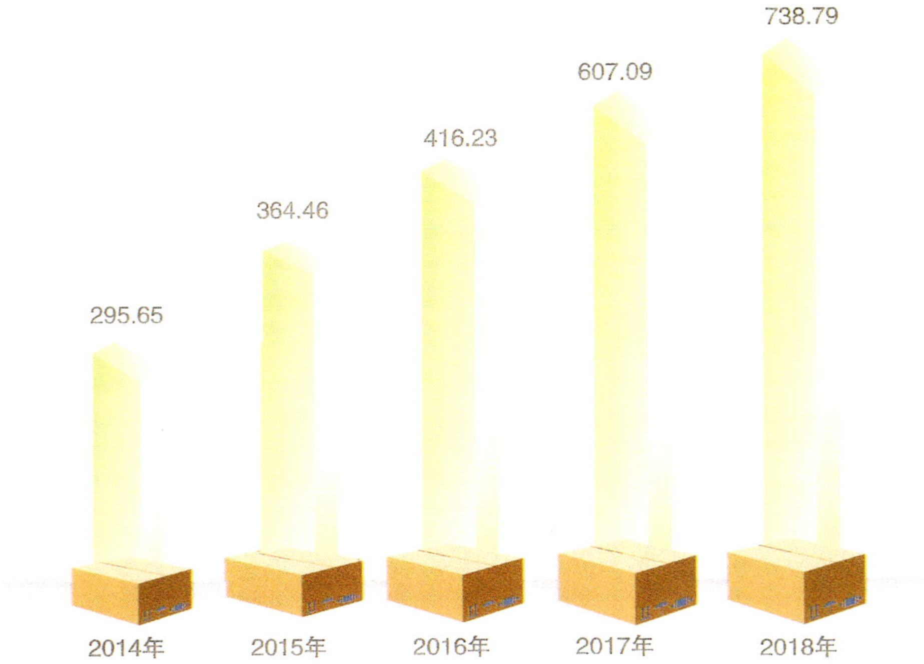

外商直接投资（万美元）

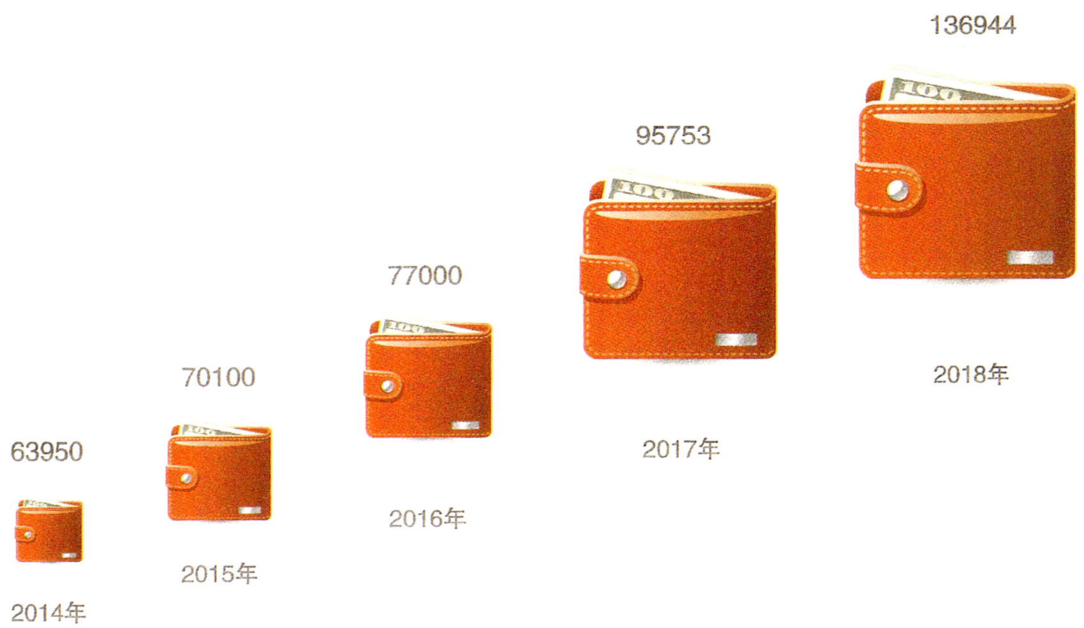

旅游人数(万人次)

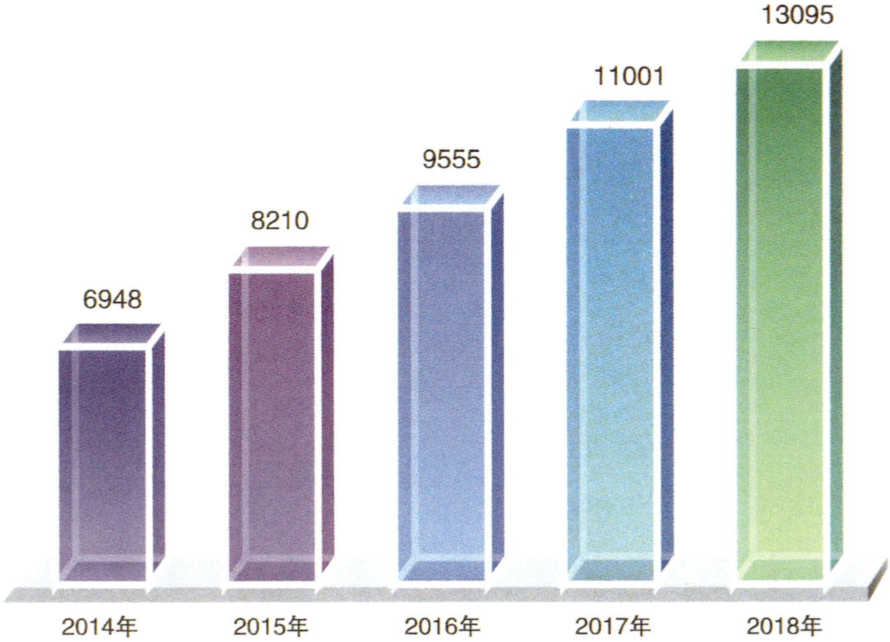

入境旅游人数(万人次)

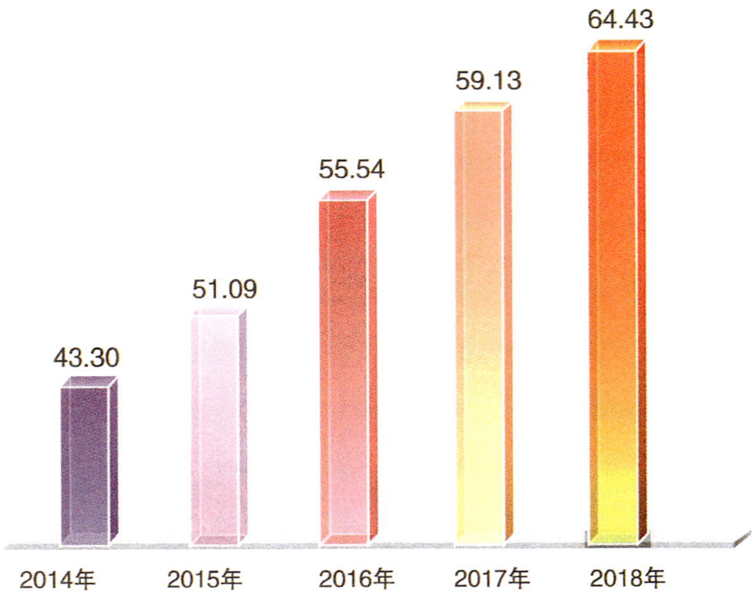

旅游收入（亿元）

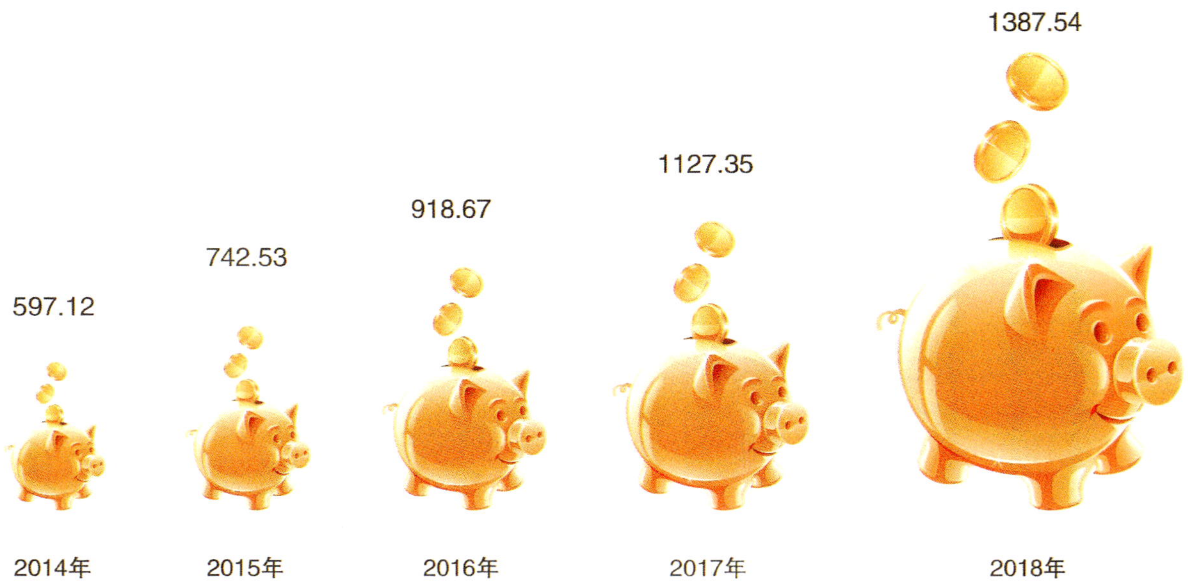

国际旅游收入（万美元）

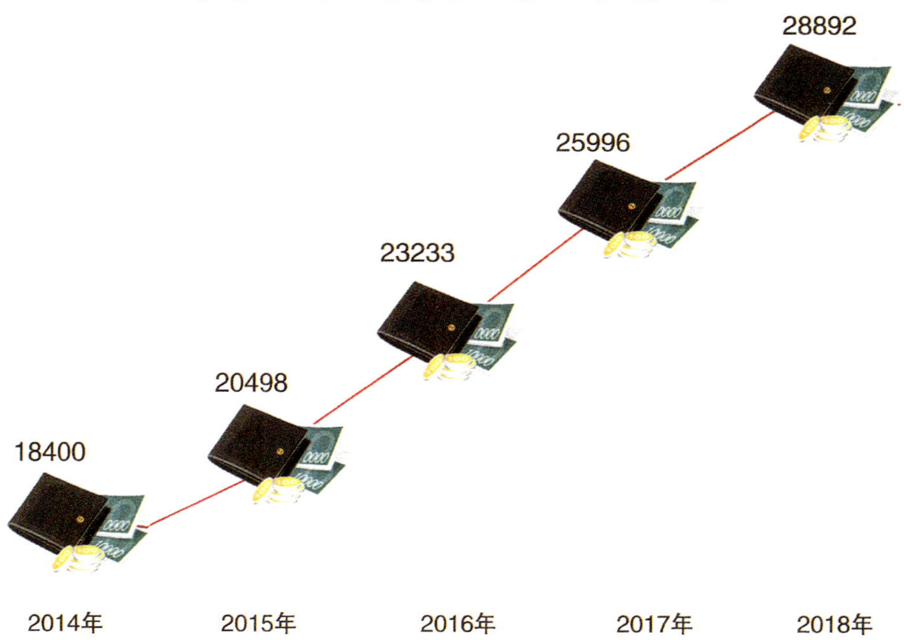

年末户籍人口(万人)

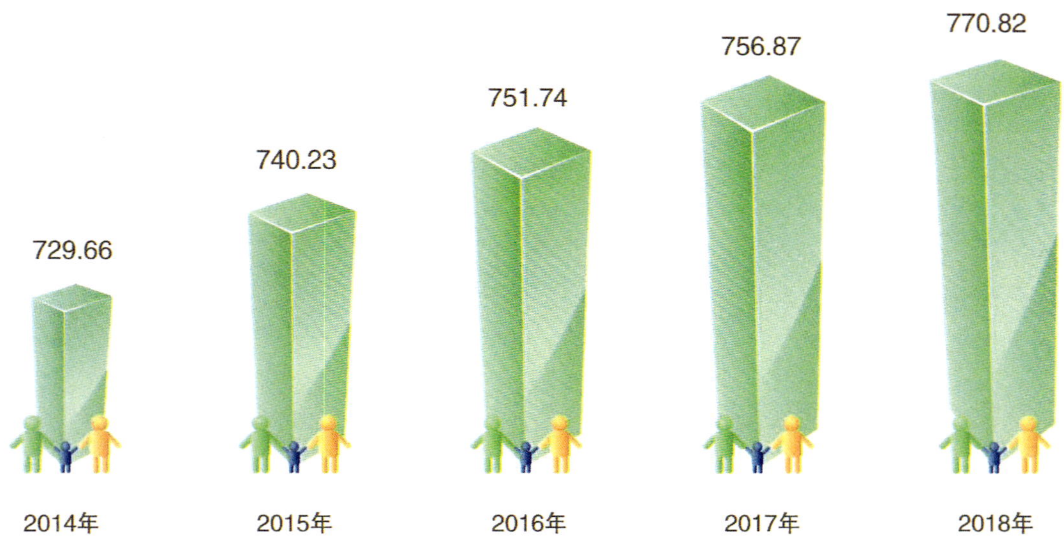

居民消费价格指数(%)

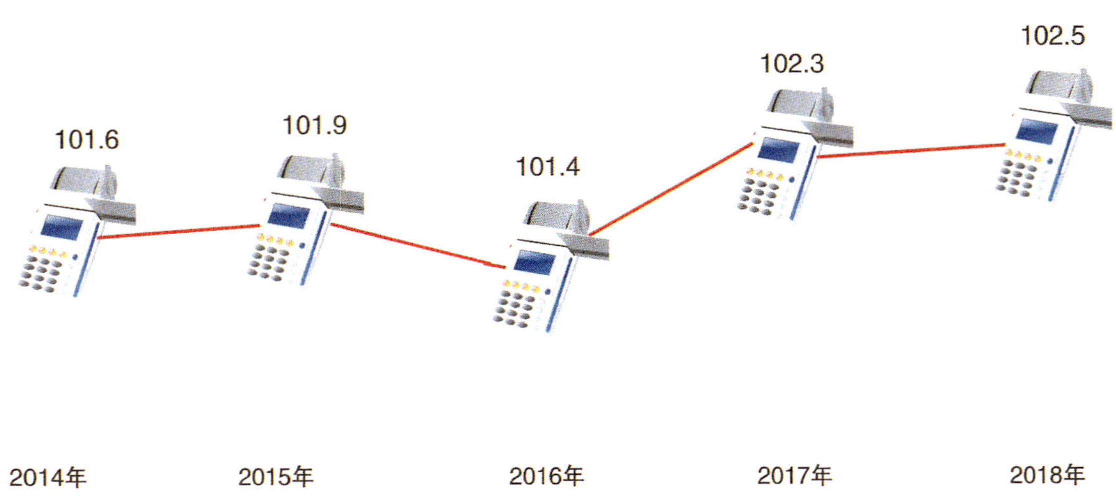

粮食总产量（万吨）

甘蔗产量（万吨）

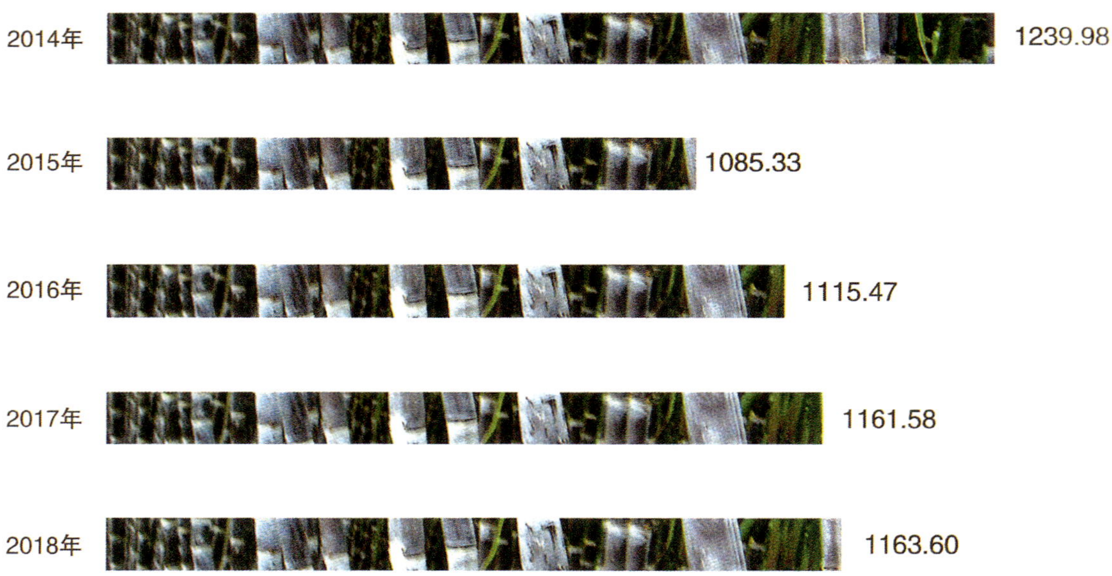

水果产量（万吨）

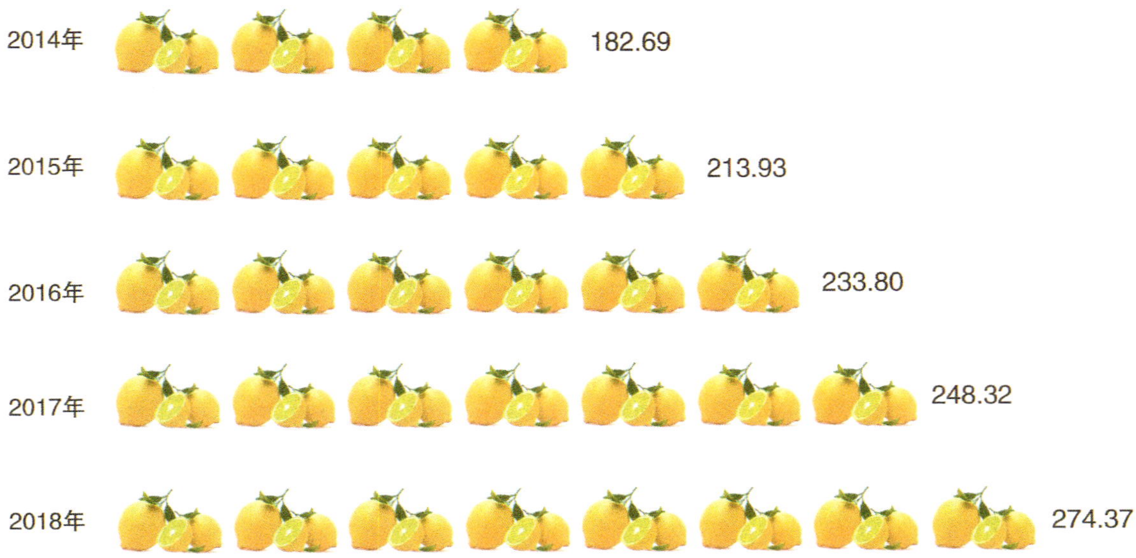

蔬菜产量（万吨）

肉类总产量（万吨）

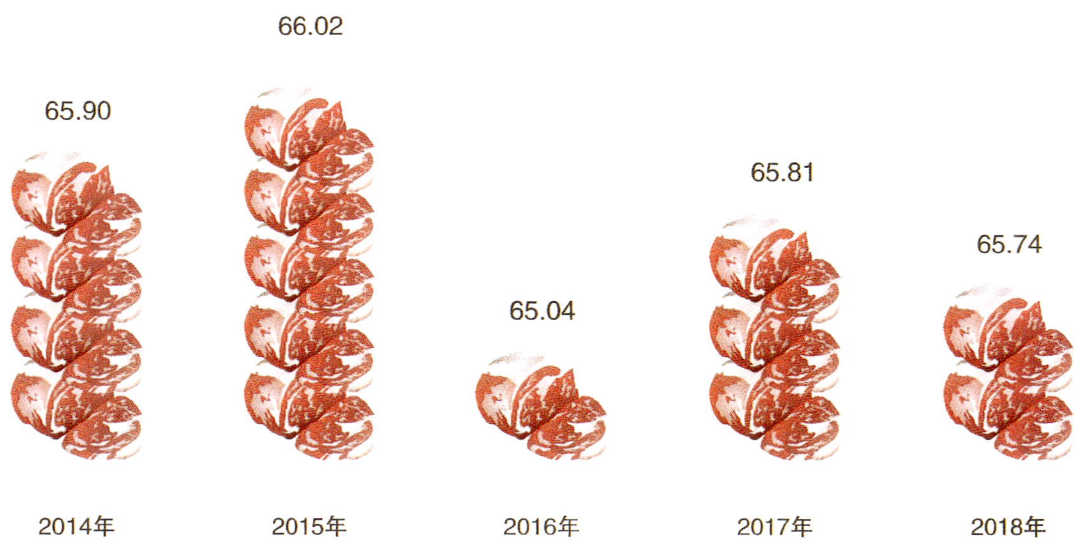

水产品产量（万吨）

发电量（万千瓦时）

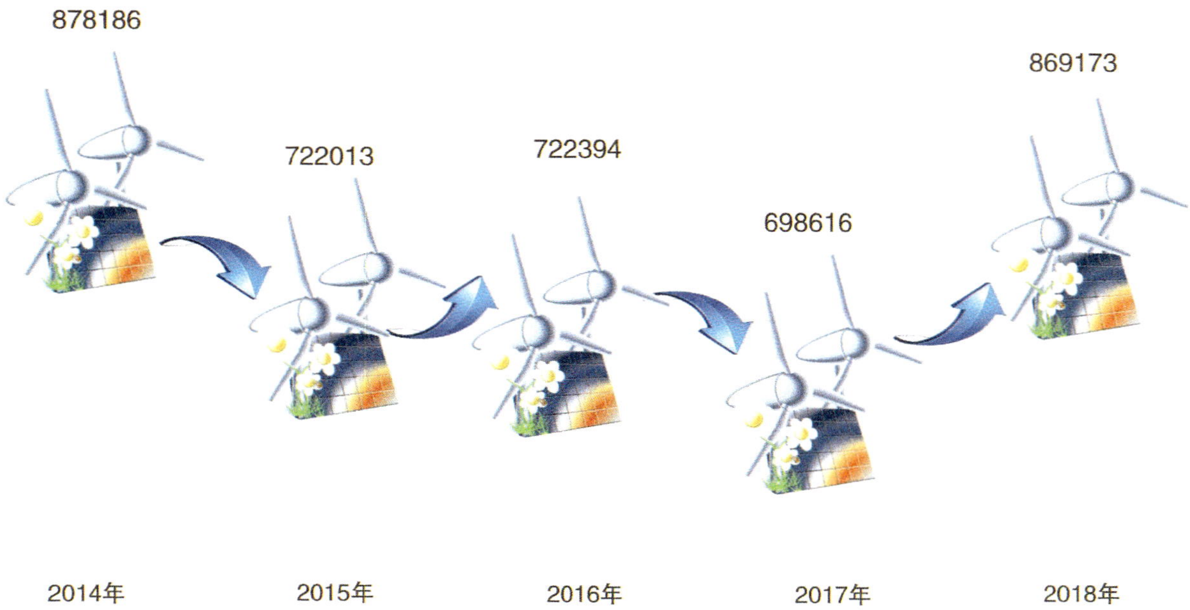

成品糖（万吨）

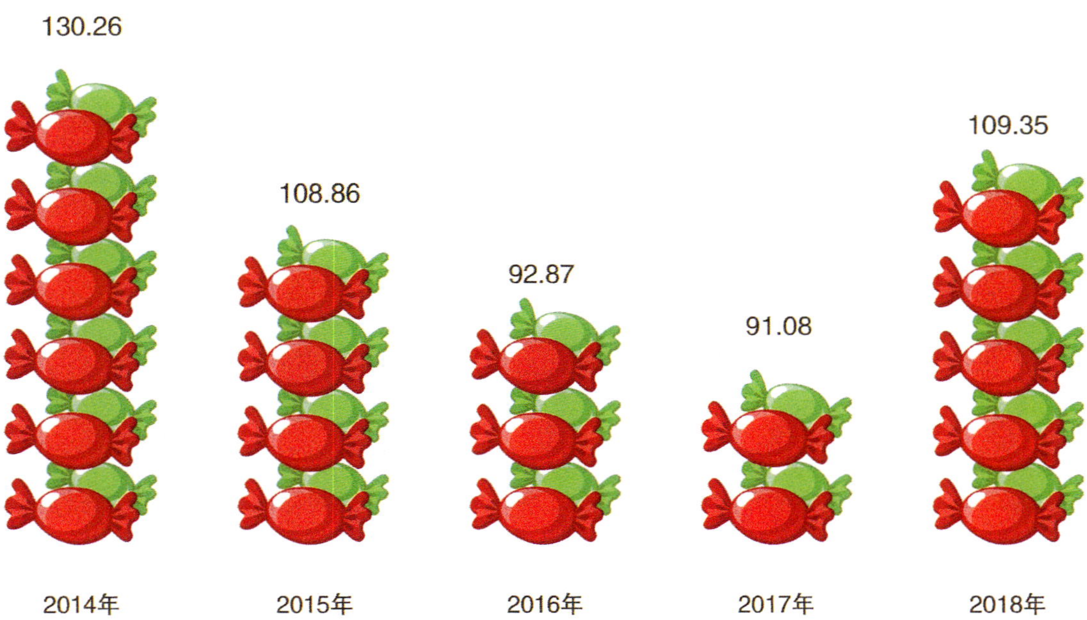

人均GDP（元）

人均GDP指数（%）

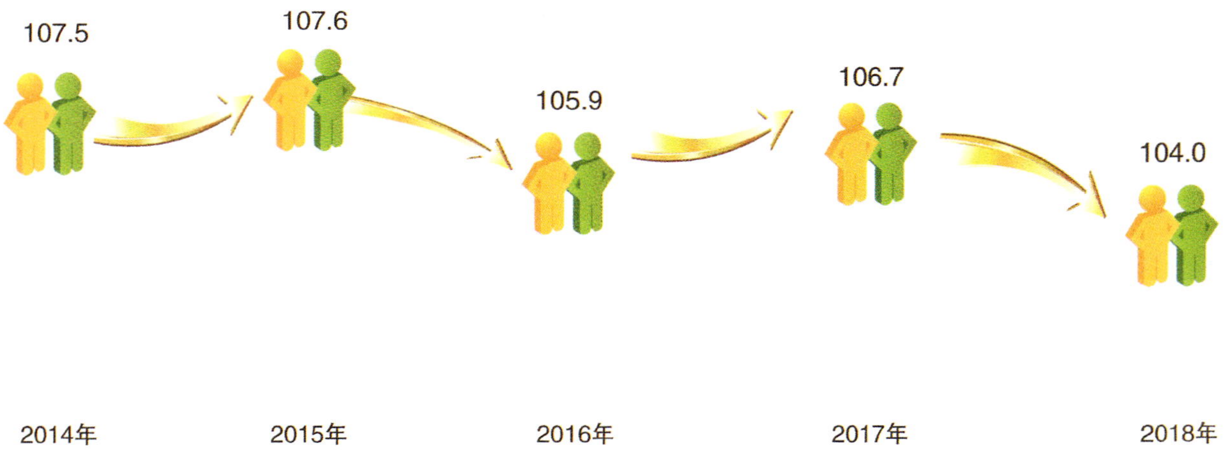

人均财政收入（元）

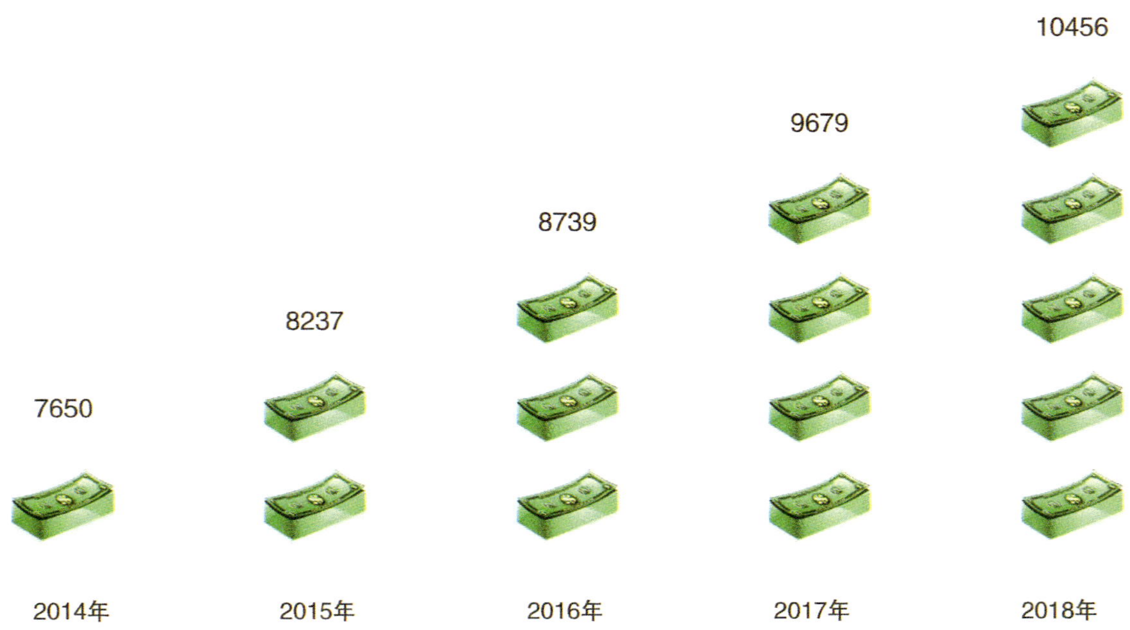

在岗职工年平均工资(元)

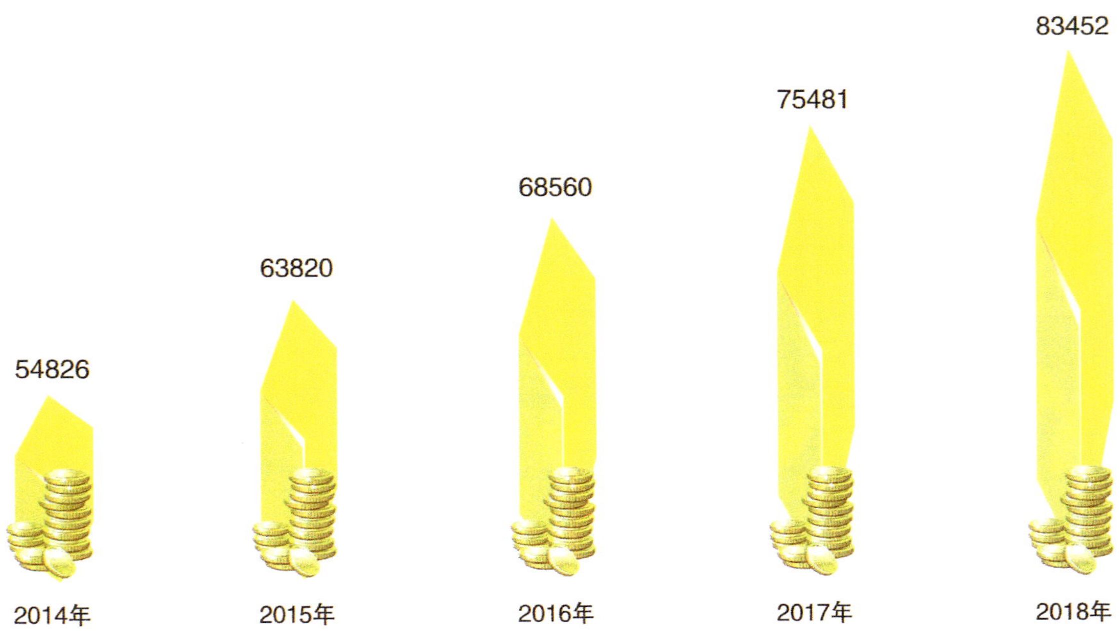

城镇居民人均可支配收入(元)

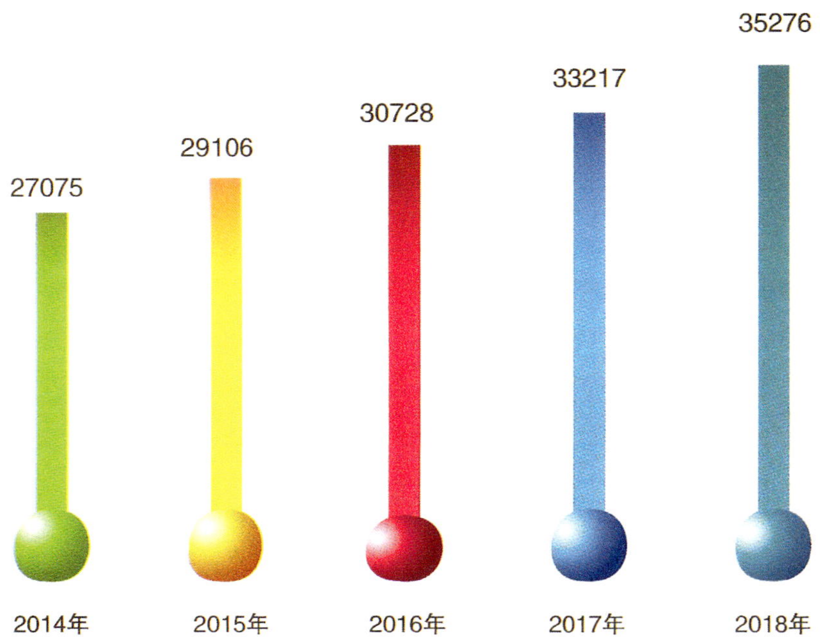

农村居民人均可支配收入(元)

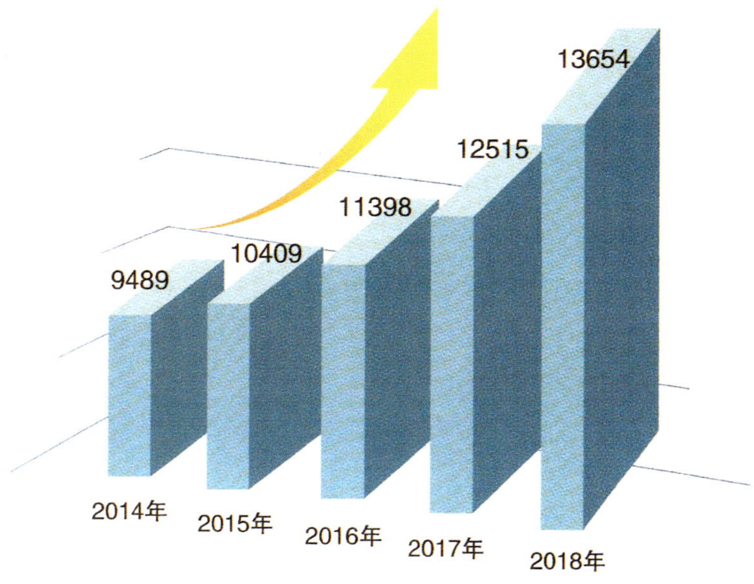

目 录

Contents

第一部分 特 辑

Part I Special Issue

第二部分 统计资料

Part II Statistical Data

一、综 合

Chapter 1 General Survey

二、国民经济核算

Chapter 2 National Accounts

三、人口、劳动力和职工工资
Chapter 3 Population, Labor Force And Worker's Salary

四、农 业
Chapter 4 Agriculture

五、工 业
Chapter 5 Industry

六、运输、邮电
Chapter 6　Transport, Postal And Telecommunication

七、固定资产投资
Chapter 7　Investment In Fixed Assets

八、能源购进、消费与库存
Chapter 8 Purchase, Consumption And Stock Of Energy

九、商业、旅游、物价
Chapter 9 Business，Travel, Price

十、服务业、行政、事业
Chapter 10 Service Industry，Administration，Public Institution

十一、财政、金融、保险
Chapter 11 Government Finance, Banking And Insurance

十二、广西及省会城市主要统计指标
Chapter 12 Main Indicators of Guangxi And Provincial Capital Cities

第一部分　特辑

PART Ⅰ　SPECIAL ISSUE

政府工作报告

——2019年2月15日在南宁市第十四届
人民代表大会第四次会议上

市长 周红波

一、2018年工作回顾

过去一年，面对严峻复杂的国际国内形势，我们坚持以习近平新时代中国特色社会主义思想为指导，全面贯彻落实习近平总书记关于广西工作的重要指示精神，在自治区党委、政府和市委的正确领导下，在市人大、政协的监督支持下，坚持稳中求进工作总基调，坚持新发展理念，按照“三大定位”新使命和“五个扎实”新要求，坚定不移推动高质量发展，全市经济社会保持了持续健康发展的良好态势。全市地区生产总值增长5.4%，财政收入增长9.48%，规模以上工业总产值增长5.2%，固定资产投资增长11.8%，社会消费品零售总额增长9%，居民人均可支配收入增长7.3%，居民消费价格上涨2.5%，超额完成自治区下达的节能减排降碳任务。

各位代表！2018年是南宁改革发展进程中浓墨重彩的一年，我们迎来了改革开放40周年，隆重庆祝了自治区成立60周年，办成了许多实事难事，办好了许多喜事盛事。全市上下团结协作、善作善成，以强烈的责任担当和务实高效的作风，圆满完成了自治区成立60周年庆祝活动服务保障等各项任务，向党中央、自治区和全市各族人民交出了一份靓丽的答卷。中央代表团对自治区成立60年、改革开放40年，特别是党的十八大以来我市经济社会发展和维护民族团结等工作给予肯定。在党的民族政策光辉照耀下，首府南宁由昔日的南疆边陲小城变成中国面向东盟开放合作的区域性国际城市和北部湾经济区的核心城市，我们倍增感恩奋进、砥砺前行的自豪感、责任感、使命感，更加坚定了走好新的长征路的信心和决心！

2018年，我们持续推进产业转型升级，重点打造的南宁·中关村创新示范基地聚集了150个创新主体，三大重点产业规模以上工业产值占全市比重达42%，财政收入达753.2亿元、总量占全区的26.99%，非税收入占一般公共预算收入比重比自治区低6.09个百分点，首府经济步入高质量发展新阶段。

创新发展能力明显提升。南宁·中关村创新示范基地辐射带动和溢出效应不断显现，合作高校32所，新增入驻重点企业24家、总数达57家，新增入孵创新团队41个、总数达93个；南宁·中关村科技园挂牌运营，成为继滨海新区、雄安新区之后，北京中关村与外地合作重点打造的第三个科技园。与东北大学、华中数控分别签约共建国家级广西先进铝加工创新中心、轻量化电动汽车设计院，其中高端铝合金热处理重大短板装备项目通过工信部评审。南宁·东盟启迪创新中心启动。南宁网易联合创新中心运营。工业重大科技项目“汽车车身用高性能铝合金宽幅薄板的开发应用”实现产业化，填补了国内空白。完成科技成果转移转化项目80项，荣获中国专利优秀奖2项。新增国家企业技术中心2个、实现零的突破。新增高新技术企业超200家、占全区新增总量的三分之一，高技术产业产值增长15%。

工业新动能加速集聚。持续推动“二产补短板”，做好产业发展、园区建设、企业培育三篇文章。新旧动能转换实现标志性突破，电子信息产业产值首超食品工业、增长25.8%，成为对工业增长贡献最大的产业，富士康南宁科技园产值突破480亿元。完成电子信息、新能源汽车、高端铝产业链全景图编制，引进瑞声科技、歌尔股份、李宁体育等重点产业项目98个，工业招商走出新路。市本级出让工业用地3052亩，申龙汽车、中车等一批重大项目扎实推进，瑞声科技（一期）、科天水性等34个重点项目竣工投产，新增当年投产入规企业46家。高新区与武鸣区合作打造的“飞地园区”——南宁高新区武鸣产业园签约揭牌，产业园区协同发展步伐加快。新增2项广西工业企业质量管理标杆、82个广西名牌产品，2家企业荣获第四届自治区主席质量奖，南南铝高端铝合金材料成功应用到航空航天、轨道交通、汽车轻量化等领域并达到国际先进水平。工业用电量增长15.4%、比上年提高17.6个百分点，工业基本面积极向好。

服务业优势更加突出。持续推动“三产强优势”，第三产业增加值增长 7.8%，对经济增长贡献率达 76%。区域性国际金融中心建设扎实推进，平安银行南宁分行、国富人寿保险公司开业，中信保广西分公司、中银香港东南亚业务营运中心落户，渤海银行南宁分行批筹，新增上市和新三板挂牌企业 7 家，金融业增加值增长 7.4%。获批全国流通领域现代供应链体系建设重点城市、国家物流枢纽承载城市，新增 3A 级以上物流企业 8 家，公路、水路客货运周转量分别增长 9%、18.2%，快递服务企业业务收入增长 36%。电子商务重点企业交易额超 2900 亿元、增长 16%，马山县获批国家电子商务进农村综合示范县。16 家企业（机构）入驻中国—东盟新型智慧城市协同创新中心，软件和信息技术服务业主营收入增长 7.7%。东盟文化博览园（方特东盟神画）建成开放，新增园博园、马山弄拉等 4 个国家 4A 级旅游景区，全年接待旅游总人数、旅游总消费分别增长 18.98%、23.08%。邮政、电信业务总量分别增长 56.6%、159.6%。南宁广告产业园获批国家广告产业园区。新增广西服务业品牌企业 37 家、占全区总数的 50%。

农业基础持续打牢。持续推动“一产显特色”，深入实施现代特色农业产业“10+3”提升行动，粮食总产量 211.42 万吨，新增“三品一标”农产品 12 个，“南宁香蕉”成为首个“邕字头”地理标志商标，“古辣香米”“武鸣砂糖桔”被评为国家地理标志保护产品，已形成沃柑、火龙果、桑蚕等助推乡村经济发展的优势产业。南宁农产品交易中心投入使用。新增市级以上农业产业化龙头企业 19 家、农民专业合作社 645 个、家庭农场 176 家，全市规模以上农产品加工企业超 120 家，新增流转土地 8.92 万亩，“新型经营主体 + 社会化服务 + 适度规模经营”成为我市现代农业发展的重要模式。新增自治区级现代特色农业核心示范区 12 个、自治区农业科技园 2 个，成功打造 8 个广西休闲农业与乡村旅游示范点，“美丽南方”田园综合体项目获第四届广州国际城市创新奖专家推荐城市奖。

重大项目稳投资作用有效发挥。546 项区市层面统筹推进重大项目完成投资 1004.79 亿元。476 项城建计划建设项目完成投资 482.25 亿元。50 项重大交通基础设施项目完成投资 160.8 亿元。5000 万元以上项目完成投资增长 19.7%。工业投资增长 8.7%，其中电子信息、汽车制造业投资分别增长 130.5%、481.9%。第三产业投资增长 11.8%。基础设施、社会事业投资分别增长 16.1%、51.9%。引进民间资本参与公共设施、水环境治理等领域建设，民间投资增长 8%。落地 PPP 项目累计达 23 个、总投资 321.57 亿元。

2018 年，我们持续推进“南宁渠道”升级，深度融入“一带一路”建设，与全球 165 个国家和地区开展经贸往来，在全区构建“南向、北联、东融、西合”全方位开放发展新格局中发挥了示范引领作用，首府开放发展取得新成效。

城市影响力持续提升。第十二届中国（南宁）国际园林博览会开幕，俄罗斯等“一带一路”沿线国家和东盟各国的 19 个国外展园及 61 个中华城市展园、专业园建成开放，实现“冬季到南宁看园博”，园博园成为首府绿色新地标。圆满完成第 15 届中国—东盟博览会和商务与投资峰会各项服务保障任务。成功办好了“中国杯”足球赛、环广西自行车赛（南宁站）、南宁国际马拉松赛、中国围棋大会等重大赛事活动。以南宁国际民歌艺术节、“春天的旋律”跨国春晚、“文化走亲东盟行”“南宁渠道 • 丝路交响”跨国采访等品牌活动为载体的“以走促亲”对外文化交流体系进一步充实、拓展。国际友城和友好交流城市持续增加，世界朋友圈不断扩大。

平台支撑不断夯实。积极参与西部陆海新通道建设，中新南宁国际物流园开工建设，南宁至兰州冷链集装箱班列开通。中国—东盟信息港南宁核心基地累计建成 13 个项目，大数据产业园等 39 个项目加快建设。南宁综合保税区入驻企业 61 家，实现进出口总额 23.09 亿美元。获批设立国家跨境电商综合试验区，成功引进河南保税集团，与中国邮政广西分公司、高新区合资注册成立南大门公司总体运营综试区，并在第三批 22 个综试区中率先开区运营；蚂蚁洋货等一批国内知名跨境电商企业签约落户综试区。以五象新区总部基地金融街为重要载体的面向东盟金融开放门户集聚区建设加快。南宁吴圩国际机场年旅客吞吐量突破 1500 万人次。

经贸合作务实推进。深入实施第二轮加工贸易倍增计划，加工贸易进出口总值 539.39 亿元、占全区比重达 58.9%。坚持“引进来”与“走出去”并重，成功引进一力制药、冠昊生物、京东电商等一批行业龙头企业，新设外资企业 62 家，全市实际到位资金增长 13.5%，全口径实际利用外资增长 43.02%；备案非金融类对外投资企业 21 家，对外投资范围覆盖 14 个国家和地区。深化通关一体化改革，货运监管实现“三个一”，邮件监管环节由 17 个整合为 6 个。全市外贸进出口总值 738.79 亿元、增长 21.7%。

2018 年，我们持续推进深化改革升级，破除藩篱激发活力，南宁公共资产负债管理智能云平台、“一事通办”等改革成果走在全国、全区前列，不动产登记“24 小时不打烊”南宁样本在全国推广，首府改革创新呈现新亮点。

“放管服”改革向纵深推进。943 个事项办理实现“最多跑一次”，“容缺受理”范围扩大至 30 个部门 476 项政务服务事项，“全链条审批”新模式压缩重复材料 533 项，施工许可证审批时限由 37 个工作日压缩至 5 个，“证照分离”、压缩企业开办时间等商事制度改革扎实推进，“双随机、一公开”监管全面推行，平均每天新增市场主体 363 户、市场主体存量和新增量稳居全区第一。市公共资源交易大数据分析应用被评为全国公共资源交易平台创新成果。强化金融服务实体经济发展，全市新增各项贷款 1575 亿元；组织开展政银企对接活动 17 次，参与企业约 200 家，涉及金额超 600 亿元。全年累计为企业降本减负约 350 亿元。

重点领域改革加快。市级明确的 136 项改革任务基本完成，承担的 30 项国家级、25 项自治区级改革试点扎实推进。积极推进南宁糖业股权重组，全面完成南南铝加工公司战略增资重组，对市属九大集团实行分类管理考核，国资系统监管企业累计实现利润 14.48 亿元、增长 56%。政府各项收支全部纳入预算管理，环境保护税改革顺利实施，事业单位政府购买服务改革试点顺利推进。土地二级市场试点通过自然资源部验收。农村承包地确权登记颁证工作基本完成。“三农金融服务室”覆盖面达 95%。沿边金融综合改革试验区建设通过国家验收，中国—东盟（南宁）金融服务平台上线运行，跨境人民币结算量达 204.45 亿元、增长 20.1%。

重大风险有效防控。积极探索防范化解重大风险制度机制，在全国首创的南宁公共资产负债管理智能云平台作用不断发挥，划定了债务“预警线”，筑牢了风险“防火墙”。稳妥化解政府隐性债务，市本级和县区债务风险安全可控。保持房地产市场调控政策的连续性稳定性，“稳增长、控房价、防泡沫、防风险”工作较好落实。持续清理整顿各类交易场所，开展 P2P 网络借贷等互联网金融风险专项整治，加大防范和处置非法集资力度，有效防范化解金融风险。

2018 年，我们持续推进绿城品质升级，坚持治水、建城、为民，五象新区现代化新城魅力初显，“百里秀美邕江”全面展现，“老南宁·三街两巷”历史文化街区开街迎客，南宁蝉联美丽山水城市称号，首府生态宜居城市建设取得新突破。

五象新区核心区基本成型。年内新区完成投资 420.06 亿元、增长 18.32%，投资额相当于“十二五”时期投资总额的 46%，其中社会资本投资占 78.25%。累计入驻全球最具价值百强品牌 7 个，世界 500 强企业 28 家，国内 500 强企业 20 家，金融机构总部或省级（一级）分支机构 16 家。承载新区高端服务业发展的总部基地金融街及周边的蟠龙、五象湖、自治区重大公益性项目等片区基本成型，总部基地金融街 117 座高层建筑封顶率超 75%，竣工投入使用项目 20 个、入驻办公的企业 300 多家，连通片区公共空间 6.2 万平方米、地下停车泊位约 3 万个的总部基地地下空间综合利用项目通车运行。新区配套设施基本完善，通车道路总数累计达 126 条、覆盖面积 60 平方公里，广西国际壮医医院、市图书馆（新馆）等公共服务配套项目建成启用，累计建成公办中小学校 22 所。经过 10 多年的开发建设，“再造一个新南宁”正从蓝图变为现实。

绿城品质不断提升。18 项迎接自治区成立 60 周年重大公益性项目基本建成。全力推进邕江综合整治和开发利用，建成 148 公里景观带和 15 个公园，邕宁水利枢纽下闸蓄水，邕江枯水期平均水位从 62 米抬升至 67 米，江畅、水清、岸绿、景美的“百里秀美邕江”展露芳容，夜游邕江成为市民生活新体验。邕江综合整治和开发利用工程成功入选中宣部“庆祝改革开放 40 周年·百城百县百企调研行”重点报道主题。交通出行更加畅通有序，吴圩至大塘高速公路、城市东西向快速路等建成通车，清川立交等一批立交桥通车，综合整治 3 个快环交通堵点，打通 5 条“断头路”，完成沿地铁 2 号线路面修复提升；地铁 1、2 号线单日最高客流量突破 90 万人次，3 号线开始联调联试，2 号线东延线和 4、5 号线加快建设，快速公交 2 号线开通试运营，凤岭综合客运枢纽站建成运营并实现高铁、公路客运、地铁零换乘。棚户区改造开工 1.32 万套。新建成管廊 13.16 公里，地下综合管廊试点建设在全国第二批 15 个试点城市中 2018 年绩效评价结果第一。建成区增加公园绿地面积 549 公顷。

城市管理更加精细。深入开展城市治理“制度建设年”活动，全面梳理、完善相关制度文件，加快构建形成综合施治、共管共治的城市治理新格局。深入开展“美丽南宁·整洁畅通有序大行动”，查处“五乱”案件110万起，在80条城市道路推行“以克论净·深度清洁”作业模式，主次干道机械化清扫率达85%以上，道路平均完好率达94%，共享单车、网约车规范管理稳步推进。规范停车泊位管理，实现全市一个“二维码”收费。生活垃圾分类及无害化处置全面启动。拆除违法建设面积457万平方米，推进房屋使用安全信息化建设，开展电动车停放、仓储物流等11类重点消防安全整治，城市运行安全保障不断强化。“五个礼让”成为文明新风尚。初步通过“国家卫生城市”暗访复审。新型智慧城市建设成效初显，“爱南宁APP”提供便民服务事项超60项，“一码通城”在全国率先实现公共服务多场景互联互通，荣获2018年中国城市治理智慧化优秀城市奖，南宁作为中国唯一受邀的城市亮相在新加坡举办的东亚峰会智慧城市展。

生态优势更加凸显。全力抓好中央环保督察“回头看”反馈意见整改。在全区率先建立河长制信息化监管平台，实现河长制信息扁平化管理。强力推进黑臭水体治理，实施“五大攻坚战”，新建污水管网128公里，清除内河淤泥22.7万立方米。开展流域环境综合整治，清拆非法养殖网箱9万个，全市流域断面水质均达到或优于国家考核标准。邕江取水口上移工程稳步推进，集中式饮用水水源地保护不断加强，邕江、县级在用饮用水水源地水质达标率100%。持续深化扬尘污染治理，创新开展道路积尘负荷走航监测，市区空气质量优良率达93.4%，比上年提高1.1个百分点，“南宁蓝”保持常态。开展土壤污染治理，实施南化等污染地块环境调查和治理修复，基本完成宾阳沙江河重金属污染综合整治。强化环境监管执法，拆除关停取缔“小散乱污”企业180家。获批为国家资源循环利用基地。成功承办中国生态文明论坛（南宁）年会，邕宁区获第二批全国“绿水青山就是金山银山（两山）”实践创新基地称号。

2018年，我们把实施乡村振兴战略摆在优先位置，乡村振兴“六项行动”全面实施、稳扎稳打，脱贫攻坚尽锐出战、精准施策，县域经济持续壮大，首府“三农”工作取得新进展。

脱贫攻坚成效明显。年度共筹集各级财政专项扶贫资金27.31亿元投入脱贫攻坚，全力打好“五场硬仗”，预计104个贫困村和10.6万名贫困群众实现脱贫摘帽。易地扶贫搬迁累计搬迁入住62302人、实际搬迁入住率100%，出台专门政策支持隆安县易地扶贫搬迁震东集中安置区可持续发展。尽锐出战，精准发力，深度贫困村实现厅级以上领导挂点联系全覆盖，出台专门政策支持深度贫困县马山县，连续3年每年额外支持专项资金8000万元。全市建设扶贫车间113个，已脱贫户均实现有1项以上增收产业或技能。支持上林县探索“双培双带双促”扶贫模式，并获全国脱贫攻坚组织创新奖。贫困村村级集体经济收入达3万元以上420个、达5万元以上263个。使用好广东省、茂名市以及东风、宝武、中粮三大央企帮扶资金9521.3万元，实施项目29个，扶贫协作全面深化。

县域经济加快发展。大力发展县域主导产业和特色产业，县域对全市经济发展支撑作用不断增强。宾阳县、青秀区荣获广西科学发展先进县区，马山县、兴宁区荣获广西科学发展进步县区。横县茉莉花和茉莉花茶综合品牌价值达197亿元。隆安县入规工业企业数量、西乡塘区新增限额以上商贸企业数量居全市前列。江南区“菜篮子”工程项目获评全国民生示范工程。邕宁区地区生产总值和规模以上工业增加值、良庆区财政收入和固定资产投资增速均排名全市首位。武鸣区沃柑产业产值突破50亿元。县域旅游业蓬勃发展，上林县创建国家全域旅游示范区扎实推进、旅游消费增长35.6%，马山县获评广西特色旅游名县，兴宁区、青秀区获评自治区全域旅游示范区。

乡村环境持续改善。启动实施农村人居环境综合整治三年行动，马山县成功创建自治区级生态县，全市新增“美丽广西”乡村建设示范村14个、广西“绿色村屯”56个，完成改厨改厕25万户、村屯公共照明试点项目147个，建成102个“美丽南宁”乡村建设农村生活污水整治项目，农村生活污水集中处理行政村覆盖率达39.7%。深入实施“服务惠民”专项活动，全市行政村按“六有”标准建成并挂牌村级综合服务中心，农村基本公共服务实现全覆盖。实施“县域路网”工程，完工130个农村公路项目共308.8公里，硬化非贫困村通屯道路400公里，完成农村公路安全隐患整治79.1公里，提前实现具备条件的建制村全部通客车目标，青秀区获评“四好农村路”全国示范县。竣工农村饮水安全巩固提升工程308处，建设防渗渠道175.15公里，新增、恢复、改善灌溉面积38.29万亩。治理水土流失面积42.78平方公里，植树造林27万亩。“美丽南宁·宜居乡村”活动顺利完成。

2018年，我们持续推进民生福祉升级，集中资源做好普惠性、基础性、兜底性民生建设，财政涉民生支出占一般公共预算支出的77.26%，居民人均可支配收入达26798元，社会大局持续稳定，首府群众获得感幸福感安全感提上新水平。

社会事业全面进步。坚持教育优先发展，建成幼儿园18所，建成使用公办中小学校21所、新增学位3.91万个，提前两年全部县区达到全国义务教育发展基本均衡县评估认定标准，在我市接受义务教育的进城务工人员随迁子女总人数约15万人、占全区三分之一以上，各项学生资助投入资金8.34亿元、受惠学生约68.51万人次。滨湖路小学入选首届全国文明校园十个巡礼宣传典型。南宁教育园区累计开工建设学校11所。以“上林模式”为重点，深化县乡医疗服务“一体化”管理改革，县域医共体实现县级全覆盖；江南、良庆区人民医院（一期）建成使用，城市医院集团建设取得新成效；扎实推进智慧健康信息平台建设，完成200多万人口健康信息和电子病历数据采集，率先在全区实现医疗系统与医保结算系统整合。圆满完成自治区成立60周年庆祝大会群众文艺表演《共享未来》主题演出，舞剧《刘三姐》作为广西唯一入选作品角逐第十一届中国舞蹈“荷花奖”，小品《懒汉脱贫》荣获首届中国相声小品大赛第五名，举办惠民文艺演出7000余场，广西文化艺术中心完成演出260场。扎实推进全民健身和全民健康深度融合试点市建设，建成各类体育场地和设施项目622个。

民生保障持续加强。城镇新增就业6.97万人，城镇登记失业率2.71%，发放创业担保贷款1102笔9100.8万元，“稳就业”目标实现。社会保险参保总人次1250.65万人，企业退休人员养老金“十四连涨”，在全国率先实现手机刷脸领取失业保险金，在全区首推个人账户“家庭共享”购买商业健康保险，“基本医保+大病保险+医疗救助+二次报销”一站式即时结算平台上线运行。发放城市低保4050.3万元、农村低保2.69亿元、特困人员救助1.43亿元。建成智慧养老服务平台，社区居家养老社会化运营达81%，医养结合两证齐全机构达24家，东盟经开区社会福利院和8家城市养老服务中心建成运营。累计建成政府投资公租房66894套、分配入住62846套。为民办实事项目基本完成，解决了一批群众关切的热点难点问题。

社会治理不断创新。扎实推进平安南宁建设，完善“智慧警务”运用，深入开展扫黑除恶专项斗争，严厉打击涉枪涉爆、黄赌毒、电信网络诈骗、传销等违法犯罪活动，开展“扫黄打非”“清朗”等系列专项行动。坚持领导干部接访和包案制度，积极化解矛盾纠纷。应急管理、安全生产防控责任体系不断完善，安全生产形势总体稳定可控。食品药品现代化治理水平不断提高，荣获广西食品安全示范城市称号。社会信用体系建设加快，成为首批加入“一带一路”国际合作城市信用联盟的城市。新登记成立社会组织245家，建立健全社会协商机制，基层社会治理能力不断增强。

2018年，我们持续推进法治南宁升级，全面加强政府自身建设，切实增强政府公信力和执行力，在落实重大部署、推进重大项目、服务重大活动过程中，克难攻坚、善作善成，首府干部群众担当作为展现新气象。

坚持以全面从严治党统领政府各项工作，加强党风廉政建设，抓好巡视发现问题整改，严查群众身边的腐败和作风问题，全面推进领导干部经济责任审计，促进廉洁行政。严格落实中央八项规定精神，严守国务院“约法三章”，进一步压缩“三公”经费，驰而不息纠正“四风”。认真谋划机构改革各项工作。举办电视问政节目10期，31个问题基本完成整改。法治政府建设扎实推进，认真组织开展向宪法宣誓活动，提请市人大常委会审议地方性法规草案4件，出台政府规章2件、规范性文件40件，废止政府规章2件，圆满完成“七五”普法中期督查考核，村级公共法律服务机构实现全覆盖，公共法律服务体系进一步完善。认真执行市人大及其常委会的决议、决定，依法接受市人大及其常委会的法律监督和工作监督，主动接受人民政协的民主监督和社会舆论监督，人大代表议案和建议、政协提案办结率100%。提升政府服务效能，通过广西一体化网上政务平台可办理927项市本级事项，社保等20项便民服务事项可在双休日正常办理，1067项依申请行政权力事项和公共服务事项进驻市民中心，群众办事基本实现“只进一扇门”。推进政府信息公开透明，市政府例行新闻发布常态化制度化规范化，市政府门户网站在第十七届中国政府网站评估中名列省会城市第5。强化政府执行力建设，动员全市上下锐意进取、勇于担当、实干苦干，严格落实了一系列重大部署，圆满服务和举办了一系列重大活动，顺利实施了一系列重大项目，涌现出全国“十大杰出消防卫士”张章煌、全国白求恩式好医生邓建宁等一批先进典型。

此外，宗教、保密、台湾事务、档案、统计、侨务、人防、机关事务管理、政府采购、地方志、供销、双拥、出版、海关、海事、出入境边防检查、贸促、税务、调查、测绘、气象、水文、文史、哲学和社会科学等工作扎实推进，妇女、儿童、老年人、残疾人、慈善、红十字等事业健康发展。

各位代表！非知之难、行之惟难。过去一年，我们在经济下行压力不断加大、动能转换阵痛加剧的情况下，主动适应高质量发展要求，实现了经济社会持续健康发展，成绩来之不易。这是以习近平同志为核心的党中央坚强领导的结果，是自治区党委、政府和市委正确领导的结果，也是全市各族人民团结奋斗、拼搏进取的结果。在此，我代表市人民政府，向全市各族人民，向人大代表、政协委员，向各民主党派、工商联、无党派人士和人民团体，向驻邕部队、武警官兵、政法干警，以及所有参与、关心和支持南宁发展的各界人士，表示衷心的感谢和崇高的敬意！

各位代表！在看到成绩的同时，我们也清醒地认识到，我市发展面临的环境仍很复杂，经济发展稳的基础还不够牢固，结构性深层次矛盾仍然突出；民生短板有待补齐，脱贫攻坚任务还比较艰巨；一些改革举措和政策落实不到位，营商环境亟待进一步优化；少数干部不敢担当、不善作为问题依然存在，等等。为此，我们要主动适应新形势新要求，增强责任意识，强化责任担当，迎难而上，克难攻坚，以改革创新的精神破解难题，以抓铁有痕的韧劲狠抓落实，努力在应对困难和挑战中取得新成就。

二、2019年工作安排

各位代表！对成绩最充分的肯定，是再创辉煌；对人民最真挚的承诺，是不懈奋斗。展望2019，我们将把发展的方向、工作的重点和主观的努力有机结合起来，敢于担当作为，勇于克难攻坚，全面落实强首府战略，推动思想再解放走在前作表率、改革再深入走在前作表率、开放再扩大走在前作表率、创新再提速走在前作表率，只争朝夕、快马加鞭、提速发展，提高首位度，成为核心增长极，增强辐射带动全区发展的能力。

今年政府工作的总体要求是：坚持以习近平新时代中国特色社会主义思想为指导，深入贯彻党的十九大和十九届二中、三中全会精神以及中央庆祝改革开放40周年大会、中央经济工作会议精神，全面落实自治区党委十一届五次全会、全区经济工作会议和市委十二届七次全会的决策部署，按照建设壮美广西、共圆复兴梦想的总目标总要求，持续深入落实“三大定位”新使命和“五个扎实”新要求，全面落实强首府战略，坚持稳中求进工作总基调，坚持新发展理念，坚持推进高质量发展，坚持以供给侧结构性改革为主线，坚持深化市场化改革、扩大高水平开放，加快建设现代化经济体系，持续打好三大攻坚战，扎实推进生态宜居城市建设，推动民生事业全面进步，保持经济持续健康发展和社会大局稳定，为全面建成小康社会收官打下决定性基础，在建设壮美广西、共圆复兴梦想新征程中谱写首府高质量发展新篇章，以优异成绩迎接新中国成立70周年。

今年全市发展的主要预期目标是：地区生产总值增长7%以上，财政收入增长6%，固定资产投资增长9%，规模以上工业增加值增长5.5%，社会消费品零售总额增长9.5%，居民人均可支配收入增长8.5%，完成自治区下达的节能减排降碳目标任务。

围绕上述目标，我们将着力做好以下九个方面工作：

（一）防风险抓脱贫治污染，持续打好三大攻坚战。

坚持问题导向和目标导向，攻坚克难，持续打好三大攻坚战。

打好防范化解重大风险攻坚战。坚持债务规模与经济发展相适应，全市综合债务率控制在风险预警线内，风险地区债务率指标逐步改善。依法依规开展各项融资工作，稳妥推进政府隐性债务存量化解，做到坚定、可控、有序、适度。持续开展交易场所清理整顿和互联网金融风险专项整治工作，保持打击非法集资高压态势，协调解决好涉企金融风险问题。坚持“房住不炒”，推进住房租赁市场培育试点建设，以稳地价稳房价稳预期为目标，综合施策，分类指导，促进房地产市场平稳健康发展。

坚决打赢打好脱贫攻坚战。聚焦“两不愁三保障”，按照“核心是精准、关键在落实、确保可持续”的要求，盯紧深度贫困、产业扶贫、易地扶贫搬迁、脱贫成果巩固等重点工作和关键环节，采取超常规措施精准施策，持续打好“五场硬仗”，确保实现“上林、马山、隆安3个国家扶贫开发工作重点县和101个贫困村摘帽，5.97万贫困人口脱贫”的目标（最终以自治区下达目标为准）。建立健全脱贫攻坚作战指挥体系，以决战决胜的态势压紧压实各级各部门扶贫责任。全面对标对表国家、自治区脱贫摘帽考核评估标准，逐村逐户排查甄别，确保县、村、户、人四级达标。打好深度贫困地区脱贫攻坚硬仗，继续在政策、资金、用地、项目等方面予以倾斜，确保有劳动能力的极度贫困户每户安排1个公益性岗位，合力攻克“困中之困、贫中之贫”。打好易地扶贫搬迁硬仗，切实解决好搬迁户的综治、入学、就医、社保等生存与发展问题，特别要落实并完善隆安震东集中安置区可持续发展体制机制。打好产业扶贫硬仗，重点支持发展桑蚕、晚熟柑橘等产业，推广扶贫车间模式，加强贫困村扶贫示范园建设，确保贫困村扶贫示范园全覆盖。打好村级集体经济发展硬仗，出台发展壮大村级集体经济的若干政策措施，支持集体经济组织领办创办农业服务队、运输公司、劳务公司、益农信息社等服务实体，确保年底每个贫困村村级集体经济收入达4万元以上。打好粤桂扶贫协作硬仗，深入推进南宁与茂名扶贫协作各项重点工作。发挥农村低保制度在脱贫攻坚中的兜底保障作用。落实脱贫摘帽后的扶持政策，建立脱贫成效巩固提升监测机制，巩固已有脱贫成果。抓好扶贫专项巡视问题整改。完善脱贫攻坚督查考评和激励，关爱脱贫一线干部。研究解决那些收入水平略高于建档立卡贫困户的群体、城市贫困群体缺乏政策支持等新问题。

坚决打好污染防治攻坚战。坚持源头治理，避免简单粗暴，抓平时、抓重点时段，持续抓好中央环保督察“回头看”及固体废物环境问题专项督察反馈意见整改，建立防治长效机制。狠抓水污染防治。突出全流域、全要素系统治理，深入开展“五大攻坚战”。严格城市和工业园区排水设施运营监管，加快推进“厂—网—河（湖）”一体化长效管理，搭建水环境全要素“蓝色智慧”管控平台。完善黑臭水体治理院士工作站和专家顾问团队，优化技术路线和管理体系。全面落实河长制、湖长制，集中整治江河湖库“四乱”等突出问题，加快建立“一河一档”，落实“一河一策”。强化大气污染防控。持续抓好大气污染联防联控，建好用好扬尘治理“慧眼”系统，深入实施扬尘、工业废气、机动车尾气等污染治理工程和清洁能源替代工程，确保市区空气质量优良率达91.6%以上，PM2.5平均浓度不超过35微克/立方米，共同守护好“南宁蓝”。有效管控土壤环境风险。加强农用地分类管理，持续开展化肥农药使用减量等行动。严格土壤污染、涉重金属企业污染风险管控与修复治理。

（二）强龙头补链条聚集群，推进工业高质量发展。

持续做好产业发展、园区建设、企业培育三篇文章，集中力量抓好投资、项目、服务三项工作，全力培植“工业树”，育护“产业林”。

强化龙头企业带动。突出扶优扶强导向，培育一批龙头企业，推行“一企一策”服务，加快产业迈向中高端。加快富士康南宁科技园千亿产业建设，支持富士康开展5G认证检测工作及研发新型路由器、交换机、移动终端技术等；支持瑞声科技加快发展3D玻璃、精密加工件、声学元器件等精密模组制造项目；支持歌尔股份发展智能耳机、音箱和无人机等；支持南南铝推进高端铝产业研发，加快南南电子汽车新材料加工基地（二期）建设，开工南南铝年产2万吨电子外观件用铝合金新材料等项目，加快建设南宁高端铝产业基地，吸引产业链中下游企业落户我市。扶持一批“瞪羚”企业和“独角兽”企业，推动中小企业向专精特新尖方向发展。更加重视发展本土企业，鼓励使用本地产品。深入推进质量强市，打造一批“南宁制造”知名品牌。全年新增产值超10亿元企业3家，新增当年投产入规企业50家。

加快补齐产业链条。着力建链补链强链，以更大力度发展三大重点产业，全年三大重点产业产值占全市工业产值比重提升1个百分点以上。电子信息产业重点发展网络通讯、智能终端、新型显示三条产业链，推进瑞声科技（二期）、歌尔南宁智能终端生产基地等项目竣工投产，加快建设区域性电子信息制造业基地。先进装备制造业突出发展新能源汽车、轨道交通装备两条产业链，推动申龙新能源汽车生产基地建设，积极引进乘用车、商用车等整车项目，加快打造集整车及零部件的研发、生产、销售、检测、服务为一体的新能源汽车生产基地；加快中车轨道交通基地（二期）等项目建设，加快打造面向东盟的城轨、高铁车辆制造和运营维护基地；加快推进机器人等智能装备制造业发展，加快建设南宁智能制造城。生物医药产业重点支持壮瑶药、生物技术药物以及各类功能保健品、海洋生物制品开发，推动新型药物和仿制药研发，推动医大仙晟、百会药业等项目竣工投产。同时，大力发展新一代信息技术、新材料、节能环保等新兴产业；促进传统产业“二次创业”，用新装备、新技术、新业态、新模式改造提升食品加工、建材、化工等产业。

提升园区支撑能力。实施园区产业引导和负面清单，推动园区特色化、差异化发展。调整优化国家级开发区差异化考核指标体系，鼓励国家级开发区通过托管、代管、合作共建等方式与县区积极发展“飞地园区”，全年三大国家级开发区规模以上工业总产值增长10%以上。完成县域工业园区规划调整工作，积极探索市属产业平台公司与县区工业园区合作共建新模式，完善县区工业园区基础设施建设。全面开展闲置和低效工业用地处置工作，年内闲置用地处置率达70%，低效用地处置率达50%。

（三）优结构提质量创品牌，促进服务业高质量发展。

以建设集聚区为抓手，积极发展现代服务业，鼓励发展各类新兴业态，努力满足市场需求、扩大消费。

着力发展高附加值服务业。加快发展现代金融业。做大金融总量，发挥财政金融协同作用，扩大信贷投放和直接融资规模，积极培育和发展保险市场，为实体经济提供更优质金融服务。围绕打造面向东盟金融开放门户集聚区目标，积极吸引各类金融机构来邕设立地区总部、分支机构和后台服务中心，加快推进渤海银行南宁分行、国任财险广西分公司开业运营，中银香港东南亚业务营运中心尽快建成，争取法人证券公司取得新突破。用好资本市场扶贫绿色通道政策，挖掘和培育后备企业资源，力争新增4家上市（挂牌）企业。促进现代物流业发展。加快建设中新南宁国际物流园，推动中新南宁国际物流园一期（新中智慧园）如期开园。扎实做好全国流通领域现代供应链体系建设试点工作，重点培育农产品供应链和跨境电商供应链。充分发挥我市作为国家物流枢纽承载城市作用，推进南宁国际铁路物流中心、空港物流园等重点园区建设，打造多式联运体系。大力发展电子商务。运营好中国（南宁）跨境电子商务综合试验区，推动跨境电商在技术标准、业务流程、监管模式和信息化建设等方面先行先试，力争实现进出口货物线上申报“秒通关”；培育跨境电商产业链和生态链，逐步形成一套适应和引领中国—东盟跨境电商发展的管理制度和规则，推动综试区上规模上档次。统筹推进京东南宁电商产业园等重点项目建设。

推动发展特色服务业。积极促进会展业发展，强化中国—东盟博览会等展会品牌效应，提升发展中国—东盟商品交易中心，建设会展企业总部基地，打造面向东盟的大型国际展会集聚区。发展大健康产业，围绕生物医药、医疗、体育、养老等产业，加快布局泰康医养社区等一批大健康产业项目，推进公建民营、民办公助等养老产业发展，建设富有壮乡山水特色的健康养生基地。发展壮大旅游业，加快创建国家全域旅游示范区和国家中医药健康旅游示范区，推出“旅游＋体育”“旅游＋展会”“旅游＋健康”模式，推进大明山景区、昆仑关景区、百里秀美邕江等创建国家5A级旅游景区，建设中国—东盟旅游出入境中心，打造首府旅游品牌。鼓励发展楼宇经济、总部经济，支持青秀区、兴宁区、西乡塘区等服务业占比较高的城区加快服务业转型升级。统筹推进科技研发、咨询设计等现代服务业发展。

推进数字经济协同发展集聚区建设。聚力“建、用、融、管”关键环节，加快推进数字南宁建设，打造区域性数字经济高地、智慧城市标杆、数字丝路枢纽。提升数字基础设施支撑能力。推进“光网南宁”和“无线南宁”建设，大力实施“百兆光纤进家庭、千兆光纤进小区”工程，加快宽带网络优化升级；推进4G网络优化和深度覆盖，加快5G商用试点工作。全面推进新型智慧城市建设，持续拓展“爱南宁APP”等平台功能，全面推行“一码通城”。加快推动数字产业化。依托中国—东盟信息港建设，大力发展大数据、云计算、物联网、人工智能等数字产业，建设中国—东盟空间信息技术创新示范基地，推进新型中高端电子产品等数字装备制造基地建设，加快数字产业集聚发展。加快推动产业数字化。推动传统制造业实现数字化升级，全年完成200家工业企业的两化融合评估诊断和对标引导，开展富士康工业互联网平台、各基础电信运营企业云平台和物联网公共平台服务推广，促进企业上云。加快数字技术和智能装备在农业生产经营全过程的广泛应用。推进智慧物流建设，完善城乡一体化物流配送网络。

积极扩大消费市场。加快消费升级，培育健康、养老、家政、休闲、文化、体育、信息等新的消费热点，深挖住宿、餐饮等传统消费潜力，鼓励发展夜间经济。提升城市消费，完善朝阳、埌东、凤岭商圈，加快建设五象新商圈，打造“老南宁·三街两巷”高品质步行街，引导特色街区与商、旅、文融合发展。激活农村消费，推进电商进农村，畅通工业品下乡和农产品进城渠道，扎实推进“党旗领航”电商扶贫活动；强化农商对接，推动农批、农超、农企等产销对接，实现县域“小农业”对接全国“大市场”。改善消费环境，落实个人所得税专项附加扣除政策，增强消费能力，举办各类促消费活动，严厉打击侵害消费者权益行为，让老百姓吃得放心、穿得称心、用得舒心。

（四）建平台育主体优生态，推动创新要素汇聚。

坚定不移实施创新驱动发展战略，按照“前端聚焦、中间协同、后端转化”的要求，贯彻落实好“三百二千”创新工程，构建创新与产业相互连通的桥梁，激发实体经济活力。

建设新型创新平台。加快创建国家级自主创新示范区。充分发挥南宁·中关村创新示范基地辐射带动作用和溢出效应，加快建设南宁·中关村科技园。深化南宁高新区国家双创示范基地建设。支持国家级广西先进铝加工创新中心、南宁华数轻量化电动汽车设计院等一批创新平台加快发展。鼓励和支持企业、高校、科研院所等建设院士专家工作站和创办（联办）科技创新基地、新型研发机构等，力争新增市级以上企业技术中心、研发中心10家和创新创业载体5个，引进和建设高水平新型产业技术研究机构5家以上。

加快创新主体培育。加快建设“高层次人才创新创业团队—科技型中小企业—高新技术企业—‘瞪羚’企业—上市企业”的科技型企业梯队培育模式，着力培育一批科技含量高、市场潜力大、发展前景好的创新型企业。大力实施高新技术企业倍增计划，落实高新技术企业奖补、研发费用加计扣除和后补助等政策，力争高新技术企业保有量突破760家。继续举办海外人才创新创业大赛等重大创新创业活动。

营造良好创新生态。实施全民科学素质行动计划。创新科技管理机制，整合科研力量，优化科研项目和经费管理制度，推进第三方专业机构管理科技项目试点和科技创新券试点。开展“南宁市科技成果转化大行动”，实施科技成果转移转化项目80项。以新兴产业为重点，实施工业、农业、科技惠民等重大科技计划项目10项。落实国家科技成果转化激励改革举措，完善多元化创新投入机制，让创新者敢于创新、安于创新、乐于创新。

（五）优服务破难题活机制，以良好环境激发市场活力。

更好发挥改革引领发展作用，推动改革创新成果转化为实实在在的发展成效。

开展重大项目建设攻坚突破年活动。发挥投资对优化供给结构的关键性作用，加强项目策划和储备，形成有梯度、有支撑的滚动项目库。区市层面统筹推进重大项目计划完成投资700亿元以上，其中新开工146项、续建222项、竣工97项。重大基础设施项目计划投资353亿元，其中新开工25项、续建56项、竣工30项。重大产业项目计划投资213亿元，其中新开工71项、续建109项、竣工32项。重大社会民生项目计划投资75亿元，其中新开工28项、续建45项、竣工26项。重大生态环保项目计划投资101亿元，其中新开工20项、续建10项，竣工八尺江环境综合整治（一期）、物流园污水处理厂（一期）等8个项目，新增污水处理能力40万吨/天以上。同时，黑臭水体治理项目计划投资101亿元，其中新开工36项、续建25项；轨道交通项目计划投资80亿元。全力服务好农业、工业、服务业、建筑业投资额排名前30位的重大项目建设。

开展产业大招商攻坚突破年活动。建立健全招商引资制度，制定完善招商引资考核办法，完善重大招商引资项目快速落地机制。加快建设南宁市投资信息服务中心，提升招商引资信息化水平。落实“一个产业、一名领导、专题招商、强力推进”招商模式，开展数字经济及大健康、文化旅游、现代农业、新制造及新材料、商贸物流金融等五大产业专题招商行动，确保实际到位资金突破1000亿元，实际利用外资2亿美元（商务部口径），新签5000万元以上招商引资项目500个，其中工业项目200个；当年签约当年开工的项目占比达20%，上一年度签约的项目开工率达50%，战略性新兴产业到位资金同比增长15%以上。

开展优化营商环境攻坚突破年活动。集中整治营商环境突出问题，开展营商环境评价。组织实施机构改革，构建系统完备、科学规范、运行高效的政府机构职能体系。深入推进“放管服”改革，对行政审批事项目录、中介服务事项目录、公共资源交易目录实行动态管理。加快推进行政审批标准化试点项目，推行“一事通办”，优化“全链条审批”新模式，推行“套餐定制式”一体化、精准化政务服务。持续推进“354560”改革，进一步压缩企业开办时间。落实项目审批“五个优化”“五个简化”政策措施，推动“多评合一”“方案合审”“多图联审”，提高工程建设项目审批效率，建成工程建设项目审批体系和管理系统。推进线上“一网通办”，提升服务企业效能。深化“互联网＋不动产”登记改革。加快数字政府建设，完成电子政务云平台升级改造，各部门非涉密业务专网（线）逐步有序迁入电子政务外网，促进政务数据资源共享和业务协同。探索推进“智慧城市＋信用南宁”建设，健全信用联合奖惩机制，推进城市信用分在公共交通、看病就医、公共资源交易等领域的广泛应用。

持续深化重点领域改革。深化供给侧结构性改革。认真贯彻落实“巩固、增强、提升、畅通”八字方针，大力推进过剩产能出清，落实降本减负各项措施，切实降低企业生产经营成本。深化国资国企改革。不断完善南宁公共资产负债管理智能云平台功能，推进资产负债管理项目优化升级。推进融资平台公司市场化转型，依法依规开展市场化融资。完成威宁集团改组国有资本运营公司试点，打造全国一流的国有资本运营平台。完善国有企业投资管理制度，加强投资跟踪管理和投资后评价。深化金融改革。推动跨境人民币结算业务开展，加快中国—东盟（南宁）金融服务平台建设，提升南宁跨境金融信息服务基地功能。探索金融服务的新产品、新业态和新模式，大力发展科技金融、绿色金融和普惠金融。深化财税改革。研究制定市以下具体领域财政事权和支出责任划分改革方案，健全市对下转移支付体制机制。持续推进部门预算管理改革，探索建立部门预算项目库，探索开展项目支出标准体系建设。强化税务机构改革后业务融合，深化社会保险费和非税收入征管职责划转工作。

发展壮大民营经济。着力解决民营企业融资难融资贵问题，发挥市“两台一会”贷款平台作用，推进应急转贷资金业务，缓解企业资金周转困难；搭建政银企对接平台，常态化办好项目、企业融资对接会；推动金融超市、企业融资服务中心等融资平台建设运营。健全政府性融资担保体系，完善管理体制和考核机制，积极发展“4321”“532”等多种新型政银担风险分担模式，为“三农”、小微企业发展提供优质的担保服务，为企业融资增信。坚持“非禁即入”原则，放宽民间资本市场准入，加大养老服务市场、民间办学、民办体育等公共服务领域开放力度，鼓励民间资本以独资、合作、联营、参股等方式投资建设公共服务事业项目。依法处理政府承诺不兑现问题，集中整治“新官不理旧账”等失信行为，维护民营企业合法权益。民营企业和民营企业家是我们自己人，要真心诚意用情服务，让民营企业和民营企业家吃下定心丸，安心谋发展。

（六）夯基础强合作提水平，构建全方位开放发展新格局。

按照“南向、北联、东融、西合”全方位开放发展新格局部署，积极参与西部陆海新通道建设，用好大平台、建好大通道、推动大开放。

推进开放平台升级。做好第16届中国—东盟博览会和商务与投资峰会各项服务保障工作，打造东博会升级版，进一步畅通“南宁渠道”。全面融入粤港澳大湾区，积极承接东部产业转移，落实CEPA先行先试政策，加快培育自治区级CEPA先行先试示范基地。深化与珠江—西江经济带城市在产业发展、招商引资等方面合作。积极推进粤桂黔高铁经济带建设，探索粤桂产业合作新模式。加快建设以南宁为核心的首府经济圈，辐射带动北部湾城市群协同发展。加快南宁综合保税区建设，竣工投产百事超等一批项目，打造加工贸易产业集聚高地。加快吴圩空港经济区开发建设，谋划建设临空经济示范区，积极复制推广自贸区改革试点经验。

夯实通道发展基础。打通陆路通道，建设南宁区域交通物流枢纽，推进南宁至贵阳高铁以及南宁至崇左、南宁至玉林城际铁路建设；建成贵港至隆安、开工南宁吴圩国际机场至隆安、续建柳州经合山至南宁和大塘至浦北等高速公路，完成六景至宾阳高速公路前期工作。建设水运设施，加快南宁港牛湾作业区（二期）、宝塔和鹤笋作业区（一期）建设，加快推进西津二线船闸工程。完善航空配套，加快南宁国际空港综合交通枢纽工程、南宁吴圩国际机场改扩建及配套设施等建设。

提升开放型经济水平。深入实施第二轮“加工贸易倍增计划”，鼓励加工贸易龙头企业扩能增产。加快服务外包示范城市建设，重点培育中盟科技园、联讯U谷等园区，促进离岸在岸业务协同发展。打造我市“走出去”品牌，引导对外投资企业采取产业链抱团投资、同质企业有序合作等方式实现互利共赢。依托国际友城、友好人士、国际组织等对外合作资源，增强经济、贸易等领域合作实效。

（七）强功能提品质树形象，推动生态宜居城市建设。

深入贯彻落实习近平生态文明思想，坚持治水、建城、为民，突出“形、实、魂”，持续推动绿城品质升级。

巩固提升生态优势。持续推进国家生态文明建设示范市创建。树牢生态底线思维。加快落实第三次国土调查工作，提升土地节约集约利用水平，年内耕地保有量不低于677580公顷，基本农田不低于542190公顷。深入推进山水林田湖草生态保护与修复试点。加大自然保护区和野生动植物保护力度，分级强化湿地保护修复，加强森林生态修复，优化大王滩等库区树种结构。强化饮用水水源地监管保护，建成邕江上游引水工程（一期）。大力发展生态经济。推进绿色制造体系建设，支持博世科等一批本土生态环保企业做大做强。发展循环经济，开工南宁糖业蔗渣发电热电联产等项目。加强电力、建材等重点耗能行业、企业的节能降耗监管，推进工业企业燃煤小锅炉“煤改气”。推进城市绿化美化。持续深化邕江综合整治和开发利用，认真抓好整治工程相关收尾、质量和运行管理工作。启动那平江防洪堤建设。深化园林管理体制改革，将邕江沿岸公园等园林绿化管养权限下放属地。做好“后园博时代”运营工作。积极创建公园城市和国际花园城市，做好四季鲜花下地、立体绿化提升、古树名木保护等工作。

推动五象新区高质量发展。推动新区由“形”向“实”转变，以城聚产、以产兴城、产城联动、融合发展。大力推进中国—东盟信息港南宁核心基地建设，加快建设大数据中心、信息港小镇等项目，打造连接中国与东盟的“信息丝绸之路”。推进跨境金融创新发展，把总部基地金融街建设成为服务西南、面向东盟的金融开放门户重要载体。推动五象新区范围内的产业园区整合。支持新区在行使市政府委托的市、城区有关行政管理权上先行先试，推进审批制度二次改革，增强新区竞争力。提升五象新区设计品质和整体形象，持续完善基础设施，做精公共服务配套，加快国家级绿色生态示范区建设，推动新区绿色、循环、低碳发展。

着力提升城市综合功能。以新一轮城市总体规划为基础，开展国土空间规划体系建立工作。加快南宁第二高速环路建设。推进地铁2号线东延线和3、4、5号线建设，确保3号线今年6月底建成运营，加快地铁小镇开发建设。优化城市主次干路、支路系统，推进高速路改快速路建设，加快金桥路等分流道建设，打通金湖北路、高坡岭路等“断头路”，开展街区制试点，畅通交通“微循环”。持续推进快速公交及公交专用道网络建设，优化公交线网，强化常规公交与地铁的接驳。着力推进地下综合管廊、停车场和充电桩等市政设施建设。积极探索旧城、城中村改造新模式，加快政府购买棚改服务项目的实施落地。

推进城市治理现代化。结合深化创新“美丽南宁·整洁畅通有序大行动”，大力开展“城市精细化管理年”活动，提升城市治理体系和治理能力现代化水平。突出人性化管理，搭建智慧停车公共服务平台，缓解重点区域停车难问题。加快建设自治区级装配式建筑试点城市。加强工程质量监管，提升市政工程全寿命周期质量。以城中村为重点推进“两违”整治，完成建成区90%以上的存量违法建设治理任务。全面推行生活垃圾分类制度，抓好平里静脉产业园和餐厨垃圾无害化处理扩容工程建设，加快江南循环经济产业园、易腐垃圾就地处理等一批固废处理设施项目建设和建筑垃圾治理减量化、资源化、无害化处置工作。

促进城市文化繁荣文明进步。大力弘扬文明新风。践行社会主义核心价值观，提升城市“精气神”。大力推进文明城市等“五大创建”活动，持续深化“五个礼让”活动，推进志愿服务制度化，形成“因知而爱、因爱而行、因行而果”的浓厚氛围。拓展城市文化品牌。扎实推进“老南宁·三街两巷”（二期）等项目建设，加快创建国家历史文化名城。充分挖掘邕江两岸文化内涵，做好周家坡古民居群文物保护工作，扎实推进市非物质文化遗产展示中心建设，加快建设壮族歌圩文化（南宁）生态保护区，着力打造顶蛳山遗址等一批文化遗产旅游精品。丰富群众文化生活。围绕新中国成立70周年主题，打造一批文艺精品，巩固提升民歌湖周周演群众文化活动和“美丽南宁大舞台”艺术精品惠民演出，持续推进“送戏进校园”工作。精心打造“东盟牌”，深化拓展“以走促亲”对外文化交流体系，举办好中国—东盟（南宁）戏剧周等系列活动。鼓励文学创作，培育文创产业，促进哲学社会科学、新闻出版、广播影视等事业繁荣发展。

（八）兴产业美环境富农村，深入实施乡村振兴战略。

坚持农业农村优先发展，推动农业全面升级、农村全面进步、农民全面发展。

推进农业高质量发展。深入实施现代特色农业产业“10+3”提升行动，加快完成255万亩粮食生产功能区和139万亩糖料蔗保护区划定，确保粮食产能稳定在

209万吨。争创特色农产品优势区，突出打好农业“生态牌”“绿色牌”“富硒牌”，打响“邕”系农业品牌，做大做强茉莉花、香蕉、火龙果、晚熟柑橘等优势产业，建设全国最具特色的优质晚熟杂交柑橘产区和火龙果产区。继续实施现代特色农业示范区建设增点扩面提质升级三年行动，新增自治区级示范区5个，市级示范区8个，县级示范区18个，乡级示范园100个，村级示范点408个。提升创建“三区三园一体”，加快建成横县国家农业现代产业园。实施休闲农业和乡村旅游精品工程，建成15个休闲农业示范区和5个乡村振兴示范村。启动农产品加工集聚区建设，加强农产品产后分级、包装、营销，加快建设农产品冷链物流体系，健全农村一二三产业融合发展利益联结机制，尽可能把产业链留在县域，让农民更多分享产业增值收益。强化农业科技推广，建设知识型、技能型、创新型农业经营者队伍。抓好农产品标准化生产，加快建设农产品质量检测和追溯体系。做好动植物疫情防控工作，特别是非洲猪瘟疫情防控工作。

深化农村各项改革。着力推进农村产权制度改革，有序推进农村集体资产清产核资工作，加快完成区、市改革试点任务。不断完善承包地“三权分置”制度，建立农村土地信息系统数据库，适时推进数据库与农村产权交易管理平台结合，引导土地经营权有序流转、规范交易。持续深化农村金融改革，加快推进“三农金融服务室”和农村信用“四级联创”工作，构建农村金融组织、信用、支付、保险、抵押担保和村级金融服务等六大体系。

推动县域经济提档升级。建好县域产业园区，加强县域与中心城区产业对接互动。推进县域特色产业布局优化，加快横县电力、造纸、茉莉花产业加工，宾阳县电子信息、建材，隆安县生物医药等特色化产业发展；加快上林县“三湖一寨两江两园”以及马山县乔老河片区连片开发、攀岩特色体育小镇等项目建设，助推生态旅游业发展。加快推进中国茉莉小镇等一批特色小镇建设。大力实施乡村振兴产业发展基础设施公共服务能力提升三年行动计划，持续推进“四好农村路”建设，着力改善能源、信息网络、农田水利基础设施，增强县域经济发展支撑保障能力。

开展“美丽南宁·幸福乡村”建设。巩固提升“清洁乡村”“生态乡村”“宜居乡村”建设成果，集中开展“美丽南宁·幸福乡村”“三美”专项活动。

大力推进“十镇特色、百村示范、千屯升级、万屯整治”创建工程和“村屯整治”助推乡村生态振兴行动，结合农村人居环境整治和乡村风貌提升三年行动，抓好村容村貌整治提升、农村生活垃圾和污水治理、“厕所革命”、农业生产废弃物资源化利用等重点任务落实，建成2个、启动建设1个市级生态宜居小城镇，打造一批生态宜居提质升级村屯。

（九）保基本兜底线促均衡，推动民生事业全面进步。

坚持以人民为中心的发展思想，尽力而为、量力而行，多办利民实事，多解民生之困，不断增强群众获得感幸福感安全感。

加强就业和创业工作。把稳就业摆在突出位置，重点解决好高校毕业生、农民工、退役军人等群体就业，年内城镇新增就业6万人。强化职业技能培训，加强劳务对接，完善就业困难群体的就业援助长效机制。推进“邕城创业行”等品牌建设，培育农民工创业园、创业孵化基地、众创空间等创业服务平台，为创业创新营造良好条件。

坚持教育优先发展。继续破解“择校热”“大班额”、普惠性学前教育供给不足等问题。建成幼儿园12所，推进幼儿园小学化专项治理。统筹推进义务教育城乡一体化，建成公办中小学校12所。持续推进高中阶段教育普及攻坚工作。全面启动中职学校布局调整和专业结构优化，增强职业教育服务我市经济社会发展能力。大力发展高等教育，加快推进南宁教育园区建设，年内开工建设学校3所、投入使用3所。深化教育职称制度改革。探索解决中小学教师编制不足问题，推进全市教师考试招聘工作。着力提升各级学校的教育质量和科研水平。加大对民办教育的支持力度，为民办教育预留发展空间，提高政府购买学位比例。提升继续教育、社区教育、特殊教育、老年教育和智慧教育水平。

持续推进健康南宁建设。深化医药卫生体制改革，加快推进医保支付方式改革，以上林县为试点推进医疗、医药、医保“三医”联动，加快建立现代医院管理制度。着力推进分级诊疗制度建设，做实医联体特别是城市医院集团和县域医共体。加快“互联网＋医疗健康”发展，实现县区数字化门诊全覆盖。加强基本公共卫生信息化建设。加快基层医疗机构标准化建设，新建、改扩建一批社区卫生服务中心，实现每个乡镇都有标准化卫生院、每个行政村都有标准化卫生室。健全全科医生培养和使用激励机制，强化乡村医生定向培养及队伍建设。持续开展爱国卫生运动。健全重大疾病防控机制，扎实推进国家慢性病综合防控示范区建设。完善公共卫生应急体系。完善全面两孩政策配套措施，深入开展幸福家庭活动。强化妇幼健康服务保障，做好儿童青少年近视防控工作。新增或更换 100 套户外全民健身路径器材，持续推进企事业单位和学校体育设施向社会开放，加速推进全民健身和全民健康深度融合试点市建设，争创全国全民运动健身模范市。办好 2019 年苏迪曼杯世界羽毛球混合团体锦标赛、“中国杯”足球赛、环广西自行车赛（南宁站）、南宁国际马拉松赛等一系列大型国际赛事活动。

扎牢织密民生保障网络。全面实施全民参保计划。继续落实好阶段性降低社会保险费率政策。抓好南宁国家级“医养结合”试点、全国养老服务业改革综合试点、居家和社区养老服务改革试点工作，实施社区“长者饭堂”试点项目，加快推进智慧养老服务平台建设运营。提高城乡低保保障标准和平均补助水平，落实城乡低保、特困人员供养、医疗救助、临时救助等制度，建成第二社会福利院，推进马岭公益性公墓等项目建设。开展农村危房改造实施情况“回头看”，确保危改户达到住房有保障的要求。加快推进保障房信息化建设，全面提升保障房精细化管理和运营服务水平；优化城市物业管理。大力发展残疾人事业，推进残疾人托养康复中心等项目建设。全面落实保障农民工工资支付工作，积极构建和谐劳动关系。

推动社会治理创新。发挥基层群众性自治组织作用，创新完善自治、法治、德治相结合的基层治理体系，打造人人有责、人人尽责的社会治理共同体。强化信访责任，化解突出矛盾纠纷问题，落实市四家班子领导包案制，切实维护群众合法权益。完善“雪亮工程”，深入开展扫黑除恶专项斗争和治乱行动，大力实施打击整治网络传销、电信网络诈骗等涉众型经济犯罪专项行动。开展净化社会文化环境集中整治行动，专项治理网络生态。加快创建国家食品安全示范城市，用“四个最严”捍卫市民舌尖上的安全。严格落实安全生产责任制，坚决防范重特大安全事故发生。扎实做好防范医务人员、中小学幼儿园学生遭受不法侵害工作。加强国防教育基地建设，创建全国双拥模范城市，做好退役军人服务管理工作，推进军民融合深度发展。强化应急管理和救援能力建设，加快构建全方位的防灾减灾救灾工作体系。落实第四次全国经济普查任务。抓好优抚安置、社会福利、社会组织、慈善等工作。

全力办好为民办实事。扎实推进自治区级和市本级为民办实事工程，让发展成果更多惠及百姓。

三、建设对党忠诚、人民满意的服务型政府

新时代既要新担当，更要新作为。我们将严格按照习近平总书记提出的“五个过硬”要求，对党忠诚，为民服务，锐意进取，担当作为，奋力开创政府工作新局面。

坚定政治立场。深入学习贯彻习近平新时代中国特色社会主义思想，树牢“四个意识”，坚定“四个自信”，坚决维护习近平总书记党中央的核心、全党的核心地位，坚决维护党中央权威和集中统一领导。认真开展“不忘初心、牢记使命”主题教育，扎实推进“两学一做”学习教育常态化制度化。

坚持依法行政。坚持全面依法治市，严格遵守宪法法律，加大力度推进法治政府建设。大力实施“七五”普法规划，巩固提升公共法律服务体系。坚持严格规范公正文明执法，有权不可任性，用权必受监督。依法接受人大及其常委会的法律监督和工作监督，自觉接受人民政协的民主监督，主动接受社会和舆论监督，提高办理人大代表议案和建议、政协提案的满意率。广泛听取民主党派、工商联、无党派人士和各人民团体意见。拓宽公众参与法治政府建设渠道，积极打造“南宁仲裁”品牌。落实重大行政决策专家咨询论证机制，建设新型智库，充分发挥政府参事、专家咨询委员会等的决策咨询作用。

更加担当作为。强化风险意识，着力防范化解政治、经济、意识形态、社会、外事外经等领域和自然灾害等重大风险。以机构改革为契机，推进政府职能转变，强化政府部门间的团结合作、协调联动、同频共振。全面推行“一线工作法”，坚持在一线发现问题、在一线解决问题、在一线服务项目和企业。激励干部增强干事创业的精气神，工作要有干劲、狠劲、拼劲和韧劲。坚持解放思想，开拓创新，在矛盾面前迎难而上，在困难面前担当作为，打造忠诚干净担当的高素质干部队伍。进一步创新体制机制，改进工作方法，落实容错纠错机制，为担当者担当、为负责者负责，构建更加便捷、高效、优质的服务体系。

坚持勤政廉政。坚决落实全面从严治党政治责任，认真落实“一岗双责”，严肃党内政治生活。持之以恒落实中央八项规定精神，把整治形式主义、官僚主义作为正风肃纪、反对“四风”的首要任务、长期任务，时刻防范“四风”隐形变异新动向。巩固发展反腐败斗争压倒性胜利，强化审计结果运用，完善审计与纪检监察、司法的协调衔接，一体推进不敢腐、不能腐、不想腐。向群众身边不正之风和腐败问题亮剑，持续深化扶贫领域腐败和作风问题专项治理，维护好群众切身利益。

各位代表！新时代，旗帜高扬；新征程，风帆正满。让我们更加紧密地团结在以习近平同志为核心的党中央周围，坚持以习近平新时代中国特色社会主义思想为指导，按照“三大定位”新使命和“五个扎实”新要求，践行“担当为要、实干为本、发展为重、奋斗为荣”的理念，全面落实强首府战略，真抓实干、善作善成、造福于民，不断推动首府各项工作迈上新台阶，为建设壮美广西、共圆复兴梦想作出新的更大贡献，以优异成绩迎接新中国成立70周年！

2018 年南宁市国民经济和社会发展统 计 公 报

南宁市统计局

2019 年 4 月 16 日

2018 年，全市认真贯彻落实中央和自治区经济工作会议精神，坚持稳中求进工作总基调，按照“三大定位”新使命和“五个扎实”新要求，坚定不移推动高质量发展，全市经济保持了持续健康发展态势。

一、综合

经济增长：2018 年，按可比价格计算，全市地区生产总值比上年增长 5.4%。按常住人口计算，全市人均地区生产总值比上年增长 4%。三次产业中，第一产业增加值比上年增长 4.3%；第二产业增加值比上年增长 2.2%；第三产业增加值比上年增长 7.8%。

图1 2014年-2018年全市地区生产总值增长速度

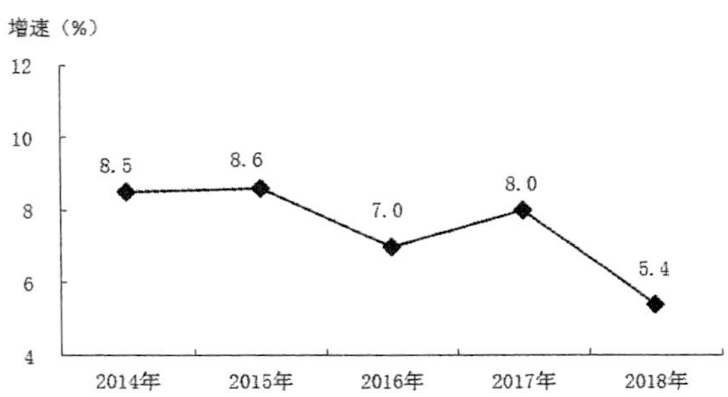

三次产业的比重为 10.5：30.4：59.1。与 2017 年比较，第一产业比重上升 0.7 个百分点，第二产业比重下降 8.4 个百分点，第三产业比重上升 7.7 个百分点。

图2 2018年三次产业增加值占全市地区生产总值比重

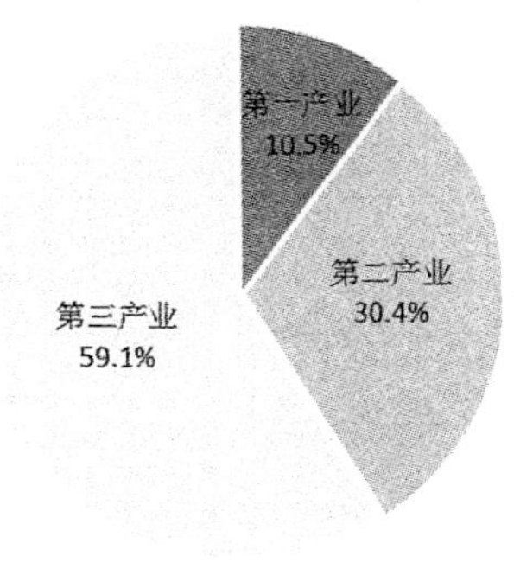

价格：全年居民消费价格比上年上涨 2.5%，分类别看，八大类消费价格指数均有不同程度上涨。（见表 1）

表1 居民消费价格指数

指　标	2018 年	比上年涨跌（%）
居民消费价格总指数	102.5	2.5
食品烟酒	101.4	1.4
衣着	102.6	2.6
居住	104.4	4.4
生活用品及服务	100.9	0.9
交通和通信	100.1	0.1
教育文化和娱乐	103.3	3.3
医疗保健	105.1	5.1
其他用品和服务	102.3	2.3

图3 2014-2018年居民消费价格涨跌幅度

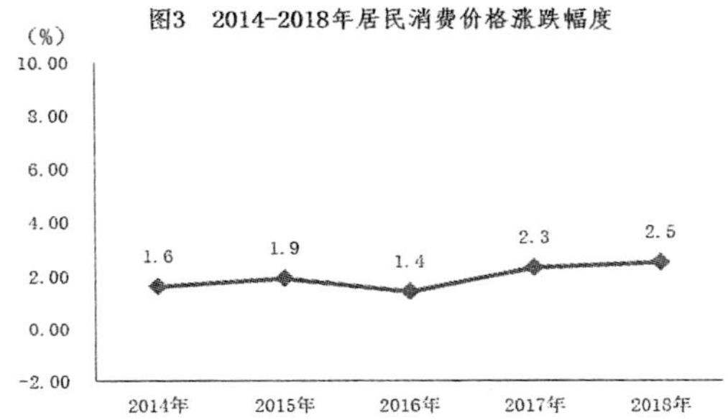

二、农业

产值：全年全市实现农林牧渔及服务业总产值 725.27 亿元，比上年增长 4.5%。其中，农业产值 422.77 亿元，比上年增长 4.9%；林业产值 40.41 亿元，比上年增长 6.9%；畜牧业产值 188.02 亿元，比上年增长 1.8%；渔业产值 33.4 亿元，比上年增长 9.4%；农林牧渔服务业产值 40.67 亿元，比上年增长 8.7%。占农林牧渔及服务业产值的比重分别为：农业 58.3%，比上年上升 2.4 个百分点；林业 5.6%，与去年持平；畜牧业 25.9%，比上年下降 2.3 个百分点；渔业 4.6%，比上年上升 0.4 个百分点；农林牧渔服务业 5.6%，比上年下降 0.5 个百分点。

图4 2017年-2018年农林牧渔及服务业总产值构成（%）

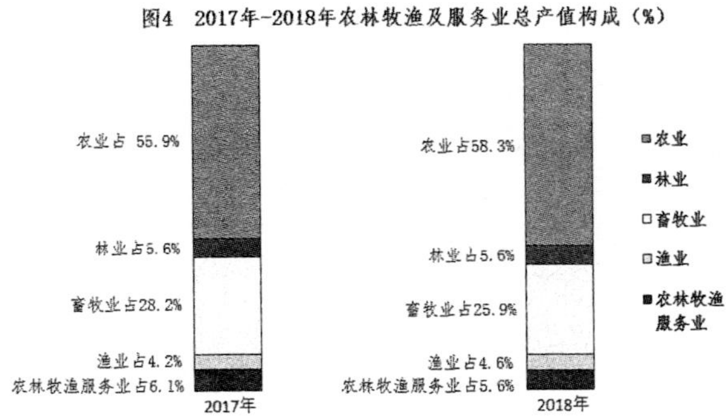

农作物种植面积：全年农作物播种面积97.36万公顷，比上年下降1.1%。其中，粮食种植面积42.58万公顷，比上年下降2.4%。经济作物种植面积23.22万公顷，比上年下降3.3%，其中，甘蔗种植面积14.23万公顷，比上年增长0.7%；油料种植面积5.33万公顷，比上年下降0.2%。其他农作物种植面积31.56万公顷，比上年增长2.4%，其中蔬菜种植面积24.74万公顷，比上年增长2.6%。各类经济作物（含其他农作物）种植面积占农作物总播种面积的比重为56.3%，全年粮食作物和各类经济作物的种植面积比例为1 ： 1.3。

农作物产品产量：全年粮食总产量211.42万吨，比上年下降0.7%；蔬菜产量562.23万吨，比上年增长3.1%；水果产量282.73万吨，比上年增长13.9%；甘蔗产量1168.6万吨，比上年增长1.7%；花生产量16.19万吨，比上年增长1.5%；木薯产量24.67万吨，比上年下降29.9%。

图5　2014年-2018年全市粮食总产量及增长速度

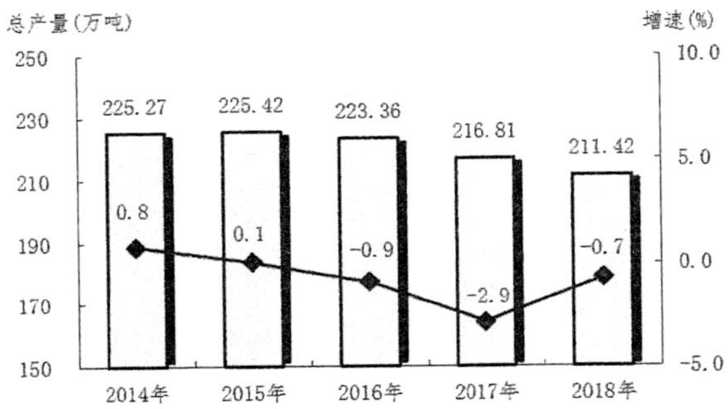

养殖业产品产量：全年肉类产量66.77万吨，比上年增长1.5%，其中，猪肉产量39.15万吨，比上年增长2.8%；全年生猪出栏518.81万头，比上年增长2.3%；生猪存栏428.29万头，比上年增长4.1%；禽蛋产量4.12万吨，比上年增长0.2%；牛奶产量3.02万吨，比上年下降37.7%；水产品产量30.23万吨，比上年增长10.1%。

林业生产：全社会木材采伐量497.55万立方米，比上年增长9.6%。荒山荒地（沙）造林面积1460公顷。

农村基础设施：全年农村用电量12.79亿千瓦时，比上年增长8.1%。化肥使用量（折纯）47.04万吨，比上年下降12.6%。有效灌溉面积21.68万公顷，比上年下降6.4%。全市1384个行政村中，自来水受益村1381个，比上年增加12个。自来水受益村占行政村数的比例达99.8%。

三、工业和建筑业

工业：全年全部工业总产值比上年增长5.3%。规模以上工业总产值比上年增长5.2%；其中，国有企业比上年增长0.8%，集体企业比上年增长2.3%，股份制企业比上年下降0.6%，外商及港澳台投资企业比上年增长23.4%。全年全部工业增加值比上年增长1.6%。

图6　2014年—2018年全市规模以上工业总产值增长速度

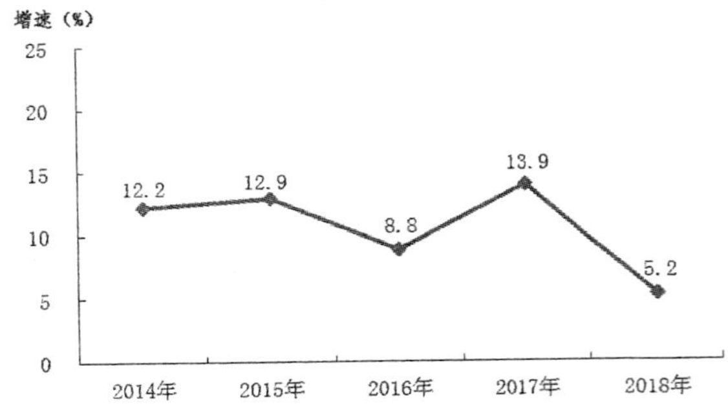

分轻重工业看，全市规模以上轻工业总产值比上年下降1.2%，重工业总产值比上年增长9.4%，重工业增速快于轻工业10.6个百分点。

全年规模以上工业产值最高的六个行业共拉动规模以上工业总产值比上年增长5.6个百分点。其中计算机、通信和其他电子设备制造业产值比上年增长25.8%；农副食品加工业产值比上年下降4.8%；非金属矿物制品业产值比上年增长21.8%；烟草制品业产值比上年增长7.3%；电力、热力生产和供应业产值比上年增长9.9%；化学原料和化学制品制造业产值比上年下降16.7%。

全市规模以上工业企业主营业务收入2503.11亿元，比上年增长5.4%；利润125.41亿元，比上年下降2.3%。全年规模以上工业产销率96%，比上年提高0.2个百分点。

年末全市拥有规模以上工业企业1005家，比上年增加59家。其中工业产值超亿元的企业456家。

主要产品产量（见表2）。

表2　2018年主要工业产品产量及增长速度

产品名称	单位	产量	比上年增长（%）
配混合饲料	万吨	508.12	9.0
成品糖	万吨	109.35	20.2
软饮料	万吨	168.56	14.0
啤酒	千升	285441	−12.1
卷烟	亿支	353.00	−2.1
人造板	万立方米	552.05	14.6
纸浆	万吨	27.61	47.2
机制纸及纸板	万吨	26.12	27.2

合成复合肥料	万吨	54.56	-52.0
硅酸盐水泥熟料	万吨	1181.72	-2.4
水泥	万吨	1513.29	8.7
钢材	万吨	51.69	0.2
铝材	万吨	41.17	1.3
乳制品	万吨	11.23	6.6
电力电缆	千米	205153	53.8
塑料制品	万吨	40.85	-0.5

建筑业：年末，全市具有资质等级的建筑企业410个，比上年减少12个。全年建筑业增加值比上年增长4.0%。全市建筑施工企业（资质企业）完成施工产值1687.08亿元，比上年增长14.8%。

四、固定资产投资

2018年，全市固定资产投资比上年增长11.8%。其中，项目投资比上年增长9.2%；房地产开发投资比上年增长15.5%。分投资主体看，国有经济投资比上年增长13.3%，集体经济投资比上年下降1.4%，私营个体投资比上年增长11.1%，港澳台商投资比上年增长4.9%，外商投资比上年增长125.9%，其他经济投资比上年增长0.7%。

图7 2014年-2018年固定资产投资增长速度

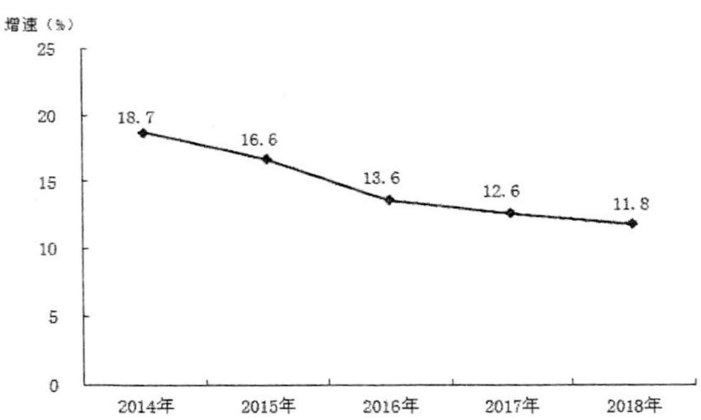

在固定资产投资中，第一产业投资比上年下降0.9%；第二产业投资比上年增长13.9%，其中，工业投资比上年增长8.7%；第三产业投资比上年增长11.8%。固定资产投资增长较快的行业主要为采矿业、建筑业、教育业、文化体育和娱乐业等行业。（见表3）

表3 2018年分行业固定资产投资增长速度

行业	比上年增长（%）
固定资产投资	11.8
农、林、牧、渔业	-0.9
采矿业	159.7
制造业	0.6
电力、燃气及水的生产和供应业	35.0
建筑业	221.2
批发和零售业	-33.7
交通运输、仓储和邮政业	10.6
住宿和餐饮业	-11.3
信息传输、软件和信息技术服务业	-29.0
金融业	-51.5
房地产业	14.4
租赁和商务服务业	-22.1
科学研究和技术服务业	-22.1
水利、环境和公共设施管理业	19.6
居民服务、修理和其他服务业	-80.0
教育	57.1
卫生和社会工作	-17.7
文化、体育和娱乐业	52.2
公共管理、社会保障和社会组织	-26.0

全年房地产开发投资1106.36亿元，比上年增长15.5%。其中，商品住宅投资772.04亿元，比上年增长13.7%；办公楼投资62.95亿元，比上年下降4.5%；商业营业用房投资98.41亿元，比上年增长27.0%。商品房施工面积8129.81万平方米，比上年增长13.4%；商品房竣工面积792.21万平方米，比上年增长37.0%；商品房销售面积1745.19万平方米，比上年增长13.0%；商品房销售额1358.14亿元，比上年增长13.1%。（见表4）

表4 2018年房地产开发和销售主要指标及增长速度

指　标	单位	绝对数	比上年增长（%）
房地产开发投资	亿元	1106.36	15.5
其中：住宅	亿元	772.04	13.7
商品房施工面积	万平方米	8129.81	13.4
其中：住宅	万平方米	5290.67	12.5
商品房新开工面积	万平方米	1709.74	15.0
其中：住宅	万平方米	1200.76	17.5
商品房竣工面积	万平方米	792.21	37.0
其中：住宅	万平方米	584.23	32.6
商品房销售面积	万平方米	1745.19	13.0
其中：住宅	万平方米	1438.25	10.0
商品房销售额	亿元	1358.14	13.1
其中：住宅	亿元	1107.06	9.9
本年实际到位资金小计	亿元	1669.81	17.3
其中：国内贷款	亿元	256.56	13.6
自筹资金	亿元	403.80	4.8
定金及预收款	亿元	586.30	44.9
个人按揭贷款	亿元	322.74	-1.6

五、交通和邮电通信业

交通运输：全年货物运输总量38382.33万吨，比上年增长9.2%。旅客运输总量9473.36万人，比上年增长2.5%。其中，铁路货物运输量223.03万吨，比上年下降1.5%；铁路旅客运输量3506.36万人，比上年增长15.3%；公路货物运输量34299万吨，比上年增长9.9%；公路旅客运输量5196万人，比上年下降5.2%；水路货物运输量3853.8万吨，比上年增长4.2%；航空货邮发送量6.5万吨，比上年增长3.0%；民航旅客发送量771万人，比上年增长6.8%。

邮电通信：全年邮电业务总量454.72亿元，比上年增长137.5%，其中电信业务总量444.39亿元，比上年增长139.2%；邮政业务总量10.33亿元，比上年增长83.1%。

六、国内贸易

全年全市社会消费品零售总额比上年增长9.0%。按销售单位所在地统计，城镇消费品零售额比上年增长8.9%；乡村消费品零售额比上年增长10.4%。按消费类型统计，商品零售额比上年增长9.0%；餐饮收入额比上年增长9.4%。

图8　2014年-2018年社会消费品零售总额增长速度

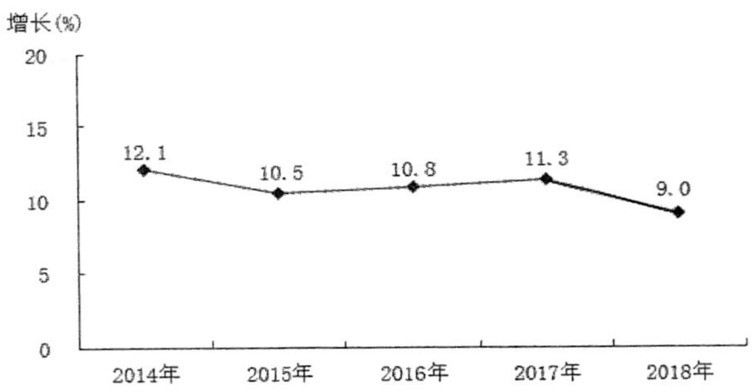

在限额以上企业商品零售额中，汽车类零售额比上年增长0.8%，家用电器和音像器材类比上年增长8.6%，通讯器材类比上年下降26.8%，体育娱乐用品类比上年增长8.3%，文化办公用品类比上年增长1.9%，家具类比上年下降13.3%，建筑及装潢材料类比上年增长1.6%，日用品类比上年增长6.7%，粮油、食品类比上年增长8.6%，饮料类比上年下降3.3%，烟酒类比上年增长16.5%，服装、鞋帽、针纺织品类比上年增长5.6%，化妆品类比上年增长7.5%，金银珠宝类比上年下降7.6%，中西药品类比上年下降2.1%。

七、对外开放和旅游业

对外贸易：全年外贸进出口总值738.79亿元，比上年增长21.7%。其中，出口总值355.09亿元，比上年增长28.8%；进口总值383.70亿元，比上年增长15.9%。

图9　2014年-2018年全市进出口总值及增长速度

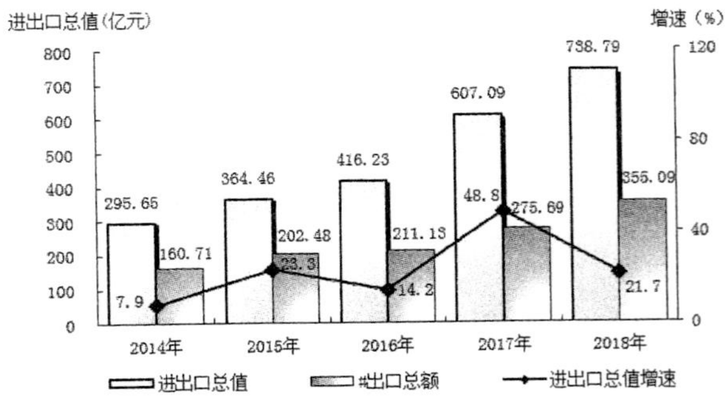

招商引资：全年区外境内实际到位内资900.56亿元，比上年增长15.9%。全年全口径实际利用外资13.69亿美元，比上年增长43.0%。年末全市实有三资企业1191家，其中建成投产三资企业622家。

开发区：年末全市共有开发区、工业集中区15个。其中，南宁高新技术产业开发区、南宁经济技术开发区和广西－东盟经济技术开发区年末累计入园企业25168家，比上年末增加4031家；财政收入100.15亿元，比上年增长10.8%；规模以上工业总产值比上年下降7.5%；固定资产投资比上年增长11.1%。

旅游：全年共接待国内游客13094.60万人次，比上年增长19.0%；接待入境过夜游客64.43万人次，比上年增长9.0%。其中，外国游客40.67万人次，比上年下降0.3%；香港游客8.96万人次，比上年增长33.3%；澳门游客6.07万人次，比上年增长33.9%；台湾同胞8.73万人次，比上年增长23.0%。国内旅游消费1368.42亿元，比上年增长23.3%。国际旅游（外汇）消费2.89亿美元，比上年增长11.1%。年末全市实有星级宾馆50家。拥有4A级旅游景区28个，5A级旅游景区1个。拥有旅行社145家，其中出境旅行社40家。

八、财政、金融和保险

财政收入：全年财政收入753.20亿元，比上年增长9.5%。其中一般公共预算收入358.96亿元，比上年增长8.1%。一般公共预算收入中，税收收入261.38亿元，比上年增长5.4%。全年一般公共预算支出697.93亿元，比上年增长8.0%。财政支出中，投向公共安全、医疗卫生及计划生育、城乡社区的支出增长较快。其中，公共安全支出53.06亿元，比上年增长19.7%；医疗卫生及计划生育支出70.36亿元，比上年增长15.1%；城乡社区支出 113.70 亿元，比上年增长 14.0%。

金融：年末全市共有金融机构 45 家，营业网点 1237 个。年末全市金融机构人民币各项存款余额 10093.13 亿元，比上年增长 7.8%。其中，住户存款余额 3542.83 亿元，比上年增长 11.5%。金融机构人民币贷款余额 12052.13 亿元，比上年增长 15.1%。

图10　2014年-2018年住户存款余额及增长速度

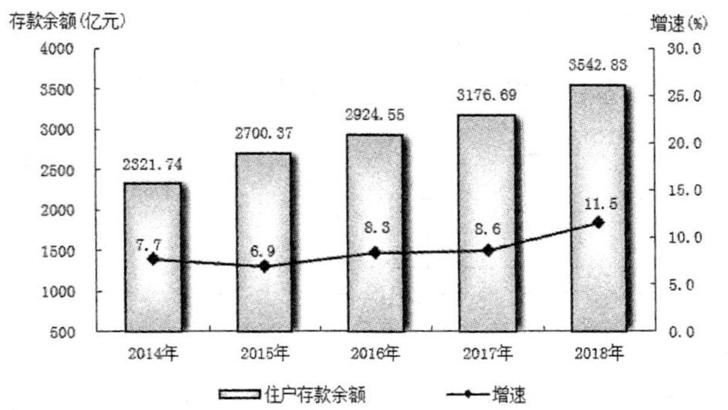

保险：年末全市共有各类保险公司 41 家，其中，财险公司 23 家，寿险公司 18 家。全年保费收入 201.68 亿元，比上年增长 11.0%。其中，财产险保费收入 84.07 亿元，比上年增长 14.4%；寿险保费收入 117.61 亿元，比上年增长 8.7%。全年各项保险赔款及给付 72.57 亿元，其中，财产险业务赔款及给付 41.31 亿元；寿险、健康险和意外伤害险赔款及给付 31.26 亿元。

九、人口和人民生活

人口：年末全市户籍人口 770.82 万人，比上年增加 13.96 万人，增长 1.8%，其中市区人口 387.13 万人，比上年增加 11.75 万人，增长 3.1%。全市人口出生率 13.1‰，比上年下降 2.1 个千分点；人口死亡率 5.4‰，比上年下降 0.3 个千分点；人口自然增长率 7.7‰，比上年下降 1.8 个千分点。

年末全市常住人口 725.41 万人，比上年增加 10.08 万人，增长 1.4%，其中市辖区常住人口 441.76 万人，比上年增加 8.27 万人，增长 1.9%；城镇常住人口 452.61 万人，比上年增加 13.79 万人，增长 3.1%，城镇化率 62.4%，比上年提高 1.1 个百分点；乡村常住人口 272.8 万人，比上年减少 3.7 万人，下降 1.3%。全市常住人口出生率 15.1‰，比上年下降 0.7 个千分点，常住人口死亡率为 5.6‰，比上年提高 0.1 个千分点。

城乡居民生活：全年全市居民人均可支配收入 26798 元，比上年增加 1814 元，增长 7.3%。按常住地分，城镇居民人均可支配收入 35276 元，比上年增加 2059 元，增长 6.2%；农村居民人均可支配收入 13654 元，比上年增加 1139 元，增长 9.1%。

图11　2014年-2018年城镇居民人均可支配收入及增长速度

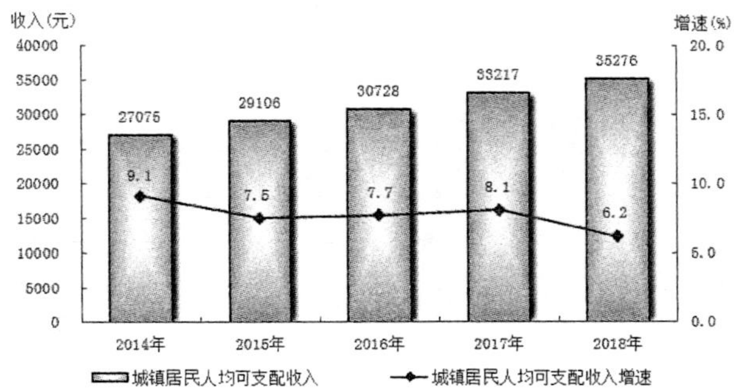

图12　2014年-2018年农村居民人均可支配收入及增长速度

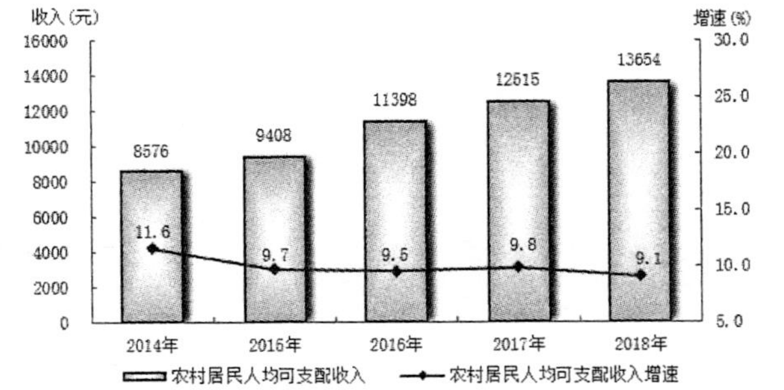

注：2014-2015年统计口径为农民人均纯收入，2016年起统计口径更改为农村居民人均可支配收入。

注：

1. 本公报中数据均为初步统计数。

2. 地区生产总值、三次产业增加值、工业增加值、农业产值增速按可比价格计算；工业总产值增速按现行价格计算。

3. 规模以上工业企业是指年主营业务收入 2000 万元及以上的全部法人工业企业；限额以上批发零售企业是指年主营业务收入 2000 万元及以上批发企业和年主营业务收入 500 万元及以上零售企业。

4. 部分数据因四舍五入的原因，存在着总项与分项合计不等的情况。

5. 资料来源：本公报中户籍总人口数据来自南宁市公

安局；财政数据来自南宁市财政局；物价、居民收入数据来自国家统计局南宁调查队；进出口数据来自南宁海关；招商引资数据来自南宁市投资促进局；金融数据来自中国人民银行南宁中心支行；保险数据来自中国保险监督委员会广西监管局；旅游数据来自南宁市文化广电和旅游局；旅客、货物运输量数据来自南宁市交通运输局、南宁铁路局、广西沿海铁路公司和广西机场管理集团有限责任公司南宁吴圩国际机场；邮政业务数据来自广西邮政公司南宁市分公司、广西邮政速递物流有限公司南宁分公司；电信业务数据来自中国移动广西有限公司南宁分公司、中国联合网络通信有限公司南宁分公司、铁通公司南宁分公司和中国电信股份有限公司南宁分公司；人口出生率、人口死亡率、人口自然增长率数据来自南宁市卫生健康委员会；开发区数据来自南宁高新技术产业开发区、南宁经济技术开发区和广西-东盟经济技术开发区；其他数据均来自南宁市统计局。

第二部分　统计资料

PART　II　　STATISTICAL DATA

一 综合

CHAPTER 1 GENERAL SURVEY

1-1 行政区划

Administrative Divisions

（2018 年）

单位：个 (unit)

县（区） County(District)	乡镇、街道办事处 Township、Town and Urban Sub-district Office	乡 Township	镇 Town	办事处 Urban Subdistrict Office	村民、居民委员会 Village and Neighbourhood Committees	村委会 Village Committees	社区居委会 Neighbourhood Committees
全市 Nanning	**127**	**13**	**89**	**25**	**1786**	**1385**	**401**
市区 Urban District	62	1	36	25	822	550	272
兴宁区 Xingning District	6		3	3	75	37	38
青秀区 Qingxiu District	9		4	5	104	46	58
江南区 Jiangnan District	9		4	5	116	68	48
西乡塘区 Xixiangtang District	13		3	10	152	79	73
良庆区 Liangqing District	7		5	2	78	57	21
邕宁区 Yongning District	5		5		75	65	10
武鸣区 Wuming District	13		13		222	198	24
隆安县 Long'an County	10	4	6		131	118	13
马山县 Mashan County	11	4	7		156	134	22
上林县 Shanglin County	11	4	7		134	115	19
宾阳县 Binyang County	16		16		235	192	43
横　县 Hengxian County	17	1	16		308	276	32

注：江南区含经济技术开发区，西乡塘区含高新技术开发区，武鸣区含广西－东盟经济开发区。

1-2 乡(镇)、街道办事处一览表

List Of Counties (Towns) And Subdistrict Offices

(2018 年)

县(区) County(District)	乡(镇)、街道办事处	Township(Town)、Urban Subdistrict Office
隆安县 Long'an County	城厢镇、南圩镇、乔建镇、那桐镇、丁当镇、雁江镇、布泉乡、都结乡、屏山乡、古潭乡	Chengxiang、Nanxu、Qiaojian、Natong、Dingdang、Yanjiang、Buquan、Dujie、Pingshan、Gutan
马山县 Mashan County	白山镇、百龙滩镇、古零镇、金钗镇、永州镇、林圩镇、周鹿镇、乔利乡、加方乡、古寨瑶族乡、里当瑶族乡	Baishan、Bailongtan、Guling、Jinchai、Yongzhou、Linxu、Zhoulu、Qiaoli、Jiafang、Guzhaiyaozu、Lidangyaozu
上林县 Shanglin County	大丰镇、明亮镇、巷贤镇、白圩镇、三里镇、乔贤镇、西燕镇、澄泰乡、木山乡、塘红乡、镇圩瑶族乡	Dafeng、Mingliang、Xiangxian、Baixu、Sanli、Qiaoxian、Xiyan、Chengtai、Mushan、Tanghong、Zhenxuyaozu
宾阳县 Binyang County	思陇镇、新桥镇、宾州镇、新圩镇、大桥镇、邹圩镇、王灵镇、黎塘镇、和吉镇、洋桥镇、武陵镇、中华镇、古辣镇、露圩镇、甘棠镇、陈平镇	Silong、Xinqiao、binzhou、Xinxu、Daqiao、Zouxu、Wangling、Litang、Heji、Yangqiao、Wuling、Zhonghua、Gula、Luxu、Gantang、Chenping
横 县 Hengxian County	横州镇、百合镇、那阳镇、南乡镇、新福镇、莲塘镇、平马镇、峦城镇、六景镇、石塘镇、陶圩镇、校椅镇、云表镇、马岭镇、马山乡、平朗乡、镇龙乡	Hengzhou、Baihe、Nayang、Nanxiang、Xinfu、Liantang、Pingma、Luancheng、Liujing、Shitang、Taoxu、Xiaoyi、Yunbiao、Maling、Mashan、Pinglang、Zhenlong
兴宁区 Xingning District	三塘镇、五塘镇、昆仑镇、朝阳街道办事处、民生街道办事处、兴东街道办事处	Santang、Wutang、Kunlun、Chaoyang、Minsheng、Xingdong
青秀区 Qingxiu District	新竹街道办事处、中山街道办事处、建政街道办事处、南湖街道办事处、津头街道办事处、刘圩镇、伶俐镇、南阳镇、长塘镇	Xinzhu、Zhongshan、Jianzheng、Nanhu、Jintou、Liuxu、Lingli、Nanyang、Changtang
江南区 Jiangnan District	金凯街道办事处、福建园街道办事处、江南街道办事处、沙井街道办事处、那洪街道办事处、苏圩镇、延安镇、江西镇、吴圩镇	Jinkai、Fujianyuan、Jiangnan、Shajing、nahong、Suxu、Yan'an、Jiangxi、wuxu
西乡塘区 Xixiangtang District	衡阳街道办事处、北湖街道办事处、西乡塘街道办事处、安吉街道办事处、华强街道办事处、新阳街道办事处、上尧街道办事处、石埠街道办事处、安宁街道办事处、心圩街道办事处、金陵镇、双定镇、坛洛镇	Hengyang、Beihu、Xixiangtang、Anji、Huaqiang、Xinyang、Shangrao、Shibu、Anning、Xinxu、Jinling、Shuangding、Tanluo
良庆区 Liangqing District	大沙田街道办事处、玉洞街道办事处、良庆镇、那马镇、大塘镇、那陈镇、南晓镇	Dashatian、yudong、Liangqing、Nama、Datang、Nachen、Nanxiao
邕宁区 Yongning District	蒲庙镇、那楼镇、新江镇、百济镇、中和乡	Pumiao、Nalou、Xinjiang、Baiji、Zhonghe
武鸣区 Wuming District	城厢镇、锣圩镇、陆斡镇、双桥镇、宁武镇、太平镇、罗波镇、灵马镇、仙湖镇、府城镇、两江镇、马头镇、甘圩镇	Chengxiang、Luoxu、Luwo、Shuangqiao、Ningwu、taiping、Luobo、Lingma、Xianhu、Fucheng、Liangjiang、Matou、Ganxu

注:江南区含经济技术区的那洪街道办事处、金凯街道办事处、吴圩镇;西乡塘区含高新技术开发区的安宁街道办、心圩街道办事处。

1-3 南宁市国民经济主要指标占全区比重

Main Indicators Of Nanning's National Economy As Percentage In Guangxi

（2018 年）

指标名称 Item	单位 Unit	南宁市 Nanning	广西 Guangxi	南宁市占广西的比重（%） Nanning As Percentage In Guangxi
年末总人口 Population at Year-end	万人 (10000 persons)	770.82	5659	13.62
生产总值 Gross Domestic Product	亿元 (100 million yuan)	4026.91	20352.51	19.79
第一产业 Primary Industry	亿元 (100 million yuan)	421.31	3019.37	13.95
第二产业 Secondary Industry	亿元 (100 million yuan)	1225.78	8072.94	15.18
#工业 Industry	亿元 (100 million yuan)	780.32	6288.72	12.41
第三产业 Tertiary Industry	亿元 (100 million yuan)	2379.81	9260.20	25.70
固定资产投资 Investment in Fixed Assets	亿元 (100 million yuan)			
#第一产业投资 Primary industry investment	亿元 (100 million yuan)			
第二产业投资 Second industry investment	亿元 (100 million yuan)			
第三产业投资 Third industry investment	亿元 (100 million yuan)			
#项目投资 Project Investment	亿元 (100 million yuan)			
房地产开发投资 Real Estate Development	亿元 (100 million yuan)			
社会消费品零售总额 Total Retail Sales of Consumer Goods	亿元 (100 million yuan)	2214.69	8291.59	26.71
海关进出口总额 Total Value of Exports and Imports	亿元 (100 million yuan)	738.79	4106.71	17.99
#出口总额 Exports	亿元 (100 million yuan)	355.09	2176.14	16.32
财政收入 Financial Revenue	亿元 (100 million yuan)	753.20	2790.35	26.99
#一般公共预算收入 Public Budget Income	亿元 (100 million yuan)	358.96	1681.48	21.35
一般公共预算支出 Public Budget Expenditure	亿元 (100 million yuan)	697.93	5310.89	13.14
金融机构存款余额 Urban & Rural Savings Deposits	亿元 (100 million yuan)	10093.13	29789.78	33.88
金融机构贷款余额 Total Wages Bill of Staff & Workers on the Job	亿元 (100 million yuan)	12052.13	26688.31	45.16

1-4 全市各时期主要经济指标平均增长率

Average Growth Rate Of Main Economic Indicators In Each Period

单位：%

时期 Period	生产总值 Gross Domestic Product	第一产业 Primary Industry	第二产业 Secondary Industry	第三产业 Tertiary Industry	全社会固定资产投资 Total Investment in Fixed Assets	地方财政收入 Local Government Revenue	地方财政支出 Local Government Expenditure	社会消费品零售总额 Total Retail Sales of Consumer Goods
"一五" 时期 (1953-1957) "First Five-Year Plan" Period	9.5	4.4	29.5	16.5	42.2	24.9	14.9	12.5
"二五" 时期 (1958-1962) "Second Five-Year Plan" Period	5.3	-1.3	8.8	10.0	5.4	-2.3	2.5	7.1
调整时期 (1963-1965)1963-1965 Period of Adjustment	10.8	11.4	22.7	4.7	28.1	7.5	11.2	3.9
"三五" 时期 (1966-1970) "Third Five-Year Plan" Period	6.9	7.6	13.1	3.1	-7.6	9.6	4.2	2.8
"四五" 时期 (1971-1975) "Fourth Five-Year Plan" Period	9.0	9.2	11.2	5.9	13.6	14.6	9.0	8.4
"五五" 时期 (1976-1980) "Fifth Five-Year Plan" Period	8.0	3.2	13.9	8.2	12.9	7.3	13.2	11.9
"六五" 时期 (1981-1985) "Sixth Five-Year Plan" Period	8.6	6.9	9.1	11.5	20.3	9.0	18.2	16.8
"七五" 时期 (1986-1990) "Seventh Five-Year Plan" Period	9.4	3.5	10.4	15.9	11.6	14.3	20.2	16.3
"八五" 时期 (1991-1995) "Eighth Five-Year Plan" Period	14.6	8.5	16.6	18.0	51.7	8.3	16.1	25.0
"九五" 时期 (1996-2000) "Ninth Five-Year Plan" Period	10.5	7.2	8.4	14.4	9.7	12.9	15.1	14.3
"十五" 时期 (2001-2005) "Tenth Five-Year Plan" Period	11.5	5.5	14.2	12.3	26.2	23.7	20.4	12.2
"十一五" 时期 (2006-2010) "Eleventh Five-Year Plan" Period	15.6	6.5	19.2	15.9	32.5	24.6	28.9	19.0
"十二五" 时期 (2011-2015) "Twelve Five-Year Plan" Period	10.6	4.8	14.2	9.2	24.4	13.7	19.2	14.4
"十三五" 时期 (2016-2018) "Thirteen Five-Year Plan" Period	6.8	3.9	5.5	8.3	12.7	6.5	9.7	10.4

注：2016 年起，全社会固定资产投资统计口径改为固定资产投资。

1-5 全市历年主要指标

Main Indicators Of Nanning City Over The Years

年份 Year	年末户籍人口（万人）Population at Year-end (10000 persons)	生产总值（万元）Gross Domestic Product (10000 yuan)	第一产业 Primary Industry	第二产业 Secondary Industry	第三产业 Tertiary Industry	生产总值指数(%) Indices of Gross Domestic Product(%)	第一产业 Primary Industry	第二产业 Secondary Industry	第三产业 Tertiary Industry
1950	228.55	14272	10376	587	3309	100	100	100	100
1951	233.89	16885	12045	844	3996	113.2	110.1	147.6	119.0
1952	239.35	19369	13449	1228	4692	112.7	109.2	146.4	116.0
1953	245.81	22355	14565	2283	5507	115.3	108.1	199.9	117.8
1954	251.68	23675	14713	2557	6405	108.4	103.7	112.6	119.7
1955	254.93	25529	15113	3053	7363	108.3	102.9	118.6	118.0
1956	261.44	28189	15404	4048	8737	109.9	102.3	129.6	118.5
1957	266.89	30015	16262	4163	9590	105.6	104.9	105.2	109.0
1958	279.89	34627	15512	7887	11228	112.4	96.3	158.0	114.4
1959	286.78	43541	16522	12986	14033	127.9	106.3	170.1	128.1
1960	290.98	46193	14144	15527	16522	109.7	89.2	123.6	117.8
1961	292.75	36679	13623	8305	14751	79.9	94.2	52.7	95.3
1962	298.48	37274	14913	7279	15082	102.5	109.0	87.1	104.3
1963	309.93	39195	15925	7771	15499	104.3	106.5	102.9	103.0
1964	318.88	44568	17948	10157	16463	111.6	112.7	136.0	101.5
1965	329.84	53362	21483	13309	18570	116.8	115.2	132.0	109.6
1966	338.72	59518	23441	16911	19166	113.2	109.0	125.2	111.1
1967	345.70	59634	25458	15366	18810	101.2	108.0	92.8	102.4
1968	352.82	55120	25297	11956	17867	93.0	99.2	79.0	94.7
1969	361.74	67743	29168	20006	18569	118.4	109.7	172.4	103.6
1970	368.74	75982	33585	23099	19298	110.7	112.9	117.1	104.3
1971	380.39	82528	37749	25116	19663	107.1	108.7	107.7	104.3
1972	390.19	92412	43136	27863	21413	112.1	113.0	115.0	108.0
1973	401.91	103457	48440	31523	23494	111.5	113.9	113.6	104.8
1974	413.16	109354	49650	34988	24716	106.4	103.2	109.8	107.6
1975	423.38	117937	52955	38654	26328	107.9	107.6	110.3	104.8
1976	432.37	121775	51557	42621	27597	103.2	97.0	109.7	107.0
1977	440.08	130702	54687	46009	30006	107.9	103.5	112.7	109.8
1978	451.77	147407	61866	52192	33349	111.5	110.3	112.1	112.6
1979	460.86	166868	66443	64096	36329	112.4	100.3	127.9	110.2
1980	470.05	180111	70093	70017	40001	105.5	105.3	108.0	101.7
1981	480.27	194836	75578	72684	46574	109.0	107.0	107.5	117.4
1982	490.35	225795	96967	79171	49657	114.9	125.3	110.1	106.2
1983	497.86	241907	100133	84744	57030	106.9	103.6	108.0	113.3
1984	509.27	247810	98513	84852	64445	100.2	97.2	99.2	107.9
1985	519.06	309278	118263	108351	82664	112.7	103.4	122.1	113.1

注：本表数据均为 2003 年行政区划调整后大南宁范围口径的数据。

1-5 续表 1

年份 Year	年末户籍人口（万人）Population at Year-end (10000 persons)	生产总值（万元）Gross Domestic Product (10000 yuan)	第一产业 Primary Industry	第二产业 Secondary Industry	第三产业 Tertiary Industry	生产总值指数（%）Indices of Gross Domestic Product(%)	第一产业 Primary Industry	第二产业 Secondary Industry	第三产业 Tertiary Industry
1986	529.34	351522	126421	127214	97887	107.9	101.4	111.7	114.1
1987	538.79	420513	146358	156696	117459	112.6	105.2	117.6	114.2
1988	540.52	537786	178831	191331	167624	109.7	92.8	109.0	129.6
1989	547.50	620446	191616	219227	209603	107.4	107.7	102.8	114.9
1990	558.20	708788	231018	248354	229416	109.6	111.1	111.6	107.8
1991	563.74	793241	239063	274634	279544	106.3	100.6	106.9	111.6
1992	571.55	918098	277741	304726	335631	112.7	115.1	109.3	114.3
1993	579.54	1346171	344360	499312	502499	123.5	106.9	134.4	128.3
1994	587.86	1872259	491029	675122	706108	116.5	107.7	119.6	120.7
1995	594.92	2358085	615225	807943	934917	114.5	112.6	114.9	115.7
1996	601.95	2671991	690541	845891	1135559	111.4	105.9	110.4	116.5
1997	607.19	3044914	785856	922155	1336903	112.5	113.9	108.8	115.2
1998	612.20	3395532	834421	997314	1563797	111.5	108.4	110.3	114.8
1999	615.11	3569886	852645	1019933	1697308	109.4	107.4	108.1	111.7
2000	625.27	3779364	876615	1053679	1849070	107.7	100.7	104.6	113.9
2001	629.75	4181684	907401	1131645	2142638	108.8	102.2	106.4	113.2
2002	634.68	4631795	943479	1255606	2432710	110.9	107.7	112.2	111.6
2003	641.67	5217793	997023	1523485	2697285	110.9	103.7	119.3	109.4
2004	648.85	6191189	1076785	1933768	3180636	113.2	105.9	118.2	113.1
2005	659.54	7279032	1242538	2312059	3724435	113.4	108.2	115.6	114.0
2006	671.89	8801064	1443354	2973069	4384641	116.8	108.4	125.3	114.4
2007	683.51	10890730	1780002	3722713	5388015	117.4	107.3	121.1	117.9
2008	691.69	13204348	2031087	4579360	6593901	114.7	105.3	114.8	117.4
2009	697.90	15247144	2123780	5274575	7848789	115.1	105.8	117.0	116.3
2010	707.37	18002613	2444349	6518841	9039423	114.2	105.7	117.8	113.7
2011	711.49	22114358	3055458	8296138	10762762	113.5	105.7	118.3	112.2
2012	713.50	25031812	3229563	9607494	12194755	112.3	105.2	118.1	109.6
2013	724.43	28455976	3367878	11082707	14005391	110.3	104.8	114.6	108.1
2014	729.66	31483154	3546924	12515380	15420850	108.5	104.2	109.9	108.2
2015	740.23	34100780	3711012	13451458	16938310	108.6	104.1	110.4	107.9
2016	751.74	37033288	3959322	14265027	18808939	107.0	103.2	105.8	108.8
2017	756.87	41188293	4041842	15994975	21151476	108.0	104.1	108.6	108.4
2018	770.82	40269054	4213149	12257835	23798069	105.4	104.3	102.2	107.8

1-5 续表 2

单位：万元 (10000 yuan)

年份 Year	全社会固定资产投资 Total Investment in Fixed Assets	财政收入 Financial Revenue	# 一般公共预算收入 Public Budget Income	一般公共预算支出 Public Budget Expenditure	农业总产值 Gross Output Value of Farming,Forestry,Animal,Husbandry & Fishery	工业总产值 Gross Industrial Output Value	社会消费品零售总额 Total Retail Sales of Consumer Goods
1950	388	781	774	317	14674	1223	5834
1951	458	1648	1624	545	17009	1932	7482
1952	547	1898	1850	1084	19131	2967	9021
1953	2287	2733	2680	1184	20602	4941	11127
1954	1682	3464	3454	1298	20769	5981	13165
1955	1697	3468	3416	1322	21545	7290	13434
1956	3621	4659	4617	1939	22043	9151	16912
1957	3178	5676	5618	2168	23144	9678	16248
1958	6860	5744	5645	4037	22060	18666	18312
1959	14569	7654	7604	4446	23646	30235	23701
1960	16761	6725	6616	5933	20471	36901	25139
1961	6162	4613	4561	3442	19772	19501	20949
1962	4126	5058	5006	2456	21665	17648	22843
1963	4649	5205	5140	2648	23266	18857	22905
1964	7710	5339	5263	3548	26084	23917	22851
1965	8662	6293	6212	3377	31782	32618	25626
1966	7217	7402	7286	3538	34898	44529	27943
1967	3709	6435	6310	3493	37765	40518	26755
1968	2725	5081	4839	3196	37156	31260	22728
1969	4764	7946	7858	4223	43077	53287	29638
1970	5851	9930	9819	4142	50570	63861	29429
1971	6615	12178	12023	4692	56731	65930	29591
1972	8515	14032	13628	8047	64208	75342	32041
1973	8848	16591	16175	5748	70500	86364	36544
1974	9725	19180	18711	6645	71747	96037	39891
1975	11062	19813	19405	6381	75695	106363	43954
1976	12086	19461	19270	6581	73039	117477	45133
1977	11396	21537	21273	7579	76148	127749	49347
1978	20349	23188	23184	10879	81632	136758	54365
1979	28550	24008	23992	9962	91527	144489	62380
1980	20248	27538	27538	11833	97019	157057	76941
1981	18437	28864	28864	12399	106454	168984	83388
1982	22813	31563	31563	13174	126695	182935	92740
1983	24934	32792	32757	13577	136535	198420	104626

1-5 续表 3 　　单位：万元 (10000 yuan)

年份 Year	全社会固定资产投资 Total Investment in Fixed Assets	财政收入 Financial Revenue	#一般公共预算收入 General Public Bugetary Revenue of Local Government Revenue	一般公共预算支出 Public Budget Expenditure	农业总产值 Gross Output Value of Farming,Forestry,Animal,Husbandry & Fishery	工业总产值 Gross Industrial Output Value	居民消费价格指数 (%)	社会消费品零售总额 Total Retail Sales of Consumer Goods
1984	28394	33915	33813	16635	143894	211645	104.4	123936
1985	51008	42633	42321	27267	172481	260770	118.3	167304
1986	67233	47723	47376	39718	184142	305786	105.2	186098
1987	78940	55007	54675	45438	215076	376240	111.1	224707
1988	108827	64246	64246	60931	272515	490246	121.6	294082
1989	84519	74593	74593	60261	286725	607592	119.4	339300
1990	88386	82478	82478	68441	361702	671708	98.0	356467
1991	103255	89637	89637	71913	379696	766803	104.1	410693
1992	147118	94542	94542	75287	444538	938925	106.7	493513
1993	288531	141425	141425	107415	563494	1337414	125.1	669925
1994	447150	193018	107076	128398	791925	1774347	124.8	828756
1995	711065	219576	122823	144050	995180	1984448	118.6	1088523
1996	825818	240141	138598	155555	1116908	2044709	103.3	1293125
1997	969255	273637	159742	178987	1242108	2159248	100.2	1464026
1998	1049861	308392	178092	202323	1317691	2332161	96.7	1618304
1999	1111761	339803	201008	245770	1342494	2311969	95.9	1724235
2000	1131659	375390	225728	290667	1377932	2417251	100.0	2124265
2001	1214061	452926	291860	348556	1407186	2608100	102.8	2313462
2002	1455615	525341	312805	452120	1455675	2911858	99.4	2567758
2003	1903567	610594	362435	524981	1519259	3341979	100.8	2884483
2004	2627634	746328	432526	621191	1798585	4040693	104.2	3320502
2005	3628975	1002186	451954	735508	2045862	4909198	101.1	3780023
2006	4472211	1203603	566191	930781	2384753	6392812	102.5	4355090
2007	5602200	1508393	701510	1180007	2944579	8302142	104.4	5156225
2008	6934353	1911682	928812	1660830	3380719	10598632	108.4	6431973
2009	10439120	2313664	1204628	2035519	3511968	11757647	98.2	7570122
2010	14830158	3008756	1560958	2612785	4032427	15011824	102.5	9059318
2011	20189453	3635192	1862928	3018491	5071561	20002301	105.7	10731541
2012	25851818	4219938	2297183	3765096	5345172	22827319	102.9	12555902
2013	24750080	4736625	2562467	4172858	5772670	26591777	102.1	14508367
2014	29338739	5265905	2748518	4657665	6094853	29550538	101.6	16169020
2015	34184261	5724781	2970501	5267231	6386212	33238249	101.9	17866839
2016	38247267	6138706	3127921	5869793	6891485	36280744	101.4	19803601
2017	43079465	6879808	3321500	6463707	7004068	37941377	102.3	22041551
2018		7532000	3589559	6979282	7092330		102.5	22146937

注：1、社会消费品零售总额 2000 年以后不含制造业零售和农业生产零售，2005 年—2008 年数根据二经普结果相应调整；2、2013 年起，固定资产投资起报点从计划总投资 50 万调整为计划总投资 500 万元起报；3、2016 年起，全社会固定资产投资统计口径改为固定资产投资。

1-6 全市历年人均主要指标

Per Capita Main Indicators Of Nanning City Over The Years

单位：元 (yuan)

年份 Year	生产总值 Gross Domestic Product	财政收入 Financial Revenue	全社会固定资产投资 Total Investment in Fixed Assets	社会消费品零售总额 Total Retail Sales of Consumer Goods	住户存款余额 Savings Deposit of Urban and Rural Househoulds	在岗职工年平均工资 Average Annual Wage of Staff and Workers	农村居民人均可支配收入 Per Capita Annual Net Income of Rural Residents
1950	62	3	2	26	…	338	54
1951	73	7	2	32	…	356	56
1952	82	8	2	38	1	427	63
1953	92	11	9	46	1	458	61
1954	95	14	7	53	2	461	62
1955	101	14	7	53	2	488	60
1956	109	18	14	66	2	527	67
1957	114	21	12	62	2	551	68
1958	127	21	25	67	4	510	62
1959	154	27	51	84	6	448	56
1960	160	23	58	87	5	435	49
1961	126	16	21	72	3	457	56
1962	126	17	14	77	2	502	58
1963	129	17	15	75	3	535	51
1964	142	17	25	73	4	549	64
1965	165	19	27	79	4	539	66
1966	178	22	22	84	5	507	68
1967	174	19	11	78	5	537	70
1968	158	15	8	65	6	518	72
1969	190	22	13	83	5	490	70
1970	208	27	16	81	6	516	68
1971	220	33	18	79	6	482	74
1972	240	36	22	83	7	499	82
1973	261	42	22	92	8	528	87
1974	268	47	24	98	9	540	80
1975	282	47	26	105	10	549	81
1976	285	45	28	105	10	519	74
1977	300	49	26	113	11	528	76
1978	331	52	46	122	13	565	88
1979	366	53	63	137	16	612	105
1980	387	59	44	165	22	730	107
1981	410	61	39	175	28	746	135
1982	465	65	47	191	34	791	158
1983	490	66	50	212	43	818	239
1984	492	67	56	246	62	963	316
1985	602	83	99	325	84	1051	367

注：1、本表中人均城乡居民储蓄存款余额、在岗职年平均工资、农民人均纯收入 1950-1999 年为原南宁口径的数据，2000 年以后为行政区划调整后的数据。2、自 2016 年起，农民人均纯收入统计口径更改为农村居民人均可支配收入。

单位：元 (yuan)

年份 Year	生产总值 Gross Domestic Product	财政收入 Financial Revenue	全社会固定资产投资 Total Investment in Fixed Assets	社会消费品零售总额 Total Retail Sales of Consumer Goods	住户存款余额 Savings Deposit of Urban and Rural Househoulds	在岗职工年平均工资 Average Annual Wage of Staff and Workers	农村居民人均可支配收入 Per Capita Annual Net Income of Rural Residents
1986	671	91	128	355	116	1292	404
1987	787	103	148	421	153	1428	461
1988	997	119	202	545	185	1685	521
1989	1141	137	155	624	253	1784	574
1990	1282	149	160	645	354	2111	624
1991	1414	160	184	732	459	2331	683
1992	1617	167	259	869	598	2720	778
1993	2339	246	501	1164	890	3786	912
1994	3208	331	766	1420	1365	4976	1093
1995	3987	371	1202	1841	1889	5668	1326
1996	4465	401	1380	2161	2392	6009	1553
1997	5036	453	1603	2422	2665	6508	1788
1998	5569	506	1722	2654	3269	7315	1942
1999	5817	554	1812	2810	3562	8077	2079
2000	6086	605	1825	3425	4700	8185	1791
2001	6656	722	1935	3687	5287	9572	1954
2002	7327	831	2302	4062	6170	11363	2111
2003	8176	957	2983	4520	7036	13172	2231
2004	9595	1157	4072	5146	7949	15447	2467
2005	11127	1532	5547	5778	9070	17520	2680
2006	13220	1808	6718	6542	10142	20650	3033
2007	16070	2226	8266	7608	10458	24789	3462
2008	19204	2780	10085	9354	12924	29377	4001
2009	21945	3330	15025	10896	16065	32596	4385
2010	27069	4524	22298	13621	20687	37042	5005
2011	33017	5427	30143	16022	23605	40120	5848
2012	37016	6240	38229	18567	27561	43847	6777
2013	41711	6943	36278	21266	31613	48188	7685
2014	45735	7650	42620	23489	33728	54826	8576
2015	49360	8237	49186	25708	38854	63820	9408
2016	53067	8739	54451	28194	41636	68560	11398
2017	57948	9679	60609	31011	44693	75481	12515
2018	55901	10456		30744	49181	83452	13654

注：1、自2010年起人均指标按常住人口计算。2、自2016年起，农民人均纯收入统计口径更改为农村居民人均可支配收入。3、2016年起，全社会固定资产投资统计口径改为固定资产投资。

1-7 全市社会经济主要指标

Main Social Economic Indicators Of Nanning City

指标名称 Item	单位 Unit	2018 年	2017 年	2018 年为 2017 年% Rate of Development (%)
人口、土地面积 Population,Land Area				
年末户籍人口 Population at Year-end	人 (person)	7708223	7568656	101.8
#男性人口 Male	人 (person)	4011052	3944813	101.7
女性人口 Female	人 (person)	3697171	3623843	102.0
#城镇人口 Town population	人 (person)	3430769	3324893	103.2
乡村人口 Rural population	人 (person)	4277454	4243763	100.8
年平均人口 Annual Average Population	人 (person)	7638440	7543051	101.3
自然增长率 Natural Growth Rate of Population	‰	7.04	7.43	-0.39 ▲
年末常住人口 Residents Population	万人	725.41	715.33	101.4
#城镇人口 Town population	万人	452.62	438.83	103.1
城镇化率 Urbanization Rate	%	62.4	61.35	1.05*
土地面积 Land Area	平方公里 (sq.km)	22099	22099	100.0
#建成区面积 Urban Area	平方公里 (sq.km)	397	393	100.9
生产总值(当年价) Gross Domestic Product	**万元 (10000 yuan)**	**40269054**	**41188293**	**105.4**
第一产业 Primary Industry	万元 (10000 yuan)	4213149	4041842	104.3
第二产业 Secondary Industry	万元 (10000 yuan)	12257835	15994975	102.2
工业 Industry	万元 (10000 yuan)	7803217	11898899	101.6
建筑业 Construction	万元 (10000 yuan)	4454618	4096076	104.0
第三产业 Tertiary Industry	万元 (10000 yuan)	23798069	21151476	107.8
人均生产总值(当年价) Per Capita Gross Domestic Product	元 (yuan)	55901	57948	104.0
生产总值构成 Composition of Gross Domestic Product	%	**100**	**100**	
第一产业 Primary Industry	%	10.46	9.81	0.65*
第二产业 Secondary Industry	%	30.44	38.84	-8.4*
工业 Industry	%	19.38	28.89	-9.51*
建筑业 Construction	%	11.06	9.95	1.11*
第三产业 Tertiary Industry	%	59.10	51.35	7.75*

注：1. 生产总值发展速度按可比价计算。2. “▲”为增减千分点，“*”为增减百分点。

1-7 续表 1

指标名称 Item	单位 Unit	2018 年	2017 年	2018 年为 2017 年% Rate of Development (%)
农业 Agriculture				
农林牧渔业总产值(当年价) Gross Output Value of Agriculture, Forestry, Animal Husbandry and Fishery	万元 (10000 yuan)	7092330	7004068	103.6
农业 Farming	万元 (10000 yuan)	4512727	3994748	104.9
林业 Forestry	万元 (10000 yuan)	364641	367388	99.6
牧业 Animal Husbandry	万元 (10000 yuan)	1734153	1975377	102.2
渔业 Fishery	万元 (10000 yuan)	269214	297169	110.7
服务业 Services in support of Agriculture	万元 (10000 yuan)	211595	369386	88.9
乡(镇)村从业人员 Number of Rural(Town Governments) Laborers	万人 (10000 persons)	315.24	309.40	101.9
粮食总产量 Output of Grain	吨 (ton)	2114181	2168063	97.5
油料产量 Output of Oil-bearing Grops	吨 (ton)	147819	160221	92.3
蔬菜产量 Output of Vegetables	吨 (ton)	5967581	5453998	109.4
甘蔗产量 Output of Sugarcane	吨 (ton)	11635979	11615755	100.2
水果产量 Output of Fruits	吨 (ton)	2743696	2483209	110.5
肉类产量 Output of Meat	吨 (ton)	657412	658062	99.9
水产品产量 Output of Aquatic Products	吨 (ton)	219145	274533	79.8
农业机械总动力 Total Agricultural Machinery Power	万千瓦 (10000 kw)	482.57	481.15	100.3
农村用电量 Electricity Consumed in Rural Areas	万千瓦时 (10000 kwh)	127929	118349	108.1
农用化肥施用量(折纯量) Consumption of Chemical Fertilizers	吨 (ton)	470426	538258	87.4

1-7 续表 2

指标名称 Item	单位 Unit	2018 年	2017 年	2018 年为 2017 年% Rate of Development (%)
工业 Industry				
全部工业总产值增速 ALL Included Gross IndustrialOutput Value	%	5.3	13.7	-8.4*
规模以上工业企业主要指标 Main Indicators of IndustrialEnterprises above Designated Size				
企业单位数 Number of Enterprises	个 (unit)	1005	960	104.7
# 亏损企业 Loss-making Enterprises	个 (unit)	209	92	227.2
规上工业总产值增速 Gross Industrial Output Value	%	5.2	13.9	-8.7*
内资企业 Domestic Funded	%			
国有企业 State-owned Enterprises	%	0.8	7.7	-6.9*
集体企业 Collective-owned Enterprises	%	2.3	16.1	-13.8*
股份合作企业 Cooperative Enterprises	%	0.0		
股份制企业 Share-holding Enterprises	%	-0.6	14.3	-14.9*
外商及港澳台商投资企业 Enterprises with Funds from Foreign, Hong Kong,Macao and Taiwan	%	23.4	14.2	9.2*
按轻重工业分 Grouped by Light & Heavy Industries	%			
轻工业 Light Industry	%	-1.2	10.2	-11.4*
重工业 Heavy Industry	%	9.4	16.4	-7*
按企业规模分 Grouped by Size of Enterprises	%			
大中型企业 Large and Medium-sized Enterprises	%	6.3	11.9	-5.6*
# 国有及国有控股大中型企业 State-owned and state-controlled Large and Medium-sized Enterprises	%	0.6	4.2	-3.6*
主营业务收入 Revenue from Principal Business	万元 (10000 yuan)	25031094	34775110	72.0
利润总额 Total Profits	万元 (10000 yuan)	1254050	2085922	60.1
亏损企业亏损额 Total Losses of Loss-making Enterprise	万元 (10000 yuan)	175425	95062	184.5

注： “*” 为增减百分点。

指标名称 Item	单位 Unit	2018 年	2017 年	2018 年为 2017 年% Rate of Development (%)
交通、邮电、电力 **Transport,Postal and Telecommunication Services**				
货运总量 Freight Traffic	万吨 (10000 tons)	38382	35142	109.2
客运总量 Passenger Traffic	万人次 (10000 persons)	9473	9245	102.5
内河港口货物吞吐量 Volume of Freight Handled in Major Ports of Inland Rivers	万吨 (10000 tons)	736	1380	53.4
邮电业务总量 (2010 年价) Business Volume of Postal and Telecommunication Services (2010 constant prices)	万元 (10000 yuan)	4547164	2062507	220.5
年末电话用户数 Number of Telephone Subscribers at Year–end	户 (subscribers)	13594994	10096927	134.6
# 移动电话用户数 Number of Mobile Telephone Subscribers at Year–end	户 (subscribers)	10963463	9377964	116.9
年末互联网用户 Number of Internet Users	户 (subscribers)	7214038	7138465	101.1
全年用电量 Electricity Consumption	万千瓦时 (10000 kwh)	2226441	1962368	113.5
# 工业用电量 Industry	万千瓦时 (10000 kwh)	787755	736587	106.9
城乡居民生活用电量 Residentrial Consumption	万千瓦时 (10000 kwh)	656753	539672	121.7
固定资产投资增速 **Investment in Fixed Assets**				
# 固定资产投资 Investment in Urban Fixed Assets	%	11.8	12.6	–0.8*
# 项目投资 Project investment	%	9.2	12.8	–3.6*
房地产开发投资 Real Estate Development	%	15.5	12.2	3.3*
第一产业 Primary Industry	%	–0.9	3.2	–4.1*
第二产业 Secondary Industry	%	13.9	8.9	5*
工业 Industry	%	8.7	7.5	1.2*
第三产业 Tertiary Industry	%	11.8	14.7	–2.9*
民间投资 Private investment	%	8.0	13.9	–5.9*
非公投资 Non–Public Ownership Investment	%	10.8	13.6	–2.8*

注：1. 年末互联网用户为宽度用户数。2.2013 年起，固定资产投资起报点从计划总投资 50 万起报调整为计划总投资 500 万元起报，发展速度按可比口径计算。3. 房屋施工、竣工面积不含私人建房。4. “*” 为增减百分点。

1-7 续表 4

指标名称 Item	单位 Unit	2018 年	2017 年	2018 年为 2017 年% Rate of Development (%)
商业、外贸、旅游 **Domestic Trade**				
社会消费品零售总额 Total Retail Sales of Consumer Goods	万元 (10000 yuan)	22146937	22041551	100.5
# 城镇零售额 Retail Sales of Consumer Goods in Urban District	万元 (10000 yuan)	20325271	20308449	100.1
乡村零售额 Retail Sales of Consumer Goods in Rural District	万元 (10000 yuan)	1821666	1733102	105.1
批发零售贸易业商品销售总额 Sale Values of Enterprises of Wholesale and Retail rades	万元 (10000 yuan)	55367863	55184950	100.3
外贸进出口总值(海关数) Total Exports & Imports	万元 (10000 yuan)	7387917	6070866	121.7
进口总值 Exports	万元 (10000 yuan)	3836988	3313969	115.8
出口总值 Imports	万元 (10000 yuan)	3550930	2756897	128.8
外商直接投资 Direct Foreign Investments	万美元 (10000 USD)	136944	95753	143.0
旅游者人数 Number of Tourists	万人次 (10000 person-times)	13095	11001	119.0
# 国际旅游人数 International Tourists	万人次 (10000 person-times)	64.43	59.13	109.0
旅游收入 Earnings from Tourism	万元 (10000 yuan)	13875401	11273500	123.1
# 国际旅游收入 International Tourism	万美元 (10000 USD)	28892	25996	111.1
财政、金融 **Finance,Banking&Insurance**				
全部财政收入 Financial Revenue	万元 (10000 yuan)	7532000	6879808	109.5
# 一般公共预算收入 Public Budget Incomee	万元 (10000 yuan)	3589559	3321500	108.1
一般公共预算支出 Public Budget Expenditure	万元 (10000 yuan)	6979282	6463707	108.0
金融机构各项存款余额 Total Deposits of Financial Institutions	万元 (10000 yuan)	100931251	93675341	107.7
# 住户存款余额 Householder Savings Deposits	万元 (10000 yuan)	35428272	31766881	111.5
金融机构各项贷款余额 Total Loans of Financial Institutions	万元 (10000 yuan)	120521342	104704409	115.1

1-7 续表 5

指标名称 Item	单位 Unit	2018 年	2017 年	2018 年为 2017 年% Rate of Development (%)
劳动工资 Employment and Wages				
年末在岗职工人数 Number of Staff & Workers on the Job at Year-end	人 (person)	734321	724807	101.3
国有单位 State-owned Units	人 (person)	320686	326268	98.3
城镇集体单位 Urban Collective Owned Units	人 (person)	6704	7407	90.5
其他经济类型单位 Units of Other Types of Ownership	人 (person)	406931	391132	104.0
在岗职工工资总额 Total Wages Bill of Staff & Workers on the Job	万元 (10000 yuan)	6539357	5763215	113.5
国有单位 State-owned Units	万元 (10000 yuan)	3130255	2908728	107.6
城镇集体单位 Urban Collective Owned Units	万元 (10000 yuan)	33269	39664	83.9
其他经济类型单位 Units of Other Types of Ownership	万元 (10000 yuan)	3375833	2814823	119.9
在岗职工年平均工资 Average Wage of Staff & Workers on the Job	元/人 (yuan/person)	83452	75481	110.6
国有单位 State-owned Units	元/人 (yuan/person)	96698	87999	109.9
城镇集体单位 Urban Collective Owned Units	元/人 (yuan/person)	56764	59207	95.9
其他经济类型单位 Units of Other Types of Ownership	元/人 (yuan/person)	76169	68026	112.0
城乡居民收入 The income of urban and rural residents				
居民年人均可支配收入 Per capita disposable income of residents	元 (yuan)	26798	24984	107.3
# 城镇居民年人均可支配收入 Disposable income of urban residents	元 (yuan)	35276	33217	106.2
农村居民年人均可支配收入 Per capita disposable income of rural residents	元 (yuan)	13654	12515	109.1
居民消费价格指数 Consumer Price index	**%**	**102.5**	**102.3**	**102.5**

1-8 市区社会经济主要指标

Main Social Economic Indicators Of Urban Districts

指标名称	单位 Unit	2018 年	2017 年	2018 年为 2017 年% Rate of Development (%)
人口、土地面积 Population,Land Area				
年末户籍人口 Population at Year-end	人 (person)	3871306	3753763	103.1
#男性人口 Male	人 (person)	1971911	1918606	102.8
女性人口 Female	人 (person)	1899395	1835157	103.5
年平均人口 Average Annual Population	人 (person)	3812535	3727290	102.3
自然增长率 Natural Growth Rate of Population	‰	9.06	9.16	-0.1 ▲
年末常住人口 Residents Population	万人	441.76	433.36	101.9
#城镇人口 Town population	万人	345.91	335.74	103.0
城镇化率 Urbanization Rate	%	78.30	77.47	0.83*
土地面积 Land Area	平方公里 (sq.km)	9836	9836	100.0
#建成区面积 Urban Area	平方公里 (sq.km)	316.56	315.22	100.4
生产总值(当年价) Gross Domestic Product	**万元 (10000 yuan)**	**32897202**	**34107372**	**105.1**
第一产业 Primary Industry	万元 (10000 yuan)	2253186	2108721	104.0
第二产业 Secondary Industry	万元 (10000 yuan)	9926678	13695708	101.8
工业 Industry	万元 (10000 yuan)	6318084	10364896	101.2
建筑业 Construction	万元 (10000 yuan)	3608595	3330812	103.6
第三产业 Tertiary Industry	万元 (10000 yuan)	20717338	18302943	107.4
人均生产总值(当年价) Per Capita Gross Domestic Product(current prices)	元 (yuan)	75172	79292	103.3
生产总值构成 Composition of Gross Domestic Product	%	**100**	**100**	
第一产业 Primary Industry	%	6.85	6.18	0.67*
第二产业 Secondary Industry	%	30.17	40.15	-9.98*
工业 Industry	%	19.21	30.39	-11.18*
建筑业 Construction	%	10.97	9.77	1.2*
第三产业 Tertiary Industry	%	62.98	53.66	9.31*

注：1. 生产总值、农业总产值发展速度按可比价计算。2. “▲” 为增减千分点，“*” 为增减百分点。3. 2016 年起，市区口径包含武鸣区。

1-8 续表 1

指标名称	单位 Unit	2018 年	2017 年	2018 年为 2017 年% Rate of Development (%)
工业 **Industry**				
规模以上工业企业主要指标 **Main Indicators of Industrial Enterprises above Designated Size**				
企业单位数 Number of Enterprises	个 (unit)	757	729	103.8
# 亏损企业 Loss-making Enterprises	个 (unit)	167	64	260.9
主营业务收入 Revenue from Principal Business	万元 (10000 yuan)	20594032	29730117	69.3
利润总额 Total Profits	万元 (10000 yuan)	938716.4	1727236	54.3
亏损企业亏损额 Total Losses of Loss-making Enterprise	万元 (10000 yuan)	135543	45649	296.9
固定资产投资增速 **Investment in Fixed Assets**				
固定资产投资额 Investment in Urban Fixed Assets	%	11.8	12.6	-0.8*
# 项目投资 Project investment	%	8.0	13.5	-5.5*
房地产开发投资 Real Estate Development	%	16.8	4.1	12.7*

1-8 续表 2

指标名称 Item	单位 Unit	2018 年	2017 年	2018 年为 2017 年% Rate of Development (%)
商业 Domestic				
社会消费品零售总额 Total Retail Sales of Consumer Goods	万元 (10000 yuan)	18995935	19157836	99.2
# 城镇零售额 Retail Sales of Consumer Goods in Urban District	万元 (10000 yuan)	17811439	18022402	98.8
乡村零售额 Retail Sales of Consumer Goods in Rural District	万元 (10000 yuan)	1184497	1135433	104.3
财政、金融 Finance,Banking&Insurance				
全部财政收入 Financial Revenue	万元 (10000 yuan)	6996045	6377544	109.7
# 一般公共预算收入 Public finance budget income	万元 (10000 yuan)	3260989	2989360	109.1
一般公共预算政支出 Local Government Expenditure	万元 (10000 yuan)	4996664	4448409	112.3
金融机构各项存款余额 Total Deposits of Financial Institutions	万元 (10000 yuan)	92796707	86155312	107.7
# 城乡居民储蓄存款余额 Urban & Rural Savings Deposits	万元 (10000 yuan)	28948666	25863151	111.9
金融机构各项贷款余额 Total Loans of Financial Institutions	万元 (10000 yuan)	115688520	100521464	115.1

1-9 各县区社会经济主要指标

指标名称	单位	隆安县			马山县		
		2018 年	2017 年	2018 年为 2017 年% Rate of Development (%)	2018 年	2017 年	2018 年为 2017 年% Rate of Development (%)
人口、土地面积 Population,Land Area							
年末户籍人口 Population at Year-end	人 (person)	424476	422396	100.5	575172	571237	100.7
男性人口 Male	人 (person)	225596	224323	100.6	303244	301051	100.7
女性人口 Female	人 (person)	198880	198073	100.4	271928	270186	100.6
年平均人口 Average Annual Population	人 (person)	423436	422223	100.3	573205	569905	100.6
年末常住人口 Residents Population	万人	31.84	31.54	101.0	41.42	41.11	100.8
# 城镇人口 Town population	万人	9.95	9.55	104.2	11.40	10.92	104.4
城镇化率 Urbanization Rate	%	31.25	30.28	0.97*	27.52	26.56	0.96*
土地面积 Land Area	平方公里 (sq.km)	2306	2306	100.0	2341	2341	100.0
生产总值（当年价） Gross Domestic Product	**万元 (10000 yuan)**	**765913**	**731841**	**104.5**	**555054**	**551826**	**105.0**
第一产业 Primary Industry	万元 (10000 yuan)	273981	279486	106.3	182232	202636	105.5
第二产业 Secondary Industry	万元 (10000 yuan)	214372	197709	96.9	121807	103532	108.9
工业 Industry	万元 (10000 yuan)	123543	106233	98.5	46221	33066	120.6
建筑业 Construction	万元 (10000 yuan)	90829	91476	95.0	75586	70467	102.7
第三产业 Tertiary Industry	万元 (10000 yuan)	277560	254645	108.6	251014	245658	102.7
人均生产总值（当年价） Per Capita Gross Domestic Product(current prices)	元 (yuan)	24169	23311	103.5	13451	13487	104.1
生产总值构成 Composition of Gross Domestic Product	**%**	**100**	**100**		**100**	**100**	
第一产业 Primary Industry	%	35.77	38.19	-2.42*	32.83	36.72	-3.89*
第二产业 Secondary Industry	%	27.99	27.02	0.97*	21.95	18.76	3.18*
工业 Industry	%	16.13	14.52	1.61*	8.33	5.99	2.34*
建筑业 Construction	%	11.85	12.50	-0.65*	13.62	12.77	0.85*
第三产业 Tertiary Industry	%	36.24	34.79	1.44*	45.22	44.52	0.71*

注：1. 生产总值发展速度按可比价计算。2. “▲”为增减千分点，“*”为增减百分点。

1-9 续表 1

指标名称 Item	单位 Unit	隆安县			马山县		
		2018 年	2017 年	2018 年为 2017 年% Rate of Development (%)	2018 年	2017 年	2018 年为 2017 年% Rate of Development (%)
农业 Agriculture							
农林牧渔业总产值（当年价） Gross Output Value of Agriculture,Forestry,Animal Husbandry and Fishery	万元 (10000 yuan)	514981	413795		316106	297442	
农业 Farming	万元 (10000 yuan)	362915	247657		174100	140995	
林业 Forestry	万元 (10000 yuan)	23448	22086		25536	29208	
牧业 Animal Husbandry	万元 (10000 yuan)	94752	112474		103794	113187	
渔业 Fishery	万元 (10000 yuan)	18806	18567		11620	13098	
农林牧渔服务业 Services in support of Agriculture	万元 (10000 yuan)	15060	13011		1056	955	
工业 Industry							
规模以上工业企业主要指标 Main Indicators of Industrial Enterprises above Designated Size							
企业单位数 Number of Enterprises	个 (unit)	40	37	108.1	13	13	100.0
#亿元工业企业 Above 100 million yuan	个 (unit)	16	18	88.9	4	3	133.3
#亏损企业 Loss-making Enterprises	个 (unit)	10	8	125.0	4	4	100.0
规模以上工业总产值增速 Above Designated Size	%	7.6	14.8	-7.2*	30.5	13.0	17.5*
固定资产投资增速 Investment in Fixed Assets							
固定资产投资 Investment in Fixed Assets	%	3.6	8.1	-4.5*	13.3	10.7	2.6*
#项目投资 Project Investment	%	230.2	-24.8	255*	8.1	14.0	-5.9*
房地产开发投资 Real Estate Development	%	-77.7	404.3	-482*	80.8	-31.0	111.8*

注：“*”为增减百分点。

1-9 续表 2

指标名称 Item	单位 Unit	隆安县			马山县		
		2018 年	2017 年	2018 年为 2017 年% Rate of Development (%)	2018 年	2017 年	2018 年为 2017 年% Rate of Development (%)
商业 Domestic							
社会消费品零售总额 Total Retail Sales of Consumer Goods	万元 (10000 yuan)	221495	212160	104.4	276709	253396	109.2
# 城镇零售额 Retail Sales of Consumer Goods in Urban District	万元 (10000 yuan)	156923	148679	105.5	196557	182353	107.8
乡村零售额 Retail Sales of Consumer Goods in Rural District	万元 (10000 yuan)	64572	63481	101.7	80152	71043	112.8
财政、金融 Finance,Banking&Insurance							
财政收入 Financial Revenue	万元 (10000 yuan)	53734	49951	107.6	35623	34222	104.1
# 一般公共预算收入 Public finance budget income	万元 (10000 yuan)	26579	27062	98.2	19566	19495	100.4
一般公共预算支出 Local Government Expenditure	万元 (10000 yuan)	269393	259101	104.0	338812	337584	100.4
金融机构各项存款余额 Total Deposits of Financial Institutions	万元 (10000 yuan)	1067593	978390	109.1	913200	979909	93.2
# 住户存款余额 Householder Savings Deposits	万元 (10000 yuan)	864965	780289	110.9	704384	640503	110.0
金融机构各项贷款余额 Total Loans of Financial Institutions	万元 (10000 yuan)	605028	518139	116.8	536435	477818	112.3
城乡居民收入 The income of urban and rural residents							
全体居民年人均可支配收入 Per capita disposable income of all residents	元 (yuan)	16364	15173	107.8	15034	13966	107.6
# 城镇居民年人均可支配收入 Disposable income of urban residents	元 (yuan)	27415	25912	105.8	27183	25889	105.0
农村居民年人均可支配收入 Per capita disposable income of rural residents	元 (yuan)	11674	10720	108.9	10719	9807	109.3

1-9 续表 3

指标名称 Unit	单位 Unit	上林县			宾阳县		
		2018 年	2017 年	2018 年为 2017 年% Rate of Development (%)	2018 年	2017 年	2018 年为 2017 年% Rate of Development (%)
人口、土地面积 Population,Land Area							
年末户籍人口 Population at Year-end	人 (person)	502129	499733	100.5	1060558	1055912	100.4
男性人口 Male	人 (person)	264473	262958	100.6	567442	564468	100.5
女性人口 Female	人 (person)	237656	236775	100.4	493116	491444	100.3
年平均人口 Average Annual Population	人 (person)	500931	499313	100.3	1058235	1056894	100.1
年末常住人口 Residents Population	万人	36.6	36.32	100.8	82.54	82.03	100.6
# 城镇人口 Town population	万人	12.11	11.69	103.6	35.71	34.7	102.9
城镇化率 Urbanization Rate	%	33.09	32.19	0.9*	43.26	42.30	0.96*
土地面积 Land Area	平方公里 (sq.km)	1871	1871	100.0	2298	2298	100.0
生产总值（当年价） Gross Domestic Product	**万元 (10000 yuan)**	**587925**	**567493**	**103.2**	**2303051**	**2183924**	**108.8**
第一产业 Primary Industry	万元 (10000 yuan)	226009	219900	105.3	529488	502491	104.3
第二产业 Secondary Industry	万元 (10000 yuan)	95614	107291	93.7	702083	681795	107.3
工业 Industry	万元 (10000 yuan)	37495	51916	87.3	449655	454005	108.0
建筑业 Construction	万元 (10000 yuan)	58119	55374	100.4	252428	227789	106.0
第三产业 Tertiary Industry	万元 (10000 yuan)	266302	240302	105.9	1071481	999710	112.3
人均生产总值（当年价） Per Capita Gross Domestic Product(current prices)	元	16125	15727	102.2	27988	26722	108.0
生产总值构成 Composition of Gross Domestic Product	%	**100**	**100**		**100**	**100**	
第一产业 Primary Industry	%	38.44	38.75	-0.31*	22.99	23.00	-0.01*
第二产业 Secondary Industry	%	16.26	18.91	-2.64*	30.49	31.22	-0.73*
工业 Industry	%	6.38	9.15	-2.77*	19.53	20.79	-1.26*
建筑业 Construction	%	9.88	9.76	0.12*	10.96	10.43	0.53*
第三产业 Tertiary Industry	%	45.30	42.34	2.95*	46.52	45.78	0.75*

1-9 续表 4

指标名称 Item	单位 Unit	上林县			宾阳县		
		2018 年	2017 年	2018 年为 2017 年% Rate of Development (%)	2018 年	2017 年	2018 年为 2017 年% Rate of Development (%)
农业 Agriculture							
农林牧渔业总产值(当年价) Gross Output Value of Agriculture, Forestry, Animal Husbandry and Fishery	万元 (10000 yuan)	357846	372368		834128	846773	
农业 Farming	万元 (10000 yuan)	186427	165054		515285	476341	
林业 Forestry	万元 (10000 yuan)	20276	23817		39168	41198	
牧业 Animal Husbandry	万元 (10000 yuan)	129168	158413		225887	270156	
渔业 Fishery	万元 (10000 yuan)	20639	23841		40762	47310	
农林牧渔服务业 Services in support of Agriculture	万元 (10000 yuan)	1336	1243		13027	11768	
工业 Industry							
规模以上工业企业主要指标 Main Indicators of Industrial Enterprises above Designated Size							
企业单位数 Number of Enterprises	个 (unit)	18	16	112.5	70	65	107.7
#亿元工业企业 Above 100 million yuan	个 (unit)	5	9	55.6	45	44	102.3
#亏损企业 Loss-making Enterprises	个 (unit)	3	3	100.0	12	10	120.0
规模以上工业总产值增速 Above Designated Size	%	-9.9	3.7	-13.6*	13.6	14.8	-1.2*
固定资产投资增速 Investment in Fixed Assets							
固定资产投资额 Investment in Fixed Assets	%	3.1	11.0	-7.9*	10.5	13.1	-2.6*
#项目投资 Project Investment	%	2.2	18.2	-16*	4.2	14.0	-9.8*
房地产开发投资 Real Estate Development	%	4.5	-8.5	13*	78.2	-5.2	83.4*

注："*"为增减百分点。

1-9 续表 5

指标名称 Item	单位 Unit	上林县			宾阳县		
		2018 年	2017 年	2018 年为 2017 年% Rate of Development (%)	2018 年	2017 年	2018 年为 2017 年% Rate of Development (%)
商业 Domestic							
社会消费品零售总额 Total Retail Sales of Consumer Goods	万元 (10000 yuan)	227623	219741	103.6	1246582	1158224	107.6
# 城镇零售额 Retail Sales of Consumer Goods in Urban District	万元 (10000 yuan)	98906	93612	105.7	1037617	957862	108.3
乡村零售额 Retail Sales of Consumer Goods in Rural District	万元 (10000 yuan)	128718	126129	102.1	208965	200361	104.3
财政、金融 Finance,Banking&Insurance							
财政收入 Financial Revenue	万元 (10000 yuan)	45597	43108	105.8	197555	184310	107.2
# 一般公共预算收入 Public finance budget income	万元 (10000 yuan)	25865	25322	102.1	130388	126007	103.5
一般公共预算支出 Local Government Expenditure	万元 (10000 yuan)	315783	313817	100.6	530621	481231	110.3
金融机构各项存款余额 Total Deposits of Financial Institutions	万元 (10000 yuan)	1008166	944504	106.7	2382797	2127211	112.0
# 住户存款余额 Householder Savings Deposits	万元 (10000 yuan)	800551	763043	104.9	1864531	1683495	110.8
金融机构各项贷款余额 Total Loans of Financial Institutions	万元 (10000 yuan)	661519	551956	119.8	1420517	1191999	119.2
城乡居民收入 The income of urban and rural residents							
全体居民年人均可支配收入 Per capita disposable income of all residents	元 (yuan)	16026	14910	107.5	21984	20520	107.1
# 城镇居民年人均可支配收入 Disposable income of urban residents	元 (yuan)	26612	25225	105.5	33095	31489	105.1
农村居民年人均可支配收入 Per capita disposable income of rural residents	元 (yuan)	11097	10199	108.8	14038	12867	109.1

1-9 续表 6

指标名称 Unit	单位 Unit	横县			兴宁区		
		2018 年	2017 年	2018 年为 2017 年% Rate of Development (%)	2018 年	2017 年	2018 年为 2017 年% Rate of Development (%)
人口、土地面积 Population,Land Area							
年末户籍人口 Population at Year-end	人 (person)	1274582	1265615	100.7	349414	334134	104.6
男性人口 Male	人 (person)	678386	673407	100.7	175979	169402	103.9
女性人口 Female	人 (person)	596196	592208	100.7	173435	164732	105.3
年平均人口 Average Annual Population	人 (person)	1270099	1267428	100.2	341774	330584	103.4
年末常住人口 Residents Population	万人	91.25	90.84	100.5	44.78	43.54	102.8
# 城镇人口 Town population	万人	37.54	36.35	103.3	38.7	37.18	104.1
城镇化率 Urbanization Rate	%	41.14	40.02	1.12*	86.42	85.39	1.03*
土地面积 Land Area	平方公里 (sq.km)	3448	3448	100.0	723	723	100.0
生产总值（当年价） Gross Domestic Product	**万元 (10000 yuan)**	**3159909**	**3045838**	**107.1**	**4454631**	**4135500**	**105.6**
第一产业 Primary Industry	万元 (10000 yuan)	748253	728680	104.0	114392	109843	104.8
第二产业 Secondary Industry	万元 (10000 yuan)	1197281	1208939	104.8	799440	701936	108.0
工业 Industry	万元 (10000 yuan)	828219	888782	102.9	125699	121246	93.0
建筑业 Construction	万元 (10000 yuan)	369062	320157	110.3	673741	580690	111.0
第三产业 Tertiary Industry	万元 (10000 yuan)	1214375	1108219	111.9	3540800	3323721	105.2
人均生产总值（当年价） Per Capita Gross Domestic Product(current prices)	元 (yuan)	34707	33654	106.4	100875	95696	103.4
生产总值构成 Composition of Gross Domestic Product	%	**100**	**100**		**100**	**100**	
第一产业 Primary Industry	%	23.68	23.92	-0.24*	2.57	2.66	-0.09*
第二产业 Secondary Industry	%	37.89	39.69	-1.8*	17.95	16.97	0.97*
工业 Industry	%	26.21	29.18	-2.97*	2.82	2.93	-0.11*
建筑业 Construction	%	11.68	10.51	1.17*	15.12	14.04	1.08*
第三产业 Tertiary Industry	%	38.43	36.39	2.04*	79.49	80.37	-0.88*

1-9 续表 7

指标名称 Unit	单位 Unit	横县			兴宁区		
		2018 年	2017 年	2018 年为 2017 年% Rate of Development (%)	2018 年	2017 年	2018 年为 2017 年% Rate of Development (%)
农业 **Agriculture**							
农林牧渔业总产值(当年价) Gross Output Value of Agriculture, Forestry, Animal Husbandry and Fishery	万元 (10000 yuan)	1272382	1238367		192463	180916	
农业 Farming	万元 (10000 yuan)	805385	743562		126163	109036	
林业 Forestry	万元 (10000 yuan)	56449	55560		15282	16024	
牧业 Animal Husbandry	万元 (10000 yuan)	330289	348816		40015	44176	
渔业 Fishery	万元 (10000 yuan)	43380	51703		7574	8575	
农林牧渔服务业 Services in support of Agriculture	万元 (10000 yuan)	36879	38726		3429	3105	
工业 **Industry**							
规模以上工业企业主要指标 Main Indicators of Industrial Enterprises above Designated Size							
企业单位数 Number of Enterprises	个 (unit)	107	100	107.0	26	26	100.0
#亿元工业企业 Above 100 million yuan	个 (unit)	58	66	87.9	10	11	90.9
#亏损企业 Loss-making Enterprises	个 (unit)	13	3	433.3	6	4	150.0
规模以上工业总产值增速 Above Designated Size	%	6.9	10.9	-4*	-6.9	5.7	-12.6*
固定资产投资增速 **Investment in Fixed Assets**							
固定资产投资额 Investment in Fixed Assets	%	14.2	10.1	4.1*	16.5	9.2	7.3*
#项目投资 Project Investment	%	13.7	10.5	3.2*	11.5	26.7	-15.2*
房地产开发投资 Real Estate Development	%	16.9	1.6	15.3*	19.5	-13.4	32.9*

注："*"为增减百分点。

1-9 续表 8

指标名称 Item	单位 Unit	横县			兴宁区		
		2018 年	2017 年	2018 年为 2017 年% Rate of Development (%)	2018 年	2017 年	2018 年为 2017 年% Rate of Development (%)
商业 Domestic							
社会消费品零售总额 Total Retail Sales of Consumer Goods	万元 (10000 yuan)	1178593	1040195	113.3	4910582	4649313	105.6
# 城镇零售额 Retail Sales of Consumer Goods in Urban District	万元 (10000 yuan)	1023830	903540	113.3	4755743	4525592	105.1
乡村零售额 Retail Sales of Consumer Goods in Rural District	万元 (10000 yuan)	154762	136655	113.3	154839	123720	125.2
财政、金融 Finance,Banking&Insurance							
财政收入 Financial Revenue	万元 (10000 yuan)	203446	190669	106.7	445179	411593	108.2
# 一般公共预算收入 Public finance budget income	万元 (10000 yuan)	126172	134252	94.0	91381	91542	99.8
一般公共预算支出 Local Government Expenditure	万元 (10000 yuan)	528009	537099	98.3	211007	178464	118.2
金融机构各项存款余额 Total Deposits of Financial Institutions	万元 (10000 yuan)	2762789	2490014	111.0			
# 住户存款余额 Householder Savings Deposits	万元 (10000 yuan)	2245176	2036401	110.3			
金融机构各项贷款余额 Total Loans of Financial Institutions	万元 (10000 yuan)	1609324	1443034	111.5			
城乡居民收入 The income of urban and rural residents							
全体居民年人均可支配收入 Per capita disposable income of all residents	元 (yuan)	21407	19955	107.3	34859	32749	106.4
# 城镇居民年人均可支配收入 Disposable income of urban residents	元 (yuan)	33414	31762	105.2	38465	36322	105.9
农村居民年人均可支配收入 Per capita disposable income of rural residents	元 (yuan)	13719	12703	108.0	14685	13585	108.1

1-9 续表 9

指标名称 Item	单位 Unit	青秀区			江南区		
		2018 年	2017 年	2018 年为 2017 年% Rate of Development (%)	2018 年	2017 年	2018 年为 2017 年% Rate of Development (%)
人口、土地面积 Population,Land Area							
年末户籍人口 Population at Year-end	人 (person)	766918	733436	104.6	542138	524286	103.4
男性人口 Male	人 (person)	378761	363222	104.3	276430	268655	102.9
女性人口 Female	人 (person)	388157	370214	104.8	265708	255631	103.9
年平均人口 Average Annual Population	人 (person)	750177	722889	103.8	533212	519203	102.7
年末常住人口 Residents Population	万人	80.8	79.17	102.1	65.86	64.03	102.9
# 城镇人口 Town population	万人	74.66	72.55	102.9	53.2	51.2	103.9
城镇化率 Urbanization Rate	%	92.40	91.64	0.76*	80.78	79.96	0.82*
土地面积 Land Area	平方公里 (sq.km)	865	865	100.0	1183	1183	100.0
生产总值(当年价) Gross Domestic Product	**万元 (10000 yuan)**	**9867414**	**9139620**	**103.9**	**4751824**	**6029689**	**104.9**
第一产业 Primary Industry	万元 (10000 yuan)	179253	178800	102.1	252993	300192	90.8
第二产业 Secondary Industry	万元 (10000 yuan)	1029925	1047785	99.0	2693831	4228928	105.3
工业 Industry	万元 (10000 yuan)	102183	130873	112.4	2345521	3910302	105.4
建筑业 Construction	万元 (10000 yuan)	927742	916913	96.8	348310	318626	104.6
第三产业 Tertiary Industry	万元 (10000 yuan)	8658236	7913035	104.6	1805000	1500569	106.5
人均生产总值(当年价) Per Capita Gross Domestic Product(current prices)	元 (yuan)	123366	116488	101.9	73167	95173	102.3
生产总值构成 Composition of Gross Domestic Product	%	**100**	**100**		**100**	**100**	
第一产业 Primary Industry	%	1.82	1.96	-0.14*	5.32	4.98	0.35*
第二产业 Secondary Industry	%	10.44	11.46	-1.03*	56.69	70.14	-13.44*
工业 Industry	%	1.04	1.43	-0.4*	49.36	64.85	-15.49*
建筑业 Construction	%	9.40	10.03	-0.63*	7.33	5.28	2.05*
第三产业 Tertiary Industry	%	87.75	86.58	1.17*	37.99	24.89	13.1*

1-9 续表 10

指标名称 Item	单位 Unit	青秀区			江南区		
		2018 年	2017 年	2018 年为 2017 年% Rate of Development (%)	2018 年	2017 年	2018 年为 2017 年% Rate of Development (%)
农业 Agriculture							
农林牧渔业总产值(当年价) Gross Output Value of Agriculture, Forestry, Animal Husbandry and Fishery	万元 (10000 yuan)	342749	348176		380242	323621	
农业 Farming	万元 (10000 yuan)	161453	155221		299294	249946	
林业 Forestry	万元 (10000 yuan)	33236	31493		11192	7077	
牧业 Animal Husbandry	万元 (10000 yuan)	80032	96295		37074	39723	
渔业 Fishery	万元 (10000 yuan)	10559	12361		16898	14328	
农林牧渔服务业 Services in support of Agriculture	万元 (10000 yuan)	57469	52806		15783	12547	
工业 Industry							
规模以上工业企业主要指标 Main Indicators of Industrial Enterprises above Designated Size							
企业单位数 Number of Enterprises	个 (unit)	29	29	100.0	170	167	101.8
# 亿元工业企业 Above 100 million yuan	个 (unit)	5	7	71.4	94	119	79.0
# 亏损企业 Loss-making Enterprises	个 (unit)	7	4	175.0	32	16	200.0
规模以上工业总产值增速 Above Designated Size	%	17.4	2.8	14.6*	9.7	16.5	-6.8*
固定资产投资增速 Investment in Fixed Assets							
固定资产投资额 Investment in Fixed Assets	%	11.0	12.1	-1.1*	15.1	15.3	-0.2*
# 项目投资 Project Investment	%	11.4	18.7	-7.3*	45.5	13.3	32.2*
房地产开发投资 Real Estate Development	%	10.6	-13.0	23.6*	-4.2	20.5	-24.7*

注："*"为增减百分点。

指标名称 Item	单位 Unit	青秀区			江南区		
		2018 年	2017 年	2018 年为 2017 年% Rate of Development (%)	2018 年	2017 年	2018 年为 2017 年% Rate of Development (%)
商业 **Domestic**							
社会消费品零售总额 Total Retail Sales of Consumer Goods	万元 (10000 yuan)	4369615	4486378	97.4	3016127	3572755	84.4
# 城镇零售额 Retail Sales of Consumer Goods in Urban District	万元 (10000 yuan)	4107225	4275680	96.1	2932644	3531309	83.0
乡村零售额 Retail Sales of Consumer Goods in Rural District	万元 (10000 yuan)	262390	210698	124.5	83482	41446	201.4
财政 **Finance**							
财政收入 Financial Revenue	万元 (10000 yuan)	2001015	1841409	108.7	196159	223305	87.8
# 一般公共预算收入 Public finance budget income	万元 (10000 yuan)	348143	310514	112.1	45529	51532	88.4
一般公共预算支出 Local Government Expenditure	万元 (10000 yuan)	406730	370098	109.9	183384	197772	92.7
城乡居民收入 **The income of urban and rural residents**							
全体居民年人均可支配收入 Per capita disposable income of all residents	元 (yuan)	42863	39614	108.2	30658	28388	108.0
# 城镇居民年人均可支配收入 Disposable income of urban residents	元 (yuan)	45467	42138	107.9	34664	32156	107.8
农村居民年人均可支配收入 Per capita disposable income of rural residents	元 (yuan)	15423	14021	110.0	14925	13819	108.0

指标名称 Item	单位 Unit	西乡塘区			良庆区		
		2018 年	2017 年	2018 年为 2017 年% Rate of Development (%)	2018 年	2017 年	2018 年为 2017 年% Rate of Development (%)
人口、土地面积 Population,Land Area							
年末户籍人口 Population at Year-end	人 (person)	813335	795982	102.2	305167	288470	105.8
男性人口 Male	人 (person)	407302	399675	101.9	159394	151803	105.0
女性人口 Female	人 (person)	406033	396307	102.5	145773	136667	106.7
年平均人口 Average Annual Population	人 (person)	804659	794009	101.3	296819	284055	104.5
年末常住人口 Residents Population	万人	124.81	123.38	101.2	38.47	37.61	102.3
# 城镇人口 Town population	万人	113.95	111.68	102.0	27.84	26.79	103.9
城镇化率 Urbanization Rate	%	91.30	90.52	0.78*	72.37	71.23	1.14*
土地面积 Land Area	平方公里 (sq.km)	1076	1076	100.0	1369	1369	100.0
生产总值(当年价) Gross Domestic Product	**万元 (10000 yuan)**	**7752149**	**8884120**	**103.5**	**1740223**	**1562091**	**109.0**
第一产业 Primary Industry	万元 (10000 yuan)	228139	199421	107.4	240909	230493	105.2
第二产业 Secondary Industry	万元 (10000 yuan)	3382127	4963915	99.2	830499	863570	108.6
工业 Industry	万元 (10000 yuan)	2526712	4144455	99.0	396569	503596	103.5
建筑业 Construction	万元 (10000 yuan)	855415	819460	99.9	433931	359975	115.3
第三产业 Tertiary Industry	万元 (10000 yuan)	4141883	3720784	109.4	668814	468028	111.3
人均生产总值(当年价) Per Capita Gross Domestic Product(current prices)	元 (yuan)	62469	72479	102.2	45747	41862	107.0
生产总值构成 Composition of Gross Domestic Product	**%**	**100**	**100**		**100**	**100**	
第一产业 Primary Industry	%	2.94	2.24	0.7*	13.84	14.76	-0.91*
第二产业 Secondary Industry	%	43.63	55.87	-12.25*	47.72	55.28	-7.56*
工业 Industry	%	32.59	46.65	-14.06*	22.79	32.24	-9.45*
建筑业 Construction	%	11.03	9.22	1.81*	24.94	23.04	1.89*
第三产业 Tertiary Industry	%	53.43	41.88	11.55*	38.43	29.96	8.47*

1–9 续表 13

指标名称 Item	单位 Unit	西乡塘区			良庆区		
		2018 年	2017 年	2018 年为 2017 年 % Rate of Development (%)	2018 年	2017 年	2018 年为 2017 年 % Rate of Development (%)
农业 Agriculture							
农林牧渔业总产值（当年价） Gross Output Value of Agriculture, Forestry, Animal Husbandry and Fishery	万元 (10000 yuan)	392801	332105		392487	369323	
农业 Farming	万元 (10000 yuan)	268322	215578		247117	235650	
林业 Forestry	万元 (10000 yuan)	4062	4161		39479	27387	
牧业 Animal Husbandry	万元 (10000 yuan)	76408	83723		88572	84958	
渔业 Fishery	万元 (10000 yuan)	28040	13590		13035	17359	
农林牧渔服务业 Services in support of Agriculture	万元 (10000 yuan)	15969	15053		4283	3970	
工业 Industry							
规模以上工业企业主要指标 Main Indicators of Industrial Enterprises above Designated Size							
企业单位数 Number of Enterprises	个 (unit)	243	229	106.1	61	58	105.2
# 亿元工业企业 Above 100 million yuan	个 (unit)	120	194	61.9	36	35	102.9
# 亏损企业 Loss-making Enterprises	个 (unit)	56	15	373.3	8	6	133.3
规模以上工业总产值增速 Above Designated Size	%	–1.8	17.1	–18.9*	8.9	12.0	–3.1*
固定资产投资增速 Investment in Fixed Assets							
固定资产投资额 Investment in Fixed Assets	%	11.0	11.4	–0.4*	17.1	28.5	–11.4*
# 项目投资 Project Investment	%	–25.1	10.9	–36*	8.6	5.4	3.2*
房地产开发投资 Real Estate Development	%	62.8	15.0	47.8*	21.2	44.3	–23.1*

注：“*”为增减百分点。

指标名称 Item	单位 Unit	西乡塘区			良庆区		
		2018 年	2017 年	2018 年为 2017 年% Rate of Development (%)	2018 年	2017 年	2018 年为 2017 年% Rate of Development (%)
商业 **Domestic**							
社会消费品零售总额 Total Retail Sales of Consumer Goods	万元 (10000 yuan)	5138143	4967526	103.4	386272	371416	104.0
# 城镇零售额 Retail Sales of Consumer Goods in Urban District	万元 (10000 yuan)	4927473	4632009	106.4	365396	352404	103.7
乡村零售额 Retail Sales of Consumer Goods in Rural District	万元 (10000 yuan)	210669	335516	62.8	20876	19012	109.8
财政 **Finance**							
财政收入 Financial Revenue	万元 (10000 yuan)	446722	360302	124.0	501701	381867	131.4
# 一般公共预算收入 Public finance budget income	万元 (10000 yuan)	97083	80226	121.0	98299	78862	124.6
一般公共预算支出 Local Government Expenditure	万元 (10000 yuan)	311029	288649	107.8	226378	192182	117.8
城乡居民收入 **The income of urban and rural residents**							
全体居民年人均可支配收入 Per capita disposable income of all residents	元 (yuan)	31724	29292	108.3	26044	24228	107.5
# 城镇居民年人均可支配收入 Disposable income of urban residents	元 (yuan)	33683	31188	108.0	30780	28901	106.5
农村居民年人均可支配收入 Per capita disposable income of rural residents	元 (yuan)	13820	12679	109.0	14678	13356	109.9

1-9 续表 15

指标名称 Item	单位 Unit	邕宁区			武鸣区		
		2018 年	2017 年	2018 年为 2017 年% Rate of Development (%)	2018 年	2017 年	2018 年为 2017 年% Rate of Development (%)
人口、土地面积 Population,Land Area							
年末户籍人口 Population at Year-end	人 (person)	371252	361754	102.6	723082	715701	101.0
男性人口 Male	人 (person)	197171	192696	102.3	376874	373153	101.0
女性人口 Female	人 (person)	174081	169058	103.0	346208	342548	101.1
年平均人口 Average Annual Population	人 (person)	366503	360750	101.6	719392	715801	100.5
年末常住人口 Residents Population	万人	29.26	28.58	102.4	57.78	57.18	101.0
# 城镇人口 Town population	万人	11.66	11.04	105.6	25.9	25.18	102.9
城镇化率 Urbanization Rate	%	39.85	38.63	1.22*	44.83	44.04	0.79*
土地面积 Land Area	平方公里 (sq.km)	1231	1231	100.0	3389	3389	100.0
生产总值(当年价) Gross Domestic Product	**万元 (10000 yuan)**	**1002751**	**908814**	**110.0**	**3023734**	**3531974**	**103.9**
第一产业 Primary Industry	万元 (10000 yuan)	280953	276546	104.6	876954	811704	106.1
第二产业 Secondary Industry	万元 (10000 yuan)	238752	227126	112.1	930450	1623616	94.5
工业 Industry	万元 (10000 yuan)	150781	136708	126.1	648966	1378885	91.6
建筑业 Construction	万元 (10000 yuan)	87971	90418	93.1	281483	244731	110.0
第三产业 Tertiary Industry	万元 (10000 yuan)	483046	405142	112.8	1216330	1096654	116.7
人均生产总值(当年价) Per Capita Gross Domestic Product(current prices)	元 (yuan)	34673	32034	107.9	52605	62117	102.8
生产总值构成 Composition of Gross Domestic Product	%	**100**	**100**		**100**	**100**	
第一产业 Primary Industry	%	28.02	30.43	-2.41*	29.00	22.98	6.02*
第二产业 Secondary Industry	%	23.81	24.99	-1.18*	30.77	45.97	-15.2*
工业 Industry	%	15.04	15.04	-0.01*	21.46	39.04	-17.58*
建筑业 Construction	%	8.77	9.95	-1.18*	9.31	6.93	2.38*
第三产业 Tertiary Industry	%	48.17	44.58	3.59*	40.23	31.05	9.18*

1-9 续表 16

指标名称 Item	单位 Unit	邕宁区			武鸣区		
		2018 年	2017 年	2018 年为 2017 年% Rate of Development (%)	2018 年	2017 年	2018 年为 2017 年% Rate of Development (%)
农业 Agriculture							
农林牧渔业总产值（当年价） Gross Output Value of Agriculture, Forestry, Animal Husbandry and Fishery	万元 (10000 yuan)	464831	461024		1631314	1389070	
农业 Farming	万元 (10000 yuan)	267528	261665		1098738	868070	
林业 Forestry	万元 (10000 yuan)	18464	14776		78049	69317	
牧业 Animal Husbandry	万元 (10000 yuan)	160552	164870		367610	362660	
渔业 Fishery	万元 (10000 yuan)	12726	14444		45175	53018	
农林牧渔服务业 Services in support of Agriculture	万元 (10000 yuan)	5562	5269		41742	36005	
工业 Industry							
规模以上工业企业主要指标 Main Indicators of Industrial Enterprises above Designated Size							
企业单位数 Number of Enterprises	个 (unit)	24	24	100.0	204	196	104.1
# 亿元工业企业 Above 100 million yuan	个 (unit)	15	15	100.0	48	132	36.4
# 亏损企业 Loss-making Enterprises	个 (unit)	6	7	85.7	52	11	472.7
规模以上工业总产值增速 Above Designated Size	%	28.8	49.6	-20.8*	-10.5	10.8	-21.3*
固定资产投资增速 Investment in Fixed Assets							
固定资产投资额 Investment in Fixed Assets	%	17.0	24.3	-7.3*	10.3	8.6	1.7*
# 项目投资 Project Investment	%	40.3	46.6	-6.3*	6.5	11.9	-5.4*
房地产开发投资 Real Estate Development	%	-1.4	8.5	-9.9*	24.0	-20.3	44.3*

注："*"为增减百分点。

1-9 续表 17

指标名称 Item	单位 Unit	邕宁区			武鸣区		
		2018 年	2017 年	2018 年为 2017 年% Rate of Development (%)	2018 年	2017 年	2018 年为 2017 年% Rate of Development (%)
商业 **Domestic**							
社会消费品零售总额 Total Retail Sales of Consumer Goods	万元 (10000 yuan)	265726	232076	114.5	909470	878374	103.5
# 城镇零售额 Retail Sales of Consumer Goods in Urban District	万元 (10000 yuan)	240317	209034	115.0	482641	496374	97.2
乡村零售额 Retail Sales of Consumer Goods in Rural District	万元 (10000 yuan)	25410	23041	110.3	426830	382000	111.7
财政 **Finance**							
财政收入 Financial Revenue	万元 (10000 yuan)	171693	143533	119.6	174429	156312	111.6
# 一般公共预算收入 Public finance budget income	万元 (10000 yuan)	37288	29858	124.9	94264	93143	101.2
一般公共预算支出 Local Government Expenditure	万元 (10000 yuan)	243372	235407	103.4	365755	373993	97.8
城乡居民收入 **The income of urban and rural residents**							
全体居民年人均可支配收入 Per capita disposable income of all residents	元 (yuan)	20983	19264	108.9	23723	22075	107.5
# 城镇居民年人均可支配收入 Disposable income of urban residents	元 (yuan)	32507	30609	106.2	33839	32014	105.7
农村居民年人均可支配收入 Per capita disposable income of rural residents	元 (yuan)	13953	12559	111.1	15937	14594	109.2

二 国民经济核算

CHAPTER 2 NATIONAL ACCOUNTS

2-1 全市主要年份生产总值

（按当年价格计算）

单位：万元

年份	生产总值	第一产业	第二产业			第三产业
				工业	建筑业	
1950	14272	10376	587	485	102	3309
1965	53362	21483	13309	11307	2002	18570
1978	147407	61866	52192	47482	4710	33349
1980	180111	70093	70017	64475	5542	40001
1985	309278	118263	108351	95852	12499	82664
1990	708788	231018	248354	228325	20029	229416
1991	793241	239063	274634	252011	22623	279544
1992	918098	277741	304726	275905	28821	335631
1993	1346171	344360	499312	436528	62784	502499
1994	1872259	491029	675122	578013	97109	706108
1995	2358085	615225	807943	652156	155787	934917
1996	2671991	690541	845891	666448	179443	1135559
1997	3044914	785856	922155	709756	212399	1336903
1998	3395532	834421	997314	767099	230215	1563797
1999	3569886	852645	1019933	772336	247597	1697308
2000	3779364	876615	1053679	790913	262766	1849070
2001	4181684	907401	1131645	852455	279190	2142638
2002	4631795	943479	1255606	933896	321710	2432710
2003	5217793	997023	1523485	1096218	427267	2697285
2004	6191189	1076785	1933768	1378322	555446	3180636
2005	7279032	1242538	2312059	1651780	660279	3724435
2006	8801064	1443354	2973069	2212890	760179	4384641
2007	10890730	1780002	3722713	2840933	881780	5388015
2008	13204348	2031087	4579360	3522664	1056696	6593901
2009	15247144	2123780	5274575	3957991	1316584	7848789
2010	18002613	2444349	6518841	4837803	1681038	9039423
2011	22114358	3055458	8296138	6125938	2170200	10762762
2012	25031812	3229563	9607494	7061092	2546402	12194755
2013	28455976	3367878	11082707	8127601	2955106	14005391
2014	31483154	3546903	12515400	9234900	3280500	15420851
2015	34304970	3711012	13603348	10155590	3452891	16990610
2016	37275137	3959322	14443868	10810247	3640200	18871947
2017	41188293	4041842	15994975	11898899	4096076	21151476
2018	40269054	4213149	12257835	7803217	4454618	23798069

注：1. 全市国民经济核算指标均为行政区划调整后大南宁口径。

2. 全市 2005 年至 2007 年生产总值及其他各项国民经济核算指标均为与第二次经济普查资料衔接后的数据，下同。

3. 全市 2013 年、2014 年生产总值及其他各项国民经济核算指标均为与第三次经济普查资料衔接后的数据，下同。

4.2015 年广西生产总值核算方案发生调整，将工业中的开采辅助活动，金属制品、机械和设备修理业两类行业归类到第三产业中，故从 2015 年开始，第二产业增加值不等于工业、建筑业增加值之和。

5.2015 年及以后年份全市生产总值数据已包含研发经费支出，下同。

6.2018 年生产总值为快报数，最终以第四次全国经济普查资料衔接后的数据为准。

2-2 全市主要年份生产总值构成

（按当年价格计算）

单位：%

年份	生产总值	第一产业	第二产业			第三产业
				工业	建筑业	
1950	100.00	72.70	4.11	3.40	0.71	23.19
1965	100.00	40.26	24.94	21.19	3.75	34.80
1978	100.00	41.97	35.41	32.21	3.20	22.62
1980	100.00	38.92	38.87	35.80	3.07	22.21
1985	100.00	38.24	35.03	30.99	4.04	26.73
1990	100.00	32.59	35.04	32.21	2.83	32.37
1991	100.00	30.14	34.62	31.77	2.85	35.24
1992	100.00	30.25	33.19	30.05	3.14	36.56
1993	100.00	25.58	37.09	32.43	4.66	37.33
1994	100.00	26.23	36.06	30.87	5.19	37.71
1995	100.00	26.09	34.26	27.66	6.60	39.65
1996	100.00	25.84	31.66	24.94	6.72	42.50
1997	100.00	25.81	30.29	23.31	6.98	43.90
1998	100.00	24.57	29.37	22.59	6.78	46.06
1999	100.00	23.88	28.57	21.63	6.94	47.55
2000	100.00	23.19	27.88	20.93	6.95	48.93
2001	100.00	21.70	27.06	20.39	6.67	51.24
2002	100.00	20.37	27.11	20.16	6.95	52.52
2003	100.00	19.11	29.20	21.01	8.19	51.69
2004	100.00	17.39	31.23	22.26	8.97	51.38
2005	100.00	17.07	31.76	22.69	9.07	51.17
2006	100.00	16.40	33.78	25.14	8.64	49.82
2007	100.00	16.34	34.18	26.09	8.09	49.48
2008	100.00	15.38	34.68	26.68	8.00	49.94
2009	100.00	13.93	34.59	25.96	8.63	51.48
2010	100.00	13.58	36.21	26.87	9.34	50.21
2011	100.00	13.82	37.51	27.70	9.81	48.67
2012	100.00	12.90	38.38	28.21	10.17	48.72
2013	100.00	11.84	38.95	28.56	10.39	49.21
2014	100.00	11.27	39.75	29.33	10.42	48.98
2015	100.00	10.82	39.65	29.60	10.07	49.53
2016	100.00	10.62	38.75	29.00	9.77	50.63
2017	100.00	9.81	38.84	28.89	9.95	51.35
2018	100.00	10.46	30.44	19.38	11.06	59.10

2-3 全市主要年份生产总值指数

（按可比价计算，以上年为 100）

单位：%

年份	生产总值	第一产业	第二产业	工业	建筑业	第三产业
1951	113.2	110.1	147.6	100.0	100.0	119.0
1965	116.8	115.2	132.0	136.3	112.3	109.6
1978	111.5	110.3	112.1	108.1	180.2	112.6
1980	105.5	105.3	108.0	112.6	73.4	101.7
1985	112.7	103.4	122.1	117.7	171.6	113.1
1990	109.6	111.1	111.6	112.1	106.0	107.8
1991	106.3	100.6	106.9	106.7	109.2	111.6
1992	112.7	115.1	109.3	107.9	125.5	114.3
1993	123.5	106.9	134.4	129.7	178.6	128.3
1994	116.5	107.7	119.6	117.1	136.8	120.7
1995	114.5	112.6	114.9	108.3	154.0	115.7
1996	111.4	105.9	110.4	107.7	121.4	116.5
1997	112.5	113.9	108.8	106.3	118.1	115.2
1998	111.5	108.4	110.3	110.3	110.6	114.8
1999	109.4	107.4	108.1	106.4	113.7	111.7
2000	107.7	100.7	104.6	105.4	102.1	113.9
2001	108.8	102.2	106.4	106.7	105.5	113.2
2002	110.9	107.7	112.0	112.2	111.2	111.6
2003	110.9	103.7	119.3	113.4	140.5	109.4
2004	113.2	105.9	118.2	116.8	122.2	113.1
2005	113.4	108.2	115.6	115.0	117.4	114.0
2006	116.8	108.4	125.3	129.9	113.9	114.4
2007	117.4	107.3	121.2	124.2	112.6	117.9
2008	114.7	105.3	114.8	116.9	108.3	117.4
2009	115.1	105.8	117.0	113.5	128.7	116.3
2010	114.2	105.7	117.8	115.9	123.6	113.7
2011	113.5	105.7	118.3	118.1	118.8	112.2
2012	112.3	105.2	118.1	118.7	116.4	109.6
2013	110.3	104.8	114.6	114.8	114.1	108.1
2014	108.5	104.2	109.9	110.3	108.6	108.2
2015	108.6	104.1	110.5	111.5	107.4	108.0
2016	107.0	103.2	105.8	105.7	106.4	108.8
2017	108.0	104.1	108.6	109.5	106.0	108.4
2018	105.4	104.3	102.2	101.6	104.0	107.8

2-4 全市主要年份人均生产总值

（按当年价格计算）

年份	人均生产总值 （元）	以上年为 100 的发展速度 （%）
1950	62	
1965	165	120.5
1978	331	114.0
1980	387	107.6
1985	602	115.1
1990	1282	111.4
1991	1414	107.9
1992	1617	114.1
1993	2339	125.2
1994	3208	118.2
1995	3987	116.0
1996	4465	112.7
1997	5036	113.7
1998	5569	112.4
1999	5817	110.1
2000	6086	109.0
2001	6656	110.1
2002	7327	111.6
2003	8176	110.9
2004	9595	111.9
2005	11127	111.9
2006	13220	114.8
2007	16070	115.3
2008	19204	113.1
2009	21945	113.9
2010	27069	114.2
2011	33017	112.7
2012	37016	111.2
2013	41711	109.3
2014	45735	107.5
2015	49360	107.6
2016	53067	105.9
2017	57948	106.7
2018	55901	104.0

注：1. 发展速度按可比价计算。

2. 2010 年以前人均生产总值按户籍人口计算，2010 年（含）以后人均生产总值按常住人口计算。

2-5 全市各时期生产总值平均指数

（按可比价格计算，以上年为 100）

单位：%

时期	生产总值	第一产业	第二产业			第三产业
				工业	建筑业	
恢复时期（1950-1952）	108.5	106.3	129.3	132.5	110.7	111.3
“一五”时期（1953-1957）	109.5	104.4	129.5	127.3	143.0	116.5
“二五”时期（1958-1962）	105.3	98.7	108.8	110.0	102.7	111.4
调整时期（1963-1965）	110.8	111.4	122.7	121.9	127.2	104.7
“三五”时期（1966-1970）	106.9	107.6	113.1	115.5	93.3	103.1
“四五”时期（1971-1975）	109.0	109.2	111.2	111.1	113.9	105.9
“五五”时期（1976-1980）	108.0	103.2	113.9	113.5	118.5	108.2
“六五”时期（1981-1985）	108.6	106.9	109.1	108.3	117.7	111.5
“七五”时期（1986-1990）	109.4	103.5	110.4	111.3	102.8	115.9
“八五”时期（1991-1995）	114.6	108.5	116.6	113.6	138.8	118.0
“九五”时期（1996-2000）	110.5	107.2	108.4	107.2	113.0	114.4
“十五”时期（2001-2005）	111.5	105.5	114.2	112.8	118.8	112.3
“十一五”时期（2006-2010）	115.6	106.5	119.2	119.9	117.2	115.9
“十二五”时期（2011-2015）	110.6	104.8	114.2	114.6	113.0	109.2
1951 年至 2018 年	109.9	105.8	114.8	114.6	115.4	111.5
1979 年至 2018 年	111.0	105.8	112.7	112.2	115.7	113.0
1993 年至 2018 年	112.1	106.1	113.9	113.1	118.2	113.3

2-6 全市财政收入相当于地区生产总值的比例

（按当年价格计算）

年份	财政收入（万元）	地区生产总值（万元）	比重（%）
1950	781	14272	5.47
1965	6293	53362	11.79
1978	23188	147407	15.73
1980	27538	180111	15.29
1985	42633	309278	13.78
1990	82478	708788	11.64
1991	89637	793241	11.30
1992	94542	918098	10.30
1993	141425	1346171	10.51
1994	193018	1872259	10.31
1995	219576	2358085	9.31
1996	240141	2671991	8.99
1997	273637	3044914	8.99
1998	308392	3395532	9.08
1999	339803	3569886	9.52
2000	375390	3779364	9.93
2001	452926	4181684	10.83
2002	529594	4631795	11.43
2003	610594	5217793	11.70
2004	746328	6191189	12.05
2005	1002186	7279032	13.77
2006	1203609	8801064	13.68
2007	1508393	10890730	13.85
2008	1911682	13204348	14.48
2009	2313664	15247144	15.17
2010	3008756	18002613	16.71
2011	3635192	22114358	16.44
2012	4219938	25031812	16.86
2013	4736644	28455976	16.65
2014	5265905	31483154	16.73
2015	5724781	34304970	16.69
2016	6138280	37275137	16.47
2017	6879808	41188293	16.70
2018	7532000	40269054	18.70

2-7 全市生产总值及指数

（按当年价格计算）　　单位：万元

指标名称	2018年	2017年	以上年为100的发展速度（%）
地区生产总值	**40269054**	**41188293**	**105.4**
农林牧渔业	4402227	4255869	104.5
工业	7803217	11898899	101.6
建筑业	4454618	4096076	104.0
批发和零售业	3041809	3103088	105.4
批发业	1435900	1403264	106.2
零售业	1605910	1699824	104.7
交通运输、仓储和邮政业	2456149	1744961	110.0
住宿和餐饮业	1005173	1030673	104.0
住宿业	197738	166264	105.5
餐饮业	807435	864409	103.6
金融业	5002905	4505732	107.4
房地产业	2850170	2377253	106.5
房地产业（K门类）	2357923	1936231	106.9
自有房地产经营活动	492247	441022	105.0
其他服务业	9252786	8175741	109.1
营利性服务业	4181306	3552302	119.4
非营利性服务业	5071480	4623439	101.3
第一产业	**4213149**	**4041842**	**104.3**
第二产业	**12257835**	**15994974**	**102.2**
第三产业	**23798069**	**21151476**	**107.8**

注：发展速度按可比价计算。

2-8 全市生产总值构成

（按当年价格计算）　　单位：%

指标名称	2018年	2017年
地区生产总值	**100.00**	**100.00**
农林牧渔业	10.93	10.33
工业	19.38	28.89
建筑业	11.06	9.95
批发和零售业	7.55	7.53
批发业	3.56	3.40
零售业	3.99	4.13
交通运输、仓储和邮政业	6.10	4.24
住宿和餐饮业	2.50	2.50
住宿业	0.49	0.40
餐饮业	2.01	2.10
金融业	12.42	10.94
房地产业	7.08	5.77
房地产业(K门类)	5.86	4.70
自有房地产经营活动	1.22	1.07
其他服务业	22.98	19.85
营利性服务业	10.38	8.62
非营利性服务业	12.60	11.23
第一产业	**10.46**	**9.81**
第二产业	**30.44**	**38.84**
第三产业	**59.10**	**51.35**

2-9 隆安县主要年份生产总值

（按当年价格计算）

单位：万元

年份	生产总值	第一产业	第二产业	第三产业
1950	665	636	14	15
1965	1191	989	87	115
1978	6584	4443	1397	744
1980	7035	5051	952	1032
1985	11226	7978	1595	1653
1990	22680	15139	3539	4002
1991	22769	12989	3976	5804
1992	30629	18985	4185	7459
1993	42693	22609	10867	9217
1994	54271	30404	12689	11178
1995	66397	41404	12175	12818
1996	79632	47148	17033	15451
1997	83434	51527	15774	16133
1998	89193	52396	19124	17673
1999	87159	49569	19408	18182
2000	90831	54288	16685	19858
2001	101901	57762	21035	23104
2002	113014	62918	22496	27600
2003	122210	61994	29286	30930
2004	151386	73454	37668	40264
2005	187889	87368	50092	50429
2006	223503	94072	68896	60535
2007	279143	116435	83140	79568
2008	332916	136589	103347	92980
2009	337085	133668	106277	97140
2010	389769	149040	132156	108573
2011	488000	193334	170821	123845
2012	496441	199881	162922	133638
2013	547683	218972	170511	158200
2014	571956	231771	171316	168869
2015	625863	238163	184929	202771
2016	664094	256807	184396	222891
2017	731841	279486	197709	254645
2018	765913	273981	214372	277560

2-10 隆安县主要年份生产总值构成

（按当年价格计算）

单位：%

年份	生产总值	第一产业	第二产业	第三产业
1950	100.00	95.64	2.11	2.25
1965	100.00	83.04	7.30	9.66
1978	100.00	67.48	21.22	11.30
1980	100.00	71.80	13.53	14.67
1985	100.00	71.07	14.21	14.72
1990	100.00	66.75	15.60	17.65
1991	100.00	57.05	17.46	25.49
1992	100.00	61.98	13.66	24.36
1993	100.00	52.96	25.45	21.59
1994	100.00	56.02	23.38	20.60
1995	100.00	62.36	18.34	19.30
1996	100.00	59.21	21.39	19.40
1997	100.00	61.76	18.91	19.33
1998	100.00	58.74	21.44	19.82
1999	100.00	56.87	22.27	20.86
2000	100.00	59.77	18.37	21.86
2001	100.00	56.68	20.64	22.68
2002	100.00	55.67	19.91	24.42
2003	100.00	50.73	23.96	25.31
2004	100.00	48.52	24.88	26.60
2005	100.00	46.50	26.66	26.84
2006	100.00	42.09	30.83	27.08
2007	100.00	41.71	29.78	28.51
2008	100.00	41.03	31.04	27.93
2009	100.00	39.65	31.53	28.82
2010	100.00	38.24	33.91	27.85
2011	100.00	39.62	35.00	25.38
2012	100.00	40.26	32.82	26.92
2013	100.00	39.98	31.13	28.89
2014	100.00	40.52	29.95	29.53
2015	100.00	38.05	29.55	32.40
2016	100.00	38.67	27.77	33.56
2017	100.00	38.19	27.02	34.79
2018	100.00	35.77	27.99	36.24

2-11 隆安县主要年份生产总值指数

（按可比价格计算，以上年为 100）

单位：%

年份	生产总值	第一产业	第二产业	第三产业
1951	107.8	107.1	121.4	126.7
1965	101.1	100.9	101.2	102.3
1978	105.3	104.1	109.0	107.8
1980	104.4	103.7	97.5	115.5
1985	106.0	107.1	118.3	93.1
1990	100.3	109.0	109.0	83.2
1991	104.7	91.6	120.4	140.4
1992	113.8	115.4	96.3	123.2
1993	116.3	101.9	194.1	103.4
1994	106.5	114.5	96.7	98.9
1995	104.3	113.2	86.6	100.2
1996	113.4	105.0	137.8	115.5
1997	111.8	119.1	98.1	107.4
1998	111.3	105.0	132.4	108.4
1999	108.1	108.0	110.8	105.0
2000	103.5	103.0	98.9	111.3
2001	105.8	104.5	110.7	105.4
2002	110.0	108.7	120.5	104.4
2003	114.2	103.3	152.3	106.0
2004	107.1	104.8	107.3	113.8
2005	113.4	106.0	125.4	116.5
2006	115.7	109.2	126.0	116.8
2007	119.7	107.8	131.9	125.7
2008	111.5	106.6	116.9	112.2
2009	104.9	103.8	105.0	106.0
2010	111.5	106.7	118.7	109.5
2011	113.1	106.4	125.2	107.3
2012	106.9	105.8	109.3	105.0
2013	107.3	105.1	109.2	107.3
2014	104.8	104.8	105.6	105.2
2015	107.6	105.0	103.8	116.6
2016	103.7	106.9	101.5	102.0
2017	106.6	104.1	106.9	109.2
2018	104.5	106.3	96.9	108.6

2-12 隆安县各时期生产总值平均指数

（按可比价格计算，以上年为 100）　　单位：%

时期	生产总值	第一产业	第二产业	第三产业
恢复时期 (1950–1952)	106.7	106.6	108.7	110.1
“一五”时期 (1953–1957)	107.8	106.6	125.9	125.8
“二五”时期 (1958–1962)	99.0	97.1	110.2	112.4
调整时期 (1963–1965)	102.1	102.7	97.8	100.5
“三五”时期 (1966–1970)	106.3	103.3	121.0	114.6
“四五”时期 (1971–1975)	107.3	104.8	112.9	118.5
“五五”时期 (1976–1980)	103.5	104.3	95.7	110.0
“六五”时期 (1981–1985)	104.9	103.0	110.0	108.8
“七五”时期 (1986–1990)	102.8	101.3	108.2	105.2
“八五”时期 (1991–1995)	109.0	106.9	113.5	112.1
“九五”时期 (1996–2000)	109.6	107.9	114.4	109.5
“十五”时期 (2001–2005)	110.0	105.4	122.3	109.1
“十一五”时期 (2006–2010)	112.5	106.8	119.4	113.8
“十二五”时期 (2011–2015)	107.9	105.4	110.4	108.2
1951 年至 2018 年	106.5	104.5	112.1	111.5
1979 年至 2018 年	107.5	105.2	111.0	109.5
1993 年至 2018 年	109.3	106.7	114.8	108.6

2-13 马山县主要年份生产总值

（按当年价格计算）

单位：万元

年份	生产总值	第一产业	第二产业	第三产业
1950	1552	1162	34	356
1965	2983	2095	307	581
1978	5207	3721	602	884
1980	5791	4184	771	836
1985	8164	5661	1072	1431
1990	16751	9325	1866	5560
1991	18721	10702	2202	5817
1992	20354	10739	2838	6777
1993	25374	13413	4236	7725
1994	31672	16943	7295	7434
1995	47879	25708	8362	13809
1996	52488	27413	9117	15958
1997	65433	35111	9963	20359
1998	78920	38167	19120	21633
1999	85021	39430	22151	23440
2000	89021	39117	24132	25772
2001	93432	41004	22727	29701
2002	101700	44001	24275	33424
2003	128181	47399	42967	37815
2004	140115	55210	40572	44333
2005	157182	58579	49007	49596
2006	186151	65034	60099	61018
2007	219836	79808	67193	72835
2008	258689	90440	80172	88077
2009	279447	90632	89335	99480
2010	313555	102023	96928	114604
2011	393711	129209	136370	128132
2012	403895	135964	121846	146085
2013	441644	147197	119635	174812
2014	467751	153446	124569	189736
2015	471243	161442	101957	207844
2016	500954	176958	103488	220508
2017	551826	202636	103532	245658
2018	555054	182232	121807	251014

2-14 马山县主要年份生产总值构成

（按当年价格计算）　　单位：%

年份	生产总值	第一产业	第二产业	第三产业
1950	100.00	74.87	2.19	22.94
1965	100.00	70.23	10.29	19.48
1978	100.00	71.46	11.56	16.98
1980	100.00	72.25	13.31	14.44
1985	100.00	69.34	13.13	17.53
1990	100.00	55.67	11.14	33.19
1991	100.00	57.17	11.76	31.07
1992	100.00	52.76	13.94	33.30
1993	100.00	52.86	16.69	30.45
1994	100.00	53.50	23.03	23.47
1995	100.00	53.69	17.46	28.85
1996	100.00	52.23	17.37	30.40
1997	100.00	53.66	15.23	31.11
1998	100.00	48.36	24.23	27.41
1999	100.00	46.38	26.05	27.57
2000	100.00	43.94	27.11	28.95
2001	100.00	43.89	24.32	31.79
2002	100.00	43.27	23.87	32.86
2003	100.00	36.98	33.52	29.50
2004	100.00	39.40	28.96	31.64
2005	100.00	37.27	31.18	31.55
2006	100.00	34.94	32.29	32.77
2007	100.00	36.30	30.57	33.13
2008	100.00	34.96	30.99	34.05
2009	100.00	32.43	31.97	35.60
2010	100.00	32.54	30.91	36.55
2011	100.00	32.82	34.64	32.54
2012	100.00	33.66	30.17	36.17
2013	100.00	33.33	27.09	39.58
2014	100.00	32.81	26.63	40.56
2015	100.00	34.26	21.64	44.10
2016	100.00	35.32	20.66	44.02
2017	100.00	36.72	18.76	44.52
2018	100.00	32.83	21.95	45.22

2-15 马山县主要年份生产总值指数

（按可比价格计算，以上年为 100）

单位：%

年份	生产总值	第一产业	第二产业	第三产业
1951				
1965	100.7	100.6	101.7	100.2
1978	101.2	103.0	90.3	101.9
1980	105.0	115.8	102.2	75.1
1985	104.9	104.8	104.7	104.8
1990	97.7	95.1	110.2	98.4
1991	108.5	111.9	126.2	96.7
1992	108.0	103.8	106.5	116.6
1993	106.9	110.1	120.4	96.0
1994	94.5	89.6	146.5	78.2
1995	131.1	124.8	117.6	158.3
1996	108.8	103.7	114.6	113.7
1997	121.3	123.6	106.3	128.3
1998	119.3	108.9	166.3	108.3
1999	109.7	108.1	115.5	109.5
2000	105.2	99.3	108.5	111.4
2001	104.4	108.6	90.7	110.8
2002	107.9	105.6	104.7	113.6
2003	109.2	108.8	115.0	105.5
2004	103.7	100.7	99.5	111.0
2005	112.9	109.2	122.8	109.7
2006	113.8	106.7	116.8	119.3
2007	114.0	106.8	120.3	115.4
2008	111.0	103.2	114.4	115.3
2009	111.5	104.1	114.8	114.8
2010	112.5	105.8	117.4	113.0
2011	109.8	105.0	120.3	105.3
2012	107.3	104.8	105.7	111.1
2013	107.2	105.0	106.4	109.8
2014	104.5	104.3	102.2	106.7
2015	103.5	104.0	96.3	109.1
2016	105.0	104.9	100.6	107.3
2017	105.2	104.3	101.4	107.7
2018	105.0	105.5	108.9	102.7

2-16 马山县各时期生产总值平均指数

（按可比价格计算，以上年为 100）

单位：%

时期	生产总值	第一产业	第二产业	第三产业
恢复时期 (1950-1952)				
“一五”时期 (1953-1957)	104.6	104.5	113.6	103.6
“二五”时期 (1958-1962)	98.9	97.0	103.0	101.8
调整时期 (1963-1965)	103.9	104.5	115.3	97.1
“三五”时期 (1966-1970)	105.4	104.6	121.1	99.7
“四五”时期 (1971-1975)	105.6	107.6	99.6	102.1
“五五”时期 (1976-1980)	103.6	106.4	99.8	96.7
“六五”时期 (1981-1985)	104.8	103.9	102.6	110.0
“七五”时期 (1986-1990)	104.5	101.3	103.3	113.6
“八五”时期 (1991-1995)	109.2	107.4	122.7	106.0
“九五”时期 (1996-2000)	112.7	108.4	120.5	114.0
“十五”时期 (2001-2005)	107.6	106.5	105.9	110.1
“十一五”时期 (2006-2010)	112.6	105.3	116.7	115.5
“十二五”时期 (2011-2015)	106.4	104.6	105.9	108.4
1951 年至 2018 年	105.9	104.6	109.0	106.0
1979 年至 2018 年	107.8	105.5	109.9	109.4
1993 年至 2018 年	109.2	106.2	112.7	110.5

2-17 上林县主要年份生产总值

（按当年价格计算）

单位：万元

年份	生产总值	第一产业	第二产业	第三产业
1950	1830	1670	12	148
1965	3249	2770	76	403
1978	5387	4069	530	788
1980	5729	3876	747	1106
1985	12477	9229	1437	1811
1990	30386	16962	4578	8846
1991	34809	17956	5612	11241
1992	39327	20221	5639	13467
1993	48910	24042	9622	15246
1994	69971	43636	11353	14982
1995	78742	49884	10633	18225
1996	85830	50853	14013	20964
1997	91990	51775	14971	25244
1998	97597	54281	16260	27056
1999	102412	57221	16719	28472
2000	105567	57572	17673	30322
2001	110386	57804	18026	34556
2002	118584	51147	19091	48346
2003	116299	54507	24201	37591
2004	135008	64180	30359	40469
2005	165733	75174	37681	52878
2006	195079	90289	44447	60343
2007	231935	100051	57278	74606
2008	265183	110519	70469	84195
2009	271785	108041	69108	94636
2010	318502	128018	81794	108690
2011	390554	160428	106591	123535
2012	403080	166752	97553	138775
2013	449293	177700	104177	167416
2014	466025	184289	100927	180809
2015	503281	192349	113642	197290
2016	532091	211111	103981	216999
2017	567493	219900	107291	240302
2018	587925	226009	95614	266302

2-18 上林县主要年份生产总值构成

（按当年价格计算）　　单位：%

年份	生产总值	第一产业	第二产业	第三产业
1950	100.00	91.26	0.66	8.08
1965	100.00	85.26	2.34	12.40
1978	100.00	75.53	9.84	14.63
1980	100.00	67.66	13.04	19.30
1985	100.00	73.97	11.52	14.51
1990	100.00	55.82	15.07	29.11
1991	100.00	51.58	16.12	32.30
1992	100.00	51.42	14.34	34.24
1993	100.00	49.16	19.67	31.17
1994	100.00	62.36	16.23	21.41
1995	100.00	63.35	13.50	23.15
1996	100.00	59.25	16.33	24.42
1997	100.00	56.28	16.27	27.45
1998	100.00	55.62	16.66	27.72
1999	100.00	55.87	16.33	27.80
2000	100.00	54.54	16.74	28.72
2001	100.00	52.37	16.33	31.30
2002	100.00	43.13	16.10	40.77
2003	100.00	46.87	20.81	32.32
2004	100.00	47.54	22.49	29.97
2005	100.00	45.36	22.74	31.90
2006	100.00	46.28	22.78	30.94
2007	100.00	43.14	24.70	32.16
2008	100.00	41.68	26.57	31.75
2009	100.00	39.75	25.43	34.82
2010	100.00	40.19	25.68	34.13
2011	100.00	41.08	27.29	31.63
2012	100.00	41.37	24.20	34.43
2013	100.00	39.55	23.19	37.26
2014	100.00	39.54	21.66	38.80
2015	100.00	38.22	22.58	39.20
2016	100.00	39.68	19.54	40.78
2017	100.00	38.75	18.91	42.34
2018	100.00	38.44	16.26	45.30

2-19 上林县主要年份生产总值指数

（按可比价格计算，以上年为 100）

单位：%

年份	生产总值	第一产业	第二产业	第三产业
1951	109.2	110.0	108.3	108.8
1965	110.9	111.3	97.3	62.9
1978	114.0	108.1	126.5	132.8
1980	100.4	96.3	121.5	103.9
1985	86.3	77.2	121.7	114.4
1990	105.8	103.6	111.4	107.5
1991	113.5	107.6	115.3	123.9
1992	112.9	117.5	105.4	108.9
1993	102.8	95.4	140.6	98.4
1994	101.7	105.7	122.8	80.6
1995	101.2	100.2	98.3	106.5
1996	106.8	100.8	117.2	110.1
1997	116.3	114.4	115.3	121.1
1998	106.5	106.3	103.5	109.5
1999	105.0	103.0	106.6	107.1
2000	104.4	102.5	105.0	107.1
2001	104.7	103.3	100.2	109.9
2002	107.8	106.6	104.1	111.8
2003	107.4	105.0	121.6	104.3
2004	106.0	106.9	107.1	103.5
2005	107.6	106.0	112.8	107.2
2006	110.7	109.0	113.6	111.1
2007	115.2	106.7	125.0	120.0
2008	110.4	105.0	123.2	107.4
2009	104.4	99.8	99.4	114.3
2010	111.6	106.3	117.3	112.9
2011	108.4	102.3	119.5	107.3
2012	106.4	105.2	104.5	109.4
2013	108.7	104.9	112.9	109.3
2014	106.9	104.8	110.3	106.3
2015	107.0	103.6	109.4	108.4
2016	102.5	102.1	93.7	108.0
2017	104.8	104.3	102.2	106.4
2018	103.2	105.3	93.7	105.9

2-20 上林县各时期生产总值平均指数

（按可比价格计算，以上年为 100） 单位：%

时期	生产总值	第一产业	第二产业	第三产业
恢复时期 (1950-1952)	104.9	105.1	114.5	104.7
“一五”时期 (1953-1957)	104.1	102.9	130.1	112.0
“二五”时期 (1958-1962)	96.5	94.3	94.1	106.9
调整时期 (1963-1965)	108.6	108.8	110.8	84.2
“三五”时期 (1966-1970)	103.6	103.5	106.8	121.6
“四五”时期 (1971-1975)	108.1	107.7	126.2	104.7
“五五”时期 (1976-1980)	102.3	98.1	114.3	115.2
“六五”时期 (1981-1985)	109.0	109.1	105.6	110.7
“七五”时期 (1986-1990)	111.9	101.2	125.5	128.0
“八五”时期 (1991-1995)	106.3	105.0	115.6	102.6
“九五”时期 (1996-2000)	107.7	105.3	109.4	110.9
“十五”时期 (2001-2005)	106.7	105.5	108.9	107.3
“十一五”时期 (2006-2010)	110.4	105.3	115.3	113.1
“十二五”时期 (2001-2015)	107.5	104.2	111.2	108.1
1951 年至 2018 年	106.1	103.8	112.5	109.8
1979 年至 2018 年	107.5	104.3	111.9	111.2
1993 年至 2018 年	106.8	104.4	110.3	107.6

2-21 宾阳县主要年份生产总值

（按当年价格计算）

单位：万元

年份	生产总值	第一产业	第二产业	第三产业
1950	1104	873	82	149
1965	4915	3273	692	950
1978	17179	10385	2514	4280
1980	18504	10820	2624	5060
1985	37507	23285	7741	6481
1990	57140	32925	16251	7964
1991	73981	33258	19235	21488
1992	83599	37236	22255	24108
1993	117440	47222	40089	30129
1994	159806	65305	55536	38965
1995	187576	80338	56221	51017
1996	212482	90587	63589	58306
1997	220185	92024	64539	63622
1998	231395	93508	69887	68000
1999	231655	94285	62778	74592
2000	232591	90922	59639	82030
2001	261909	92456	74232	95221
2002	294093	98389	87133	108571
2003	354618	102774	114609	137235
2004	434304	119321	159134	155849
2005	520234	151038	196020	173176
2006	592612	164269	231116	197227
2007	698957	199648	269174	230135
2008	822741	228131	320165	274445
2009	888748	235731	351918	301099
2010	1128954	279286	469734	379934
2011	1375181	357612	565307	452262
2012	1401260	375979	529109	496172
2013	1571698	406284	578723	586690
2014	1730158	419340	651189	659628
2015	1842456	432191	647966	762299
2016	1981758	481086	663851	836822
2017	2183924	502419	681795	999710
2018	2303051	529488	702083	1071481

2-22 宾阳县主要年份生产总值构成

（按当年价格计算） 单位：%

年份	生产总值	第一产业	第二产业	第三产业
1950	100.00	79.08	7.43	13.49
1965	100.00	66.59	14.08	19.33
1978	100.00	60.45	14.63	24.92
1980	100.00	58.47	14.18	27.35
1985	100.00	62.08	20.64	17.28
1990	100.00	57.62	28.44	13.94
1991	100.00	44.95	26.00	29.05
1992	100.00	44.54	26.62	28.84
1993	100.00	40.21	34.14	25.65
1994	100.00	40.87	34.75	24.38
1995	100.00	42.83	29.97	27.20
1996	100.00	42.63	29.93	27.44
1997	100.00	41.79	29.31	28.90
1998	100.00	40.41	30.20	29.39
1999	100.00	40.70	27.10	32.20
2000	100.00	39.09	25.64	35.27
2001	100.00	35.30	28.34	36.36
2002	100.00	33.46	29.63	36.91
2003	100.00	28.98	32.32	38.70
2004	100.00	27.47	36.64	35.89
2005	100.00	29.03	37.68	33.29
2006	100.00	27.72	39.00	33.28
2007	100.00	28.56	38.51	32.93
2008	100.00	27.73	38.91	33.36
2009	100.00	26.52	39.60	33.88
2010	100.00	24.74	41.61	33.65
2011	100.00	26.00	41.11	32.89
2012	100.00	26.83	37.76	35.41
2013	100.00	25.85	36.82	37.33
2014	100.00	24.24	37.64	38.12
2015	100.00	23.46	35.17	41.37
2016	100.00	24.28	33.50	42.22
2017	100.00	23.00	31.22	45.78
2018	100.00	22.99	30.49	46.52

2-23 宾阳县主要年份生产总值指数

（按可比价格计算，以上年为 100）

单位：%

年份	生产总值	第一产业	第二产业	第三产业
1951	117.1	115.0	131.7	118.6
1965	109.4	107.9	115.8	112.7
1978	115.1	115.3	115.0	114.5
1980	108.6	113.5	114.2	93.1
1985	128.3	133.0	133.0	104.3
1990	104.2	106.5	117.6	94.5
1991	106.9	103.6	113.6	107.0
1992	108.1	104.5	113.7	109.3
1993	110.5	105.9	118.8	110.1
1994	109.4	104.8	117.8	108.0
1995	108.9	108.1	106.3	113.1
1996	110.5	107.7	114.1	110.7
1997	107.9	105.9	108.8	109.7
1998	107.4	105.8	109.0	107.8
1999	106.0	104.2	103.3	111.5
2000	102.0	96.4	101.0	110.3
2001	107.9	102.6	112.0	110.7
2002	109.7	106.8	114.2	109.5
2003	113.8	104.4	117.9	120.1
2004	110.1	105.7	118.7	108.1
2005	114.1	113.2	117.5	112.1
2006	111.0	109.5	113.0	110.2
2007	112.9	108.2	115.7	113.7
2008	110.6	106.8	111.3	113.1
2009	109.6	103.0	112.6	111.3
2010	120.4	106.7	125.4	124.3
2011	113.9	107.3	118.6	112.9
2012	107.7	104.8	110.0	106.6
2013	109.3	105.1	113.2	107.2
2014	108.0	103.4	108.1	110.8
2015	108.8	103.9	106.7	114.5
2016	108.3	105.3	103.3	114.5
2017	109.4	103.8	106.1	115.2
2018	108.8	104.3	107.3	112.3

2-24 宾阳县各时期生产总值平均指数

（按可比价格计算，以上年为 100）　　单位：%

时期	生产总值	第一产业	第二产业	第三产业
恢复时期 (1950–1952)	118.8	114.5	148.4	118.6
“一五”时期 (1953–1957)	112.5	113.1	111.7	110.7
“二五”时期 (1958–1962)	106.6	108.4	95.0	107.5
调整时期 (1963–1965)	112.9	113.0	119.8	108.2
“三五”时期 (1966–1970)	107.3	107.3	103.7	110.1
“四五”时期 (1971–1975)	111.1	111.1	113.1	110.1
“五五”时期 (1976–1980)	103.3	99.1	117.7	109.1
“六五”时期 (1981–1985)	116.3	116.6	124.0	106.1
“七五”时期 (1986–1990)	105.1	93.6	114.2	123.2
“八五”时期 (1991–1995)	108.8	105.4	114.0	109.5
“九五”时期 (1996–2000)	106.7	103.9	107.1	110.0
“十五”时期 (2001–2005)	111.1	106.5	116.0	112.0
“十一五”时期 (2006–2010)	112.8	106.8	115.5	114.4
“十二五”时期 (2001–2015)	109.5	104.9	111.3	110.4
1951 年至 2018 年	109.6	106.6	113.0	111.3
1979 年至 2018 年	109.3	104.5	113.8	111.8
1993 年至 2018 年	109.8	105.5	111.8	111.8

2-25 横县主要年份生产总值

（按当年价格计算）　　　　单位：万元

年份	生产总值	第一产业	第二产业	第三产业
1950	2545	2327	115	103
1965	8027	4033	2540	1454
1978	24204	14749	7107	2348
1980	26146	15527	7334	3285
1985	40663	23746	10827	6090
1990	89305	44969	22192	22144
1991	103261	51189	25027	27045
1992	119391	57465	29032	32894
1993	170404	70668	55506	44230
1994	224688	97339	69744	57605
1995	262239	124194	65074	72971
1996	287040	140137	58408	88495
1997	321477	157297	61787	102393
1998	322694	155913	57645	109136
1999	318133	148457	53283	116393
2000	318352	148626	44415	125311
2001	324768	141005	46378	137385
2002	353303	142135	60888	150280
2003	383406	147166	96675	139565
2004	435213	168671	107689	158853
2005	538036	223947	134627	179462
2006	647019	249125	181085	216809
2007	809990	302345	237571	270074
2008	980181	337257	327165	315759
2009	1136532	358537	405184	372811
2010	1348911	424495	496008	428408
2011	1762178	534026	698445	529707
2012	2226099	569227	1079757	577115
2013	2496785	608449	1212669	675667
2014	2486787	650484	1077301	759002
2015	2630940	673798	1109151	847992
2016	2749718	672283	1122687	954748
2017	3045838	728680	1208939	1108219
2018	3159909	748253	1197281	1214375

2-26 横县主要年份生产总值构成

（按当年价格计算）

单位：%

年份	生产总值	第一产业	第二产业	第三产业
1950	100.00	91.43	4.52	4.05
1965	100.00	50.24	31.64	18.12
1978	100.00	60.94	29.36	9.70
1980	100.00	59.39	28.05	12.56
1985	100.00	58.40	26.63	14.97
1990	100.00	50.35	24.85	24.80
1991	100.00	49.57	24.24	26.19
1992	100.00	48.13	24.32	27.55
1993	100.00	41.47	32.57	25.96
1994	100.00	43.32	31.04	25.64
1995	100.00	47.36	24.81	27.83
1996	100.00	48.82	20.35	30.83
1997	100.00	48.93	19.22	31.85
1998	100.00	48.32	17.86	33.82
1999	100.00	46.67	16.75	36.58
2000	100.00	46.69	13.95	39.36
2001	100.00	43.42	14.28	42.30
2002	100.00	40.23	17.23	42.54
2003	100.00	38.38	25.21	36.41
2004	100.00	38.76	24.74	36.50
2005	100.00	41.62	25.02	33.36
2006	100.00	38.50	27.99	33.51
2007	100.00	37.33	29.33	33.34
2008	100.00	34.41	33.38	32.21
2009	100.00	31.55	35.65	32.80
2010	100.00	31.47	36.77	31.76
2011	100.00	30.30	39.64	30.06
2012	100.00	25.57	48.50	25.93
2013	100.00	24.37	48.57	27.06
2014	100.00	26.16	43.32	30.52
2015	100.00	25.61	42.16	32.23
2016	100.00	24.45	40.83	34.72
2017	100.00	23.92	39.69	36.39
2018	100.00	23.68	37.89	38.43

2-27 横县主要年份生产总值指数

（按可比价格计算，以上年为 100）

单位：%

年份	生产总值	第一产业	第二产业	第三产业
1951	113.4	112.4	114.3	138.8
1965	118.4	119.8	125.1	97.3
1978	115.1	112.1	115.7	132.0
1980	103.8	104.2	105.9	97.4
1985	92.3	91.0	88.1	107.3
1990	110.8	112.7	111.1	108.4
1991	105.8	103.1	102.8	114.4
1992	115.8	116.3	112.1	118.4
1993	114.7	103.9	139.8	112.7
1994	104.7	98.3	111.7	107.9
1995	110.6	117.3	101.3	110.8
1996	106.5	110.5	91.2	115.6
1997	112.6	113.8	104.9	116.8
1998	105.0	104.6	99.1	109.8
1999	104.2	101.6	104.1	107.9
2000	100.5	102.3	84.1	108.0
2001	103.4	100.3	97.2	109.4
2002	107.7	102.0	125.4	108.2
2003	106.7	102.1	150.2	94.3
2004	107.1	109.2	97.5	110.6
2005	113.3	109.8	121.0	112.7
2006	117.9	112.3	128.3	117.2
2007	117.3	109.3	126.1	119.7
2008	113.6	103.4	128.6	111.7
2009	115.9	103.9	123.8	120.0
2010	112.4	105.3	118.2	112.7
2011	120.1	107.9	133.2	116.9
2012	117.3	104.6	134.7	105.9
2013	110.7	104.9	115.3	108.3
2014	103.4	104.5	98.8	110.7
2015	106.2	104.9	104.6	109.9
2016	106.0	102.2	102.2	114.3
2017	107.0	103.9	104.5	112.3
2018	107.1	104.0	104.8	111.9

2-28 横县各时期生产总值平均指数

（按可比价格计算，以上年为 100）　　单位：%

时期	生产总值	第一产业	第二产业	第三产业
恢复时期 (1950–1952)	108.8	107.3	120.7	124.1
“一五”时期 (1953–1957)	106.0	103.0	119.4	124.7
“二五”时期 (1958–1962)	100.1	95.4	114.6	106.9
调整时期 (1963–1965)	112.4	108.8	127.6	99.1
“三五”时期 (1966–1970)	109.6	111.8	106.7	107.0
“四五”时期 (1971–1975)	110.3	112.3	106.8	107.9
“五五”时期 (1976–1980)	107.1	102.0	111.2	114.5
“六五”时期 (1981–1985)	101.9	99.2	103.7	107.7
“七五”时期 (1986–1990)	111.2	105.6	109.1	125.7
“八五”时期 (1991–1995)	110.2	107.5	112.7	112.8
“九五”时期 (1996–2000)	105.7	106.4	96.3	111.6
“十五”时期 (2001–2005)	107.6	104.6	116.7	106.8
“十一五”时期 (2006–2010)	115.4	106.8	125.0	116.2
“十二五”时期 (2001–2015)	111.4	105.4	116.4	110.3
1951 年至 2018 年	108.3	105.2	112.2	112.6
1979 年至 2018 年	108.6	104.6	110.1	112.9
1993 年至 2018 年	109.6	105.6	112.4	111.3

2-29 各县主要年份人均生产总值

（按当年价格计算）

单位：元

年份	隆安县	马山县	上林县	宾阳县	横　县
1950	52	63	95	29	56
1965	56	101	126	102	136
1978	225	122	156	254	306
1980	231	130	161	263	321
1985	340	166	322	487	456
1990	644	367	730	679	931
1991	640	404	828	860	1059
1992	854	438	926	961	1209
1993	1183	544	1141	1336	1704
1994	1497	673	1620	1789	2220
1995	1825	1008	1812	2066	2562
1996	2184	1094	1966	2317	2784
1997	2284	1353	2098	2378	3101
1998	2441	1622	2215	2481	3096
1999	2383	1740	2314	2463	3041
2000	2464	1812	2361	2436	3014
2001	2758	1893	2449	2711	3044
2002	3067	2048	2622	3026	3298
2003	2259	2563	2560	3626	3565
2004	4091	2785	2949	4429	4025
2005	5047	3105	3567	5256	4929
2006	5943	3646	4137	5913	5788
2007	7320	4236	4853	6883	7074
2008	8604	4910	5528	7983	8454
2009	8590	5257	5664	8588	9703
2010	9774	5827	6565	10835	11347
2011	12095	7216	7969	13138	14617
2012	12257	7336	8212	13465	18379
2013	13378	7945	9178	15093	20349
2014	18664	11698	13296	21626	28163
2015	20281	11708	14203	22834	29526
2016	21333	12352	14873	24388	30593
2017	23311	13487	15727	26722	33654
2018	24169	13451	16125	27988	34707

注：从 2014 年开始，各县的人均生产总值根据常住人口口径计算。

2-30 各县生产总值

（2018 年，按当年价格计算）　　单位：万元

指标名称	隆安县	马山县	上林县	宾阳县	横　县
地区生产总值	**765913**	**555054**	**587925**	**2303051**	**3159909**
农、林、牧、渔业	279327	182631	226562	534415	779673
工业	123543	46221	37495	449655	828219
建筑业	90829	75586	58119	252428	369062
批发和零售业	22723	26392	24285	99189	136220
批发业	5208	3920	6833	21300	19748
零售业	17515	22472	17452	77889	116472
交通运输、仓储和邮政业	14568	9888	13568	58710	162229
住宿和餐饮业	6278	7655	7000	25585	35449
住宿业	420	409	972	1874	4018
餐饮业	5859	7246	6028	23711	31431
金融业	40509	35747	40485	97880	99653
房地产业	35085	37205	31438	86139	137768
房地产业（k）	15459	9194	11673	38367	52244
居民自有住房折旧	19627	28012	19765	47772	85524
其他服务业	153050	133729	148974	699052	611636
营利性服务业	38211	29824	25851	368492	313371
非营利性服务业	114839	103905	123123	330560	298265
第一产业（不含农林牧渔服务业）	273981	182232	226009	529488	748253
第二产业（不含工业服务业）	214372	121807	95614	702083	1197281
第三产业（含农服和工服）	277560	251014	266302	1071481	1214375
人均生产总值（元）	24169	13451	16125	27988	34707

注：从 2014 年开始，各县的人均生产总值根据常住人口口径计算。

2-31 各县生产总值指数

（2018年，按可比价格计算，以上年为100）　　单位：%

指标名称	隆安县	马山县	上林县	宾阳县	横　县
地区生产总值	**104.5**	**105.0**	**103.2**	**108.8**	**107.1**
农、林、牧、渔业	106.3	105.5	105.3	104.4	104.0
工业	98.5	120.6	87.3	108.0	102.9
建筑业	95.0	102.7	100.4	106.0	110.3
批发和零售业	106.1	107.5	102.4	104.3	106.8
批发业	107.1	103.2	102.4	104.0	116.5
零售业	105.9	108.3	102.4	104.4	105.3
交通运输、仓储和邮政业	104.5	104.0	103.9	105.1	109.1
住宿和餐饮业	100.6	101.2	103.9	99.7	107.8
住宿业	102.4	107.6	101.9	102.4	115.6
餐饮业	100.5	100.8	104.3	99.5	106.9
金融业	105.9	96.5	108.3	108.8	106.3
房地产业	109.0	111.7	112.4	105.9	110.6
房地产业（k）	115.2	142.6	129.5	107.1	122.4
居民自有住房折旧	105.0	105.0	105.0	105.0	105.0
其他服务业	110.6	101.4	104.8	116.3	116.1
营利性服务业	160.3	122.9	144.6	129.8	138.3
非营利性服务业	99.1	96.2	98.5	103.2	98.1
第一产业（不含农林牧渔服务业）	106.3	105.5	105.3	104.3	104.0
第二产业（不含工业服务业）	96.9	108.9	93.7	107.3	104.8
第三产业（含农服和工服）	108.6	102.7	105.9	112.3	111.9
人均生产总值（元）	103.5	104.1	102.2	108.0	106.4

注：从2014年开始，各县的人均生产总值根据常住人口口径计算。

2-32 各县财政收入相当于地区生产总值的比例

单位：%

年份	隆安县	马山县	上林县	宾阳县	横　县
1950	16.39	0.45	0.00	3.08	9.31
1965	16.12	8.08	6.28	10.32	8.35
1978	7.72	5.99	5.07	4.76	4.86
1980	8.60	4.70	5.32	5.44	6.38
1985	7.02	8.68	3.86	5.44	7.79
1990	8.94	6.73	5.87	10.81	8.32
1991	8.92	5.84	5.43	9.24	7.49
1992	6.92	5.98	5.01	8.59	7.20
1993	9.12	6.28	6.31	10.01	8.58
1994	9.49	9.62	5.09	8.63	7.67
1995	9.45	8.37	3.19	8.90	7.25
1996	8.69	8.61	3.64	8.02	6.29
1997	8.54	8.08	4.35	8.11	7.33
1998	9.43	7.45	5.13	8.34	7.61
1999	10.71	7.52	7.10	9.14	8.02
2000	11.24	7.58	7.18	9.38	8.17
2001	9.96	6.47	6.35	8.09	7.16
2002	10.92	6.75	6.65	9.15	7.31
2003	10.06	5.70	7.67	7.34	7.35
2004	8.63	5.75	7.47	6.91	7.06
2005	7.70	6.12	6.82	6.74	6.56
2006	7.01	5.92	6.61	0.63	6.44
2007	7.20	5.73	6.49	5.89	5.93
2008	6.66	5.85	6.65	6.10	5.93
2009	6.61	6.23	6.59	6.79	6.25
2010	7.19	6.98	7.08	7.17	6.54
2011	7.03	6.71	7.00	7.46	6.25
2012	8.65	8.25	8.62	9.21	7.74
2013	8.47	7.39	8.16	8.94	6.04
2014	8.96	7.04	8.56	9.01	6.75
2015	8.80	7.08	8.94	9.36	6.95
2016	6.90	6.67	7.61	8.80	6.68
2017	6.83	6.20	7.60	8.44	6.76
2018	7.02	6.42	7.76	8.58	6.44

2-33 各城区生产总值

（2018 年，按当年价格计算）

单位：万元

指标名称	市 区	兴宁区	青秀区	江南区	西乡塘区	良庆区	邕宁区	武鸣区
地区生产总值	**32897202**	**4454631**	**9867414**	**4751824**	**7752149**	**1740223**	**1002751**	**3023734**
农、林、牧、渔业	2399619	115616	200420	260034	234751	243019	283161	892302
工业	6318084	125699	102183	2345521	2526712	396569	150781	648966
建筑业	3608595	673741	927742	348310	855415	433931	87971	281483
批发和零售业	2733001	763959	778594	224467	790448	60065	21493	89260
批发业	1378890	213439	510082	74842	524349	28367	9891	13172
零售业	1354110	550520	268512	149625	266099	31698	11601	76088
交通运输、仓储和邮政业	2197186	326671	927399	287077	429656	58474	26547	77009
住宿和餐饮业	923206	238920	357388	57069	199314	33847	4603	34710
住宿业	190045	45529	79040	13937	45482	4362	994	1869
餐饮业	733161	193392	278348	43132	153832	29486	3609	32841
金融业	4688633	647232	2678571	377936	805194	6661	41715	108478
房地产业	2522534	604513	691309	196753	437977	212447	108932	105470
房地产业（k）	2230987	565400	621038	165374	392021	182858	92253	46918
居民自有住房折旧	291548	39113	70271	31378	45956	29588	16679	58552
其他服务业	7506345	958280	3203808	654658	1472683	295210	277549	786056
营利性服务业	3405557	495227	1254355	325449	538292	171347	137109	534729
非营利性服务业	4100788	463053	1949453	329209	934391	123863	140440	251327
第一产业（不含农林牧渔服务业）	2253186	114392	179253	252993	228139	240909	280953	876954
第二产业（不含工业服务业）	9926678	799440	1029925	2693831	3382127	830499	238752	930450
第三产业（含农服和工服）	20717338	3540800	8658236	1805000	4141883	668814	483046	1216330
人均生产总值（元）	75172	100875	123366	73167	62469	45747	34673	52605

注：从 2014 年开始，各城区的人均生产总值根据常住人口口径计算。

2-34 各城区生产总值指数

（2018年，按可比价格计算，以上年为100）　　单位：%

指标名称	市 区	兴宁区	青秀区	江南区	西乡塘区	良庆区	邕宁区	武鸣区
地区生产总值	**105.1**	**105.6**	**103.9**	**104.9**	**103.5**	**109.0**	**110.0**	**103.9**
农、林、牧、渔业	104.3	104.8	102.1	90.8	107.4	105.2	104.6	106.1
工业	101.2	93.0	112.4	105.4	99.0	103.5	126.1	91.6
建筑业	103.6	111.0	96.8	104.6	99.9	115.3	93.1	110.0
批发和零售业	105.4	104.2	108.1	104.0	104.1	103.6	109.3	102.7
批发业	106.1	104.5	109.0	104.5	103.4	101.3	118.4	105.0
零售业	104.7	104.1	106.3	103.7	105.4	105.8	102.6	102.3
交通运输、仓储和邮政业	110.4	107.5	106.7	107.7	107.3	106.9	107.3	105.9
住宿和餐饮业	104.0	105.3	102.5	106.3	105.8	107.1	106.3	101.6
住宿业	105.4	107.4	105.4	108.4	104.3	118.6	107.0	102.4
餐饮业	103.6	104.8	101.7	105.6	106.2	105.6	106.1	101.6
金融业	107.5	106.9	106.9	106.9	107.2	106.9	106.9	109.8
房地产业	106.2	102.3	78.3	97.0	140.0	108.9	116.4	107.3
房地产业（k）	106.3	102.1	75.9	95.5	146.4	109.7	119.0	110.5
居民自有住房折旧	105.0	105.0	105.0	105.0	105.0	105.0	105.0	105.0
其他服务业	108.1	105.6	108.5	110.0	108.7	116.7	113.5	123.6
营利性服务业	116.4	108.2	108.3	121.5	126.3	127.2	124.4	141.9
非营利性服务业	101.6	102.9	108.7	99.9	99.9	103.7	104.0	95.8
第一产业（不含农林牧渔服务业）	104.0	104.8	102.1	90.8	107.4	105.2	104.6	106.1
第二产业（不含工业服务业）	101.8	108.0	99.0	105.3	99.2	108.6	112.1	94.5
第三产业（含农服和工服）	107.4	105.2	104.6	106.5	109.4	111.3	112.8	116.7
人均生产总值（元）	103.3	103.4	101.9	102.3	102.2	107.0	107.9	102.8

注：从2014年开始，各城区的人均生产总值根据常住人口口径计算。

三 人口

CHAPTER 3 POPULATION

3-1　全市主要年份人口

年　份	户籍总户数（户）	户籍总人口（人）	男	女	城镇人口	人口自然增长率（‰）	常住人口（万人）	城镇人口	城镇化率（‰）
1950	203312	887405	438013	449392	157630				
1965	299085	1429352	732110	697242	412728	29.3			
1978	387853	1960454	1013310	947144	516796	16.4			
1980	410131	2055433	1059660	995773	576965	16.6			
1985	479524	2294642	1191771	1102871	703285	14.0			
1986	497956	2346191	1219054	1127137	732040	14.2			
1987	520280	2402548	1247705	1154843	775932	12.2			
1988	546451	2451770	1272979	1178791	815688	8.9			
1989	565288	2483593	1290928	1192665	835634	7.9			
1990	586171	2521885	1314990	1206895	851694	8.2			
1991	595112	2547957	1328493	1219464	871597	6.6			
1992	619613	2594228	1355291	1238937	917878	7.6			
1993	642254	2646075	1384775	1261300	958649	6.1			
1994	663893	2686557	1407350	1279207	995856	4.9			
1995	677603	2731908	1429732	1302176	1034903	5.4			
1996	702328	2779142	1454335	1324807	1073692	4.9			
1997	719455	2812025	1469086	1342939	1103802	4.7			
1998	744972	2846264	1485054	1361210	1142897	6.0			
1999	764494	2858711	1489427	1369284	1161833	5.8			
2000	1582100	6252697	3256917	2995780	1578160	6.1			
2001	1584300	6297521	3281911	3015601	1591821	4.9			
2002	1615500	6346838	3306515	3040323	1614238	5.1			
2003	1656644	6416736	3347842	3068894	1679929	6.5			
2004	1750997	6488450	3393652	3094798	1718176	7.9			
2005	1807185	6595402	3452663	3142739	1773200	8.5			
2006	1902477	6718928	3513115	3205813	1817485	11.2			
2007	1958717	6835117	3571952	3263165	1859508	10.5			
2008	2011573	6916874	3614759	3302115	1889351	10.5			
2009	2062411	6978957	3647913	3331044	1908770	8.2			
2010	2113500	7073720	3698242	3375478	1919790	5.5	666.15	350.52	52.6
2011	2145780	7114879	3719295	3395584	1929426	3.8	673.40	367.37	54.6
2012	2180344	7134979	3731114	3403865	1926150	4.6	679.08	382.21	56.3
2013	2198494	7244309	3792969	3451340		7.1	685.37	395.24	57.7
2014	2200923	7296565	3826517	3470048		7.0	691.38	403.70	58.4
2015	2223817	7402302	3875130	3527172	3262903	6.0	698.61	414.32	59.3
2016	2249585	7517446	3929997	3587449		6.2	706.22	425.34	60.2
2017	2257759	7568656	3944813	3623843	3324893	7.4	715.33	438.83	61.3
2018	2306799	7708223	4011052	3697171	3430769	7.0	725.41	452.62	62.4

注：1. 2000 年以后数据为行政区划调整后大南宁范围口径的数据，其余年份为原南宁口径的数据。
　　2. 本表人口自然增长率按公安户籍人口统计报表中的本年出生人口计算（以下表同）。

3-2 全市户籍人口数

指标名称	单位	2018 年	2017 年
总户数	**户**	**2306799**	**2257759**
总人口数	**人**	**7708223**	**7568656**
# 男性人口	人	4011052	3944813
女性人口	人	3697171	3623843
年平均人口	人	7638440	7543051
城镇人口	人	3430769	3324893
乡村人口	人	4277454	4243763
出生人数	人	72030	79517
出生率	‰	9.43	10.54
死亡人数	人	18273	23496
死亡率	‰	2.39	3.11
自然增长人数	人	53757	56021
自然增长率	‰	7.04	7.43
迁入人数	人	149714	129607
迁出人数	人	107212	89587
机械增长人数	人	42502	31020
机械增长率	‰	5.56	4.11

注：1. 本表的出生率、死亡率、人口自然增长率按户籍人口统计的本年出生数、本年死亡人数计算（以下表同）。
2. 本表的出生人数、死亡人数为当年出生和死亡人口。

3-3 全市户籍人口分地区统计

（2018 年）

单位：户、人

指标名称	总户数	总人口	按性别分		城镇人口	乡村人口
			男性	女性		
全市	**2306799**	**7708223**	**4011052**	**3697171**	**3430769**	**4277454**
市区	**1223799**	**3871306**	**1971911**	**1899395**	**2427073**	**1444233**
兴宁区	110783	349414	175979	173435	244440	104974
青秀区	250267	766918	378761	388157	646147	120771
江南区	173207	542138	276430	265708	378344	163794
西乡塘区	260404	813335	407302	406033	634543	178792
良庆区	91148	305167	159394	145773	152318	152849
邕宁区	105062	371252	197171	174081	155438	215814
武鸣区	232928	723082	376874	346208	215843	507239
隆安县	116768	424476	225596	198880	90992	333484
马山县	158464	575172	303244	271928	106496	468676
上林县	147632	502129	264473	237656	103180	398949
宾阳县	304576	1060558	567442	493116	334718	725840
横　县	355560	1274582	678386	596196	368310	906272

3-4 全市户籍人口分年龄统计

（2018 年）

单位：人

指标名称	总人口	按年龄分			
		18 岁以下	18-34 岁	35-59 岁	60 岁以上
全市	**7708223**	**1823585**	**1853599**	**2806869**	**1224170**
市区	**3871306**	**903934**	**877975**	**1455361**	**634036**
兴宁区	349414	80789	75082	131368	62175
青秀区	766918	185324	163209	300503	117882
江南区	542138	132616	120926	203557	85039
西乡塘区	813335	179024	172697	312731	148883
良庆区	305167	85109	76163	104218	39677
邕宁区	371252	93553	94554	129346	53799
武鸣区	723082	147519	175344	273638	126581
隆安县	424476	105015	93821	155714	69926
马山县	575172	150191	141803	201079	82099
上林县	502129	112832	130443	179435	79419
宾阳县	1060558	241755	287497	372109	159197
横　县	1274582	309858	322060	443171	199493

3-5 全市户籍人口变动情况

（2018 年）

单位：人

指标名称	出生人数	死亡人数	自然增长人数	迁入人数	迁出人数	机械增长人数
全市	**72030**	**18273**	**53757**	**149714**	**107212**	**42502**
市区	**40872**	**6349**	**34523**	**127495**	**70898**	**56597**
兴宁区	3841	597	3244	17163	7563	9600
青秀区	8264	839	7425	41332	21764	19568
江南区	5928	720	5208	18855	9824	9031
西乡塘区	7952	1200	6752	25295	19115	6180
良庆区	3754	522	3232	13228	3103	10125
邕宁区	3700	449	3251	5727	2758	2969
武鸣区	7433	2022	5411	5895	6771	-876
隆安县	3425	1165	2260	2355	3726	-1371
马山县	4711	1468	3243	3301	5351	-2050
上林县	4455	2191	2264	2715	4338	-1623
宾阳县	8697	3568	5129	7617	12509	-4892
横　县	9870	3532	6338	6231	10390	-4159

注：本表的出生人数、死亡人数为当年出生和死亡人口。

3-6 市区户籍人口数

指标名称	单位	2018 年	2017 年
总户数	**户**	**1223799**	**1176603**
总人口数	**人**	**3871306**	**3753763**
# 男性人口	人	1971911	1918606
女性人口	人	1899395	1835157
年平均人口	人	3812535	3727290
城镇人口	人	2427073	2329159
乡村人口	人	1444233	1424604
出生人数	人	40872	44020
出生率	‰	10.72	11.81
死亡人数	人	6349	9883
死亡率	‰	1.67	2.65
自然增长人数	人	34523	34137
自然增长率	‰	9.06	9.16
迁入人数	人	127495	111124
迁出人数	人	70898	62735
机械增长人数	人	56597	48389
机械增长率	‰	14.84	12.98

注：本表的出生人数、死亡人数为当年出生和死亡人口。

3–7 各县户籍人口数

（2018 年）

指标名称	单位	隆安县	马山县	上林县	宾阳县	横 县
总户数	户	**116768**	**158464**	**147632**	**304576**	**355560**
总人口数	人	**424476**	**575172**	**502129**	**1060558**	**1274582**
# 男性人口	人	225596	303244	264473	567442	678386
女性人口	人	198880	271928	237656	493116	596196
年平均人口	人	423436	573205	500931	1058235	1270099
城镇人口	人	90992	106496	103180	334718	368310
乡村人口	人	333484	468676	398949	725840	906272
出生人数	人	3425	4711	4455	8697	9870
出生率	‰	8.09	8.22	8.89	8.22	7.77
死亡人数	人	1165	1468	2191	3568	3532
死亡率	‰	2.75	2.56	4.37	3.37	2.78
自然增长人数	人	2260	3243	2264	5129	6338
自然增长率	‰	5.34	5.66	4.52	4.85	4.99
迁入人数	人	2355	3301	2715	7617	6231
迁出人数	人	3726	5351	4338	12509	10390
机械增长人数	人	–1371	–2050	–1623	–4892	–4159
机械增长率	‰	–3.24	–3.58	–3.24	–4.62	–3.27

注：本表的出生人数、死亡人数为当年出生和死亡人口。

3-8 主要年份全市城镇单位在岗职工人数及构成

年 份	在岗职工人数（人）				构成（%）		
		国有经济单位	城镇集体单位	其他经济单位	国有经济单位	城镇集体单位	其他经济单位
1950	4645						
1965	141718						
1978	316466						
1980	348858						
1981	365994	291928	74066		79.76	20.24	
1982	393866	320038	73828		81.26	18.74	
1983	388923	315746	73177		81.18	18.82	
1984	393707	319171	74536		81.07	18.93	
1985	406270	326815	79406	49	80.44	19.55	
1986	441427	341108	99973	346	77.27	22.65	
1987	457911	355604	101217	1090	77.66	22.10	
1988	474252	372567	99503	2182	78.56	20.98	
1989	483379	378469	101782	3128	78.30	21.06	0.65
1990	473944	400527	69077	4340	84.00	14.57	0.92
1991	496852	417411	74011	5430	84.01	14.90	1.09
1992	505474	424700	73863	6911	84.02	14.61	1.37
1993	517971	432101	69896	15974	83.42	14.00	3.08
1994	511592	431517	63237	16838	84.35	13.00	3.29
1995	500975	419903	63706	17366	83.82	12.72	3.47
1996	504483	423637	60769	20077	83.97	12.05	3.98
1997	498410	412593	55477	30340	82.78	11.00	6.09
1998	457129	347893	46047	63189	76.10	10.07	13.82
1999	434883	313178	40782	80923	72.01	9.38	18.61
2000	544799	409279	46455	89065	75.12	8.53	16.35
2001	524004	389988	44496	89520	74.43	8.49	17.08
2002	497509	345039	39573	112897	69.36	7.95	22.69
2003	506235	353927	35024	117284	69.91	6.92	23.00
2004	542585	363721	32842	146022	67.00	6.00	27.00
2005	583660	369442	23797	190421	63.00	4.00	33.00
2006	581428	356460	19434	205534	61.31	3.34	35.35
2007	604935	360783	20196	223956	59.63	3.34	37.02
2008	616998	357166	17789	242043	57.89	2.88	39.23
2009	640175	362807	13656	263712	56.67	2.13	41.19
2010	661866	362021	13411	286434	54.69	2.03	43.28
2011	666720	382765	11357	272598	57.41	1.70	40.89
2012	674362	379053	10569	284740	56.21	1.57	42.22
2013	686534	363632	9771	313131	52.97	2.69	45.61
2014	722808	364801	8653	349354	50.47	2.37	48.33
2015	733478	332957	8259	392262	45.39	1.13	53.48
2016	734898	336374	8004	390520	45.86	1.09	53.24
2017	724807	326268	7407	391132	45.01	1.02	53.96
2018	734321	320686	6704	406931	44.24	0.92	56.14

注：本篇“城镇单位”2014 年后均指城镇非私营单位。（下同）

3-9 主要年份全市城镇单位在岗职工工资总额及平均工资

年份	在岗职工工资总额（万元）	国有经济单位	城镇集体单位	其他经济单位	在岗职工年平均工资（元/人）	国有经济单位	城镇集体单位	其他经济单位
1950	157				338			
1965	7289				539			
1978	17231				565			
1980	24735				730			
1981	26943	22465	4478		746	780	611	
1982	30422	25370	5052		791	811	706	
1983	31673	26383	5290		818	841	722	
1984	37673	31578	6095		963	1010	776	
1985	42058	34452	7601	5	1051	1074	958	2083
1986	55807	45152	10628	27	1292	1359	1069	1421
1987	63803	51904	11727	172	1428	1499	1179	1610
1988	78020	63716	13992	312	1685	1755	1423	1859
1989	84956	68826	15620	510	1784	1850	1543	1749
1990	98238	85247	12200	791	2111	2173	1765	1942
1991	112323	96853	14324	1146	2331	2385	2029	2234
1992	135093	117682	15870	1541	2720	2820	2174	2453
1993	192696	164018	21759	6919	3786	3863	3170	4386
1994	250214	217510	24695	8009	4976	5136	3925	4864
1995	281024	241990	28661	10373	5668	5835	4514	5907
1996	300874	257886	30801	12187	6009	6159	4957	6144
1997	321010	270037	31518	19455	6508	6605	5718	6651
1998	334839	265276	25626	43937	7315	7580	5649	7040
1999	353051	261468	25622	65961	8077	8303	6225	8142
2000	445883	339842	28724	77318	8185	8342	6062	8591
2001	502894	384613	32309	85973	9572	9867	7151	9507
2002	568118	416947	30413	120758	11363	11917	7718	10908
2003	668976	499260	31082	138634	13172	14082	8870	11721
2004	829568	611737	31265	186566	15447	16969	9753	12914
2005	985557	690902	26776	267879	17520	19202	11326	14950
2006	1177159	814083	24108	338968	20650	23225	12277	16958
2007	1479269	1033933	28205	417130	24789	28796	13774	19204
2008	1798691	1221827	31603	545261	29377	34417	17937	22752
2009	2047363	1384938	27818	634608	32596	38599	20040	24846
2010	2427224	1614433	31857	780934	37042	44735	24955	27732
2011	2638622	1786349	34555	817718	40120	47418	30848	30313
2012	2940889	1905537	37477	997875	43847	48930	35002	35193
2013	3337032	1834375	34209	1468449	48188	50193	38077	46622
2014	4074039	2071677	37934	1964428	54826	56836	44050	53471
2015	4857782	2375128	38282	2444373	63820	70155	48458	59945
2016	5216656	2615948	37613	2563095	68560	77362	50920	63043
2017	5763215	2908728	39664	2814823	75481	87999	59207	68026
2018	6539357	3130255	33269	3375833	83452	96698	56764	75169

注：本篇“城镇单位”2014年后均指城镇非私营单位。（下同）

3-10 全市城镇非私营单位从业人员人数

（2018 年）

单位：人

指标名称	单位数（个）	从业人员年末人数	#女性	非全日制	在岗职工	劳务派遣人员	其他从业人员	在岗职工年平均人数
总计	**7440**	**1010881**	**378115**	**18046**	**734321**	**199759**	**76801**	**720188**
#国有控股	1043	406467	96723	6866	241816	135275	29376	235159
按企业、事业、机关分组								
企业	2387	691724	210241	14113	446164	189667	55893	435231
事业	3391	244100	140297	3452	223656	4180	16264	221117
机关	1645	74503	27218	477	63953	5910	4640	63285
民间非盈利组织	13	445	262	4	439	2	4	446
其他	4	109	97		109			109
按经济类型分组								
国有经济单位	5449	368210	192990	4365	320686	11406	36118	317559
集体经济单位	106	9050	2534	332	6704	639	1707	5808
其他经济单位	1885	633621	182591	13349	406931	187714	38976	396821
按国民经济行业分组								
农、林、牧、渔业	**139**	**8213**	**2788**	**1137**	**6710**		**1503**	**6935**
农　业	19	3099	1158	1135	1704		1395	1766
林　业	72	3547	1060		3475		72	3640
畜 牧 业	10	1077	418	1	1044		33	1038
渔　业	1	25	2	1	22		3	22
农、林、牧、渔服务业	37	465	150		465			469
采矿业	**5**	**139**	**30**		**131**		**8**	**131**
制造业	**456**	**98458**	**39409**	**775**	**91331**	**3667**	**3460**	**94208**
电力、热力、燃气及水生产和供应业	**34**	**46121**	**12011**	**38**	**45707**	**136**	**278**	**45979**
建筑业	**121**	**236466**	**16480**	**3537**	**69603**	**158712**	**8151**	**62360**
批发和零售业	**510**	**46468**	**24166**	**1733**	**42170**	**1410**	**2888**	**41704**
批发业	274	18700	8303	1129	17130	249	1321	17236
零售业	236	27768	15863	604	25040	1161	1567	24468
交通运输、仓储和邮政业	**126**	**49316**	**13007**	**1595**	**38335**	**6148**	**4833**	**37301**
铁路运输业	2	5809	983		5422	383	4	5367
道路运输业	65	23515	6865	436	22546	362	607	21821
水上运输业	3	187	71		148		39	143
航空运输业	3	5431	1675	2	2456	2956	19	2274
多式联运和运输代理业	7	586	204	24	561	1	24	525
装卸搬运和仓储业	35	1123	361		1075	18	30	1079
邮政业	11	12665	2848	1133	6127	2428	4110	6092

3-10 续表 1

单位：人

指标名称	单位数（个）	从业人员年末人数	#女性	非全日制	在岗职工	劳务派遣人员	其他从业人员	在岗职工年平均人数
住宿和餐饮业	**121**	**20906**	**12799**	**2107**	**18535**	**143**	**2228**	**17252**
住宿业	75	8333	4674	60	8094	61	178	8119
餐饮业	46	12573	8125	2047	10441	82	2050	9133
信息传输、软件和信息技术服务业	**59**	**24354**	**7886**	**92**	**23633**	**461**	**260**	**23922**
电信、广播电视和卫星传输服务	19	12577	4652	87	12098	360	119	12017
互联网和相关服务	9	337	127		235	81	21	241
软件和信息技术服务业	31	11440	3107	5	11300	20	120	11664
金融业	**258**	**61979**	**38061**	**1575**	**32482**	**1390**	**28107**	**32093**
货币金融服务业	145	24314	12641	49	22783	1143	388	22745
资本市场服务业	11	793	336	82	609	9	175	602
保险业	101	36865	25079	1444	9083	238	27544	8742
其他金融业	1	7	5		7			4
房地产业	**372**	**32449**	**15265**	**546**	**29788**	**1587**	**1074**	**29640**
#房地产开发经营	271	13457	6173	70	13116	169	172	13082
物业管理	65	16445	7876	342	14327	1383	735	14101
房地产中介服务	11	1371	805	104	1267		104	1266
房地产租赁经营	22	1046	377	30	948	35	63	1070
租赁和商务服务业	**212**	**44415**	**17804**	**243**	**27342**	**15172**	**1901**	**24376**
租赁业	3	762	125		524	205	33	470
商务服务业	209	43653	17679	243	26818	14967	1868	23906
科学研究、技术服务业	**433**	**32098**	**12013**	**807**	**28828**	**686**	**2584**	**28507**
研究和试验发展	71	6665	3159	26	6399	92	174	6389
专业技术服务业	237	23321	7971	766	20452	588	2281	20132
科技推广和应用服务业	125	2112	883	15	1977	6	129	1986
水利、环境和公共设施管理业	**163**	**16101**	**9204**	**73**	**14138**	**1508**	**455**	**14188**
水利管理业	98	1938	677		1881	20	37	1907
生态保护和环境治理业	8	577	140	18	391	139	47	400
公共设施管理业	54	13413	8302	55	11694	1349	370	11707
土地管理业	3	173	85		172		1	174
居民服务、修理和其他服务业	**29**	**2026**	**1016**	**1**	**1859**	**30**	**137**	**1815**
居民服务业	11	1046	569		1035	4	7	1021
机动车、电子产品和日用产品修理业	8	415	87		415			385
其他服务业	10	565	360	1	409	26	130	409
教育	**1438**	**117183**	**69508**	**2312**	**105379**	**1384**	**10420**	**103320**
初等教育	876	37816	25648	1254	32910	393	4513	32196
中等教育	385	49025	27217	432	44494	424	4107	43568
高等教育	34	22287	11300	519	20627	445	1215	20263
卫生和社会工作	**367**	**63614**	**43666**	**139**	**61431**	**544**	**1639**	**60809**
卫生	336	62249	42622	130	60133	540	1576	59503
社会工作	31	1365	1044	9	1298	4	63	1306

单位：人

指标名称	单位数（个）	从业人员年末人数	#女性	非全日制	在岗职工	劳务派遣人员	其他从业人员	在岗职工年平均人数
文化、体育和娱乐业	**237**	**13461**	**6546**	**594**	**12261**	**325**	**875**	**11843**
新闻和出版业	42	3360	1632	230	3016	38	306	2836
广播、电视、电影和影视录音制作业	92	3887	1695	241	3559	30	298	3590
文化艺术业	70	2939	1522	118	2598	102	239	2600
体育	25	2028	1110	3	1847	151	30	1932
娱乐业	8	1247	587	2	1241	4	2	885
公共管理、社会保障和社会组织	**2360**	**97114**	**36456**	**742**	**84658**	**6456**	**6000**	**83805**
中国共产党机关	161	4174	1320	190	3297	483	394	3256
国家机构	1966	89367	33415	408	78221	5856	5290	77406
人民政协、民主党派	22	550	175		515	27	8	518
社会保障	109	1579	888	122	1355	49	175	1354
群众社团、社会团体和其他成员组织	102	1444	658	22	1270	41	133	1271
国有单位合计	**5449**	**368210**	**192990**	**4365**	**320686**	**11406**	**36118**	**317559**
按隶属关系分组								
中　央	97	28396	16659	78	14092	679	13625	14006
地　区	5278	330643	172021	4169	298802	10289	21552	295817
其　他	74	9171	4310	118	7792	438	941	7736
按执行会计标准类别分组								
企　业	446	52842	27451	698	35959	1317	15566	35813
#地　方	347	24687	10784	588	22718	590	1379	22649
事　业	3348	240772	138225	3186	220687	4177	15908	218377
#地　方	3303	234775	135296	3102	215059	4122	15594	212804
机　关	1644	74425	27195	477	63875	5910	4640	63207
#地　方	1617	71010	25822	475	60860	5575	4575	60202
民间非营利组织	10	157	110	4	151	2	4	148
其　他	1	14	9		14			14

3-10 续表 3

单位：人

指标名称	单位数（个）	从业人员年末人数	# 女性	非全日制	在岗职工	劳务派遣人员	其他从业人员	在岗职工年平均人数
按国民经济行业分组								
农、林、牧、渔业	128	5310	1693	1	4976		334	5112
采矿业	2	23	5		19		4	20
制造业	67	4981	1885	226	4438	5	538	4506
电力、热力、燃气及水生产和供应业	12	370	137	4	366		4	367
建筑业	15	2084	410	74	1333	365	386	1272
批发和零售业	50	2405	792	9	2275	11	119	2265
交通运输、仓储和邮政业	52	5484	2175	2	4099	665	720	4066
住宿和餐饮业	21	2381	1224	39	2328		53	2290
信息传输、软件和信息技术服务业	30	1118	454		1042	26	50	1032
金融业	76	23711	15616		10401	310	13000	10422
房地产业	25	715	264	27	585	41	89	581
租赁和商务服务业	120	3557	1513	22	3209	65	283	3241
科学研究、技术服务业	374	22013	8999	668	19758	373	1882	19532
水利、环境和公共设施管理业	149	13917	8281	55	12526	998	393	12581
居民服务、修理和其他服务业	15	598	237		493	30	75	493
教育	1399	112142	66424	1944	100792	1384	9966	99096
卫生和社会工作	355	62105	42604	139	59946	544	1615	59379
文化、体育和娱乐业	201	8190	3824	413	7450	133	607	7507
公共管理、社会保障和社会组织	2358	97106	36453	742	84650	6456	6000	83797
城镇集体单位合计	**106**	**9050**	**2534**	**332**	**6704**	**639**	**1707**	**5808**
按执行会计标准类别分组								
企　业	91	8616	2333	332	6306	639	1671	5412
事　业	15	434	201		398		36	396

3-10 续表 4　　　　单位：人

指标名称	单位数（个）	从业人员年末人数	#女性	非全日制	在岗职工	劳务派遣人员	其他从业人员	在岗职工年平均人数
按国民经济行业分组								
农、林、牧、渔业	1	4			4			4
制造业	17	962	503	5	934		28	937
建筑业	11	5700	1099	310	3653	477	1570	2750
批发和零售业	31	187	56		187			186
交通运输、仓储和邮政业	6	252	85	10	187	20	45	190
住宿和餐饮业	4	115	78		114		1	118
金融业	3	855	311	6	700	142	13	699
房地产业	2	25	14		25			25
租赁和商务服务业	10	97	44		84		13	85
科学研究、技术服务业	8	297	80	1	295		2	297
水利、环境和公共设施管理业	6	238	89		238			239
居民服务、修理和其他服务业	3	13	3		13			13
教育	4	305	172		270		35	265
其他单位合计	**1885**	**633621**	**182591**	**13349**	**406931**	**187714**	**38976**	**396821**
按登记注册类型分组								
内资	1683	588304	158820	12686	364391	185859	38054	354135
股份合作	12	2851	1072	11	2492	338	21	2499
联营	3	228	46		49		179	46
#国有联营	1	29	27		29			26
有限责任公司	1358	480653	113434	9594	280568	181832	18253	274555
#国有独资	198	160212	32550	5112	122070	31751	6391	116047
股份有限公司	227	99043	41006	2707	76233	3689	19121	72324
其他	83	5529	3262	374	5049		480	4711
港、澳、台商投资	112	25781	12930	249	24368	959	454	25736
外商投资	90	19536	10841	414	18172	896	468	16950

3-10 续表 5

指标名称	单位数（个）	从业人员年末人数	#女性	非全日制	在岗职工	劳务派遣人员	其他从业人员	在岗职工年平均人数
按执行会计标准类别分组								
企 业	1850	630266	180457	13083	403899	187711	38656	394006
事 业	28	2894	1871	266	2571	3	320	2344
机 关	1	78	23		78			78
民间非营利组织	3	288	152		288			298
其 他	3	95	88		95			95
按国民经济行业分组								
农、林、牧、渔业	10	2899	1095	1136	1730		1169	1819
采 矿 业	3	116	25		112		4	111
制 造 业	372	92515	37021	544	85959	3662	2894	88765
电力、热力、燃气及水生产和供应业	22	45751	11874	34	45341	136	274	45612
建筑业	95	228682	14971	3153	64617	157870	6195	58338
批发和零售业	429	43876	23318	1724	39708	1399	2769	39253
交通运输、仓储和邮政业	68	43580	10747	1583	34049	5463	4068	33045
住宿和餐饮业	96	18410	11497	2068	16093	143	2174	14844
信息传输、软件和信息技术服务业	29	23236	7432	92	22591	435	210	22890
金融业	179	37413	22134	1569	21381	938	15094	20972
房地产业	345	31709	14987	519	29178	1546	985	29034
租赁和商务服务业	82	40761	16247	221	24049	15107	1605	21050
科学研究、技术服务业	51	9788	2934	138	8775	313	700	8678
水利、环境和公共设施管理业	8	1946	834	18	1374	510	62	1368
居民服务、修理和其他服务业	11	1415	776	1	1353		62	1309
教育	35	4736	2912	368	4317		419	3959
卫生和社会工作	12	1509	1062		1485		24	1430
文化、体育和娱乐业	36	5271	2722	181	4811	192	268	4336
公共管理、社会保障和社会组织	2	8	3		8			8

3-11 全市城镇非私营单位从业人员工资总额

（2018 年）

单位：万元

指标名称	从业人员工资总额	在岗职工工资总额	劳务派遣人员工资总额	其他人员工资总额	在岗职工年平均工资（元/人）
总计	**7899992**	**6539357**	**1055592**	**305044**	**83452**
#国有控股	3349793	2449945	797114	102734	90766
按企业、事业、机关分组					
企业	5041737	3791270	1012716	237752	78112
事业	2202466	2133729	17059	51678	95510
机关	653193	611769	25816	15608	91947
民间非盈利组织	2171	2164	0.5	6	48319
其他	425	425			39000
按经济类型分组					
国有经济单位	3296871	3130255	50634	115983	96698
集体经济单位	46640	33269	3321	10050	56764
其他经济单位	4556481	3375833	1001637	179011	76169
按国民经济行业分组					
农、林、牧、渔业	**45547**	**41619**		**3928**	**60013**
农 业	10622	7186		3436	40693
林 业	25115	24770		344	68050
畜牧业	5976	5841		135	56272
渔 业	214	201		13	91318
农、林、牧、渔服务业	3621	3621			77203
采矿业	**738**	**714**		**24**	**54534**
制造业	**595236**	**565592**	**15612**	**14032**	**59306**
电力、热力、燃气及水生产和供应业	**489551**	**487879**	**695**	**977**	**105949**
建筑业	**1416983**	**512462**	**869158**	**35363**	**65536**
批发和零售业	**303111**	**288973**	**6762**	**7376**	**68198**
批发业	154478	149631	1687	3160	86329
零售业	148633	139341	5076	4216	55898
交通运输、仓储和邮政业	**411735**	**337765**	**43208**	**30762**	**87683**
铁路运输业	65817	63757	1861	200	114097
道路运输业	171878	168453	1405	2020	76506
水上运输业	1573	1410		163	98566
航空运输业	54890	33871	20840	179	107424
多式联运和运输代理业	5902	5603	12	288	106738
装卸搬运和仓储业	7784	7536	89	159	69507
邮政业	103891	57136	19002	27753	88153

3-11 续表 1

单位：万元

指标名称	从业人员工资总额	在岗职工工资总额	劳务派遣人员工资总额	其他人员工资总额	在岗职工年平均工资（元/人）
住宿和餐饮业	**74326**	**70920**	**448**	**2958**	**41085**
住宿业	41517	40084	264	1169	49223
餐饮业	32808	30836	184	1789	33813
信息传输、软件和信息技术服务业	**225017**	**220976**	**2820**	**1221**	**91735**
电信、广播电视和卫星传输服务	144872	142969	1561	342	116660
互联网和相关服务	4002	2735	1126	141	121034
软件和信息技术服务业	76143	75271	134	738	64515
金融业	**708040**	**571085**	**9569**	**127387**	**172855**
货币金融服务业	471988	458015	7597	6376	194467
资本市场服务业	16702	15807	94	801	259822
保险业	219313	97224	1878	120210	109712
其他金融业	38	38			96000
房地产业	**274221**	**263061**	**7219**	**3941**	**86695**
#房地产开发经营	190455	188213	967	1275	143015
物业管理	62648	54611	6144	1894	39308
房地产中介服务	7663	7260		403	57346
房地产租赁经营	12094	11616	108.4	369	106102
租赁和商务服务业	**270164**	**211809**	**52479**	**5876**	**66963**
租赁业	5651	4135	1372	144	86324
商务服务业	264513	207674	51107	5732	66644
科学研究、技术服务业	**336857**	**324068**	**4481**	**8309**	**112586**
研究和试验发展	64925	63846	335	744	99044
专业技术服务业	254978	243676	4120	7182	119650
科技推广和应用服务业	16954	16546	26	382	83192
水利、环境和公共设施管理业	**93087**	**86495**	**5494**	**1099**	**58539**
水利管理业	16601	16450	59	92	85714
生态保护和环境治理业	4453	3510	792	152	73916
公共设施管理业	70274	64777	4644	853	53270
土地管理业	1760	1758		2	101006
居民服务、修理和其他服务业	**11408**	**10768**	**119**	**521**	**59037**
居民服务业	7234	7196	6	32	70407
机动车、电子产品和日用产品修理业	2151	2151			55862
其他服务业	2022	1421	112.3	489	35163
教育	**991155**	**956545**	**5042**	**29568**	**91940**
#初等教育	261135	249085	1925	10124	77144
中等教育	414952	400129	1539	13284	91409
高等教育	256358	250786	1075	4498	121713
卫生和社会工作	**698346**	**686924**	**3107**	**8315**	**112463**
卫生	690766	679608	3099	8059	113697
社会工作	7579	7316	8	256	55903

3-11 续表 2

单位：万元

指标名称	从业人员工资总额	在岗职工工资总额	劳务派遣人员工资总额	其他人员工资总额	在岗职工年平均工资（元/人）
文化、体育和娱乐业	**129335**	**125166**	**1150**	**3020**	**103647**
新闻和出版业	38183	36583	165	1435	127997
广播、电视、电影和影视录音制作业	47432	46461	100	871	128586
文化艺术业	22714	21894	214	607	81457
体育	12771	12026	641	104	60694
娱乐业	8235	8202	30	3	92079
公共管理、社会保障和社会组织	**825137**	**776536**	**28231**	**20370**	**89006**
中国共产党机关	37585	34397	1552	1636	96120
国家机构	759141	715027	26138	17977	88850
人民政协、民主党派	6542	6287	227	28	118874
社会保障	9870	9348	154	368	67726
群众社团、社会团体和其他成员组织	11998	11477	161	361	88905
国有单位合计	**3296871**	**3130255**	**50634**	**115983**	**96698**
按隶属关系分组					
中　央	245704	199584	3285	42835	138006
地　区	2980506	2867574	44607	68325	95129
其　他	70661	63097	2741	4823	81052
按执行会计标准类别分组					
企　业	460707	402760	7812	50135	110732
#地　方	243854	236209	3118	4527	103047
事　业	2182290	2115052	17005	50234	95846
#地　方	2120567	2055337	16818	48412	95570
机　关	652689	611265	25816	15608	91977
#地　方	614900	574849	24671	15380	90948
民间非营利组织	1097	1090	0.5	6	72700
其　他	89	89			63500

3-11 续表 3

单位：万元

指标名称	从业人员工资总额				在岗职工年平均工资（元/人）
		在岗职工工资总额	劳务派遣人员工资总额	其他人员工资总额	
按国民经济行业分组					
农、林、牧、渔业	32152	31638		514	61890
采矿业	138	135		2	67600
制造业	26226	23833	19	2374	52875
电力、热力、燃气及水生产和供应业	1901	1876		25	51109
建筑业	13514	8636	2190	2687	68303
批发和零售业	35837	34952	53	832	153799
交通运输、仓储和邮政业	50892	42449	4213	4231	99258
住宿和餐饮业	12328	12239		89	53444
信息传输、软件和信息技术服务业	10094	9677	105	312	92720
金融业	219273	179526	1444	38304	168532
房地产业	9678	9436	135	108	153863
租赁和商务服务业	30636	29550	275	811	90325
科学研究、技术服务业	213202	205320	1924	5959	104006
水利、环境和公共设施管理业	76013	71609	3473	931	55333
居民服务、修理和其他服务业	5298	4935	119	244	96803
教育	962631	929707	5042	27882	93135
卫生和社会工作	687165	675889	3107	8169	113306
文化、体育和娱乐业	84788	82344	306	2139	107954
公共管理、社会保障和社会组织	825107	776507	28231	20370	89011
城镇集体单位合计	**46640**	**33269**	**3321**	**10050**	**56764**
按执行会计标准类别分组					
企　业	43572	30339	3321	9912	55636
事　业	3068	2930		138	73995

单位：万元

指标名称	从业人员工资总额	在岗职工工资总额	劳务派遣人员工资总额	其他人员工资总额	在岗职工年平均工资（元 / 人）
按国民经济行业分组					
农、林、牧、渔业	27	27			66500
制造业	5786	5601		185	59776
建筑业	22362	10208	2643	9511	39798
批发和零售业	986	986			53005
交通运输、仓储和邮政业	1363	1166	62	135	58467
住宿和餐饮业	537	535		2.4	45331
金融业	9944	9275	616	54	118027
房地产业	52	52			20800
租赁和商务服务业	768	744		24.2	87529
科学研究、技术服务业	1407	1404		2	47283
水利、环境和公共设施管理业	2008	2008			83996
居民服务、修理和其他服务业	55	55			42000
教育	1347	1210		137	45664
其他单位合计	**4556481**	**3375833**	**1001637**	**179011**	**76169**
按登记注册类型分组					
内资	4283522	3112438	995792	175292	77479
股份合作	50634	48682	1859	93	178842
联营	1606	272		1333.5	59130
# 国有联营	76	76			29154
有限责任公司	3350411	2319352	970009	61051	73679
# 国有独资	1387841	1153707	211318	22817	93681
股份有限公司	848342	713302	23925	111115	96730
其他	32530	30830		1700	65443
港、澳、台商投资	160382	156157	1988	2237	59471
外商投资	112577	107238	3857	1482	62161

3-11 续表 5

单位：万元

指标名称	从业人员工资总额	在岗职工工资总额	劳务派遣人员工资总额	其他人员工资总额	在岗职工年平均工资（元 / 人）
按执行会计标准类别分组					
企　业	4537458	3358171	1001582	177704	76235
事　业	17109	15747	55	1307	67299
机　关	504	504			64603
民间非营利组织	1074	1074			36047
其　他	336	336			35389
按国民经济行业分组					
农、林、牧、渔业	13368	9954		3414	54724
采矿业	601	579		22	52180
制造业	563224	536159	15592	11473	59615
电力、热力、燃气及水生产和供应业	487650	486004	695	951	106389
建筑业	1381108	493619	864325	23164	65918
批发和零售业	266288	253035	6709	6544	63504
交通运输、仓储和邮政业	359480	294151	38934	26396	86430
住宿和餐饮业	61461	58147	448	2867	39160
信息传输、软件和信息技术服务业	214923	211298	2716	909	91690
金融业	478823	382285	7509	89030	177050
房地产业	264491	253574	7084	3833	85380
租赁和商务服务业	238760	181515	52204	5041	64776
科学研究、技术服务业	122249	117344	2557	2348	133833
水利、环境和公共设施管理业	15067	12878	2021	167	78171
居民服务、修理和其他服务业	6055	5779		277	44146
教育	27177	25628		1549	64734
卫生和社会工作	11181	11035		146	77169
文化、体育和娱乐业	44547	42822	844	881	96371
公共管理、社会保障和社会组织	30	30			37250

3-12 各县城镇非私营单位年末从业人员

（2018 年）

单位：人

指标名称	隆安县	马山县	上林县	宾阳县	横 县
单位从业人员年末人数	**11235**	**12852**	**13795**	**32960**	**38338**
国有单位	10154	11738	12386	22722	23442
城镇集体单位	283	261		2323	1914
其他经济单位	798	853	1409	7915	12982
按国民经济行业分组					
农、林、牧、渔业	169	132	425	101	2484
采 矿 业			53		31
制 造 业	860	370	490	5601	7521
电力、热力、燃气及水生产和供应业	123	280	120	159	841
建筑业			846	2579	2256
批发和零售业	50	40	19	431	364
交通运输、仓储和邮政业	291	330	225	51	395
住宿和餐饮业					33
信息传输、软件和信息技术服务业	2	5	34		
金融业	330	296	260	406	1782
房地产业	23	116	133	414	317
租赁和商务服务业	156	130	48	1912	235
科学研究、技术服务业	95	115	169	369	302
水利、环境和公共设施管理业	334	231	127	404	632
居民服务、修理和其他服务业	20			148	36
教育	3567	4822	4281	9007	10695
卫生和社会工作	1971	2354	2233	4678	4312
文化、体育和娱乐业	60	33	100	125	204
公共管理、社会保障和社会组织	3184	3598	4232	6575	5898

3-13 各县城镇非私营单位在岗职工年末人数

（2018 年）

单位：人

指标名称	隆安县	马山县	上林县	宾阳县	横 县
单位在岗职工年末人数	**8922**	**10760**	**11761**	**28385**	**34049**
国有单位	7942	9898	11009	20540	23004
城镇集体单位	221	193		1099	1914
其他经济单位	759	669	752	6746	9131
按国民经济行业分组					
农、林、牧、渔业	169	132	190	101	1349
采矿业			49		31
制造业	825	192	465	5437	6440
电力、热力、燃气及水生产和供应业	100	280	120	159	583
建筑业			187	1295	2134
批发和零售业	49	38	19	428	330
交通运输、仓储和邮政业	229	296	174	51	267
住宿和餐饮业					33
信息传输、软件和信息技术服务业	2	5	25		
金融业	240	220	177	366	564
房地产业	23	112	133	348	314
租赁和商务服务业	127	80	47	998	201
科学研究、技术服务业	91	103	169	357	302
水利、环境和公共设施管理业	197	210	106	401	589
居民服务、修理和其他服务业	1			148	36
教育	2688	4040	3835	7789	10695
卫生和社会工作	1639	2077	2190	4360	4312
文化、体育和娱乐业	59	33	80	113	204
公共管理、社会保障和社会组织	2483	2942	3795	6034	5665

3-14 各县城镇非私营单位从业人员劳动报酬

（2018 年）

单位：万元

指标名称	隆安县	马山县	上林县	宾阳县	横 县
单位从业人员劳动报酬	**76832**	**91874**	**94607**	**224533**	**229760**
国有单位	70728	84028	88170	167681	167959
城镇集体单位	1615	2789		17880	3181
其他经济单位	4489	5058	6437	38972	58620
按国民经济行业分组					
农、林、牧、渔业	843	787	741	605	10838
采 矿 业			193		255
制 造 业	3767	1178	2073	26435	29411
电力、热力、燃气及水生产和供应业	792	3027	657	760	7275
建筑业			3032	16466	4635
批发和零售业	230	291	209	2032	1329
交通运输、仓储和邮政业	1740	2124	981	182	2711
住宿和餐饮业					195
信息传输、软件和信息技术服务业	11	39	186		
金融业	1925	3040	3089	6247	8221
房地产业	86	514	708	1328	1409
租赁和商务服务业	793	610	379	10018	1148
科学研究、技术服务业	699	688	1218	2152	2201
水利、环境和公共设施管理业	1709	988	672	1838	3669
居民服务、修理和其他服务业	36			696	285
教育	23608	34516	30957	58318	68275
卫生和社会工作	15828	15806	19601	42883	37859
文化、体育和娱乐业	359	262	573	630	1102
公共管理、社会保障和社会组织	24407	28004	29337	53944	48943

3-15 各县城镇非私营单位在岗职工劳动报酬

（2018 年）

单位：万元

指标名称	隆安县	马山县	上林县	宾阳县	横 县
单位在岗职工劳动报酬	**70600**	**86927**	**89476**	**208351**	**217230**
国有单位	64882	79719	85291	163773	166195
城镇集体单位	1381	2501		9134	3094
其他经济单位	4338	4707	4185	35444	47941
按国民经济行业分组					
农、林、牧、渔业	843	787	600	605	7576
采矿业			172		255
制造业	3710	840	2000	25812	26891
电力、热力、燃气及水生产和供应业	719	3027	657	760	6322
建筑业			778	7397	4066
批发和零售业	226	290	209	2017	1254
交通运输、仓储和邮政业	1349	1956	706	182	1882
住宿和餐饮业					195
信息传输、软件和信息技术服务业	11	39	144		
金融业	1630	2733	2849	6071	5104
房地产业	86	502	708	1257	1398
租赁和商务服务业	742	529	379	7571	1088
科学研究、技术服务业	693	660	1218	2127	2201
水利、环境和公共设施管理业	1431	944	623	1833	3293
居民服务、修理和其他服务业	4			696	285
教育	21774	33335	30160	57122	68275
卫生和社会工作	14491	14979	19330	41787	37859
文化、体育和娱乐业	358	262	542	607	1102
公共管理、社会保障和社会组织	22533	26044	28402	52510	48187

3-16 各县城镇非私营单位在岗职工年平均工资（含劳务派遣）

（2018 年）　　单位：元 / 人

指标名称	隆安县	马山县	上林县	宾阳县	横 县
单位在岗职工年平均工资	**79037**	**80580**	**75807**	**70972**	**65420**
国有单位	81857	80321	77884	79451	73399
城镇集体单位	57950	115949		79691	34765
其他经济单位	57262	71886	54223	47857	50054
按国民经济行业分组					
农、林、牧、渔业	47903	59188	34097	59911	54345
采矿业			35020		82226
制造业	46607	44211	42788	47004	39510
电力、热力、燃气及水生产和供应业	69598	106954	54750	47506	104460
建筑业			51867	54493	38141
批发和零售业	46184	72475	110158	45011	36605
交通运输、仓储和邮政业	59215	66034	43425	35608	68071
住宿和餐饮业					57265
信息传输、软件和信息技术服务业	52500	78600	57480		
金融业	61737	110627	125858	153484	83442
房地产业	37261	52649	58496	38558	44677
租赁和商务服务业	58409	59234	78938	46246	54124
科学研究、技术服务业	75326	60411	71665	59416	72395
水利、环境和公共设施管理业	70137	44300	53024	45706	58108
居民服务、修理和其他服务业	43000			53930	79167
教育	81673	82881	79315	73734	66087
卫生和社会工作	89013	71895	89038	95830	88332
文化、体育和娱乐业	59600	79394	66146	52350	55367
公共管理、社会保障和社会组织	90347	88297	75207	86283	84962

四 农业

CHAPTER 4　AGRICULTURE

4-1 全市主要年份农林牧渔业总产值

（按当年价格计算）

单位：万元

年份	合计	农业	林业	畜牧业	副业	渔业	服务业
1950	5596	3785	75	814	718	204	
1965	12602	8259	140	2317	1710	176	
1978	36029	25540	447	5228	4256	558	
1980	44588	31178	788	4326	7494	802	
1985	70586	43266	1618	18990	4840	1872	
1986	78390	49427	1794	19138	5601	2430	
1987	91989	59881	1805	22627	4750	2926	
1988	116437	73400	2027	32509	4576	3925	
1989	125320	75059	2330	38702	4618	4611	
1990	169865	111699	2681	42149	6551	6785	
1991	175633	109121	3150	47954	7958	7450	
1992	210826	133273	5048	54433	8203	9869	
1993	270146	169444	7684	72479	8118	12421	
1994	372063	246897	7906	95979		21281	
1995	465896	317943	6553	115373		26027	
1996	533484	352786	8056	141505		31137	
1997	620077	405089	10778	167764		36446	
1998	684870	447697	13885	183967		39321	
1999	720486	477719	14965	182088		45714	
2000	1377932	889321	29672	362916		96024	
2001	1407186	907068	28533	381030		90555	
2002	1455675	897032	37551	419320		84538	17134
2003	1519259	936298	44241	431564		89587	17569
2004	1798585	1025366	54055	593160		90556	35448
2005	2045862	1154289	59541	677600		96624	57808
2006	2384753	1311708	81098	804014		102827	85105
2007	2944579	1535416	108658	1057025		119032	124448
2008	3380719	1701526	115181	1276515		142870	144627
2009	3511968	1826447	132117	1240689		145047	167667
2010	4032427	2111841	187594	1376318		169229	187447
2011	5071561	2598349	258539	1796992		206679	211002
2012	5345172	2827673	268263	1789465		204323	255449
2013	5772670	3115745	290811	1849520		225971	290621
2014	6094853	3379373	284733	1854103		251312	325333
2015	6386212	3545515	285898	1935776		265617	353406
2016	6891485	3818375	310431	2125962		274368	362350
2017	7004068	3994748	367388	1975377		297169	369386
2018	7092330	4512727	364641	1734153		269214	211595

注：1、1994 年后副业产值并入种植业；2000 年以后为行政区划调整后的数据，其余年份为原南宁口径；从 2003 年起农业总产值含农林牧渔服务业产值。2、2004–2007 年农林牧渔业总产值根据第二次农业普查数据进行了衔接修正。3、2018 年为根据第三次农业普查数据进行衔接修正，以下同。

4-2 全市主要年份农林牧渔业总产值发展速度

（按可比价计算，上年为 100）　　　　单位：%

年份	合计	农业	林业	畜牧业	副业	渔业	服务业
1951	107.8	107.2	111.8	117.1	101.1	102.5	
1965	125.2	130.4	96.8	120.0	114.7	98.4	
1978	107.4	106.8	132.1	97.7	116.4	162.9	
1980	110.8	108.2	157.6	101.9	4256.0	114.1	
1985	103.6	102.7	99.5	119.7	84.2	102.4	
1986	107.0	107.2	118.0	99.0	120.0	112.1	
1987	105.8	106.9	109.2	107.7	91.1	117.2	
1988	99.4	99.1	92.9	104.0	91.1	107.7	
1989	109.0	111.5	114.7	107.7	91.6	102.6	
1990	115.5	117.0	98.7	111.7	109.1	135.0	
1991	99.8	94.4	102.7	114.9	105.4	105.8	
1992	120.5	124.7	126.5	110.6	102.1	130.1	
1993	113.2	112.4	125.6	113.3	98.7	133.0	
1994	108.9	112.3	99.6	112.2		127.4	
1995	109.2	109.0	84.6	110.4		118.3	
1996	104.9	101.4	110.3	112.1		115.4	
1997	113.4	114.6	109.4	110.3		114.4	
1998	112.1	112.5	115.2	110.2		114.6	
1999	113.6	116.1	102.0	108.7		108.5	
2000	100.7	97.4	105.0	109.5		104.5	
2001	102.9	101.8	108.9	106.2		98.8	
2002	117.3	113.4	148.4	124.1		108.8	
2003	102.9	99.7	137.1	106.7		105.4	102.0
2004	106.1	103.2	111.8	112.1		104.3	106.3
2005	108.6	109.5	112.1	117.4		105.7	105.8
2006	109.1	109.2	130.0	116.7		111.6	107.0
2007	107.7	107.4	120.2	106.7		109.6	106.8
2008	105.8	104.7	100.8	108.1		102.1	107.7
2009	105.8	104.4	111.7	105.5		108.3	118.3
2010	105.9	105.4	111.4	105.9		106.3	106.1
2011	106.0	105.6	122.3	104.2		107.2	105.4
2012	105.3	106.1	99.5	104.6		105.8	107.3
2013	104.7	105.7	100.3	102.5		107.4	111.4
2014	104.6	106.4	100.2	101.3		105.0	109.6
2015	104.2	103.6	103.6	102.0		103.8	110.2
2016	104.0	105.6	114.6	100.1		103.5	100.8
2017	103.9	103.5	117.2	101.6		106.5	108.1
2018	103.6	104.9	99.6	102.2		110.7	88.9

2018 年发展速度为根据第三次农业普查数据进行衔接修正后得到的增速，以下同。

4-3 全市主要年份主要农产品产量

年份	粮食产量（吨）	甘蔗产量（吨）	水果产量（吨）	肉类总产量（吨）	水产品产量（吨）
1950	198004	71282	4748	5490	5350
1965	319410	298784	8908	15915	3241
1978	590420	562171	24576	25752	4366
1980	670813	798831	31114	4256	4895
1985	551860	1339141	53925	29885	6939
1986	552903	1569850	93984	32396	8551
1987	590276	1633498	115847	35854	9790
1988	526325	1979810	110614	36833	10438
1989	624509	1958128	105346	39659	10705
1990	725954	2358841	120262	45934	14663
1991	548210	2559124	140926	53082	15383
1992	697128	3075803	164661	55278	21304
1993	744101	3413703	213470	61211	26550
1994	746956	3116366	272561	70388	33743
1995	779251	2908195	316342	77774	39509
1996	781201	2946903	281615	84889	46030
1997	801830	3267654	377862	95439	53290
1998	814459	3786929	395986	106962	60619
1999	796159	3373039	485971	115648	65333
2000	1847949	5885534	515447	333757	131883
2001	1711033	7382372	523893	349101	130396
2002	1804051	9111682	596258	364413	139641
2003	1753387	9279100	572372	385334	145468
2004	1700479	8586119	670431	419792	158829
2005	1810164	8609336	718249	464764	167330
2006	1996596	10536802	812826	486544	149128
2007	2001090	14369814	892798	502324	162075
2008	2018111	15062914	731100	548185	165581
2009	2091145	12263008	1045158	583071	180216
2010	2042253	10440083	1232941	607581	191702
2011	2070587	10636574	1420294	619621	205697
2012	2151398	11302193	1579305	645080	217438
2013	2234391	12369908	1705101	655301	232972
2014	2252668	12399757	1826919	659076	244635
2015	2254186	10853284	2139284	660196	254440
2016	2233587	11154659	2338025	650442	261172
2017	2168063	11615755	2483209	658062	274533
2018	2114181	11635979	2743696	657412	219145

注：1、2000 年以后为行政区划调整后的数据，其余年份为原南宁口径。
2、2018 年为根据第三次农业普查数据衔接后修正的数据。以下同。

4-4 全市农村基本情况及从业人员构成

指标名称	单 位	2018 年	2017 年
农村基层组织			
乡镇个数	个	102	102
#镇个数	个	88	86
村民委员会	个	1384	1380
居民委员会	个	238	231
村民小组	个	33540	33614
农村社会基础设施			
自来水受益村数	个	1381	1369
通有线电视村数	个	1317	1273
通宽带村数	个	1391	1352
农业用地情况			
耕地	公顷	686711	681175
园地	公顷	88141	83369
林地	公顷	944892	939549
草地	公顷	43505	43605
设施农业用地	公顷	3146	2819

4-5 全市农林牧渔业总产值

单位：万元

指标名称	2018年		2017年	
	上年价	现行价	上年价	现行价
农林牧渔业总产值	**7016276**	**7092330**	**7162184**	**7004068**
农业产值	**4328349**	**4512727**	**3953460**	**3994748**
主产品产值	4288128	4472990	3906382	3947670
粮食作物合计	604161	603411	579212	604545
经济作物合计	852357	828654	820789	885611
蔬菜（食用菌类）园艺作物	1794413	1852114	1671348	1642576
水果、饮料和香料	975560	1135679	778822	758727
其他农作物	61638	53133	56211	56211
林业产值	**349121**	**364641**	**363751**	**367388**
营林	14910	14827	17356	17073
全社会竹木采伐	245725	256278	263228	258716
林产品	88489	93537	83167	91600
牧业产值	**1879171**	**1734153**	**2160942**	**1975377**
牛饲养	102446	88931	159787	154113
羊饲养	8866	9092	14525	13955
猪的饲养	859771	732908	1011184	820335
家禽的饲养	465284	496786	550663	473244
活的畜禽产品	30235	34567	66247	61966
其他动物及产品	412413	371717	358115	451341
渔业产值	**263903**	**269214**	**292203**	**297169**
服务业产值	**195732**	**211595**	**391828**	**369386**

4-6 全市农业林牧渔业总产值及构成

（2018 年，按当年价计算）

指标名称	农林牧渔业总产值	农业	林业	牧业	渔业	服务业
总产值（万元）						
全市	**7092330**	**4512727**	**364641**	**1734153**	**269214**	**211595**
兴宁区	192463	126163	15282	40015	7574	3429
青秀区	342749	161453	33236	80032	10559	57469
江南区	380242	299294	11192	37074	16898	15783
西乡塘区	392801	268322	4062	76408	28040	15969
良庆区	392487	247117	39479	88572	13035	4283
邕宁区	464831	267528	18464	160552	12726	5562
武鸣区	1631314	1098738	78049	367610	45175	41742
隆安县	514981	362915	23448	94752	18806	15060
马山县	316106	174100	25536	103794	11620	1056
上林县	357846	186427	20276	129168	20639	1336
宾阳县	834128	515285	39168	225887	40762	13027
横　县	1272382	805385	56449	330289	43380	36879
构成（%）						
全市	**100.00**	**63.63**	**5.14**	**24.45**	**3.80**	**2.98**
兴宁区	100.00	65.55	7.94	20.79	3.94	1.78
青秀区	100.00	47.11	9.70	23.35	3.08	16.77
江南区	100.00	78.71	2.94	9.75	4.44	4.15
西乡塘区	100.00	68.31	1.03	19.45	7.14	4.07
良庆区	100.00	62.96	10.06	22.57	3.32	1.09
邕宁区	100.00	57.55	3.97	34.54	2.74	1.20
武鸣县	100.00	67.35	4.78	22.53	2.77	2.56
隆安县	100.00	70.47	4.55	18.40	3.65	2.92
马山县	100.00	55.08	8.08	32.84	3.68	0.33
上林县	100.00	52.10	5.67	36.10	5.77	0.37
宾阳县	100.00	61.78	4.70	27.08	4.89	1.56
横　县	100.00	63.30	4.44	25.96	3.41	2.90

4-7 全市农作物播种面积和产量

项 目	2018年			2017年		
	播种面积（公顷）	单产（公斤/公顷）	产量（吨）	播种面积（公顷）	单产（公斤/公顷）	产量（吨）
农作物总播种面积	**983361**			**978784**		
粮食合计	**425834**	**4965**	**2114181**	**430377**	**5038**	**2168063**
夏收	206270	5493	1133055	213059	5453	1161916
秋收	211142	4543	959206	210303	4649	977611
稻谷	267220	5478	1463700	281997	5434	1532413
早稻	124053	5893	731074	133069	5804	772301
中稻	2818	6153	17339	1934	5601	10832
晚稻	140349	5096	715287	146994	5097	749280
玉米	109921	5132	564064	105328	5122	539478
豆类合计	23587	1525	35958	25067	1582	39661
大豆	18139	1524	27636	20886	1589	33179
绿豆	2077	1291	2681	1336	1470	1964
薯类	24449	10085	246563	17676	15837	279934
红薯	16503	8685	143327	11176	13178	147280
经济作物	**228974**			**241183**		
油料作物	49927	2961	147819	53343	3004	160221
花生	47750	3063	146246	52111	3061	159501
油菜籽	1396	519	725	1116	508	567
麻类	72	2153	155	131	2168	284
甘蔗	141833	82040	11635979	141310	82201	11615755
糖蔗	137779	80507	11092134	136836	80471	11011394
果蔗	4054	131950	543845	4474	135083	604361
药材	10762			10973		
木薯	19661	11823	232456	28813	12217	351998
其他农作物	**328553**			**308124**		
蔬菜（包括菜用瓜）	261635	22809	5967581	241249	22607	5453998
食用菌（干鲜混合）	2702	86678	234242	2652	86890	230432
果瓜类	48114	25818	1242204	47984	25940	1244690
青饲料	4405			4559		
饲 草	1654			1668		
绿 肥	5362			5186		
马 蹄	96	16552	1589	96	16781	1611
其 他	4585			4730		

4-8 全市茶叶、桑蚕及水果生产情况

指标名称	单 位	2018 年	2017 年
茶叶合计	**吨**	**4507**	**4225**
园林水果合计	**吨**	**2743696**	**2483209**
梨	吨	13273	13204
# 雪花梨	吨	317	333
柑橘类水果	吨	650191	259018
# 柑	吨	588636	210426
橘	吨	16399	3478
橙	吨	31965	40542
柚	吨	10457	4528
热带水果	吨	1876491	1966405
# 香蕉	吨	1480719	1602918
菠萝	吨	2698	2364
荔枝	吨	35006	47443
龙眼	吨	80355	105889
芒果	吨	26956	27348
其他水果	吨	243113	244582
# 桃	吨	6482	6228
葡萄	吨	26339	21019
红枣（按鲜枣计算）	吨	1150	685
柿子（按鲜柿计算）	吨	11164	10090
李子	吨	8723	19935
其他	吨	149883	186512
食用坚果	**吨**	**18428**	**20298**
# 板栗	吨	17388	19625
年末实有茶园面积	**公顷**	**2319**	**2280**
# 当年采摘面积	公顷	2201	2078
年末实有桑园面积	**公顷**	**37311**	**40978**
年末果园面积	**公顷**	**140972**	**133673**
# 梨园	公顷	779	838
柑橘园（含金橘）	公顷	48693	33443
橙园	公顷	2467	1870
柚子园	公顷	2496	1382
蕉园	公顷	37769	48717
# 香蕉园	公顷	35054	46747
菠萝园	公顷	250	218
荔枝园	公顷	8260	9566
龙眼园	公顷	9190	10300
芒果园	公顷	2696	2634
桃 园	公顷	317	380
葡萄园	公顷	1713	1857
枣 园	公顷	576	452
柿子园	公顷	241	259
李子园	公顷	398	343
其他果园	公顷	25123	21414

4–9 全市林业生产情况

指标名称	单 位	2018 年	2017 年
营林情况			
荒山荒（沙）地造林面积	公顷	1413	2575
# 人工造林	公顷	1413	2575
# 用材林	公顷	1151	2110
速生丰产林	公顷	541	1795
有林地造林面积	公顷	281	856
更新造林（迹地更新）	公顷	14059	14374
四旁（零星）植树	万株	823	518
年末实有封山（沙）育林面积	公顷	12511	11231
未成林抚育作业面积	公顷	11497	17992
未成林抚育实际面积	公顷	5531	9931
成林抚育面积	公顷	33341	38891
当年苗木产量	万株	585	1912
育苗面积	公顷	1040	2936
林产品产量（包括农户自用）			
油桐籽 (籽 : 油 =4:1)	吨	344	433
油茶籽 (籽 : 油 =5:1))	吨	165	287
松脂	吨	72472	73600
竹笋干 (鲜笋按 1/3 折干)	吨	4124	4373
八角	吨	7648	7397
花椒	吨	120	
竹木采伐量			
木材	万立方米	451	454
篙竹	万根	319	313
大杂竹	万根	4966	4611
小杂竹	吨	55180	56136

4-10 全市畜牧生产情况

指标名称	计量单位	2018 年	2017 年
畜禽出栏			
猪	万头	503	507
牛	万头	15	26
山羊	万头	18	28
家禽	万只	13736	13875
鸡	万只	10660	10571
鸭	万只	2998	3160
鹅	万只	68	143
兔	万只	37	56
畜禽存栏			
大牲畜	万头	51	77
#役用畜	万头	16	26
牛	万头	51	76
肉牛	万头	37	53
奶牛	万头	1	3
马	万头	0.37	0.45
猪	万头	315	411
#能繁殖母猪	万头	37	45
山羊	万头	25	32
家禽	万只	5510	6628
鸡	万只	4331	5104
鸭	万只	1091	1388
鹅	万只	48	62
畜禽产品产量			
肉类总产量	吨	657412	658062
猪肉	吨	385660	381043
牛肉	吨	15395	25780
羊肉	吨	3052	4496
禽肉	吨	242575	235561
#鸡	吨	175347	165150
鸭	吨	64767	66147
鹅	吨	2461	4264
兔肉	吨	965	1303
狗肉	吨	1959	2209
鸽肉	吨	2493	2050
鹌鹑肉	吨	65	179
其他肉产量	吨	5162	5340
禽蛋	吨	29331	41125
奶类产量	吨	12520	48585
蜂蜜	吨	612	638
蚕茧	吨	89300	96038

4-11 全市渔业生产情况

指标名称	计量单位	2018 年	2017 年
水产品总产量	**吨**	**219145**	**274533**
淡水捕捞	吨	11493	17717
鱼类	吨	10448	16309
甲壳(虾蟹)类	吨	563	664
贝类	吨	402	690
其他类	吨	80	54
淡水养殖	吨	207652	256816
鱼类	吨	205121	252820
虾蟹类	吨	794	1142
贝类	吨	556	835
其他类	吨	1181	2019
水产品养殖面积	**公顷**	**20382**	**28018**
池塘养殖	公顷	8436	11282
河沟养殖	公顷	1350	1642
山塘水库养殖	公顷	10206	14876
其他养殖	公顷	390	218

4-12 全市农业机械化情况

指标名称	单 位	2018 年	2017 年
农业机械总动力合计	**千瓦**	**4825729**	**4811508**
柴油发动机动力	千瓦	3876278	3939824
汽油发动机动力	千瓦	178869	147339
电动机动力	千瓦	693279	722797
其他机械动力	千瓦	77303	1548
主要农业机械与设备			
大中型拖拉机	台	9824	10679
小型拖拉机	台	112815	112195
大中型拖拉机配套农具	部	37880	17962
小型拖拉机配套农具	部	85460	142719
农用排灌电动机	台	37525	34849
农用排灌柴油机	台	93098	96013
农用排灌其他动力机械	台	8705	8596
联合收割机	台	4294	4142
机动脱粒机	台	134840	133042
农用运输车	辆	6606	6784
渔用机动船	艘	1189	1454
农用水泵	台	129672	132207
节水灌溉机械	套	18581	17449
附：当年机耕地面积	公顷	801209	838375

4-13 全市农村水电、化肥用量及灌溉情况

指标名称	单 位	2018年	2017年
水电建设			
乡（镇）办水电站个数	个	11	8
装机容量	千瓦	10475	6820
发电量	万千瓦小时	3160	2494
村和村民小组办水电站	个	34	44
装机容量	千瓦	22220	29078
发电量	万千瓦小时	4888	5792
农村用电量	**万千瓦小时**	**127929**	**118349**
农用化肥施用量			
按实物量计算	吨	1449580	1610193
氮肥	吨	418488	454641
磷肥	吨	281186	321672
钾肥	吨	193543	212919
复合肥	吨	556363	620961
按折纯法计算	吨	470426	538258
氮肥	吨	121086	135513
磷肥	吨	45764	51888
钾肥	吨	94674	104910
复合肥	吨	208902	245947
农用塑料薄膜使用量	**吨**	**12830**	**14514**
# 地膜使用量	吨	9019	11223
地膜覆盖面积	公顷	107778	249964
农用柴油使用量	**吨**	**88901**	**99438**
农药使用量（按实物量计算）	**吨**	**14203**	**15234**
灌溉情况			
有效灌溉面积	公顷	216801	231559
旱涝保收面积	公顷	164546	175961
机电排灌面积	公顷	64632	69130
机电井	眼	2308	1842

4-14 各县农村基本情况及从业人员构成

（2018 年）

指标名称	单位	隆安县	马山县	上林县	宾阳县	横　县
农村基层组织						
乡镇个数	个	10	11	11	16	17
# 镇个数	个	6	7	7	16	16
村民委员会	个	118	133	115	192	276
居民委员会	个	13	18	16	43	32
村民小组	个	2441	3573	2977	5669	6969
农村社会基础设施						
自来水受益村数	个	118	131	121	192	271
通有线电视村数	个	104	133	131	192	271
通宽带村数	个	118	125	131	192	276
农业用地情况						
耕地	公顷	62164	46487	47499	95009	110167
园地	公顷	16905	1133	5273	1013	10950
林地	公顷	104793	158980	62684	95732	159453
草地	公顷	2646	4277	9127	5247	1682
设施农业用地	公顷	184	125		125	478

4-15 各县农林牧渔业总产值

（2018 年）

单位：万元

指标名称	隆安县		马山县	
	上年价	现行价	上年价	现行价
农林牧渔业总产值	**473292**	**514981**	**322704**	**316106**
农业产值	**314602**	**362915**	**161983**	**174100**
主产品产值	310525	358821	159854	171972
粮食作物合计	44508	46669	52096	54279
经济作物合计	40598	41235	18642	19960
蔬菜（食用菌类）园艺作物	74004	75278	63296	67861
水果、饮料和香料	147018	191229	14347	18398
其他农作物	4398	4412	11474	11474
林业产值	**22511**	**23448**	**25219**	**25536**
营林	722	314	1014	1027
全社会竹木采伐	14858	15246	21876	21879
林产品	6931	7888	2329	2631
牧业产值	**104112**	**94752**	**124903**	**103794**
牛饲养	9344	7998	10992	10202
羊饲养	2176	2198	2259	2171
猪的饲养	67006	58064	77119	54890
家禽的饲养	20067	21463	19991	19086
活的畜禽产品	902	955	641	618
其他动物及产品	4616	4074	13901	16827
渔业产值	**18377**	**18806**	**9563**	**11620**
服务业产值	**13691**	**15060**	**1036**	**1056**

4–15 续表

单位：万元

指标名称	上林县		宾阳县		横 县	
	上年价	现行价	上年价	现行价	上年价	现行价
农林牧渔业总产值	**362777**	**357846**	**851410**	**834128**	**1288334**	**1272382**
农业产值	**175073**	**186427**	**514295**	**515285**	**793608**	**805385**
主产品产值	172428	183782	508563	509553	788009	801163
粮食作物合计	52238	53336	100261	101858	109312	106177
经济作物合计	45609	45790	134105	124626	128636	126362
蔬菜（食用菌类）园艺作物	42851	44845	213458	217881	456899	485092
水果、饮料和香料	26150	34234	48313	52762	75806	74687
其他农作物	5580	5577	12425	12425	17356	8845
林业产值	**20044**	**20276**	**37018**	**39168**	**52319**	**56449**
营林	1265	1394	1661	1778	2525	2539
全社会竹木采伐	12875	13337	24503	25024	43767	47295
林产品	5904	5544	10854	12366	6026	6615
牧业产值	**146355**	**129168**	**248300**	**225887**	**364676**	**330289**
牛饲养	6560	6040	15994	13691	12756	10919
羊饲养	916	982	289	297	213	231
猪的饲养	72985	63244	85084	73728	119323	103397
家禽的饲养	9091	9813	40276	43337	61423	65882
活的畜禽产品	1077	1319	1274	1415	4857	5282
其他动物及产品	55725	47771	105382	93421	166105	144578
渔业产值	**20091**	**20639**	**39955**	**40762**	**44205**	**43380**
服务业产值	**1214**	**1336**	**11842**	**13027**	**33526**	**36879**

4-16 各县农作物播种面积和产量

（2018 年）

指标名称	隆安县			马山县		
	播种面积（公顷）	单产（公斤/公顷）	产量（吨）	播种面积（公顷）	单产（公斤/公顷）	产量（吨）
农作物总播种面积	**67989**			**63299**		
粮食合计	**37247**	**4491**	**167261**	**39675**	**4689**	**186026**
夏收	16360	5623	91991	21164	5481	116007
秋收	20526	3658	75078	17963	3858	69308
稻谷	13080	5466	71491	14836	5455	80934
早稻	5780	5924	34243	6927	5779	40034
中稻	970	5257	5099	1239	6125	7589
晚稻	6330	5079	32149	6670	4994	33311
玉米	18072	4817	87047	19552	5030	98338
豆类合计	4310	1578	6803	3182	1241	3950
大豆	3900	1616	6303	2429	1293	3140
绿豆	130	1615	210	19	662	13
薯类	1560	5322	8302	2018	6691	13502
红薯	1530	5265	8056	1509	6846	10330
经济作物	**14242**			**11471**		
油料作物	2043	2248	4592	1316	1903	2504
花生	1870	2404	4496	1088	2229	2425
油菜籽	50			219	306	67
麻类						
甘蔗	7298	85903	626922	3834	65679	251815
糖蔗	7237	84534	611771	3722	65387	243370
果蔗	61	84443	15151	112	75402	8445
药材	598			4680		
木薯	4257	11288	48051	1641	10862	17825
其他农作物	**16500**			**12153**		
蔬菜（包括菜用瓜）	15315	20870	319628	10722	24681	264625
食用菌（干鲜混合）				6	20667	124
果瓜类	278	19018	5287	220	21677	4769
青饲料	261			349		
饲　草	82			258		
绿　肥	539			380		
马　蹄						
其　他	25			218		

4-16续表

指标名称	上林县			宾阳县			横县		
	播种面积（公顷）	单产（公斤/公顷）	产量（吨）	播种面积（公顷）	单产（公斤/公顷）	产量（吨）	播种面积（公顷）	单产（公斤/公顷）	产量（吨）
农作物总播种面积	**60424**			**145376**			**164014**		
粮食合计	**37237**	**4705**	**175197**	**72039**	**4900**	**353002**	**75681**	**5160**	**390529**
夏收	18127	4874	88342	37766	5386	203418	35567	5482	194965
秋收	19039	4553	86681	33447	4411	147545	39008	4939	192649
稻谷	24251	5131	124430	55104	5353	294949	54547	5529	301584
早稻	11429	5403	61753	27127	5960	161680	25307	5862	148351
中稻									
晚稻	12822	4888	62677	27977	4764	133269	29240	5241	153233
玉米	8503	5090	43279	8685	4985	43294	16206	4914	79638
豆类合计	2436	1505	3666	2469	1443	3563	2734	1523	4165
大豆	2097	1454	3048	1093	1416	1548	1911	1688	3226
绿豆	83	1446	120	449	1120	503	803	1141	916
薯类	2031	9350	18989	5732	9669	55423	1933	11824	22856
红薯	1960	9243	18116	4962	9432	46803	844	9951	8399
经济作物	**14464**			**29036**			**33410**		
油料作物	3572	2112	7545	6451	3084	19896	5039	3684	18562
花生	2445	2817	6887	6410	3097	19852	4970	3722	18500
油菜籽	1127	584	658						
麻类									
甘蔗	9515	56239	535085	19254	90022	1733277	20778	97706	2030127
糖蔗	9046	52773	477362	18299	87245	1596489	19212	93847	1802998
果蔗	469	125377	58802	955	143234	136788	1566	145038	227129
药材	495			750			452		
木薯	792	6506	5153	2188	10171	22255	1619	10426	16879
其他农作物	**8724**			**44301**			**54923**		
蔬菜（包括菜用瓜）	7783	20122	156614	36011	21906	816882	46121	20833	960860
食用菌（干鲜混合）	103	49220	5045	346	27467	9470	1836	103823	190619
果瓜类	142	21322	3017	3150	36270	108543	5589	24666	137856
青饲料	562			1080			629		
饲　草				414			42		
绿　肥	135			3128			643		
马　蹄				40	13425	537	56	18786	1052
其　他				132			7		

4-17 各县茶叶、桑蚕及水果生产情况

（2018 年）

指标名称	单位	隆安县	马山县	上林县	宾阳县	横　县
茶叶合计	**吨**		**66**	**538**	**4**	**3252**
园林水果合计	**吨**	**496955**	**35284**	**63384**	**78514**	**113619**
梨	吨	692	153	68	324	2130
＃雪花梨	吨					
柑橘类水果	吨	51340	18444	53370	45113	15668
＃柑	吨	28961	14323	50040	43383	13308
橘	吨	12333		2296		
橙	吨	9108	920	78	770	981
柚	吨	938	778	956	650	1379
热带水果	吨	440362	9572	6624	18794	70861
＃香蕉	吨	372312	2989	3716	930	26163
菠萝	吨	425				
荔枝	吨	1762	207	86	468	8151
龙眼	吨	8147	1471	669	880	11086
芒果	吨	249		88	411	2106
其他水果	吨	4561	7115	3322	14283	24960
＃桃	吨	58	229	74	266	589
葡萄	吨	366	849	2730	7838	3192
红枣（按鲜枣计算）	吨				287	504
柿子（按鲜柿计算）	吨	154	964		174	8272
李子	吨	100	121	19	560	300
其他	吨	3883	4952	499	5158	12103
食用坚果	吨	16183			20	1113
＃板栗	吨	16183				113
年末实有茶园面积	**公顷**		**66**	**180**	**2**	**1799**
＃当年采摘面积	公顷		66	175	2	1775
年末实有桑园面积	**公顷**	**592**	**2241**	**6533**	**9225**	**13349**
年末果园面积	**公顷**	**22283**	**2950**	**4750**	**4681**	**12039**
＃梨园	公顷	24	43	33	31	109
柑橘园（含金橘）	公顷	5099	855	3337	2291	1950
橙园	公顷	1037	17	12	64	81
柚子园	公顷	969	39	157	157	237
蕉园	公顷	9575	357	372	136	1161
＃香蕉园	公顷	9405	137	365	41	762
菠萝园	公顷	117		8		
荔枝园	公顷	143	55	2	56	3250
龙眼园	公顷	320	363	18	159	2284
芒果园	公顷	103		246	28	209
桃园	公顷	5	25	52	34	30
葡萄园	公顷	104	162	67	400	292
枣园	公顷	238	55	103	25	68
柿子园	公顷	7	6	1	20	147
李子园	公顷	18	22	9	45	14
其他果园	公顷	4524	951	333	1235	2207

4-18 各县林业生产情况

（2018 年）

指标名称	单位	隆安县	马山县	上林县	宾阳县	横　县
营林情况						
荒山荒（沙）地造林面积	公顷	33	234	39	395	87
# 人工造林	公顷	33	234	39	395	87
# 用材林	公顷	33	234	32	298	61
速生丰产林	公顷	33	166	4		45
有林地造林面积	公顷					
更新造林（迹地更新）	公顷	707	1000	1963	1576	2958
四旁（零星）植树	万株	80	150	82	48	153
年末实有封山（沙）育林面积	公顷		10802		1709	
未成林抚育作业面积	公顷	63	4000			
未成林抚育实际面积	公顷	4000				
成林抚育面积	公顷			4533	4977	6929
当年苗木产量	万株			2		88
育苗面积	公顷			65		
林产品产量（包括农户自用）						
油桐籽（籽 : 油 =4:1)	吨	2		49	41	252
油茶籽（籽 : 油 =5:1))	吨				81	84
松脂	吨	7012	2677	2624	10876	4960
竹笋干（鲜笋按 1/3 折干）	吨			908	30	314
八角	吨	119	2030	3560		
花椒	吨	120				
竹木采伐量						
木材	万立方米	30	39	26	44	84
篙竹	万根	34				285
大杂竹	万根	55	175	92	602	712
小杂竹	吨	228	32470	6285	10000	1070

4-19 各县主要牲畜年末存栏情况

（2018 年）

指标名称	单位	隆安县	马山县	上林县	宾阳县	横 县
畜禽出栏						
猪	万头	39.57	38.29	44.13	50.68	72.45
牛	万头	1.41	1.7	0.98	2.39	1.87
山羊	万头	4.44	4.43	1.98	0.59	0.46
家禽	万只	609.82	498.67	276.89	1156.54	1943.62
鸡	万只	497.1	322.63	139.51	797.56	1583.27
鸭	万只	111.62	164.08	133.25	344.29	351.09
鹅	万只	1.1	11.96	4.13	14.69	9.26
兔	万只	2.11	2.57	2.31	10.75	2.11
畜禽存栏						
大牲畜	万头	5.76	5.99	7.27	6.53	4.31
#役用畜	万头	2.68		0.77	4.34	3.38
牛	万头	5.56	5.99	7.27	6.53	4.25
肉牛	万头	2.93		5.21	6.53	3.73
奶牛	万头					0.52
马	万头	0.2				0.05
猪	万头	25.8	23.05	25.04	24.14	51.08
#能繁殖母猪	万头	4.03	1.29	2.89	2.39	7.06
山羊	万头	6.66	5.07	4.61	0.55	0.91
家禽	万只	476.34	174.77	204.53	406.44	801.07
鸡	万只	423.99	105.97	127.33	236.32	641.04
鸭	万只	51.95	63.1	36.35	149.94	154.2
鹅	万只	0.4	5.7	1.98	20.18	5.83
畜禽产品产量						
肉类总产量	吨	44057	40468	39834	63428	89714
猪肉	吨	30537	28868	33262	38775	54379
牛肉	吨	1391	1774	977	2381	1899
羊肉	吨	778	716	319	99	85
禽肉	吨	10771	8778	4674	20471	32197
#鸡	吨	9112	5249	2273	12475	23768
鸭	吨	1650	3218	2331	7535	8108
鹅	吨	9	311	70	461	321
兔肉	吨	43	52	66	204	59
狗肉	吨	62	63	238	556	258
鸽肉	吨	57	13	13	225	160
鹌鹑肉	吨	3				9
其他肉产量	吨	415	204	287	717	668
禽蛋	吨	955	610	1374	1382	2220
奶类产量	吨					6130
蜂蜜	吨	52			203	230
蚕茧	吨	776	3772	12230	22001	37835

4-20 各县渔业主要产品产量

（2018 年）

指标名称	计算单位	隆安县	马山县	上林县	宾阳县	横　县
水产品总产量	**吨**	**15173**	**9554**	**16712**	**32244**	**36982**
淡水捕捞	吨	457	351	359	1481	5444
鱼类	吨	348	286	334	1250	5104
甲壳（虾蟹）类	吨	27	45	8	118	269
贝类	吨	79	20	8	88	71
其他类	吨	3		9	25	
淡水养殖	吨	14716	9203	16353	30763	31538
鱼类	吨	14623	9058	15960	29881	31446
虾蟹类	吨	5	103	41	350	6
贝类	吨	2	30	259	259	6
其他类	吨	86	12	93	273	80
水产品养殖面积	**公顷**	**1104**	**1058**	**2194**	**2468**	**3193**
池塘养殖	公顷	533	404	600	1101	695
河沟养殖	公顷	122	213	20	11	859
山塘水库养殖	公顷	414	438	1574	1334	1613
其他养殖	公顷	35	3		22	26

4-21 各县农业机械化情况

（2018 年）

指标名称	单位	隆安县	马山县	上林县	宾阳县	横　县
农业机械总动力合计	**千瓦**	**300637**	**306039**	**496422**	**767856**	**694003**
柴油发动机动力	千瓦	186089	121214	336830	675812	571409
汽油发动机动力	千瓦	53121	9967		29350	8855
电动机动力	千瓦	29715	174809	159592	52235	113739
其他机械动力	千瓦	31712	49		10459	
主要农业机械与设备						
大中型拖拉机	台	124	167	353	1309	2291
小型拖拉机	台	4260	2610	10828		13338
大中型拖拉机配套农具	部	643	5445	538	2075	4834
小型拖拉机配套农具	部			19646	20830	15740
农用排灌电动机	台	541	8485	7882	2379	5969
农用排灌柴油机	台	10583	297	9286	9369	4776
农用排灌其他动力机械	台	30	18	255	729	137
联合收割机	台	176	248	857	1418	568
机动脱粒机	台	7664	19983	35268	27085	4196
农用运输车	辆				5174	
渔用机动船	艘			2	96	398
农用水泵	台	11037	8624	14344	12024	13487
节水灌溉机械	套	3463	154	120	41	966
当年机耕地面积	公顷	65503	47673	41145	114343	157558

4-22 各县农村水电、化肥用量及灌溉情况

（2018 年）

指标名称	单位	隆安县	马山县	上林县	宾阳县	横　县
水电建设						
乡(镇)办水电站个数	个	5		1	3	1
装机容量	千瓦	6090		1200	2265	160
发电量	万千瓦小时	2049		303	675	…
村和村民小组办水电站	个		6	16	1	1
装机容量	千瓦		2900	6590	500	125
发电量	万千瓦小时		716	1349	213	0.01
农村用电量	**万千瓦小时**	**5653**	**35223**	**7705**	**16466**	**21212**
农用化肥施用量						
按实物量计算	吨	129558	41797	59629	198384	232398
氮肥	吨	39182	19195	20592	56177	59377
磷肥	吨	30940	5689	10227	50319	46246
钾肥	吨	23051	3452	5693	33081	22462
复合肥	吨	36385	13461	23118	58807	104313
按折纯法计算	吨	40016	11708	17847	57067	62077
氮肥	吨	11146	4740	5171	14047	11875
磷肥	吨	6052	823	1453	7549	6936
钾肥	吨	10578	1613	2538	14887	9885
复合肥	吨	12240	4532	8685	20584	33381
农用塑料薄膜使用量	吨	807	243	714	1440	1618
# 地膜使用量	吨	518	141	386	673	1135
地膜覆盖面积	公顷	1840	3502	2560	9420	11403
农用柴油使用量	吨	7089	2775	8139	14191	11467
农药使用量(按实物量计算)	吨	1667	300	639	3393	1808
灌溉情况						
有效灌溉面积	公顷	13120	11464	20476	46599	37980
旱涝保收面积	公顷	9573	8321	16805	34157	30740
机电排灌面积	公顷	5819	1117	2234	12620	11394
机电井	眼	675	2	18	10	174

4-23 各城区农村基本情况及从业人员构成

（2018年）

指标名称	单位	兴宁区	青秀区	江南区	西乡塘区	良庆区	邕宁区	武鸣区
农村基层组织								
乡镇个数	个	3	4	4	3	5	5	13
#镇个数	个	3	4	4	3	5	4	13
村民委员会	个	37	46	68	79	57	65	198
居民委员会	个	11	9	47	10	7	10	22
村民小组	个	854	1268	1481	1022	1654	2475	3157
农村社会基础设施								
自来水受益村数	个	37	46	68	72	62	65	198
通有线电视村数	个	26	46	62	72	48	34	198
通宽带村数	个	37	46	68	72	62	66	198
农业用地情况								
耕地	公顷	14424	18556	37588	44260.53	36368	44444	129744
园地	公顷	726	3192	2715	6046	11365	6832	21991
林地	公顷	22758	43638	21129	30822.46	53286	46702	144915
草地	公顷		1297		1531	6741	4884	6073
设施农业用地	公顷	51	268	706	92	159	381	577

4-24 各城区农林牧渔业总产值

（2018 年）

单位：万元

指标名称	兴宁区		青秀区		江南区	
	上年价	现行价	上年价	现行价	上年价	现行价
农林牧渔业总产值	**193607**	**192463**	**343027**	**342749**	**380867**	**380242**
农业产值	**126758**	**126163**	**161491**	**161453**	**298581**	**299294**
主产品产值	126523	125928	159840	159803	295689	296402
粮食作物合计	14851	15148	25168	25276	23345	23402
经济作物合计	6543	6534	42302	41997	78608	78545
蔬菜（食用菌类）园艺作物	99451	98940	64395	66952	126414	126300
水果、饮料和香料	4187	3817	27054	24659	65940	66772
其他农作物	1490	1490	921	918	1382	1382
林业产值	**14715**	**15282**	**32971**	**33236**	**11322**	**11192**
林木的培育与种植	776	831	725	715	1373	1389
全社会竹木采伐	12291	12573	8060	8340	9622	9475
林产品	1648	1878	24186	24180	328	328
牧业产值	**41399**	**40015**	**86119**	**80032**	**38904**	**37074**
牛饲养	606	518	6152	5266	2773	2397
羊饲养	123	126	157	168	42	45
猪的饲养	20507	17770	45578	39495	18744	16064
家禽的饲养	17881	19148	21911	23475	10389	11190
活的畜禽产品	2089	2394	1538	1932	3129	3517
其他动物及产品	193	58	10783	9695	3829	3862
渔业产值	**7371**	**7574**	**10202**	**10559**	**16571**	**16898**
服务业产值	**3365**	**3429**	**52245**	**57469**	**15489**	**15783**

4-24 续表

单位：万元

指标名称	西乡塘区		良庆区		邕宁区		武鸣区	
	上年价	现行价	上年价	现行价	上年价	现行价	上年价	现行价
农林牧渔业总产值	**391095**	**392801**	**389429**	**392487**	**464061**	**464831**	**1555673**	**1631314**
农业产值	**263036**	**268322**	**245705**	**247117**	**267928**	**267528**	**1005290**	**1098738**
主产品产值	262476	267761	241768	243180	264251	263851	998202	1090774
粮食作物合计	16101	16528	25752	26965	37767	38413	102762	95360
经济作物合计	20120	15456	72606	72485	98825	98607	165763	157057
蔬菜（食用菌类）园艺作物	86996	88070	99537	100507	83620	85854	383492	394534
水果、饮料和香料	138084	146533	43566	42916	41291	38229	343804	441443
其他农作物	1174	1174	308	308	2749	2749	2381	2379
林业产值	**4034**	**4062**	**37754**	**39479**	**17519**	**18464**	**73696**	**78049**
营林	265	346	1337	1764	580	620	2667	2110
全社会竹木采伐	3534	3449	30791	31303	12059	12325	51489	56032
林产品	235	268	5627	6412	4881	5520	19540	19907
牧业产值	**81089**	**76408**	**87609**	**88572**	**160757**	**160552**	**394949**	**367610**
牛饲养	1338	1145	3291	2817	7778	6657	24862	21281
羊饲养			123	126	64	65	2504	2683
猪的饲养	37830	32781	24545	21269	47230	40927	243820	211279
家禽的饲养	37213	40008	56345	60439	79993	85523	90704	97422
活的畜禽产品	3084	2353	1068	1159	495	508	10081	13115
其他动物及产品	1624	121	2238	2763	25198	26871	22819	21676
渔业产值	**27266**	**28040**	**14157**	**13035**	**12399**	**12726**	**43747**	**45175**
服务业产值	**15671**	**15969**	**4204**	**4283**	**5458**	**5562**	**37991**	**41742**

4-25 各城区农作物播种面积和产量

（2018年）

指标名称	兴宁区			青秀区			江南区		
	播种面积（公顷）	单产（公斤/公顷）	产量（吨）	播种面积（公顷）	单产（公斤/公顷）	产量（吨）	播种面积（公顷）	单产（公斤/公顷）	产量（吨）
农作物总播种面积	**27497**			**38666**			**71375**		
粮食合计	**10441**	**5083**	**53074**	**14665**	**5698**	**83556**	**15113**	**5441**	**82227**
夏收	4130	5435	22447	7409	6319	46817	4735	5645	26728
秋收	6307	4853	30605	7110	5073	36066	10246	5350	54814
稻谷	8268	5393	44593	11136	5666	63091	10782	5781	62326
早稻	2950	6045	17834	5305	6426	34090	2765	6320	17475
中稻									
晚稻	5318	5032	26759	5831	4974	29001	8017	5594	44851
玉米	1862	4364	8127	2687	6409	17222	3681	5007	18430
豆类合计	3	1000	3	259	2649	686	418	1830	765
大豆	3	1000	3	163	2583	421	165	1964	324
绿豆				34	2882	98	207	1715	355
薯类	308	5703	1755	563	22025	12400	232	15211	3529
红薯	303	5421	1644	437	22094	9655	226	15460	3494
经济作物	**2940**			**10459**			**19408**		
油料作物	1441	2680	3862	2782	3214	8940	3296	3172	10455
花生	1441	2680	3862	2782	3214	8940	3296	3172	10455
油菜籽									
麻类							72	2153	155
甘蔗	527	67104	35364	6542	89263	583961	14733	93290	1374448
糖蔗	495	65923	32632	6497	89199	579528	14665	93186	1366567
果蔗	32	85375	2732	45	98511	4433	68	115897	7881
药材	115			269			43		
木薯	857	11611	9951	795	11608	9228	720	9081	6538
其他农作物	**14116**			**13542**			**36854**		
蔬菜（包括菜用瓜）	9461	19261	182227	8851	22005	194770	22684	21272	482539
食用菌（干鲜混合）	9	17805	159	205	72024	14765	20	26000	520
果瓜类	129	31324	4042	3369	29436	99169	13644	27568	376143
青饲料	57			562			248		
饲　草	280			8			258		
绿　肥				524					
马　蹄									
其　他	4180			23					

4-25 续表

指标名称	西乡塘区			良庆区			邕宁区			武鸣区		
	播种面积（公顷）	单产（公斤/公顷）	产量（吨）	播种面积（公顷）	单产（公斤/公顷）	产量（吨）	播种面积（公顷）	单产（公斤/公顷）	产量（吨）	播种面积（公顷）	单产（公斤/公顷）	产量（吨）
农作物总播种面积	**41462**			**61146**			**67088**			**175024**		
粮食合计	**11618**	**5145**	**59773**	**17916**	**5057**	**90594**	**27103**	**4972**	**134759**	**67099**	**5040**	**338184**
夏收	6166	5763	35535	9364	5286	49500	13234	5885	77886	32248	5564	179419
秋收	5452	4446	24238	8552	4805	41094	13414	4162	55830	30078	4831	145299
稻谷	6605	5630	37187	14439	5238	75633	19923	5471	109008	34249	5795	198474
早稻	3049	6382	19460	7464	5533	41300	9763	6102	59573	16187	5886	95281
中稻										609	7637	4651
晚稻	3556	4985	17727	6975	4922	34333	10160	4866	49435	17453	5646	98542
玉米	4457	4826	21510	2348	5351	12563	3988	5434	21670	19879	5682	112946
豆类合计	362	1762	638	710	1655	1175	304	1411	429	6400	1581	10116
大豆	315	1775	559	363	1782	647	191	1461	279	5509	1477	8138
绿豆	47	1681	79	161	1354	218	65	1154	75	79	1190	94
薯类	194	11289	2190	419	14599	6117	2888	6323	18262	6571	12667	83238
红薯	194	11289	2190	209	14699	3072	2433	5361	13044	1896	9770	18524
经济作物	**7634**			**22345**			**22744**			**40821**		
油料作物	2807	2960	8308	2375	2339	5555	4836	2697	13042	13969	3190	44558
花生	2807	2960	8308	2257	2291	5170	4836	2697	13042	13548	3271	44309
油菜籽												
麻类												
甘蔗	3077	75781	233179	18376	65468	1203047	14920	73378	1094804	22979	84162	1933950
糖蔗	3070	75868	232914	18355	65458	1201490	14721	72984	1074392	22460	83376	1872621
果蔗	7	37857	265	21	74143	1557	199	102573	20412	519	118168	61329
药材				176			1848			1336		
木薯	1750	10956	19173	1414	13016	18405	1100	14019	15421	2528	17238	43577
其他农作物	**22210**			**20885**			**17241**			**67104**		
蔬菜（包括菜用瓜）	16714	20820	347983	15116	26668	403110	14101	23223	327462	58756	25715	1510882
食用菌（干鲜混合）	2	41500	83				6	55167	331	170	77212	13126
果瓜类	5060	19761	99992	5676	23037	130760	2965	27954	82883	7892	24042	189743
青饲料	219			78			169			191		
饲　草	215			15						82		
绿　肥										13		

4–26 各城区茶叶、桑蚕及水果生产情况

（2018 年）

指标名称	单位	兴宁区	青秀区	江南区	西乡塘区	良庆区	邕宁区	武鸣区
茶叶合计	**吨**							**647**
园林水果合计	**吨**	**8840**	**25048**	**63473**	**595557**	**70189**	**67585**	**1125247**
梨	吨	184	454	33		17	1696	7522
#雪花梨			317					
柑橘类水果	吨	553	6215	18250	47223	9182	17502	367331
#柑	吨	504	5461	17007	45953	6079	15332	348285
橘	吨	1	113	95		936	592	33
橙	吨		286	1148		2036	798	15840
柚	吨	48	355		1270	130	780	3173
热带水果	吨	7046	14215	40538	530081	50110	42308	645980
#香蕉	吨	2503	2379	22913	497351	20067	4121	525275
菠萝	吨		8	200		1		2064
荔枝	吨	480	1757	943	2488	7193	5800	5671
龙眼	吨	1683	3495	3120	1494	5944	6699	35667
芒果	吨	97	830	928	3160	4835	2806	11446
其他水果	吨	1058	4164	4652	18253	10880	6079	104414
#桃	吨	66	101			115	59	4925
葡萄	吨	298	1590	90	271	22	71	9021
红枣（按鲜枣计算）	吨	4	17	220			50	68
柿子（按鲜柿计算）	吨	36	45			45	372	1102
李子	吨	54	62	31		66	149	7261
其他	吨	600	2349	4311	17982	10632	5378	82037
食用坚果	**吨**	**4**	**22**	**1**	**123**			**962**
#板栗	吨	4	22	1	123			942
年末实有茶园面积	**公顷**		58					214
#当年采摘面积	公顷							183
年末实有桑园面积	**公顷**		**525**		**47**	**201**	**2706**	**1892**
年末果园面积	**公顷**	**1024**	**1989**	**3565**	**19324**	**12415**	**8610**	**47342**
#梨园	公顷	9	30	2		61	52	385
柑橘园（含金橘）	公顷	234	464	658	3142	639	2029	27994
橙园	公顷		56	24	43	610	66	457
柚子园	公顷	5	53	4	201	48	157	469
蕉园	公顷	113	111	780	13144	1362	403	10255
#香蕉园	公顷	94	96	738	12012	1175	352	9877
菠萝园	公顷			38		1	13	73
荔枝园	公顷	94	188	260	250	2558	1170	234
龙眼园	公顷	195	434	546	163	1681	1369	1658
芒果园	公顷	28	67	225	303	501	525	461
桃　园	公顷	3	29			35	19	85
葡萄园	公顷	22	110	11	24	2		519
枣　园	公顷	1	4	37	27			18
柿子园	公顷	3	12	2		1	9	33
李子园	公顷	5	12	21	17	1	63	171
其他果园	公顷	311	419	957	2010	4915	2735	4529

4-27 各城区林业生产情况

（2018 年）

指标名称	单位	兴宁区	青秀区	江南区	西乡塘区	良庆区	邕宁区	武鸣区
营林情况								
荒山荒（沙）地造林面积	公顷	17	56	67	97	235	70	83
＃人工造林	公顷	17	56	67	97	235	70	83
＃用材林	公顷	17	56	67	97	135	70	51
速生丰产林	公顷	17			23	135	70	48
有林地造林面积	公顷					281		
更新造林	公顷	827	136	1348	109	1799	386	1250
当年四旁零星植树（按实际成活株数）	万株		50	20		50	40	150
年末实有封山（沙）育林面积	公顷							
未成林抚育作业面积	公顷	3495				2408		1531
未成林抚育实际面积	公顷							1531
成林抚育面积	公顷		1700	4700	2766		2000	5736
当年苗木产量	万株		310	95			59	30
育苗面积	公顷		207	569			198	1
林产品产量（包括农户自用）								
油桐籽（籽 : 油 =4:1)	吨							
油茶籽（籽 : 油 =5:1))	吨							
松脂	吨	1677	18336	153	239	5725	4309	13884
竹笋干（鲜笋按 1/3 折干）	吨		1281	55			200	1336
八角	吨	3						1936
花椒	吨							
竹木采伐量								
木材	万立方米	23	16	18	7	38	22	104
篙竹	万根							
大杂竹	万根			5		3148	120	57
小杂竹	吨			595			4042	490

4-28 各城区主要牲畜年末存栏情况

（2018 年）

指标名称	单位	兴宁区	青秀区	江南区	西乡塘区	良庆区	邕宁区	武鸣区
畜禽出栏								
猪	万头	12.25	27.14	9.89	22.06	14.24	27.24	144.86
牛	万头	0.08	0.89	0.35	0.18	0.53	1.00	3.49
山羊	万头	0.25	0.34	0.09		0.25	0.13	5.42
家禽	万只	565.49	639.60	273.12	1129.69	1571.71	2372.67	2698.02
鸡	万只	523.80	515.02	120.88	831.00	1177.94	2135.40	2015.76
鸭	万只	41.69	118.72	151.12	288.98	382.87	235.77	674.36
鹅	万只		5.86	1.12		10.90	1.50	7.90
兔	万只	0.14	11.14	1.34		0.63	0.48	3.56
畜禽存栏								
大牲畜	万头	0.37	2.20	2.18	0.90	1.17	2.21	12.35
# 役用畜	万头			1.40			1.31	2.48
牛	万头	0.37	2.20	2.18	0.90	1.17	2.21	12.24
肉牛	万头	0.24	2.20	0.48	0.66	0.44	2.21	12.21
奶牛	万头	0.13		0.06	0.24	0.04		0.03
马	万头							0.11
猪	万头	9.92	18.33	7.88	14.82	10.20	14.64	90.21
# 能繁殖母猪	万头	1.27	1.64	0.57	1.15	0.70	1.75	12.35
山羊	万头	0.37	0.20	0.16		0.18	0.17	5.94
家禽	万只	194.92	360.53	117.21	422.88	451.91	871.77	1027.21
鸡	万只	179.86	308.48	57.31	373.21	324.61	783.13	770.24
鸭	万只	15.06	48.16	58.93	49.67	122.36	88.04	252.78
鹅	万只		3.89	0.97		3.95	0.60	4.19
畜禽产品产量								
肉类总产量	吨	19141	33787	15850	38361	40678	66271	165823
猪肉	吨	9346	20771	8650	17248	11186	21523	111116
牛肉	吨	90	916	419	199	490	1158	3701
羊肉	吨	50	49	15		66	28	847
禽肉	吨	9598	11476	5490	19882	28319	42936	47983
# 鸡	吨	7681	8976	2227	12883	20767	37002	32934
鸭	吨	1917	2372	3231	6999	6699	5889	14818
鹅	吨		128	32		853	45	231
兔肉	吨	7	333	42		25	15	119
狗肉	吨	21	100	117			318	226
鸽肉	吨	16	121	820	760		69	239
鹌鹑肉	吨			50			3	
其他肉产量	吨	13	21	247	273	592	221	1505
禽蛋	吨	2111	2040	1931	2873	740	477	12618
奶类产量	吨	550		3274	851	797		918
蜂蜜	吨		106					21
蚕茧	吨		1788			498	6108	4292

4-29 各城区渔业主要产品产量

（2018 年）

指标名称	单位	兴宁区	青秀区	江南区	西乡塘区	良庆区	邕宁区	武鸣区
水产品总产量	**吨**	**6365**	**7630**	**14260**	**23031.5**	**10226**	**10654**	**36313**
淡水捕捞	吨		104	390	90	1880	43	894
鱼类	吨		104	390	90	1735	40	767
甲壳（虾蟹）类	吨					9	3	84
贝类	吨					136		
其他类	吨							43
淡水养殖	吨	6365	7526	13870	22942	8346	10611	35419
鱼类	吨	6365	7381	13772	22872	8102	10605	35056
虾蟹类	吨			77		9		203
贝类	吨							
其他类	吨		145	21	70	235	6	160
水产品养殖面积	**公顷**	**907**	**912**	**1568**	**1631.7**	**714**	**873**	**3759**
池塘养殖	公顷	733	282	983	644	540	365	1556
河沟养殖	公顷		69	4	5		15	32
山塘水库养殖	公顷	167	527	578	741.7	174	489	2156
其他养殖	公顷	7	34	3	241		4	15

4-30 各城区农业机械化情况

（2018 年）

指标名称	单位	兴宁区	青秀区	江南区	西乡塘区	良庆区	邕宁区	武鸣区
农业机械总动力合计	千瓦	**197372**	**184862**	**187213**	**387428**	**292107**	**207042**	**804748**
柴油发动机动力	千瓦	165615	177701	154276	326327	238581	195380	727044
汽油发动机动力	千瓦	169	1542	9212	22290	23523	451	20389
电动机动力	千瓦	19541	5619	12765	34775	30003	11167	49319
其他机械动力	千瓦	12047		10960	4036		44	7996
主要农业机械与设备								
大中型拖拉机	台	273	535	1667	604	336	696	1469
小型拖拉机	台	2677	5025	2511	15858	6991	7007	18713
大中型拖拉机配套农具	部	363	268	1678	7432	506	485	13613
小型拖拉机配套农具	部	3261	5291	1920	4258	7082	5931	1501
农用排灌电动机	台	991	502	1100	2381	3207	1197	2891
农用排灌柴油机	台	11643	2624	5209	13458	5054	2566	18233
农用排灌其他动力机械	台	1095	272	2901	1739	716		763
联合收割机	台	131	144	114	46	98	104	390
机动脱粒机	台	7735	2328	104	4743	1380	1250	23104
农用运输车	辆		295	266	285		586	
渔用机动船	艘		159	18	56	460		
农用水泵	台	13427	2839	12642	15104	4202	3329	18613
节水灌溉机械	套	8	788	1549	8	9090	66	2328
附：当年机耕地面积	公顷	19878	21958	57894	46566	46996	28273	153422

4-31 各城区农村水电、化肥用量及灌溉情况

（2018年）

指标名称	单位	兴宁区	青秀区	江南区	西乡塘区	良庆区	邕宁区	武鸣区
水电建设								
乡（镇）办水电站个数	个	1						
装机容量	千瓦	760						
发电量	万千瓦小时	133						
村和村民小组办水电站	个						1	9
装机容量	千瓦						320	11785
发电量	万千瓦小时							2610
农村用电量	**万千瓦小时**	**5158**	**4009**	**9661.8**	**8888.01**	**4563.23**	**4036.5**	**5353**
农用化肥施用量								
按实物量计算	吨	20795	41792	99458.5	99131	105643	102017	318977
氮肥	吨	6123	12309	21651.5	26735	42572	31163	83412
磷肥	吨	3948	10208	12452	16774	15077	30447	48859
钾肥	吨	2716	5025	9508	17569	12030	11639	47317
复合肥	吨	8008	14250	55847	38053	35964	28768	139389
按折纯法计算	吨	6227	11796	34080.7	30423	35044	27746	136394
氮肥	吨	1522	3153	6005.55	6712	11459	7781	37474
磷肥	吨	598	1596	1904.6	2808	2959	4474	8611
钾肥	吨	1284	2060	4557.55	7642	6792	5225	27612
复合肥	吨	2823	4987	21613	13261	13834	10266	62697
农用塑料薄膜使用量	吨	517.5	545	1225.8	953	623	594	3550
#地膜使用量	吨	479	479	999.45	732	536	589	2351
地膜覆盖面积	公顷	5158.5	11298	22860	13333	3491	5623	17290
农用柴油使用量	吨	3025	6865	2145	7621	3672	2777	19136
农药使用量（按实物量计算）	吨	267.1	901	1278.5	542	652	815	1941
灌溉情况								
有效灌溉面积	公顷	7427	7059	15145	8860.7	5645	10654	32371
旱涝保收面积	公顷	5548	5321	8178	5502	4433	6925	29043
机电排灌面积	公顷	2244	1479	6424	7413	756	6922	6210
机电井	眼		45	339	219	32	141	653

五 工业

CHAPTER 5 INDUSTRY

5-1 全市主要年份工业总产值

（按当年价格计算）　　　　单位：万元

年份	全部工业总产值	轻工业	重工业	规模以上工业总产值	#国有工业	#集体工业
1950	767	704	63	238	37	201
1965	26370	17413	8957	23595	19842	3753
1978	111437	68785	42652	110979	91689	18287
1980	129920	94843	35077	128638	106710	21401
1985	216221	149483	66738	209855	178446	31211
1986	247582	169834	77748	236722	204570	31570
1987	310315	211666	98649	298512	257753	38720
1988	404796	279480	125316	387247	332131	51458
1989	504021	353985	150036	488566	417319	57031
1990	549256	382516	166740	528855	453624	59995
1991	625718	419582	206136	600539	507269	65208
1992	740112	487356	252756	700243	579918	82273
1993	1005613	628765	376848	909065	719657	122451
1994	1341785	812033	529752	1171195	888611	164083
1995	1529236	891430	637806	1303224	918567	231410
1996	1581367	933535	647832	1339026	848099	307245
1997	1696837	1008391	688446	1366220	762253	348946
1998	1824639	1090345	734294	1418302	739942	358305
1999	1870681	1096428	774253	1422855	492613	325646
2000	2417251	1400496	1016755	1485196	486501	177095
2001	2608099	1489715	1118384	1685135	358901	194259
2002	2911858	1579082	1332776	1987028	363601	164196
2003	3341980	1846907	1495073	2418570	556669	117223
2004	4040693	2037693	2003000	3003353	842068	57348
2005	4909198	2559317	2349881	3701812	968474	64551
2006	6392812	3342337	3050475	4954808	1038323	88873
2007	8302142	4293941	4008201	6690667	1303988	96465
2008	10598632	5123335	5475297	8649563	1471132	87492
2009	11757647	6222870	5534777	9816480	1654334	73099
2010	15011824	7440694	7571130	12854044	1700981	54174
2011	20002301	10092932	9909369	17252922	1937849	82630
2012	22827319	11226164	11601155	21093267	2512372	112116
2013	26591777	12068752	14523024	25571348	1942979	137903
2014	29550538	12711226	16839312	28566304	1801199	111823
2015	33238249	13738436	19499813	32370606	2159725	48183
2016	36280744	14717868	21562877	35219998	1683493	52072
2017	37941377	15400515	22540862	37130696	1327571	65904

注：2000 年以后为行政区划调整后的数据，其余年份为原南宁口径。2000 年以前规模以上工业产值为乡及乡以上工业口径，2001–2010 年规模以上工业统计口径为年主营业务收入 500 万元及以上工业法人单位，2011 年以后规模以上工业统计口径为年主营业务收入 2000 万元以上工业法人单位。

5-2 全市主要年份工业总产值发展速度

单位：%

年份	全部工业总产值	轻工业	重工业	规模以上工业总产值	# 国有工业	# 集体工业
1951	180.0	178.3	200.0	160.9	367.6	124.9
1965	142.1	138.4	149.8	142.8	146.6	125.4
1978	108.3	105.6	112.8	108.3	108.3	108.0
1980	113.7	122.9	97.6	113.9	113.2	117.7
1985	120.0	118.4	124.6	117.5	117.0	117.8
1986	108.0	108.7	106.2	107.1	108.5	99.2
1987	117.9	115.9	123.2	116.8	117.0	112.0
1988	116.2	116.7	114.7	115.8	114.3	122.2
1989	108.3	108.3	108.3	109.2	109.0	102.0
1990	107.0	106.5	108.1	108.6	107.9	105.4
1991	111.2	105.0	127.0	109.1	108.0	109.3
1992	117.2	117.9	115.6	117.6	114.8	117.8
1993	118.7	116.2	124.2	111.4	107.4	128.1
1994	117.8	111.3	131.0	120.7	107.2	132.2
1995	116.6	106.5	134.1	106.9	104.7	146.9
1996	101.1	102.4	99.3	101.2	91.5	132.1
1997	110.8	111.9	109.2	105.9	94.7	118.6
1998	109.7	110.1	109.1	106.1	101.3	99.2
1999	107.3	105.6	109.8	104.7	68.0	94.7
2000	106.8	104.4	110.1	106.4	79.0	90.6
2001	107.9	106.4	110.0	113.5	73.8	109.7
2002	111.6	106.0	119.2	117.9	101.3	84.5
2003	114.8	117.0	112.2	121.7	153.1	71.4
2004	120.9	110.3	134.0	124.2	151.3	48.9
2005	121.5	125.6	117.3	123.3	115.0	112.6
2006	130.2	130.6	129.8	133.8	107.2	137.7
2007	129.9	128.5	131.4	135.0	125.6	108.5
2008	127.7	119.3	136.6	129.3	112.8	90.7
2009	110.9	121.5	101.1	113.5	112.5	83.5
2010	127.7	128.4	127.0	130.9	102.8	74.1
2011	133.2	135.7	130.9	134.2	113.9	152.5
2012	114.1	111.2	117.1	122.3	129.6	135.7
2013	116.5	107.5	125.2	121.2	77.3	123.0
2014	111.1	105.3	115.9	111.7	92.7	81.1
2015	112.5	108.1	115.8	113.3	119.9	43.1
2016	109.2	107.1	110.6	108.8	77.9	108.1
2017	104.6	104.6	104.5	105.4	78.9	126.6
2018	105.3			105.2	100.8	102.3

注：2001 年以后工业总产值发展速度按当年价格计算，其余年份按可比价计算。

5-3 全市规模以上主要工业产品产量

（2018 年）

产品名称	单位	生产量	产品名称	单位	生产量
大米	吨	531933	中成药	吨	25901
小麦粉	吨		塑料制品	吨	408545
精制食用植物油	吨	40722	硅酸盐水泥熟料	吨	11817234
鲜、冷藏肉	吨	162748	水泥	吨	15132857
成品糖	吨	1093518	水泥混凝土电杆	根	423505
饲料	吨	5081192	商品混凝土	立方米	26317763
方便面	吨	2232	砖	万块	9107
乳制品	吨	112257	平板玻璃	重量箱	4587195
液体乳	吨	112257	钢化玻璃	平方米	2365931
罐头	吨	144583	卫生陶瓷制品	件	3351536
冷冻饮品	吨	62613	粗钢	吨	
发酵酒精（折 96 度，商品量）	千升	57943	钢材	吨	516891
饮料酒	千升	285441	铝材	吨	411732
啤酒	千升	285441	起重机	吨	99553
饮料	吨	1685576	铸铁件	吨	
精制茶	吨	80529	锻件	吨	2518
卷烟	万支	3530049	矿山专用设备	吨	53024
纱	吨	23564	小型拖拉机	台	9558
蚕丝	吨	4519	发电机组（发电设备）	千瓦	96100
服装	万件	156	电力电缆	千米	205153
轻革	平方米	304968	变压器	千伏安	
人造板	立方米	5520524	通信及电子网络用电缆	对千米	
家具	件	402282	家用电风扇	台	313691
纸浆（原生浆及废纸浆）	吨	276144	家用吸排油烟机	台	1622
机制纸及纸板（外购原纸加工除外）	吨	261249	表	只	
纸制品	吨	634174	电子元件	万只	238453
合成氨（无水氨）	吨	48411	淀粉及淀粉制品	吨	367807
农用氮、磷、钾化学肥料（折纯）	吨	31561	松香	吨	29591
氮肥（折含氮 100%）	吨	31561	自来水生产量	万立方米	
初级形态塑料	吨				
化学药品原药	吨	12602			

5-4 全市规模以上工业企业主要财务状况

（2018 年）

单位：万元

指标名称	单位数（个）	#亏损企业	从业人员平均人数（人）	负债合计
总计	**1005**	**209**	**193819**	**17044278**
#亏损企业	209	209	28449	2816368
国有控股企业	99	25	36302	6449080
按登记注册类型分组				
国有企业	19	6	10485	1813482
#中央企业	1		6444	1683439
地方企业	18	6	4041	130044
集体企业	6		772	6572
股份合作企业				
联营企业				
有限责任公司	267	68	47199	4551329
#国有独资公司	17	3	4639	591769
其他有限责任公司	250	65	42560	3959560
股份有限公司	27	6	12484	2628610
私营企业	603	115	80483	4870699
其他企业				
港、澳、台商投资企业	44	6	32197	2197983
外商投资企业	39	8	10199	975602
按轻重工业分				
轻工业	480	111	83586	5566368
重工业	525	98	110233	11477910
按大中小型工业分				
大型企业	21	5	47491	6683978
中型企业	189	33	69218	4495993
小微型企业	795	171	77110	5864307

5-4 续表

单位：万元

指标名称	单位数（个）	# 亏损企业	从业人员平均人数（人）	负债合计
按工业行业大类分	**1005**	**209**	**193819**	**17044278**
煤炭开采和洗选业	1		109	4809
石油和天然气开采业				
黑色金属矿采选业				
有色金属矿采选业	1	1	140	141
非金属矿采选业	11	1	538	20789
开采专业及辅助性活动				
其他采矿业				
农副食品加工业	123	26	21828	2223363
食品制造业	43	12	6884	370698
酒、饮料和精制茶制造业	48	5	10779	337198
烟草制品业	2		1361	420246
纺织业	23	8	6880	245365
纺织服装、服饰业	4		548	5251
皮革、毛皮、羽毛及其制品和制鞋业	4	2	778	35544
木材加工和木、竹、藤、棕、草制品业	91	15	15900	515547
家具制造业	8	2	857	37718
造纸和纸制品业	54	14	8050	903247
印刷和记录媒介复制业	34	8	3587	113080
文教、工美、体育和娱乐用品制造业	7	1	526	9903
石油、煤炭及其他燃料加工业	5	2	381	26760
化学原料和化学制品制造业	86	14	10583	618057
医药制造业	48	16	8082	520985
化学纤维制造业				
橡胶和塑料制品业	52	9	6602	222334
非金属矿物制品业	110	17	18604	1092806
黑色金属冶炼和压延加工业	9	3	952	52923
有色金属冶炼和压延加工业	6	2	3400	981016
金属制品业	39	11	5875	238502
通用设备制造业	16		2756	274777
专用设备制造业	53	14	7920	734731
汽车制造业	15	2	4254	528877
铁路、船舶、航空航天和其他运输设备制造业	5		514	28243
电气机械和器材制造业	42	8	4143	423942
计算机、通信和其他电子设备制造业	28	6	28402	2887903
仪器仪表制造业	12	7	1009	17882
其他制造业	5	1	1054	27281
废弃资源综合利用业	1		40	13257
金属制品、机械和设备修理业				
电力、热力生产和供应业	11	2	7873	2284357
燃气生产和供应业	4		921	200515
水的生产和供应业	4		1689	626249

5-4 续表 1 单位：万元

指标名称	资产总计	流动资产合计	#存货	#产成品
总计	**26695832**	**14213943**	**2991486**	**955525**
#亏损企业	3588136	1972647	336785	147861
国有控股企业	9106941	3463982	1086203	286702
按登记注册类型分组				
国有企业	1912467	269089	42182	25207
#中央企业	1696374	143621	1256	
地方企业	216094	125468	40926	25207
集体企业	33050	26193	4584	1817
股份合作企业				
联营企业				
有限责任公司	7834247	4046421	1258474	290827
#国有独资公司	945222	492117	111358	28162
其他有限责任公司	6889025	3554304	1147115	262666
股份有限公司	4014061	1557368	229026	151117
私营企业	7790018	4947516	791269	376387
其他企业				
港、澳、台商投资企业	3325097	2559578	566514	76901
外商投资企业	1786894	807778	99437	33269
按轻重工业分				
轻工业	9490225	4807070	1392093	488024
重工业	17205608	9406874	1599393	467501
按大中小型工业分				
大型企业	8902592	4483664	1265312	272439
中型企业	8016761	4078584	864307	330957
小微型企业	9776480	5651695	861867	352130

5-4 续表 1.1

单位：万元

指标名称	资产总计	流动资产合计	#存货	#产成品
按工业行业大类分	**26695832**	**14213943**	**2991486**	**955525**
煤炭开采和洗选业	8577	781		
石油和天然气开采业				
黑色金属矿采选业				
有色金属矿采选业	5120	2460	75	
非金属矿采选业	46804	22992	3671	2722
开采专业及辅助性活动				
其他采矿业				
农副食品加工业	3302573	1691788	398310	196808
食品制造业	876369	408910	46633	17761
酒、饮料和精制茶制造业	766374	274283	96670	58228
烟草制品业	1154914	816943	422946	22960
纺织业	334369	213466	88370	38339
纺织服装、服饰业	25225	16721	1706	284
皮革、毛皮、羽毛及其制品和制鞋业	55531	33143	5840	2418
木材加工和木、竹、藤、棕、草制品业	1132919	594960	122647	66004
家具制造业	55100	25253	11039	4856
造纸和纸制品业	1139426	393144	48659	17150
印刷和记录媒介复制业	280256	90206	19249	7277
文教、工美、体育和娱乐用品制造业	17309	13151	3508	937
石油、煤炭及其他燃料加工业	39136	20503	6723	2012
化学原料和化学制品制造业	1158173	550648	182771	83385
医药制造业	842873	419019	114696	49841
化学纤维制造业				
橡胶和塑料制品业	400005	285851	87843	42094
非金属矿物制品业	2290087	1325644	163176	67201
黑色金属冶炼和压延加工业	99157	57705	9752	4477
有色金属冶炼和压延加工业	1354005	448692	162341	32335
金属制品业	368464	248276	60335	15410
通用设备制造业	408370	284272	103271	22324
专用设备制造业	1192421	681857	142911	54386
汽车制造业	1020738	659390	95733	60432
铁路、船舶、航空航天和其他运输设备制造业	125622	93832	22317	3905
电气机械和器材制造业	633004	493818	68778	35874
计算机、通信和其他电子设备制造业	3531995	3373358	468975	42461
仪器仪表制造业	61379	39021	6886	2561
其他制造业	61550	20774	3803	356
废弃资源综合利用业	23432	14998	780	570
金属制品、机械和设备修理业				
电力、热力生产和供应业	2559046	293888	15298	71
燃气生产和供应业	348927	157307	1932	80
水的生产和供应业	976584	146892	3841	

5-4 续表 2

单位：万元

指标名称	主营业务收入	主营业务成本	营业外收入	营业外支出
总计	**25031094**	**21390821**	**116200**	**56897**
# 亏损企业	1759324	1739699	9234	6877
国有控股企业	4742282	3018589	16520	8834
按登记注册类型分组				
国有企业	1331980	529184	1128	3750
# 中央企业	1060649	311636		2698
地方企业	271332	217548	1128	1053
集体企业	20296	15105	50	69
股份合作企业				
联营企业				
有限责任公司	6159714	4822056	22652	6657
# 国有独资公司	416569	331050	569	853
其他有限责任公司	5743144	4491006	22083	5804
股份有限公司	1275667	1153516	4180	3442
私营企业	9060879	8045814	76139	37487
其他企业				
港、澳、台商投资企业	6032185	5939422	5084	1259
外商投资企业	1150375	885725	6967	4234
按轻重工业分				
轻工业	9402248	7762393	30265	18869
重工业	15628846	13628428	85935	38029
按大中小型工业分				
大型企业	8353897	6854433	14596	7091
中型企业	6370411	5298342	74320	39015
小微型企业	10306787	9238046	27284	10792

5-4 续表 2.1

单位：万元

指标名称	主营业务收入	主营业务成本	营业外收入	营业外支出
按工业行业大类分	**25031094**	**20812727**	**116200**	**56897**
煤炭开采和洗选业	2499	2244	111	3
石油和天然气开采业				
黑色金属矿采选业				
有色金属矿采选业	507	428		12
非金属矿采选业	56903	36422	19	64
开采专业及辅助性活动				
其他采矿业				
农副食品加工业	3195787	2907802	10248	5353
食品制造业	490979	396161	1669	412
酒、饮料和精制茶制造业	955310	718943	2856	7528
烟草制品业	1078837	355822	1567	1431
纺织业	312542	277875	7024	421
纺织服装、服饰业	19581	15173	611	37
皮革、毛皮、羽毛及其制品和制鞋业	108643	88604	373	399
木材加工和木、竹、藤、棕、草制品业	1127755	1047876	7082	541
家具制造业	83200	68268	24	126
造纸和纸制品业	725792	653988	1048	337
印刷和记录媒介复制业	370546	322105	464	254
文教、工美、体育和娱乐用品制造业	435330	431820	183	3
石油、煤炭及其他燃料加工业	56283	51825	146	97
化学原料和化学制品制造业	1208107	1017134	3405	1345
医药制造业	721375	557247	2350	1414
化学纤维制造业				
橡胶和塑料制品业	601155	524604	541	170
非金属矿物制品业	2000901	1626072	62782	30346
黑色金属冶炼和压延加工业	221344	180854	77	1
有色金属冶炼和压延加工业	400069	343542	568	202
金属制品业	598977	494972	950	602
通用设备制造业	303364	258611	119	46
专用设备制造业	1013837	828371	2010	1483
汽车制造业	561213	459404	1811	73
铁路、船舶、航空航天和其他运输设备制造业	144408	133212	190	5
电气机械和器材制造业	593196	523641	1035	396
计算机、通信和其他电子设备制造业	5896744	5692940	2523	391
仪器仪表制造业	82584	67541	392	196
其他制造业	64372	56822	58	26
废弃资源综合利用业	5621	2958	13	
金属制品、机械和设备修理业				
电力、热力生产和供应业	1318714	506659	1454	2826
燃气生产和供应业	135306	83188	1213	4
水的生产和供应业	139313	79599	1287	350

5-4 续表 3

单位：万元

指标名称	销售费用	管理费用	财务费用	# 利息支出
总计	**561299**	**948847**	**230843**	**240744**
# 亏损企业	51277	129170	70494.5	64697
国有控股企业	87421	248122	118700.8	113589.1
按登记注册类型分组				
国有企业	9327	23765	371.3	1267.1
# 中央企业			–927.3	
地方企业	9327	23765	1298.6	1267.1
集体企业	222	3351	–41	3.7
股份合作企业				
联营企业				
有限责任公司	176974	318428	81094.5	78847.8
# 国有独资公司	9785	37763	10782.8	7095.4
其他有限责任公司	167189	280665	70311.7	71752.4
股份有限公司	34822	101672	77419.7	68466.4
私营企业	210437	375835	64582.7	59285.3
其他企业				
港、澳、台商投资企业	58515	80386	–712.2	17476.2
外商投资企业	71002	45412	8128	15397.5
按轻重工业分组				
轻工业	320603	472442	117053.3	123210.9
重工业	240696	476406	113789.7	117533.1
按大中小型工业分				
大型企业	103386	172769	74913	91466
中型企业	194884	429706	85372.8	80952.3
小微型企业	263029	346372	70557.2	68325.7

5–4 续表 3.1

单位：万元

指标名称	销售费用	管理费用	财务费用	# 利息支出
按工业行业大类分	**561299**	**948847**	**230843**	**240744**
煤炭开采和洗选业	32	122	122	123
石油和天然气开采业				
黑色金属矿采选业				
有色金属矿采选业	76	1192	–28	
非金属矿采选业	6785	3690	381	316
开采专业及辅助性活动				
其他采矿业				
农副食品加工业	77290	136695	74540	71750
食品制造业	30859	31344	9933	9466
酒、饮料和精制茶制造业	57691	64487	3524	10341
烟草制品业	23230	64124	–2675	3671
纺织业	5288	17548	4210	3766
纺织服装、服饰业	228	3227	–303	30
皮革、毛皮、羽毛及其制品和制鞋业	7014	8808	315	181
木材加工和木、竹、藤、棕、草制品业	21513	29813	11293	7293
家具制造业	6876	6600	368	317
造纸和纸制品业	15860	30445	7665	6865
印刷和记录媒介复制业	4794	14940	270	375
文教、工美、体育和娱乐用品制造业	1168	1967	325	285
石油、煤炭及其他燃料加工业	623	1695	683	688
化学原料和化学制品制造业	33559	70733	9926	9199
医药制造业	64264	48270	8580	8256
化学纤维制造业				
橡胶和塑料制品业	14116	25620	6905	4996
非金属矿物制品业	70049	96915	10867	7844
黑色金属冶炼和压延加工业	2327	26269	790	761
有色金属冶炼和压延加工业	8816	15691	24984	26246
金属制品业	13586	42876	5969	4921
通用设备制造业	8577	15114	3862	1600
专用设备制造业	29982	55434	10292	8235
汽车制造业	12248	22137	6171	7566
铁路、船舶、航空航天和其他运输设备制造业	1139	2998	951	992
电气机械和器材制造业	10315	23780	6361	3641
计算机、通信和其他电子设备制造业	19634	40109	–12615	8336
仪器仪表制造业	1795	6279	522	1032
其他制造业	1546	2664	146	22
废弃资源综合利用业		1221	712	713
金属制品、机械和设备修理业				
电力、热力生产和供应业		23467	18590	16539
燃气生产和供应业	6593	4143	1874	2057
水的生产和供应业	3426	8432	15335	12323

5-4 续表 4

单位：万元

指标名称	营业利润	利润总额	亏损企业亏损额
总计	**1185327**	**1254050**	**175425**
# 亏损企业	-177784	-175425	175425
国有控股企业	131840	148944	102295
按登记注册类型分组			
国有企业	21048	27843	788
# 中央企业	1857	8577	
地方企业	19191	19266	788
集体企业	2905	2886	
股份合作企业			
联营企业			
有限责任公司	341192	357191	42033
# 国有独资公司	42802	42517	5643
其他有限责任公司	298391	314674	36390
股份有限公司	33498	34236	82804
私营企业	437393	476045	37828
其他企业			
港、澳、台商投资企业	202354	206179	6215
外商投资企业	146938	149671	5758
按轻重工业分			
轻工业	365921	377318	134286
重工业	819407	876732	41140
按大中小型工业分			
大型企业	189795	206717	78108
中型企业	518771	554077	47247
小微型企业	476762	493255	50070

5-4 续表 4.1

单位：万元

指标名称	营业利润	利润总额	亏损企业亏损额
按工业行业大类分	**1185327**	**1254050**	**175425**
煤炭开采和洗选业	-102	6	
石油和天然气开采业			
黑色金属矿采选业			
有色金属矿采选业	-1327	-1339	1339
非金属矿采选业	6661	6615	26
开采专业及辅助性活动			
其他采矿业			
农副食品加工业	16761	21659	105638
食品制造业	33492	34749	3923
酒、饮料和精制茶制造业	99996	95325	1494
烟草制品业	54671	54806	
纺织业	7081	13686	3216
纺织服装、服饰业	993	1567	
皮革、毛皮、羽毛及其制品和制鞋业	3506	3480	1739
木材加工和木、竹、藤、棕、草制品业	43354	49895	4380
家具制造业	827	725	1534
造纸和纸制品业	17254	17964	5076
印刷和记录媒介复制业	37454	37663	895
文教、工美、体育和娱乐用品制造业	56	236	157
石油、煤炭及其他燃料加工业	1072	1121	908
化学原料和化学制品制造业	85666	87723	2536
医药制造业	41684	42619	6023
化学纤维制造业			
橡胶和塑料制品业	28375	28746	2216
非金属矿物制品业	217299	249737	6876
黑色金属冶炼和压延加工业	10940	11016	353
有色金属冶炼和压延加工业	2606	2971	684
金属制品业	39081	39427	1831
通用设备制造业	16299	16372	
专用设备制造业	72878	73405	2781
汽车制造业	63648	65385	1341
铁路、船舶、航空航天和其他运输设备制造业	6492	6677	
电气机械和器材制造业	21913	22551	5148
计算机、通信和其他电子设备制造业	147774	149906	2006
仪器仪表制造业	4861	5057	1195
其他制造业	3000	3031	1914
废弃资源综合利用业	604	617	
金属制品、机械和设备修理业			
电力、热力生产和供应业	25097	33142	10146
燃气生产和供应业	39321	40529	
水的生产和供应业	36046	36982	

5-5 市区规模以上工业企业主要工业产品产量

（2018 年）

产品名称	单位	生产量	产品名称	单位	生产量
大米	吨	88797	蒸压加气混凝土板	立方米	131683
精制食用植物油	吨	40722	硅酸盐水泥熟料	吨	5521809
鲜冷藏冻肉	吨	108755	商品混凝土	立方米	23739692
成品糖	吨	534785	平板玻璃	重量箱	
饲料	吨	3852793	钢化玻璃	平方米	784463
乳制品	吨	112257	单色印刷品	令	527730
液体乳	吨	112257	钢材	吨	120119
罐头	吨	119716	铝材	吨	411732
冷冻饮品	吨	62613	起重机	吨	99553
发酵酒精（折 96 度，商品量）	千升		混凝土机械	台	10101
饮料酒	千升	285441	铸钢件	吨	
啤酒	千升	285441	小型拖拉机	台	9558
饮料	吨	1685576	矿山专用设备	吨	49907
卷烟	万支	3530049	沥青和改性沥青防水卷材	平方米	28453438
纱	吨	23564	金属冶炼设备	吨	5761
服装	万件	156	环境污染防治专用设备	台（套）	19763
人造板	立方米	3583271	改装汽车	辆	2201
胶合板	立方米	2146057	变压器	千伏安	
家具	件	402282	发电机组（发电设备）	千瓦	96100
机制纸及纸板（外购原纸加工除外）	吨	21237	通信及电子网络用电缆	对千米	
纸制品	吨	485029	电力电缆	千米	205153
单色印刷品	令	527730	家用电风扇	台	313691
多色印刷品	对开色令	1473657	家用吸排油烟机	台	1622
化学药品原药	吨	12602	电饭锅	个	29417
中成药	吨	23352	光电子器件	万只	49523
香精	吨	1155	表	只	
塑料制品	吨	377046	淀粉及淀粉制品	吨	270061
水泥	吨	7841899	松香	吨	7552
水泥混凝土电杆	根	100177	自来水生产量	万立方米	

5-6 市区规模以上工业企业主要财务状况

（2018 年）

单位：万元

指标名称	单位数（个）	# 亏损企业	工业总产值（当年价）	工业销售产值（当年价）
总计	**757**	**167**	**141355**	**14344377**
# 亏损企业	167	167	20968	1909944
国有控股企业	80	21	29993	5845167
按登记注册类型分组				
国有企业	16	5	8886	1783045
# 中央企业	1		6444	1683439
地方企业	15	5	2442	99606
集体企业	4		724	5310
股份合作企业				
联营企业				
有限责任公司	218	57	37023	3713899
# 国有独资公司	11	2	2957	363894
其他有限责任公司	207	55	34066	3350005
股份有限公司	23	6	10842	2516669
私营企业	424	88	45613	3894629
其他企业				
港、澳、台商投资企业	38	5	30212	2066600
外商投资企业	34	6	8055	364227
按轻重工业分				
轻工业	347	85	52792	4064219
重工业	410	82	88563	10280159
按大中小型工业分				
大型企业	19	5	44762	6651835
中型企业	121	23	38015	2995889
小型、微型企业	617	139	58578	4696654

5-6 续表

单位：万元

指标名称	单位数（个）	#亏损企业	工业总产值（当年价）	工业销售产值（当年价）
按工业行业大类分	**757**	**167**	**141355**	**14344377**
煤炭开采和洗选业				
石油和天然气开采业				
黑色金属矿采选业				
有色金属矿采选业				
非金属矿采选业	5	1	230	8552
开采专业及辅助性活动				
其他采矿业				
农副食品加工业	79	16	13762	1819845
食品制造业	37	12	6348	354608
酒、饮料和精制茶制造业	22	3	4508	217056
烟草制品业	2		1361	420246
纺织业	5	2	1933	154002
纺织服装、服饰业	4		548	5251
皮革、毛皮、羽毛及其制品和制鞋业	3	1	438	33121
木材加工和木、竹、藤、棕、草制品业	59	13	7198	338157
家具制造业	7	1	805	26287
造纸和纸制品业	32	9	3698	115406
印刷和记录媒介复制业	34	8	3587	113080
文教、工美、体育和娱乐用品制造业	6	1	390	9074
石油、煤炭及其他燃料加工业	3	1	252	19051
化学原料和化学制品制造业	63	13	5946	457337
医药制造业	46	15	7518	504513
化学纤维制造业				
橡胶和塑料制品业	45	9	5016	207977
非金属矿物制品业	80	11	12868	766170
黑色金属冶炼和压延加工业	7	2	266	45869
有色金属冶炼和压延加工业	6	2	3400	981016
金属制品业	31	10	3480	173855
通用设备制造业	13		2516	268188
专用设备制造业	50	13	7500	726341
汽车制造业	15	2	4254	528877
铁路、船舶、航空航天和其他运输设备制造业	4		514	28243
电气机械和器材制造业	40	8	4048	419862
计算机、通信和其他电子设备制造业	27	5	27358	2879635
仪器仪表制造业	12	7	1009	17882
其他制造业	5	1	1054	27281
废弃资源综合利用业	1		40	13257
金属制品、机械和设备修理业				
电力、热力生产和供应业	6	1	6900	1837578
燃气生产和供应业	4		921	200515
水的生产和供应业	4		1689	626249

5–6 续表 1

单位：万元

指标名称	资产总计	流动资产合 计	# 存货	# 产成品
总计	**22352759**	**12336131**	**2528284**	**742136**
# 亏损企业	2443221	1484523	258937	113851
国有控股企业	7919826	3073771	1039727	265848
按登记注册类型分组				
国有企业	1877768	252651	33850	18302
# 中央企业	1696374	143621	1256	
地方企业	181395	109030	32594	18302
集体企业	31112	25261	4147	1471
股份合作企业				
联营企业				
有限责任公司	6501879	3621517	1146447	244484
# 国有独资公司	575111	362367	102325	21199
其他有限责任公司	5926768	3259149	1044122	223285
股份有限公司	3891871	1534667	223096	146539
私营企业	6082936	4051595	509713	229232
其他企业				
港、澳、台商投资企业	3101969	2465898	522834	73001
外商投资企业	865225	384543	88197	29107
按轻重工业分				
轻工业	7322478	3834541	1122577	356989
重工业	15030282	8501590	1405707	385147
按大中小型工业分				
大型企业	8780798	4394765	1250368	260567
中型企业	5702174	3108897	583236	201095
小型、微型企业	7869787	4832469	694680	280474

5-6 续表 1.1

单位：万元

指标名称	资产总计	流动资产合计	#存货	#产成品
按工业行业大类分	**22352759**	**12336131**	**2528284**	**742136**
煤炭开采和洗选业				
石油和天然气开采业				
黑色金属矿采选业				
有色金属矿采选业				
非金属矿采选业	27513	11651	958	927
开采专业及辅助性活动				
其他采矿业				
农副食品加工业	2603006	1300320	292907	168422
食品制造业	854812	396740	45111	17029
酒、饮料和精制茶制造业	530112	161729	39257	10960
烟草制品业	1154914	816943	422946	22960
纺织业	209709	127856	38047	14220
纺织服装、服饰业	25225	16721	1706	284
皮革、毛皮、羽毛及其制品和制鞋业	50909	29821	3769	2021
木材加工和木、竹、藤、棕、草制品业	867679	434522	57160	30140
家具制造业	41218	23741	10140	4856
造纸和纸制品业	223037	107133	29545	8557
印刷和记录媒介复制业	280256	90206	19249	7277
文教、工美、体育和娱乐用品制造业	16387	12355	3323	752
石油、煤炭及其他燃料加工业	30482	14625	3090	1554
化学原料和化学制品制造业	898593	412226	126478	55178
医药制造业	799720	398205	105511	43907
化学纤维制造业				
橡胶和塑料制品业	368740	267533	82244	39034
非金属矿物制品业	1443947	908759	116001	48621
黑色金属冶炼和压延加工业	66257	48198	7832	2782
有色金属冶炼和压延加工业	1354005	448692	162341	32335
金属制品业	257350	187459	43601	11170
通用设备制造业	383804	278399	100794	20350
专用设备制造业	1178933	676034	140945	52816
汽车制造业	1020738	659390	95733	60432
铁路、船舶、航空航天和其他运输设备制造业	125622	93832	22317	3905
电气机械和器材制造业	617039	479077	68080	35551
计算机、通信和其他电子设备制造业	3520794	3373134	468975	42461
仪器仪表制造业	61379	39021	6886	2561
其他制造业	61550	20774	3803	356
废弃资源综合利用业	23432	14998	780	570
金属制品、机械和设备修理业				
电力、热力生产和供应业	1930093	181842	2986	71
燃气生产和供应业	348927	157307	1932	80
水的生产和供应业	976584	146892	3841	

5-6 续表 2

单位：万元

指标名称	主营业务收入	主营业务成本	营业外收入	营业外支出
总计	**20594032**	**17149595**	**48687**	**21884**
#亏损企业	1264664	1205646	8163	5886
国有控股企业	4002545	2275160	15312	7254
按登记注册类型分组				
国有企业	1228247	451841	602	2849
#中央企业	1060649	311016		2698
地方企业	167598	140825	602	151
集体企业	17665	12427	50	69
股份合作企业				
联营企业				
有限责任公司	5071981	3761064	21143	6001
#国有独资公司	254377	204905	314	650
其他有限责任公司	4817604	3556159	20828	5351
股份有限公司	1038057	866126	4015	3380
私营企业	6506549	5856093	12717	5006
其他企业				
港、澳、台商投资企业	5838908	5532272	3602	780
外商投资企业	892625	669771	6559	3800
按轻重工业分组				
轻工业	6975750	5516973	25287	11739
重工业	13618281	11632622	23400	10145
按大中小型工业分				
大型企业	8280564	6441966	13905	7043
中型企业	3900308	3183996	10809	5030
小型、微型企业	8413160	7523633	23974	9811

单位：万元

指标名称	主营业务收入	主营业务成本	营业外收入	营业外支出
按工业行业大类分	**20594032**	**17149595**	**48687**	**21884**
煤炭开采和洗选业				
石油和天然气开采业				
黑色金属矿采选业				
有色金属矿采选业				
非金属矿采选业	28281	19780	18	23
开采专业及辅助性活动				
其他采矿业				
农副食品加工业	2109017	1945000	7472	3354
食品制造业	460134	368954	1667	410
酒、饮料和精制茶制造业	463033	347579	2665	3635
烟草制品业	1078837	355822	1567	1431
纺织业	103959	99235	6692	47
纺织服装、服饰业	19581	15173	611	37
皮革、毛皮、羽毛及其制品和制鞋业	105841	85966	361	319
木材加工和木、竹、藤、棕、草制品业	755334	710017	4417	338
家具制造业	82201	67483	24	126
造纸和纸制品业	428118	394083	213	53
印刷和记录媒介复制业	370546	322105	464	254
文教、工美、体育和娱乐用品制造业	433171	429742	183	3
石油、煤炭及其他燃料加工业	44696	41561	9	97
化学原料和化学制品制造业	726306	616062	2900	1261
医药制造业	703671	543219	2340	1411
化学纤维制造业				
橡胶和塑料制品业	485806	432342	520	167
非金属矿物制品业	1487333	1240198	3681	2911
黑色金属冶炼和压延加工业	52944	50886	68	1
有色金属冶炼和压延加工业	400069	343542	568	202
金属制品业	312872	285935	646	129
通用设备制造业	278610	238562	119	46
专用设备制造业	955784	777548	1985	1476
汽车制造业	561213	459404	1811	73
铁路、船舶、航空航天和其他运输设备制造业	144408	133212	190	5
电气机械和器材制造业	584202	515097	966	396
计算机、通信和其他电子设备制造业	5878607	5676720	2483	383
仪器仪表制造业	82584	67541	392	196
其他制造业	64372	56822	58	26
废弃资源综合利用业	5621	2958	13	
金属制品、机械和设备修理业				
电力、热力生产和供应业	1112263	344261	1089	2719
燃气生产和供应业	135306	83188	1213	4
水的生产和供应业	139313	79599	1287	350

5-6 续表 3

单位：万元

指标名称	销售费用	管理费用	财务费用	# 利息支出
总计	**450617**	**624155**	**170742**	**185918**
# 亏损企业	43994	90298	50362	44674
国有控股企业	76407	186132	100651	98260
按登记注册类型分组				
国有企业	5935	10136	222	1118
# 中央企业			-927	
地方企业	5935	10136	1150	1118
集体企业	197	3293	-45	4
股份合作企业				
联营企业				
有限责任公司	159376	235628	58145	59248
# 国有独资公司	8003	22790	3754	2933
其他有限责任公司	151373	212839	54391	56314
股份有限公司	32118	80647	76387	67890
私营企业	136461	198541	37976	34296
其他企业				
港、澳、台商投资企业	51316	62014	-5576	12470
外商投资企业	65213	33896	3633	10892
按轻重工业分				
轻工业	257003	309083	84196	90291
重工业	193614	315071	86546	95627
按大中小型工业分				
大型企业	96210	160940	74776	91459
中型企业	134244	186010	48466	44398
小型、微型企业	220163	277205	47500	50061

5-6 续表 3.1

单位：万元

指标名称	销售费用	管理费用	财务费用	#利息支出
按工业行业大类分	**450617**	**624155**	**170742**	**185918**
煤炭开采和洗选业				
石油和天然气开采业				
黑色金属矿采选业				
有色金属矿采选业				
非金属矿采选业	2607	1329	283	214
开采专业及辅助性活动				
其他采矿业				
农副食品加工业	53537	72144	58430	54503
食品制造业	29862	29779	9385	8917
酒、饮料和精制茶制造业	37294	16563	1254	8087
烟草制品业	23230	64124	–2675	3671
纺织业	1173	4848	1318	1276
纺织服装、服饰业	228	3227	–303	30
皮革、毛皮、羽毛及其制品和制鞋业	6970	8623	288	150
木材加工和木、竹、藤、棕、草制品业	15843	18616	6449	4398
家具制造业	6791	6499	337	317
造纸和纸制品业	10588	12666	1377	1078
印刷和记录媒介复制业	4794	14940	270	375
文教、工美、体育和娱乐用品制造业	1161	1950	324	284
石油、煤炭及其他燃料加工业	343	987	677	683
化学原料和化学制品制造业	23393	38595	7971	7467
医药制造业	63624	47273	8378	8054
化学纤维制造业				
橡胶和塑料制品业	11841	16355	4571	2495
非金属矿物制品业	49451	55846	7160	4260
黑色金属冶炼和压延加工业	474	1044	526	503
有色金属冶炼和压延加工业	8816	15691	24984	26246
金属制品业	5805	10676	2642	1860
通用设备制造业	7390	13759	3530	1523
专用设备制造业	29371	54545	9835	7778
汽车制造业	12248	22137	6171	7566
铁路、船舶、航空航天和其他运输设备制造业	1139	2998	951	992
电气机械和器材制造业	10160	23626	6357	3641
计算机、通信和其他电子设备制造业	19125	38768	–12693	8258
仪器仪表制造业	1795	6279	522	1032
其他制造业	1546	2664	146	22
废弃资源综合利用业		1221	712	713
金属制品、机械和设备修理业				
电力、热力生产和供应业		3811	4359	5146
燃气生产和供应业	6593	4143	1874	2057
水的生产和供应业	3426	8432	15335	12323

5-6 续表 4

单位：万元

指标名称	营业利润	利润总额	亏损企业亏损额
总计	**902495**	**938716**	**135543**
#亏损企业	-137819	-135543	135543
国有控股企业	63733	81209	87068
按登记注册类型分组			
国有企业	9735	16905	733
#中央企业	1857	8577	
地方企业	7878	8328	733
集体企业	2890	2871	
股份合作企业			
联营企业			
有限责任公司	299533	314677	24399
#国有独资公司	27667	27331	691
其他有限责任公司	271866	287346	23709
股份有限公司	3494	4129	82804
私营企业	276360	284069	19486
其他企业			
港、澳、台商投资企业	198195	201018	6032
外商投资企业	112288	115047	2089
按轻重工业分			
轻工业	252769	266318	107745
重工业	649726	672398	27797
按大中小型工业分			
大型企业	180919	197199	78108
中型企业	347546	353325	17912
小型、微型企业	374030	388193	39522

5–6 续表 4.1

单位：万元

指标名称	营业利润	利润总额	亏损企业亏损额
按工业行业大类分	**902495**	**938716**	**135543**
煤炭开采和洗选业			
石油和天然气开采业			
黑色金属矿采选业			
有色金属矿采选业			
非金属矿采选业	2506	2501	26
开采专业及辅助性活动			
其他采矿业			
农副食品加工业	–2395	1726	85114
食品制造业	33055	34312	3923
酒、饮料和精制茶制造业	53870	52900	897
烟草制品业	54671	54806	
纺织业	–2546	4099	1787
纺织服装、服饰业	993	1567	
皮革、毛皮、羽毛及其制品和制鞋业	3636	3678	1540
木材加工和木、竹、藤、棕、草制品业	31655	35733	3147
家具制造业	836	734	1524
造纸和纸制品业	7844	8003	1350
印刷和记录媒介复制业	37454	37663	895
文教、工美、体育和娱乐用品制造业	5	186	157
石油、煤炭及其他燃料加工业	870	782	882
化学原料和化学制品制造业	49995	51631	1953
医药制造业	39872	40801	5968
化学纤维制造业			
橡胶和塑料制品业	19519	19872	2216
非金属矿物制品业	143890	144660	6407
黑色金属冶炼和压延加工业	–43	23	296
有色金属冶炼和压延加工业	2606	2971	684
金属制品业	6432	6949	1136
通用设备制造业	14676	14749	
专用设备制造业	67737	68246	2775
汽车制造业	63648	65385	1341
铁路、船舶、航空航天和其他运输设备制造业	6492	6677	
电气机械和器材制造业	21784	22353	5148
计算机、通信和其他电子设备制造业	147808	149908	2004
仪器仪表制造业	4861	5057	1195
其他制造业	3000	3031	1914
废弃资源综合利用业	604	617	
金属制品、机械和设备修理业			
电力、热力生产和供应业	11797	19584	1265
燃气生产和供应业	39321	40529	
水的生产和供应业	36046	36982	

5-7 各县区规模以上工业企业单位数

（2018年）

单位：个

指标名称	兴宁区	青秀区	江南区	西乡塘区	良庆区	邕宁区
总计	**26**	**29**	**170**	**243**	**61**	**24**
#亏损企业	6	7	32	56	8	6
国有控股企业	5	10	18	25	3	8
按登记注册类型分组						
国有企业		6	2	6		
#中央企业			1			
地方企业		6	1	6		
集体企业	1	2	1			
有限责任公司	7	9	53	53	12	9
#国有独资公司	2	1	1	3	1	2
其他有限责任公司	5	8	52	50	11	7
股份有限公司			7	7	3	4
私营企业	17	11	86	154	37	13
港、澳、台商投资企业			12	14	6	
外商投资企业	1	1	9	9	3	1
按轻重工业分						
轻工业	10	17	82	108	30	3
重工业	16	12	88	135	31	21
按大中小型工业分						
大型企业			9	8		
中型企业	4	3	19	48	10	4
小微型企业	22	26	142	187	51	20

5-7 续表

单位：个

指标名称	武鸣区	隆安县	马山县	上林县	宾阳县	横　县
总计	204	40	13	18	70	107
# 亏损企业	52	10	4	3	12	13
国有控股企业	11	3	1		5	10
按登记注册类型分组						
国有企业	2	1			1	1
# 中央企业						
地方企业	2	1			1	1
集体企业						2
有限责任公司	75	3	4	5	20	17
# 国有独资公司	1	1			1	4
其他有限责任公司	74	2	4	5	19	13
股份有限公司	5		1		1	2
私营企业	106	36	8	13	45	77
港、澳、台商投资企业	6				1	5
外商投资企业	10				2	3
按轻重工业分						
轻工业	97	20	5	6	39	63
重工业	107	20	8	12	31	44
按大中小型工业分						
大型企业	2				2	
中型企业	33	4		2	18	44
小微型企业	169	36	13	16	50	63

5-8 各县区规模以上工业企业主要工业产品产量

（2018 年）

产品名称	单位	兴宁区	青秀区	江南区	西乡塘区	良庆区	邕宁区
大米	吨		31223	55994			
精制食用植物油	吨		583	37007			
饲料	吨	95168		1894033	373043	968756	
#配合饲料	吨	89425		1830526	168297	357822	
混合饲料	吨	5743		17050	69717	459182	
成品糖	吨				75648	46826	
淀粉及淀粉制品	吨			181867			
鲜、冷藏肉	吨	11383			3831		
乳制品	吨	1887		1954	64197	44219	
罐头	吨			119716			
冷冻饮品	吨			27520			
蚕丝	吨						
服装	万件		121			35	
锯材	立方米			75916			
人造板	立方米	182637		1701347	493264	304703	
家具	件	281480					
纸浆（原生浆及废纸浆）	吨						
机制纸及纸板（外购原纸加工除外）	吨		13226				
纸制品	吨	867		299281		7675	
单色印刷品	令		398836		128894		
多色印刷品	对开色令		380460		1093197		
合成复合肥料（实物量）	吨	18867		18234	50314		
卷烟	万支						
植物类饮片	千克		545536	2296629	543816		
中成药	吨	1241	300	9350	2573	4512	
塑料制品	吨			263542	7181	12784	9633
松香	吨						
松节油	吨						
香精	吨		1155				
硅酸盐水泥熟料	吨				3530172		
水泥	吨				4088823		775710
商品混凝土	立方米	3271138	1619441	6124908	3870081	3829241	3062031
水泥混凝土电杆	根					37486	
砖	万块			1281			
平板玻璃	重量箱						
钢材	吨			6345		67618	46155
铝材	吨			411656			
钢结构	吨			48586			73822
金属门窗及类似制品	吨	6830		10512	27756		6015
小型拖拉机	台	2165		7200			
起重机	吨						99553
矿山专用设备	吨		18374	30527	1006		
机动车（汽车）零配件	千元			78949	33058		
配电或电器控制设备（11 万伏以下）	台（套、面）			570790	16693	3635	
电力电缆	千米			203509	159	1358	
家用电风扇	台				313691		
家用吸排油烟机	台				1622		
电饭锅	个				29417		
卫星导航定位接收机	部						
光电子器件	万只（片）			49523			
电子元件	万只			5651			
表	只						

5-8 续表

产品名称	单位	武鸣区	隆安县	马山县	上林县	宾阳县	横 县
小麦粉	吨						
大米	吨	1581				411710	31426
精制食用植物油	吨	3132					
饲料	吨	521793	631447			403652	193300
# 配合饲料	吨	401527	383535			338950	193300
混合饲料	吨	44321	247912				
成品糖	吨		46674	19179	41354	206409	245116
淀粉及淀粉制品	吨	88194	15312	5560			76874
鲜、冷藏肉	吨	93541					53993
方便面	吨	2232					
罐头	吨						24867
发酵酒精(折96度,商品量)	千升		36524	21419			
饮料	吨	272836					
精制茶	吨	2716					77813
蚕丝	吨	742	97		1177	668	1834
轻革	平方米						304968
人造板	立方米	901320	526138	35485		472125	903505
家具	件	120802					
纸浆(原生浆及废纸浆)	吨			30039			246105
机制纸及纸板(外购原纸加工除外)	吨	8011				117834	122178
纸制品	吨	177205				9019	140127
甲醛	吨		205433			48965	
合成氨(无水氨)	吨		21973			26438	
农用氮、磷、钾化学肥料总计(折纯)	吨		11233			20328	
化学农药原药(折有效成分100%)	吨						
中成药	吨	5375					2549
塑料制品	吨	83907					31499
松香	吨	7552	8114		13924		
硅酸盐水泥熟料	吨	1991637	1942623	730267		2019110	1603425
水泥	吨	2977366	2131779	373954	43686	1488713	3252826
商品混凝土	立方米	1962852		85104	429333	1141594	922039
水泥混凝土电杆	根	62691				260836	62492
砖	万块	7826					
卫生陶瓷制品	件					3351536	
钢材	吨						396772
铝材	吨	76					
气动元件	件					106305	
电子元件	万只					232802	
小型拖拉机	台	193					

六 运输邮电

CHAPTER 6 TRANSPORT,POSTAL AND TEL-ECOMMUNICATION

6-1 全市主要年份交通邮电情况

年份	邮电业务总量（万元）	年末电话用户（户）	客运量（万人）	货运量（万吨）
1950	53	174		8
1965	381	4859		215
1978	420	7691		347
1980	487	9195		313
1985	1211	17277	3907	1055
1986	1384	20423	4615	1268
1987	1709	24171	5795	1428
1988	1990	28145	6234	2703
1989	2311	33663	6338	1915
1990	5219	37131	3908	1863
1991	6854	47878	2625	2226
1992	9807	60333	2896	2589
1993	16745	87174	2545	2908
1994	29695	140004	3835	3457
1995	47626	228940	4545	3341
1996	65478	248387	4959	3413
1997	86853	361554	5457	3450
1998	112896	403001	5026	3470
1999	133877	645717	5130	3293
2000	190253	865319	5149	3291
2001	255793	913508	5266	3371
2002	291117	1543341	5343	3442
2003	191649	2678588	7017	5893
2004	248049	3527773	8451	6791
2005	293587	3658498	9131	7236
2006	689043	4040947	9665	7853
2007	1033495	4408556	10532	9237
2008	1289710	4880161	8066	13044
2009	1459981	5498397	8987	15491
2010	1769876	6043808	10153	19171
2011	829763	7917861	11170	24326
2012	945554	8247169	12036	29783
2013	1009173	8526254	8364	30877
2014	1277064	8305419	8697	33146
2015	1579550	8213790	9185	36282
2016	2415421	8478748	8898	32429
2017	2062507	10096927	9245	35142
2018	4547164	13594994	9473	38382

注：1. 邮电业务总量1950年为1952年不变价，1965年为1957年不变价，1978年－1980年为1970年不变价，1985年－1989年为1980年不变价，1990年－2002年为1990年不变价，2003年－2010年为2000年不变价，2011年以后为2010年不变价。2003年以后为行政区划调整后的数据，其余年份为原南宁口径。2. 年末电话用户数来自中国移动广西有限公司南宁分公司、中国联合网络通信有限公司南宁分公司、铁通公司南宁分公司、中国电信股份有限公司南宁分公司。

6-2 全市民用车辆拥有量

(2018 年) 单位：辆

指标名称	总 计	#个 人
合计	**2252407**	**2039471**
汽车	**1525061**	**1322138**
#载客汽车	1364324	1263318
#大型	8673	93
中型	2974	740
小型	1343220	1253277
微型	9457	9208
#载货汽车	152341	54896
#重型	44839	3726
中型	10771	2682
轻型	96580	48385
微型	151	103
其他汽车	8396	3924
#三轮汽车	16	15
低速汽车	1286	844
摩托车	**623974**	**620569**
#普通	620974	617569
轻便	3000	3000
拖拉机	**95983**	**95983**
#大中型	5204	5204
小型方向盘式	47663	47663
手扶式	43116	43116
挂车	**7386**	**781**
其他类型车	**3**	

6-3 全市民用运输船舶拥有量

(2018 年)

指标名称	单 位	总 计	#私 人
机动船	艘	1158	312
载客量	客位	8390	7976
净载重量	吨位	1331615	121449
总功率	千瓦	332536	29201
客船	艘	186	173
载客量	客位	8390	7976
货船	艘	972	139
净载重量	吨位	1331615	121449

6-4 全市全社会客货运输量

(2018 年)

指标名称	客运量（万人）	旅客周转量（万人公里）	货运量（万吨）	货物周转量（万吨公里）
合计	**9473**	**940833**	**38382**	**8608042**
公路运输合计	5196	940833	34299	6158683
水上运输合计			3854	2449359
铁路发送运输合计	3506		223	
民航运输合计	771		7	

6-5 全市规模以上交通运输企业主要财务状况

(2018 年)

单位：万元

指标名称	总计	# 道路运输	# 水上运输
企业单位数（个）	87	63	7
营业收入	2676864	1227832	18479
税金及附加	21089	10733	63
平均用工人数（人）	39256	25778	210

七 固定资产投资

CHAPTER 7 INVESTMENT IN FIXED ASSETS

7-1 全市主要年份固定资产投资情况

单位：万元

年份	全社会固定资产投资额	固定（城镇固定）资产投资额	新增固定资产
1950	312	312	
1965	5578	4577	3476
1978	17731	16886	6772
1980	16704	16078	12713
1985	44590	38447	25868
1986	59292	47569	37857
1987	67975	59092	52193
1988	91450	82364	64369
1989	73920	66787	64217
1990	75907	60046	61328
1991	84364	70739	75259
1992	113593	96412	59784
1993	236508	219395	123995
1994	339036	310598	191587
1995	563515	432100	247895
1996	643874	525891	330844
1997	747843	613987	379500
1998	823561	689875	533250
1999	880793	759931	480493
2000	1131659	878145	776010
2001	1214061	974531	836988
2002	1455615	1223609	807002
2003	1903567	1699199	1367881
2004	2627634	2401050	1776841
2005	3628975	3462384	2382248
2006	4472211	4077515	2410404
2007	5602200	5179195	2967701
2008	6934353	6500237	2786431
2009	10439120	9772424	5410422
2010	14830158	13893035	6761138
2011	20189453	19661255	9556262
2012	25851818	25176100	17714243
2013	24750080	24326855	15048368
2014	29338739	28866773	17754500
2015	34184261	33668913	20128960
2016		38247267	18703978
2017		43079465	25142928

注：1、2000年以后为行政区划调整后的数据，其余年份为原南宁口径。

2、2011年起以“固定资产投资”口径取代原“城镇固定资产投资”口径。

3、2013年起，固定资产投资起报点从计划总投资50万起报调整为计划总投资500万元起报。

4、2016年起，取消全社会固定资产投资统计。

5、2018年起，固定资产投资统计方法改变，统计口径发生变化，根据国家要求不公布总量数据，只公布增速，不可用2017年总量和2018年增速推算2018年总量；取消新增固定资产投资口径。

7-2 全市固定资产投资

（2018 年）　　　　增速（%）

指标名称	固定资产投资增速	国有控股	集体控股	私人控股	港澳台商控股	外商控股	其 他
合计	**11.8**	**13.3**	**-1.4**	**11.1**	**4.9**	**125.9**	**0.7**
按隶属关系分							
中央	21.4	40.7		-100.0	-69.4		-3.2
地方	11.6	12.4	-1.4	11.2	6.3	125.9	0.9
# 自治区	36.7	28.4	-58.8	-64.8	889.2	-100.0	1346.1
按三次产业分							
第一产业	-0.9	-32.9	-29.5	-5.8			169.0
第二产业	13.9	96.8	-77.1	-14.1	0.5	-56.7	21.2
# 工业	8.7	75.0	-79.6	-13.8	0.5	-56.7	22.1
第三产业	11.8	8.5	11.0	18.8	5.3	160.7	-2.3
批发和零售业	-33.7	12.7	-100.0	-65.8	-5.3	-100.0	-65.2
交通运输、仓储和邮政业	10.6	-7.0	-90.0	-56.6			305.6
住宿和餐饮业	-11.3	-84.8	-45.9	15.3			54.2
信息传输、软件和信息技术服务业	-29.0	0.1	-100.0	-82.8			-87.2
金融业	-51.5	-25.1	-51.1	-94.2			-100.0
房地产业	14.4	27.0	76.7	32.9	2.0	154.0	-39.7
租赁和商务服务业	-22.1	13.0	-94.6	-77.3			-81.1
科学研究和技术服务业	-22.1	21.2		-66.1	-100.0		-39.3
水利、环境和公共设施管理业	19.6	14.0	-54.1	-42.4			266.3
居民服务、修理和其他服务业	-80.0	-77.1		-92.5	-100.0		-100.0
教育	57.1	67.7	-90.7	-7.9			-58.0
卫生和社会工作	-17.7	-15.0	3.3	-61.6			20.6
文化、体育和娱乐业	52.2	-57.7	-100.0	64.4			1759.0
公共管理、社会保障和社会组织	-26.0	-15.4	-87.1	-92.9			-72.0

7-3 全市按行业、注册类型、隶属关系和建设性质分固定资产投资

（2018 年）

增速（%）

指标名称	固定资产投资增速	指标名称	固定资产投资增速
本年完成投资	**11.8**	电力、煤气及水的生产和供应业	35.0
投资额按登记注册类型分		建筑业	221.2
内资	**12.3**	第三产业	11.8
国有	-0.9	批发和零售业	-33.7
集体	-23.1	交通运输、仓储和邮政业	10.6
股份合作	-61.2	住宿和餐饮业	-11.3
联营	-87.0	信息传输、软件和信息技术服务业	-29.0
有限责任公司	21.4	金融业	-51.5
股份有限公司	48.2	房地产业	14.4
私营	6.9	租赁和商务服务业	-22.1
其他	-38.1	科学研究和技术服务业	-22.1
港澳台商投资	**-43.7**	水利、环境和公共设施管理业	19.6
合资经营	-43.1	居民服务、修理和其他服务业	-80.0
合作经营		教育	57.1
独资	-47.4	卫生和社会工作	-17.7
股份有限	133.3	文化、体育和娱乐业	52.2
其他		公共管理、社会保障和社会组织	-26.0
外商投资	**69.4**	**投资额按隶属关系分**	
合资经营	-55.7	中央	21.4
合作经营		省（自治区、直辖市）	36.7
独资	224.7	地（区、市、州、盟）	11.9
股份有限	-42.6	县级及以下	16.6
其他	157.4	其他	5.4
个体经营	**-32.0**	**投资额按建设性质分（不含房开）**	
个人经营	-32.0	新建	14.1
个人合伙		扩建	-30.2
按国民经济行业分		改建和技术改造	30.1
农、林、牧、渔业	-0.9	单纯建造生活设施	20.4
采矿业	159.7	迁建	4.4
制造业	0.5	恢复	-83.8
# 制糖业	-17.8	单纯购置	29.6

7-4 全市固定资产投资完成情况

（2018 年）　　　　　　　　　　　　　　　　　　　　　　增速（%）

指标名称	合计	国有控股	集体控股	私人控股	港澳台商控股	外商控股	其他
本年完成投资	11.8	**13.3**	**-1.4**	**11.1**	**4.9**	**125.9**	**0.7**
#住宅（不含 500-5000 万元项目）	13.6	30.4	335.1	36.9	-30.3	134.6	-37.9
投资额按构成分							
建筑安装工程	8.6	10.6	17.2	3.4	4.1	126.1	4.3
设备工器具购置	-0.6	32.8	-70.5	-36.3	60.9	52.5	29.2
其他费用	26.0	17.0	-46.4	51.0	-4.2	133.3	-12.2
#土地购置费	53.4	55.2	89.7	67.1	31.4	198.0	2.4
本年施工房屋面积	6.7	-2.2	33.9	12.7	-2.7	79.3	-11.3
#住宅	11.7	-0.5	101.0	20.3	-2.8	58.2	-11.5
本年竣工房屋面积	19.8	-29.1	-36.0	5.1	14.6	366.4	342.9
#住宅	35.0	-44.6		40.2	-30.5	280.7	607.9
本年竣工房屋价值	28.7	-27.5	-74.2	-3.5	-9.5	2414.9	510.1
#住宅	48.2	-29.5		18.9	-10.6	2414.9	625.8
施工项目个数	-43.0	-23.3	-48.8	-61.6	-15.2	-25.0	-43.3
#本年新开工	-58.1	-38.9	-78.6	-70.5	-57.7	-50.0	-57.3
本年投产项目个数	-75.8	-68.6	-51.5	-80.9	-61.9	-85.7	-79.0

注：施工、投产项目个数不含房地产开发项目。

7-5 房地产开发投资

单位：万元

指标名称	全市		市区	
	2018 年	2017 年	2018 年	2017 年
本年完成投资	**11063588**	**9580867**	**10156745**	**8716922**
投资额按登记注册类型分				
内资企业	**9995340**	**8468138**	**9099473**	**7616998**
国有企业	4281	39016	4281	39016
其他联营企业				
国有独资公司	362733	439237	347146	433113
其他有限责任公司	6510854	4569111	6185181	4258981
股份有限公司	217836	508744	217836	508744
私营企业	2899636	2912030	2345029	2377144
港澳台投资	**420581**	**590544**	**420581**	**590544**
合资经营	31376	76003	31376	76003
合作经营				
独资	389205	514541	389205	514541
外商投资	**550561**	**405087**	**550561**	**405087**
合资经营	70841	204217	70841	204217
合作经营				
外资企业	479720	149812	479720	149812
投资额按隶属关系分				
中央	440973	439814	440973	439814
地方	1292640	1192625	1256626	1133671
其他	9232869	7831330	8373016	7039144

7-6 房地产开发投资完成情况

指标名称	单位	全 市		市 区	
		2018 年	2017 年	2018 年	2017 年
本年完成投资	**万元**	**11063588**	**9580867**	**10156745**	**8716922**
投资额按构成分					
建筑工程	万元	5570241	5265219	4947233	4570203
安装工程	万元	934387	1138558	881107	1073675
设备工器具购置	万元	124189	99913	114091	90321
其他费用	万元	4438659	3077177	4218202	2982723
# 土地购置费	万元	3970382	2398272	3790074	2346378
投资额按工程用途分					
住宅	万元	7720401	6791290	6972179	6055238
办公楼	万元	629547	659506	617902	659319
商业营业用房	万元	984063	774886	897586	706056
其他	万元	1729577	1355185	1669078	1296309
本年新增固定资产	万元	3875935	2130180	3325671	1694352
本年购置土地面积	平方米	1213565	1659459	688380	1401853
上年末结余资金	万元	6336030	4251431	5895442	3899234
本年实际到位资金	万元	16698094	14230307	15560820	13252557
国内贷款	万元	2565600	2259083	2419931	2167832
利用外资	万元				
自筹资金	万元	4037986	3853044	3757512	3513821
其他资金来源	万元	1004105	8118180	973568	7570904
本年各项应付款合计	万元	5198396	3640061	4928881	3433681
竣工房屋住宅套数合计	套	64992	53944	50674	45426
施工房屋面积	平方米	81298072	71716166	70151278	62269874
# 住宅	平方米	52906661	47042207	43968486	39498509
本年新开工房屋面积	平方米	17097391	14862092	13734964	11996533
# 住宅	平方米	12007647	10217209	9294419	7965634
竣工房屋面积	平方米	7922120	5782234	6150999	4547564
# 住宅	平方米	5842290	4404749	4324235	3376576
竣工房屋价值	万元	2638580	1785774	2240711	1509455
# 住宅	万元	1993380	1326250	1657707	1100827
商品房销售面积	平方米	17451911	15441267	13997745	12785602
# 住宅	平方米	14382453	13076791	11198289	10506795
商品房待售面积	平方米	2485117	3073228	1684047	1894112
# 住宅	平方米	1194761	1468069	657015	713665
办公楼	平方米	41794	115718	40944	113085
商业营业用房	平方米	588306	727013	398335	416871
其他	平方米	660256	762428	587753	650491
商品房销售额	万元	13581375	12007743	12037903	10978796
# 住宅	万元	11070556	10069617	9666824	9088537

7–7 房地产开发经营情况

单位：千元

指标名称	全市		市区	
	2018 年	2017 年	2018 年	2017 年
资产总计	580294319	484336351	487397690	410767192
固定资产累计折旧	1916426	1859583	1421991	1593904
# 本年折旧	445032	312140	288217	261823
负债总计	489717314	405221021	411992571	344045225
所有者权益合计	90587925	79115330	75405120	66721967
# 实收资本合计	47092207	39682637	36956659	31587211
土地转让收入	131925	1321259	130925	1319947
商品房屋销售收入	80384277	63625065	70875904	54051138
房屋出租收入	824356	1193968	750868	1112505
其他收入	1459262	788675	1289086	738565
主营业务成本	57483642	45016341	49533948	37642025
主营业务税金及附加	4174084	3717110	3927487	3443644
其他业务利润	648291	255058	627594	219101
销售费用	3902873	3368194	3249540	2781127
管理费用及财务费用	4179063	3676822	3623917	3115839
投资收益及营业外收入	2149394	1516446	1736546	1489472
营业外支出	1651621	391519	1601035	297781
利润总额	13078556	12499733	12609750	12010735

7-8 全市总承包和专业承包建筑业企业生产情况

（2018 年）

指标名称	企业个数（个）	# 有工作量的企业个数	建筑业总产值（万元）合计	建筑工程	# 装修装饰	安装工程	其他
总计	**410**	**380**	**16773629**	**14653446**	**399768**	**1143886**	**976298**
# 二级以上企业	217	207	14826468	13063828	265247	917708	844932
国有及国有控股	51	51	10762867	9735897	104689	456618	570352
按登记注册类型分组							
国有企业	13	13	83268	72792	1156	1674	8802
集体企业	11	11	190871	160019	13165	4856	25997
有限责任公司	95	92	13114093	11767067	155142	731325	615702
股份有限公司	2	2	74775	66395		8380	
私营企业	289	262	3310622	2587173	230306	397651	325798
按国民经济行业分组							
房屋建筑业	203	188	9345496	8685766	252616	382369	277361
土木工程建筑	97	94	6538820	5525959	35810	390360	622502
建筑安装业	51	48	665651	256197	32353	368570	40884
建筑装饰和其他建筑业	59	50	223663	185524	78989	2587	35552
按企业资质等级分组							
施工总承包	276	257	15979492	14192325	288426	884446	902722
特级	5	5	5907089	5625441	54115	49635	232013
一级	49	49	7173479	6156631	68370	590765	426083
二级	93	85	1194262	951092	46452	119956	123215
三级及以下	129	118	1704662	1459161	119489	124089	121412
专业承包	134	123	794137	461121	111343	259440	73576
一级	26	26	302583	196180	52759	80442	25962
二级	44	42	249055	134485	43551	76910	37660
三级及以下	64	55	242499	130457	15032	102089	9954
按地区分							
兴宁区	28	27	3073925	3037576	18243	24607	11743
青秀区	222	200	4814109	3961838	159316	405452	446819
江南区	24	23	942582	848126	37533	88493	5963
西乡塘区	45	42	3770882	3161254	73545	316534	293094
良庆区	16	15	651574	513049	47166	74606	63920
邕宁区	5	5	575927	501603		63567	10758
武鸣区	7	7	727331	707581	6258	3329	16421
隆安县	5	4	34515	34515			
马山县	5	5	33742	28256		5381	105
上林县	5	5	28586	18077		10508	
宾阳县	8	8	181191	162266	18286	9349	9576
横　县	11	11	310262	280355	21945	7741	22165
高新区	13	13	1180962	1008133	293	102923	69905
经开区	14	13	414783	357559	17183	31395	25829
东盟区	2	2	33258	33258			

7-8 续表

指标名称	竣工产值（万元）	房屋施工面积（万平方米）	# 本年新开工面积	房屋建筑竣工面积（万平方米）	从事建筑业活动的平均人数（万人）	建筑业企业年末人数（万人）
总计	**6838113**	**7940.11**	**2378.42**	**1930.20**	**41.98**	**41.22**
# 二级以上企业	6245819	7631.91	2188.65	1805.32	37.64	36.71
国有及国有控股	4366196	5685.87	1373.00	1143.35	23.22	24.10
按登记注册类型分组						
国有企业	24266	24.13	21.06	4.41	0.30	0.27
集体企业	59641	85.70	64.27	37.88	0.50	0.78
有限责任公司	5039410	6494.75	1707.09	1337.60	31.11	31.05
股份有限公司					0.10	0.10
私营企业	1714797	1335.53	586.00	550.32	9.97	9.03
按国民经济行业分组						
房屋建筑业	3796023	7055.08	2021.63	1754.55	27.79	27.31
土木工程建筑	2611500	754.69	257.17	148.91	11.94	11.52
建筑安装业	324050	119.48	99.42	26.75	1.65	1.83
建筑装饰和其他建筑业	106539	10.86	0.20		0.60	0.56
按企业资质等级分组						
施工总承包	6458391	7921.19	2374.48	1924.76	39.74	39.08
特级	3259456	4732.65	864.83	975.92	13.00	13.00
一级	2053236	2318.65	1075.74	578.45	19.32	18.60
二级	672720	566.69	244.34	246.50	3.84	3.65
三级及以下	472979	303.20	189.56	123.89	3.57	3.82
专业承包	379722	18.92	3.94	5.44	2.25	2.15
一级	144049	4.33	2.68	2.90	0.83	0.86
二级	116358	9.59	1.06	1.54	0.65	0.60
三级及以下	119315	5.00	0.20	1.00	0.77	0.69
按地区分						
兴宁区	1735092	705.61	196.57	152.32	5.38	5.69
青秀区	2200459	2696.90	561.97	744.12	14.36	12.82
江南区	128371	16.65	9.79	6.31	2.68	2.68
西乡塘区	1813115	3177.48	823.19	622.11	8.77	8.50
良庆区	44697	98.77	16.93	7.24	1.62	1.75
邕宁区	128759	533.55	294.84	68.68	3.49	3.49
武鸣区	99278	100.12	32.90	86.27	1.39	1.37
隆安县	35093	33.69	18.23	18.42	0.09	0.09
马山县	29675	23.76	13.89	14.64	0.09	0.09
上林县	9302	10.71	6.58	2.14	0.11	0.09
宾阳县	109631	111.75	97.41	65.01	0.41	0.54
横　县	206771	181.08	147.84	139.19	1.28	1.57
高新区	239552	149.92	149.92	0.00	1.11	1.34
经开区	58318	52.48	1.82	3.75	1.14	1.13
东盟区		47.62	6.55		0.08	0.08

7-9 全市总承包和专业承包建筑业企业财务状况

（2018 年）

单位：万元

指标名称	年初存货	年末资产负债		
		流动资产合　计	#应收工程款	#存 货
总计	**1348397**	**11736863**	**2529484**	**1536191**
#二级以上企业	1269811	9520708	2088422	1448803
国有及国有控股	918913	7202931	1662504	1089065
按登记注册类型分组				
国有企业	14229	141398	47515	16333
集体企业	9481	34689	11355	6496
有限责任公司	1071821	9083049	1798960	1225312
股份有限公司	2588	11969	3683	-715
私营企业	250279	2465758	667971	288765
按国民经济行业分组				
房屋建筑业	506465	5261077	969875	592946
土木工程建筑	683696	5627337	1308545	747385
建筑安装业	141842	622634	182403	171344
建筑装饰和其他建筑业	16395	225814	68661	24516
按企业资质等级分组				
施工总承包	1269909	11051484	2307616	1448512
特级	360677	2157481	308662	390951
一级	712436	5573753	1372054	804912
二级	141118	1346463	254984	190320
三级及以下	55678	1973787	371917	62329
专业承包	78489	685378	221868	87679
一级	30913	252187	90369	31559
二级	24668	190823	62353	31061
三级及以下	22908	242368	69146	25059
按地区分				
兴宁区	337432	1802685	294607	322188
青秀区	320623	5304189	1159964	404565
江南区	184038	730683	174704	181158
西乡塘区	260307	1780261	316611	335090
良庆区	39363	345946	181758	60315
邕宁区	14584	82459	15550	16044
武鸣区	11293	269436	102781	14772
隆安县	1562	9446	4586	1351
马山县	13971	26790	3541	3330
上林县	506	5711	2297	269
宾阳县	3771	22746	3777	5104
横　县	11946	61204	11918	9253
高新区	64882	875825	169599	93424
经开区	82332	378064	83140	76065
东盟区	1788	41418	4652	13266

7–9 续表 1

单位：万元

指标名称	年末资产负债			
	固定资产净值	固定资产原价	累计折旧	# 本年折旧
总计	**563683**	**1066347**	**509132**	**70751**
# 二级以上企业	510889	971698	467592	63827
国有及国有控股	354454	672060	334035	48292
按登记注册类型分组				
国有企业	4271	14228	9957	641
集体企业	9993	14725	4721	394
有限责任公司	402996	771842	379640	53692
股份有限公司	154	327	174	40
私营企业	146269	265225	114641	15984
按国民经济行业分组				
房屋建筑业	205590	351318	136510	23191
土木工程建筑	291077	606657	331424	43532
建筑安装业	54538	82091	27440	2466
建筑装饰和其他建筑业	12478	26281	13758	1563
按企业资质等级分组				
施工总承包	531482	983982	459148	63776
特级	80159	137046	56887	7299
一级	308168	564838	248050	42533
二级	95070	204549	124905	8483
三级及以下	48085	77549	29306	5461
专业承包	32201	82365	49984	6975
一级	14091	30474	16383	1713
二级	13401	34791	21368	3793
三级及以下	4709	17100	12234	1464
按地区分				
兴宁区	131072	240448	109377	14446
青秀区	151582	306406	167649	15505
江南区	44785	96566	51767	8184
西乡塘区	89121	138656	43312	5215
良庆区	16579	27430	10851	6882
邕宁区	17998	30825	12826	2563
武鸣区	14602	21554	6952	1537
隆安县	1519	4261	2742	380
马山县	1135	3534	2392	806
上林县	467	761	294	59
宾阳县	2757	4040	1283	173
横　县	11743	17677	5934	616
高新区	33054	72265	39211	6129
经开区	40440	94782	54230	8159
东盟区	6829	7141	312	97

7-9 续表 2

单位：万元

指标名称	年末资产负债				
	资产合计	负债合计	# 流动负债	所有者权益合计	实收资本合计
总计	**15564959**	**10711450**	**9208060**	**4853509**	**3013492**
# 二级以上企业	13174541	9726625	8285870	3447916	2624502
国有及国有控股	10378819	8028456	6937770	2350363	1759228
按登记注册类型分组					
国有企业	154592	131312	120612	23280	19167
集体企业	45855	21199	17435	24656	17276
有限责任公司	12434160	8729503	7472990	3704658	2034054
股份有限公司	12601	10038	4362	2564	2000
私营企业	2917750	1819400	1592661	1098351	940994
按国民经济行业分组					
房屋建筑业	5902188	3516646	2986036	2385543	1066347
土木工程建筑	8686634	6483298	5545612	2203336	1753153
建筑安装业	722058	534598	501681	187461	131005
建筑装饰和其他建筑业	254078	176909	174731	77170	62987
按企业资质等级分组					
施工总承包	14794445	10211484	8725337	4582961	2800565
特级	2781391	1965091	1586167	816301	517027
一级	8090001	6415377	5526018	1674625	1395899
二级	1792492	1021450	858895	771042	573398
三级及以下	2130560	809566	754257	1320994	314241
专业承包	770514	499967	482723	270548	212927
一级	275211	174400	167190	100811	67122
二级	235445	150308	147600	85138	71057
三级及以下	259858	175259	167933	84599	74749
按地区分					
兴宁区	2485013	1824074	1434968	660939	432095
青秀区	7740627	4917877	4238209	2822750	1594961
江南区	882844	776290	694566	106555	88753
西乡塘区	2033975	1443347	1301028	590628	432536
良庆区	373619	297408	296381	76211	69920
邕宁区	125812	86866	12110	38946	26222
武鸣区	301929	264480	256574	37449	22116
隆安县	11291	4645	4645	6646	6024
马山县	30527	15268	13928	15259	7354
上林县	6920	3589	3440	3331	2865
宾阳县	27301	8530	7321	18771	16061
横　县	75178	42034	39172	33144	26070
高新区	935154	626832	518931	308322	197926
经开区	482249	359652	346228	122597	83090
东盟区	52520	40559	40559	11961	7500

单位：万元

指标名称	损益及分配				
	营业收入	工程结算收入	工程结算成本	工程结算税金及附加	应交增值税
总计	**14985928**	**14746782**	**13641305**	**190429**	**302513**
#二级以上企业	13303838	13118989	12142172	174893	265394
国有及国有控股	10387254	10323304	9613904	33948	172281
按登记注册类型分组					
国有企业	92346	82466	77759	979	3896
集体企业	159770	159517	143733	4892	5409
有限责任公司	11912760	11829592	11012703	62486	210643
股份有限公司	19246	2434	1617	6	92
私营企业	2801806	2672773	2405493	122066	82473
按国民经济行业分组					
房屋建筑业	7550234	7406418	6967063	56157	167056
土木工程建筑	6479259	6416918	5822928	35562	109622
建筑安装业	659039	649325	590846	96904	13737
建筑装饰和其他建筑业	297396	274121	260468	1805	12098
按企业资质等级分组					
施工总承包	14038121	13836094	12799005	91987	277319
特级	4972662	4962388	4648041	19910	93347
一级	6477168	6386435	5913157	48984	113319
二级	1191431	1129744	996597	8418	39807
三级及以下	1396861	1357526	1241210	14676	30846
专业承包	947807	910688	842300	98441	25194
一级	380842	378019	351881	96253	11513
二级	281736	262402	232495	1329	7408
三级及以下	285229	270267	257924	860	6273
按地区分					
兴宁区	2857886	2842539	2608792	10610	58300
青秀区	4654667	4492821	4144774	122433	98776
江南区	948643	944938	860104	3400	10901
西乡塘区	2856402	2848915	2632370	19476	67377
良庆区	651326	651214	628151	1885	17762
邕宁区	575526	574185	552135	9779	7974
武鸣区	492611	492074	459233	10111	17199
隆安县	33499	33469	29438	208	569
马山县	29272	29202	24470	531	624
上林县	13219	13219	10539	760	639
宾阳县	125395	124444	103464	5467	4765
横　县	76654	75864	69720	1414	2430
高新区	1148135	1112310	1040037	2818	7326
经开区	484760	473650	443285	1429	7248
东盟区	37935	37935	34794	108	523

7-9 续表 4

单位：万元

指标名称	损益及分配				
	其他业务利润	销售费用	管理费用	财务费用	# 利息支出
总计	**15202**	**21769**	**562432**	**173014**	**159425**
# 二级以上企业	14110	13349	486996	163663	152694
国有及国有控股	5090	7612	359863	146767	141062
按登记注册类型分组					
国有企业		345	3720	140	58
集体企业	73	2262	4876	413	28
有限责任公司	11421	9323	405051	152775	145196
股份有限公司		66	849	43	52
私营企业	3709	9775	147938	19643	14091
按国民经济行业分组					
房屋建筑业	4308	7318	223838	45709	39883
土木工程建筑	9899	11462	292936	118203	112205
建筑安装业	1076	1468	31703	8598	6772
建筑装饰和其他建筑业	-81	1521	13955	504	565
按企业资质等级分组					
施工总承包	12800	15422	507164	170560	157868
特级	1519	214	169113	31184	26563
一级	4642	7749	226750	116330	109844
二级	6262	1944	54409	14388	15451
三级及以下	377	5514	56893	8658	6010
专业承包	2402	6348	55268	2454	1557
一级	532	614	16179	1371	471
二级	1154	2828	20546	389	365
三级及以下	715	2906	18543	693	722
按地区分					
兴宁区	2798	641	118474	25395	18510
青秀区	6187	8228	170618	99072	95624
江南区	1837	2739	54231	7387	5442
西乡塘区	3390	2480	124987	24010	22016
良庆区		442	14530	736	1758
邕宁区		842	6544	156	35
武鸣区	303	0.1	3539	140	239
隆安县	30	262	1488	91	93
马山县	17		1727	12	
上林县		130	964	182	3
宾阳县		3526	8679	399	17
横　县		156	2822	159	161
高新区	-221	879	37465	7717	8829
经开区	861	1445	14674	6698	6699
东盟区			1691	862	

7–9 续表 5

单位：万元

指标名称	损益及分配			应付职工薪酬	境外营业收入
	营业利润	利润总额	应交所得税		
总计	**322751**	**323830**	**104113**	**1860669**	**158646**
# 二级以上企业	297577	299735	97554	1747395	158612
国有及国有控股	225897	230162	32552	1513617	116574
按登记注册类型分组					
国有企业	–85	989	415	6096	
集体企业	3515	3555	1883	19313	
有限责任公司	251969	255055	38816	1689383	158612
股份有限公司	182	204	0.4	310	
私营企业	67171	64027	62998	145568	35
按国民经济行业分组					
房屋建筑业	85649	82676	23600	1234046	21120
土木工程建筑	213083	215445	75504	502256	95479
建筑安装业	16167	16480	2815	108974	42047
建筑装饰和其他建筑业	7852	9229	2196	15393	
按企业资质等级分组					
施工总承包	304216	303652	99968	1805620	158589
特级	119861	120890	15529	1033304	100
一级	115930	115890	67041	600216	134008
二级	46574	46015	11696	74529	24446
三级及以下	21852	20858	5703	97571	35
专业承包	18535	20178	4145	55048	57
一级	6557	8046	2254	23702	
二级	8656	8894	1035	15644	57
三级及以下	3323	3238	857	15703	
按地区分					
兴宁区	107181	109571	15581	197997	88506
青秀区	91107	89553	59220	589579	45566
江南区	18366	18613	4050	51119	57
西乡塘区	35915	35975	7411	638964	24240
良庆区	6574	6422	1229	62154	
邕宁区	4596	4501	1132	140907	
武鸣区	9106	9114	5599	39059	
隆安县	2007	2005	614	3488	
马山县	2321	2315	532	1017	
上林县	617	640	98	1219	
宾阳县	3862	3803	1254	21216	
横　县	2433	2472	815	11435	
高新区	26278	26467	5400	75399	277
经开区	11910	11866	1026	26394	
东盟区	480	513	153	721	

7-10 市区固定资产投资

（2018 年）　　增速（%）

指标名称	固定资产投资增速	国有控股	集体控股	私人控股	港澳台商控股	外商控股	其他
合计	**12.0**	**16.5**	**9.8**	**13.1**	**6.7**	**126.2**	**-10.4**
按隶属关系分							
中央	23.3	43.6		-100.0			-3.2
地方	11.8	15.6	9.8	13.2	6.7	126.2	-10.8
# 自治区	36.5	42.9	-58.8	-64.7	889.2		-7.3
按三次产业分							
第一产业	-20.2	-67.7	1150.0	-27.8			161.5
第二产业	15.5	118.4	-73.5	-21.8	29.9	-56.3	12.0
# 工业	10.2	90.6	-73.5	-20.4	29.9	-56.3	14.8
第三产业	12.0	11.3	16.0	21.5	5.3	160.7	-12.5
批发和零售业	-31.5	14.0		-66.4	-5.3	-100.0	-65.9
交通运输、仓储和邮政业	5.6	-1.0	-88.7	-68.7			121.2
住宿和餐饮业	-36.9	-90.9	-14.6	9.5			-5.0
信息传输、软件和信息技术服务业	-26.3	8.5	-100.0	-82.9			-87.2
金融业	-51.4	-25.1	-51.1	-94.2			-100.0
房地产业	15.5	26.7	76.7	38.0	2.0	154.0	-39.6
租赁和商务服务业	-24.1	11.0	-91.3	-80.2			-88.4
科学研究和技术服务业	-26.9	10.9		-73.9			-39.3
水利、环境和公共设施管理业	27.1	19.3	-44.9	-37.9			285.1
居民服务、修理和其他服务业	-90.2	-89.4		-92.4	-100.0		-100.0
教育	51.4	60.7	-90.7	-26.1			-3.5
卫生和社会工作	-16.5	-13.7	-100.0	-58.5			22.5
文化、体育和娱乐业	19.7	-80.2	-100.0	-51.3			1748.4
公共管理、社会保障和社会组织	-21.7	-9.1	310.3	-92.7			-65.8

7-11 市区按行业、注册类型、隶属关系和建设性质分固定资产投资

（2018 年）

增速（%）

指标名称	固定资产投资增速	指标名称	固定资产投资增速
本年完成投资	**12.0**	电力、煤气及水的生产和供应业	45.9
投资额按登记注册类型分		建筑业	315.5
内资	**12.5**	第三产业	12.0
国有	3.1	批发和零售业	−31.5
集体	−25.3	交通运输、仓储和邮政业	5.6
股份合作	−59.2	住宿和餐饮业	−36.9
联营	−100.0	信息传输、软件和信息技术服务业	−26.3
有限责任公司	17.0	金融业	−51.4
股份有限公司	42.4	房地产业	15.5
私营	11.0	租赁和商务服务业	−24.1
其他	−54.3	科学研究和技术服务业	−26.9
港澳台商投资	**−44.7**	水利、环境和公共设施管理业	27.1
合资经营	−42.9	居民服务、修理和其他服务业	−90.2
合作经营		教育	51.4
独资	−48.6	卫生和社会工作	−16.5
股份有限	133.3	文化、体育和娱乐业	19.7
其他		公共管理、社会保障和社会组织	−21.7
外商投资	**78.6**	**投资额按隶属关系分**	
合资经营	−53.9	中央	23.3
合作经营		省（自治区、直辖市）	36.5
独资	225.9	地（区、市、州、盟）	13.0
股份有限	−3.8	县级及以下	20.8
其他	157.4	其他	5.3
个体经营	**−63.6**	**投资额按建设性质分（不含房开）**	
个人经营	−63.6	新建	10.1
个人合伙		扩建	−34.0
按国民经济行业分		改建和技术改造	58.2
农、林、牧、渔业	−20.2	单纯建造生活设施	13.7
采矿业	115.5	迁建	−1.5
制造业	1.3	恢复	−83.8
#制糖业	39.7	单纯购置	32.2

7-12 各县固定资产投资完成情况

（2018 年）

增速（%）

指标名称	隆安县	马山县	上林县	宾阳县	横 县
固定资产投资	**3.6**	**13.3**	**3.1**	**10.4**	**14.1**
#住宅（不含 500–5000 万元项目）	–82.8	294.9	16.1	73.8	24.9
按构成分					
建筑安装工程	2.8	24.7	2.6	9.7	11.3
设备工器具购置	65.1	–28.9	–42.6	–17.4	12.0
其他费用	–17.6	–21.3	62.6	95.0	56.6
#土地购置费	–37.1	–25.7	224.4	274.0	95.1
本年施工房屋面积	13.0	–6.5	20.1	–11.3	–20.8
#住宅	2.3	14.6	11.2	16.0	22.5
本年竣工房屋面积	118.4	–87.4	357.8	–46.7	–41.3
#住宅	97.7	–98.6	298.2	–54.3	64.8
本年竣工房屋价值	120.5	–75.4	251.8	–77.9	–64.8
#住宅	125.0	–100.0	250.8	–74.9	164.8
施工项目个数	–24.3	–38.4	–16.8	–51.8	–56.9
#本年新开工	–32.7	–42.7	–38.8	–53.4	–66.0
本年投产项目个数	–90.0	–69.4	–65.8	–67.1	–78.1

注：施工、投产项目个数不含房地产开发项目。

7-13 各县按行业、注册类型、隶属关系和建设性质分固定资产投资

（2018 年）

增速（%）

指标名称	隆安县	马山县	上林县	宾阳县	横 县
本年完成投资	**3.6**	**13.3**	**3.1**	**10.4**	**14.1**
投资额按登记注册类型分					
内资	**2.2**	**13.3**	**4.4**	**12.5**	**13.8**
国有	779.2	-2.4	-25.8	-20.9	-4.9
集体		-100.0		-100.0	1153.1
股份合作		-100.0	-100.0		-100.0
联营				-100.0	-82.9
有限责任公司	111.9	22.7	20.3	262.9	0.4
股份有限公司	773.6	-100.0		-58.2	197.2
私营	-55.9	65.6	-0.3	-23.4	24.6
其他	-100.0	-28.7		-32.3	38.7
港澳台商投资			**-58.0**		**27.2**
合资经营					-100.0
合作经营					
独资			-58.0		33.4
股份有限					
其他					
外商投资				**-92.1**	**178.5**
合资经营				-100.0	300.9
合作经营					
独资					-100.0
股份有限				-67.2	
其他					
个体经营				**-100.0**	**8.2**
个人经营				-100.0	8.2
个人合伙					
按国民经济行业分					
农、林、牧、渔业	54.8	21.7	-9.0	13.6	7.7
采矿业	776.0	-19.4		137.0	342.4
制造业	22.1	-28.2	-15.4	-29.1	39.3

增速（%）

指标名称	隆安县	马山县	上林县	宾阳县	横 县
#制糖业	-100.0	162.7		-82.7	-21.5
电力、煤气及水的生产和供应业		66.5	-39.8	24.9	-11.9
建筑业		87.2	-73.4	382.1	35.2
第三产业	-5.2	5.3	12.7	18.2	5.1
批发和零售业		-100.0		-51.5	-66.8
交通运输、仓储和邮政业	10606.0	246.7	1.5	18.3	-10.7
住宿和餐饮业		-39.8		40.1	254.3
信息传输、软件和信息技术服务业		-100.0	-100.0	-90.3	59.8
金融业					-100.0
房地产业	-77.1	32.1	10.4	72.7	17.9
租赁和商务服务业	-100.0	-100.0	266.1	-5.2	2604.6
科学研究和技术服务业		-84.6		509.9	280.2
水利、环境和公共设施管理业	135.6	-61.8	12.0	-27.9	-27.5
居民服务、修理和其他服务业	-100.0	190.9	-100.0	-100.0	43.7
教育	3150.5	249.2	972.4	521.2	-24.4
卫生和社会工作		-71.5	122.8	-19.2	-28.5
文化、体育和娱乐业		1980.2		137.7	319.5
公共管理、社会保障和社会组织		-84.7		124.1	-30.8
投资额按隶属关系分					
中央		-8.0		21.7	-15.9
省（自治区、直辖市）	13878.3	-100.0	167.3	9.7	32.0
地（区、市、州、盟）	12756.6	-78.7	-29.3	-30.1	-100.0
县级及以下	51.3	-6.1	-15.3	51.2	-13.9
其他	-59.1	55.8	21.3	5.0	26.8
投资额按建设性质分（不含房开）					
新建	335.5	22.3	46.5	29.8	13.6
扩建	709.0	-39.9	-39.9	-25.8	60.9
改建和技术改造	-64.8	-52.9	-31.1	-24.9	-14.4
单纯建造生活设施	-100.0				-100.0
迁建		65.5		589.5	274.5
恢复					
单纯购置		-72.6	-59.5	-36.2	41.1

7-14 各县房地产开发投资完成情况

（2018 年）

指标名称	单 位	隆安县	马山县	上林县	宾阳县	横 县
本年完成投资	**万元**	**46171**	**34121**	**107432**	**210696**	**145732**
投资额按构成分						
建筑工程	万元	31775	27522	65979	158289	85384
安装工程	万元	1803	160	18697	4351	9558
设备工器具购置	万元	251	40	2000	4399	2769
其他费用	万元	12342	6399	20756	43657	48021
#土地购置费	万元	8045	6399	19636	42600	42772
投资额按工程用途分						
住宅	万元	32721	25450	92076	184306	132351
办公楼	万元				9320	1
商业营业用房	万元	4234	2552	10959	10736	9139
其他	万元	9216	6119	4397	6334	4241
本年新增固定资产	万元	129897	2	141391	17994	46325
本年购置土地面积	平方米		151174		55895	62601
本年资金来源合计	万元					
上年末结余资金	万元	983	1068	85238	131799	14282
本年资金来源小计	万元	77399	49899	124622	205622	179924
国内贷款	万元		2900	16900	84219	4306
利用外资	万元					
自筹资金	万元	10607	15764	40201	53342	46872
其他资金来源	万元	910	8616	1000	2000	1331
本年各项应付款合计	万元	39283	20840	10970	31793	47735
竣工房屋住宅套数合计	套	4468		4128	694	714
施工房屋面积	平方米	1418625	303727	1472449	1220531	2198044
#住宅	平方米	1217201	241737	1205122	1019574	1737399
本年新开工房屋面积	平方米	327134	168947	329931	537787	573101
#住宅	平方米	247384	149429	290079	463820	465280
竣工房屋面积	平方米	503850		543107	130164	90620
#住宅	平方米	440770		453760	113406	82550
竣工房屋价值	万元	114370		97830	17994	26370
#住宅	万元	100658		80647	10552	24025
商品房销售面积	平方米	370291	114457	470034	550100	646011
#住宅	平方米	340815	113665	378994	517651	621044
商品房待售面积	平方米	251893	4767	101492	91411	166304
#住宅	平方米	238211	1061	63352	48926	49716
办公楼	平方米					850
商业营业用房	平方米	8135	3706	35853	42485	73363
其他	平方米	5547		2287		42875
商品房销售额	万元	126287	46260	171736	274291	285449
#住宅	万元	108087	44387	145612	246331	272194

八 能源购进消费与库存

CHAPTER 8 PURCHASE,CONSUMPTION AND STOCK OF ENERGY

8-1 全市规模以上工业企业主要能源购进、消费与库存

（2018年）

指标名称	单位	购进量合计	消费量合计	工业生产消费	非工业生产消费	年末库存
全市						
原煤	吨	4537392	4501450	4499931	1519	195413
煤制品	吨	12711	12647	12647		269
焦炭	吨	4345	4797	4797		845
其他焦化产品	吨	1774	11311	5851	5460	3870
天然气	万立方米	9628	9997	9980	17	13
汽油	吨	3147	3144	1734	1410	10
煤油	吨	168	170	169	1	
柴油	吨	53102	53895	49097	4798	841
燃料油	吨	578	673	563	110	32
液化石油气	吨	526	527	497	30	
石油焦	吨	69992	62023	60842	1181	8437
热力	百万千焦	2244114	2314107	2314107		
电力	万千瓦时	507116	765301	750419	14882	
生物燃料	吨	137277	489153	481990	7163	5743
市区						
原煤	吨	1110027	1066744	1066030	713	90699
煤制品	吨	12711	12647	12647		269
焦炭	吨	3964	4416	4416		845
天然气	万立方米	8812	8860	8843	17	13
汽油	吨	2462	2458	1633	825	6
柴油	吨	40033	40894	37463	3431	669
燃料油	吨	578	563	563		32
液化石油气	吨	297	298	267	30	
石油焦	吨	21124	21131	21131		97
热力	百万千焦	804993	806312	806312		
电力	万千瓦时	336203	374804	370941	3863	
生物燃料	吨标准煤	56686	210260	203097	7163	493

8-2 全市规模以上工业企业主要能源按行业消费量

（2018 年）

指标名称	本年消费						
	原煤（吨）	煤制品（吨）	焦炭（吨）	其他焦化产品（吨）	天然气（万立方米）	汽油（吨）	煤油（吨）
总计	**4501450**	**12647**	**4797**	**11311**	**9997**	**3144**	**170**
按工业行业大类分列							
煤炭开采和洗选业							
石油和天然气开采业							
黑色金属矿采选业							
有色金属矿采选业							
非金属矿采选业	1212					6	
开采辅助活动							
其他采矿业							
农副食品加工业	109246	1223	4416		1021	308	
食品制造业	984	7319			526	117	
酒、饮料和精制茶制造业	38870	536			559	46	
烟草制品业	2329				351		
纺织业					44	41	
纺织服装、服饰业					29		
皮革、毛皮、羽毛及其制品和制鞋业						8	
木材加工和木、竹、藤、棕、草制品业	20				130	435	
家具制造业						81	
造纸和纸制品业	181651				114	83	
印刷业和记录媒介复制 业						47	
文教、工美、体育和娱乐用品制造业						13	
石油加工、炼焦及核燃料加工业	2551						
化学原料和化学制品制造业	167377				733	113	142
医药制造业	11046	3569			465	316	
化学纤维制造业							
橡胶和塑料制品业	294					175	
非金属矿物制品业	2180554			11311	756	493	28
黑色金属冶炼及压延加工业					42	16	
有色金属冶炼及压延加工业					2867	11	
金属制品业	1515				159	124	
通用设备制造业			381			89	
专用设备制造业						189	
汽车制造业						91	
铁路、船舶、航空航天和其他运输设备制造业						18	
电气机械和器材制造业						48	
计算机、通信和其他电子设备制造业						37	
仪器仪表制造业						5	
其他制造业						24	
废弃资源综合利用业						18	
金属制品、机械和设备修理业							
电力、热力生产和供应业	1803801				2200	58	
燃气生产和供应业						46	
水的生产和供应业						90	

8-2 续表

指标名称	本年消费						
	柴油（吨）	燃料油（吨）	液化石油气（吨）	石油焦（吨）	热力（百万千焦）	电力（万千瓦时）	生物燃料（吨）
总计	**53895**	**673**	**527**	**62023**	**2314107**	**765301**	**489153**
按工业行业大类分列							
煤炭开采和洗选业						840	
石油和天然气开采业							
黑色金属矿采选业							
有色金属矿采选业						168	
非金属矿采选业	4774					3666	
开采辅助活动							
其他采矿业							
农副食品加工业	1500				245362	73780	368923
食品制造业	260	1	26		50043	11527	3454
酒、饮料和精制茶制造业	112				393939	19031	3907
烟草制品业						4170	
纺织业	285				3226	11079	36076
纺织服装、服饰业						350	
皮革、毛皮、羽毛及其制品和制鞋业	30					1158	354
木材加工和木、竹、藤、棕、草制品业	2045					62899	68214
家具制造业	57					1343	
造纸和纸制品业	815				1470373	37539	5537
印刷业和记录媒介复制 业	11				135	6191	
文教、工美、体育和娱乐用品制造业						1014	
石油加工、炼焦及核燃料加工业	4					375	
化学原料和化学制品制造业	913				53595	29716	689
医药制造业	552	1	6		74405	9467	1459
化学纤维制造业							
橡胶和塑料制品业	33					26290	
非金属矿物制品业	41470	110		62023	23030	171926	19
黑色金属冶炼及压延加工业	32		161			22405	
有色金属冶炼及压延加工业	119	273	105			31865	
金属制品业	127		222			7511	251
通用设备制造业	62					2263	270
专用设备制造业	42	288				5429	
汽车制造业	258	1				6631	
铁路、船舶、航空航天和其他运输设备制造业	15					844	
电气机械和器材制造业	39					4978	
计算机、通信和其他电子设备制造业	3		4			20928	
仪器仪表制造业						979	
其他制造业						1642	
废弃资源综合利用业	15					64	
金属制品、机械和设备修理业							
电力、热力生产和供应业	86					159862	
燃气生产和供应业	25		2			501	
水的生产和供应业	209					26870	

8-3 市区规模以上工业企业主要能源按行业消费量

（2018 年）

指标名称	本年消费						
	原煤（吨）	煤制品（吨）	焦炭（吨）	其他焦化产品（吨）	天然气（万立方米）	汽油（吨）	煤油（吨）
总计	**1066744**	**12647**	**4416**		**9211**	**2458**	
按工业行业大类分列							
煤炭开采和洗选业							
石油和天然气开采业							
黑色金属矿采选业							
有色金属矿采选业							
非金属矿采选业							
开采辅助活动							
其他采矿业							
农副食品加工业	47864	1223	4416		1021	246	
食品制造业		7319			526	117	
酒、饮料和精制茶制造业	2288	536			559	46	
烟草制品业	2329				351		
纺织业					44	10	
纺织服装、服饰业					29		
皮革、毛皮、羽毛及其制品和制鞋业							
木材加工和木、竹、藤、棕、草制品业					130	409	
家具制造业						81	
造纸和纸制品业	1979				55	79	
印刷业和记录媒介复制 业						47	
文教、工美、体育和娱乐用品制造业							
石油加工、炼焦及核燃料加工业							
化学原料和化学制品制造业	35421				512	109	
医药制造业	11046	3569			465	307	
化学纤维制造业							
橡胶和塑料制品业	277					141	
非金属矿物制品业	919638				291	137	
黑色金属冶炼及压延加工业							
有色金属冶炼及压延加工业					2867	11	
金属制品业	1496				159	70	
通用设备制造业						74	
专用设备制造业						189	
汽车制造业						91	
铁路、船舶、航空航天和其他运输设备制造业						18	
电气机械和器材制造业						48	
计算机、通信和其他电子设备制造业						26	
仪器仪表制造业						5	
其他制造业						24	
废弃资源综合利用业						18	
金属制品、机械和设备修理业							
电力、热力生产和供应业	44405				2200	21	
燃气生产和供应业						46	
水的生产和供应业						90	

8-3 续表

指标名称	本年消费						
	柴油（吨）	燃料油（吨）	液化石油气（吨）	石油焦（吨）	热力（百万千焦）	电力（万千瓦时）	生物燃料（吨）
总计	**40894**	**563**	**298**	**21131**	**806312**	**501758**	**210260**
按工业行业大类分列							
煤炭开采和洗选业							
石油和天然气开采业							
黑色金属矿采选业							
有色金属矿采选业							
非金属矿采选业	1558					2287	
开采辅助活动							
其他采矿业							
农副食品加工业	1026				166247	39841	165470
食品制造业	260	1	26		50043	11152	3454
酒、饮料和精制茶制造业	33				393939	16324	
烟草制品业						4170	
纺织业	10					8617	452
纺织服装、服饰业						350	
皮革、毛皮、羽毛及其制品和制鞋业						1098	
木材加工和木、竹、藤、棕、草制品业	659					35210	33015
家具制造业	57					1303	
造纸和纸制品业	265				97739	8966	5537
印刷业和记录媒介复制 业	11				135	6191	
文教、工美、体育和娱乐用品制造业						988	
石油加工、炼焦及核燃料加工业	4					106	
化学原料和化学制品制造业	792				26016	12039	689
医药制造业	545	1	6		49164	8769	1226
化学纤维制造业							
橡胶和塑料制品业	16					20328	
非金属矿物制品业	34679			21131	23030	89134	19
黑色金属冶炼及压延加工业	20					1069	
有色金属冶炼及压延加工业	119	273	105			31865	
金属制品业	99		154			4262	128
通用设备制造业	57					2022	270
专用设备制造业	42	288				5061	
汽车制造业	258	1				6631	
铁路、船舶、航空航天和其他运输设备制造业	15					844	
电气机械和器材制造业	39					4853	
计算机、通信和其他电子设备制造业			4			20182	
仪器仪表制造业						979	
其他制造业						1642	
废弃资源综合利用业	15					64	
金属制品、机械和设备修理业							
电力、热力生产和供应业	80					128040	
燃气生产和供应业	25		2			501	
水的生产和供应业	209					26870	

8-4 各县规模以上工业企业主要能源购进、消费与库存

（2018 年）

指标名称	单位	购进量合计	消费量合计	工业生产消费	非工业生产消费	年末库存
隆安县						
原煤	吨	361137	371483	371483		14299
汽油	吨	77	77	1	76	
柴油	吨	1555	1552	1371	181	9
热力	百万千焦	33707	33707	33707		
电力	万千瓦时	30336	42420	42171	249	
生物燃料	吨标准煤	19682	33785	33785		
马山县						
原煤	吨	145682	137789	136984	806	10647
汽油	吨	59	59	33	26	
柴油	吨	519	524	524		
石油焦	吨	870	690	690		257
电力	万千瓦时	8468	11582	11450	132	
生物燃料	吨标准煤	139	5402	5402		22
上林县						
原煤	吨	3299	3299	3299		
汽油	吨	11	11	11		
柴油	吨	2265	2265	1539	726	
电力	万千瓦时	2860	4197	4120	76	
生物燃料	吨标准煤	13510	32077	32077		
宾阳县						
原煤	吨	409361	411890	411890		11318
天然气	万立方米	506	506	506		
汽油	吨	147	148	34	114	3
柴油	吨	5310	5240	4860	380	124
石油焦	吨	36459	30006	28825	1181	7269
电力	万千瓦时	50500	68483	67434	1050	
生物燃料	吨标准煤	25307	76640	76640		5053
横　县						
原煤	吨	2507886	2510245	2510245		68449
天然气	万立方米	221	221	221		
汽油	吨	391	391	23	368	
煤油	吨	142	142	142		
柴油	吨	3421	3419	3340	79	40
石油焦	吨	11539	10195	10195		814
热力	百万千焦	1405415	1474088	1474088		
电力	万千瓦时	78749	136862	127349	9512	
生物燃料	吨标准煤	21954	130991	130991		174

8-5 规模以上工业企业综合能耗

(2018 年)

单位：吨标准煤

指标名称	全 市	市 区	隆安县	马山县	上林县	宾阳县	横 县
综合能耗	**4389609**	**1832015**	**336147**	**121209**	**40866**	**477237**	**1582134**
煤炭开采和洗选业	1033				1033		
石油和天然气开采业							
黑色金属矿采选业							
有色金属矿采选业	149		149				
非金属矿采选业	11503	5081			1419	3097	1906
开采辅助活动							
其他采矿业							
农副食品加工业	510723	245102	22710	5922	18637	66105	152245
食品制造业	30917	29770	1			608	537
酒、饮料和精制茶制造业	68168	42148	6896	5130			13995
烟草制品业	10950	10950					
纺织业	50282	11512	28		14355	14679	9707
纺织服装、服饰业	812	812					
皮革、毛皮、羽毛及其制品和制鞋业	1811	1364					447
木材加工和木、竹、藤、棕、草制品业	136848	70793	29200	203	8	20863	15782
家具制造业	1535	1486	49				
造纸和纸制品业	180011	22287	1766	14016		29191	112751
印刷业和记录媒介复制 业	7675	7675					
文教、工美、体育和娱乐用品制造业	1264	1214		50			
石油加工、炼焦及核燃料加工业	2288	135	1901				253
化学原料和化学制品制造业	179723	53493	45700	390	3358	51815	24967
医药制造业	32190	30214	1075				901
化学纤维制造业							
橡胶和塑料制品业	32632	25292	1917			871	4552
非金属矿物制品业	1851365	809271	224294	93282	2058	287161	435299
黑色金属冶炼及压延加工业	28325	1285				949	26090
有色金属冶炼及压延加工业	77394	77394					
金属制品业	13550	9252	65	291		127	3815
通用设备制造业	3588	2923	64			495	105
专用设备制造业	10529	10122				398	10
汽车制造业	8216	8216					
铁路、船舶、航空航天和其他运输设备制造业	1075	1075					
电气机械和器材制造业	6209	6057	147				4
计算机、通信和其他电子设备制造业	25725	24848				877	
仪器仪表制造业	979	979					
其他制造业	2015	2015					
废弃资源综合利用业	129	129					
金属制品、机械和设备修理业							
电力、热力生产和供应业	1065842	284965	183	1927			778767
燃气生产和供应业	729	729					
水的生产和供应业	33425	33425					

8-6 规模以上工业企业产值能耗

（2018 年）　　　　　　　　　　　　单位：吨标准煤 / 万元

指标名称	全 市	市 区	隆安县	马山县	上林县	宾阳县	横 县
产值能耗	**0.1656**	**0.0840**	**0.6153**	**1.1412**	**0.3205**	**0.3597**	**0.6133**
煤炭开采和洗选业	0.4132				0.4132		
石油和天然气开采业							
黑色金属矿采选业							
有色金属矿采选业	0.2932		0.2932				
非金属矿采选业	0.1663	0.1764			0.1221	0.2553	0.1146
开采辅助活动							
其他采矿业							
农副食品加工业	0.1570	0.1127	0.1097	0.4077	0.8577	0.1401	0.4181
食品制造业	0.0626	0.0644	0.0003			0.0877	0.0256
酒、饮料和精制茶制造业	0.0686	0.0872	0.5173	0.6060			0.0287
烟草制品业	0.0086	0.0086					
纺织业	0.1780	0.1468	0.0064		0.2726	0.2196	0.1213
纺织服装、服饰业	0.0436	0.0436					
皮革、毛皮、羽毛及其制品和制鞋业	0.0169	0.0131					0.1449
木材加工和木、竹、藤、棕、草制品业	0.1149	0.0903	0.3621	0.0277	0.2703	0.1293	0.1003
家具制造业	0.0159	0.0154					
造纸和纸制品业	0.2058	0.0449	0.1457	1.0541		0.3880	0.4061
印刷业和记录媒介复制 业	0.0208	0.0208					
文教、工美、体育和娱乐用品制造业	0.0026	0.0026	0.0000	0.0228			
石油加工、炼焦及核燃料加工业	0.0348	0.0025	0.2483				0.0596
化学原料和化学制品制造业	0.1420	0.0678	0.5976	0.1433	0.1816	0.5096	0.0900
医药制造业	0.0434	0.0417	0.2204				0.0750
化学纤维制造业							
橡胶和塑料制品业	0.0491	0.0461	0.1083			0.0282	0.0683
非金属矿物制品业	0.8978	0.5546	2.6842	2.6648	0.1004	1.0364	2.3304
黑色金属冶炼及压延加工业	0.1108	0.0144					0.1571
有色金属冶炼及压延加工业	0.0941	0.0941					
金属制品业	0.0193	0.0230		0.0686		0.0039	0.0145
通用设备制造业	0.0155	0.0150	0.0035			0.0388	0.0184
专用设备制造业	0.0100	0.0101				0.0074	0.0020
汽车制造业	0.0138	0.0138					
铁路、船舶、航空航天和其他运输设备制造业	0.0069	0.0069					
电气机械和器材制造业	0.0103	0.0102	0.0206				0.0018
计算机、通信和其他电子设备制造业	0.0042	0.0041				0.0483	
仪器仪表制造业	0.0116	0.0116					
其他制造业	0.0290	0.0290					
废弃资源综合利用业	0.0106	0.0106					
金属制品、机械和设备修理业	0.0000	0.0000				0.0000	
电力、热力生产和供应业	0.8366	0.2678	0.0227	0.1043			4.2469
燃气生产和供应业	0.0077	0.0077					
水的生产和供应业	0.2388	0.2388					

8-7 全社会用电量

（2018 年）

单位：万千瓦时

指标名称	全　市	市 区	隆安县	马山县	上林县	宾阳县	横 县
总计	**2226441**	**1713329**	**197536**	**159854**	**42143**	**81690**	**52990**
全行业用电量	**1569687**	**1210743**	**150373**	**113658**	**22330**	**64283**	**29401**
农林牧渔业	61753	37523	7483	4225	1804	9232	1486
工业	787755	527961	107364	92086	13514	46515	21416
建筑业	51440	46664	878	1753	735	843	567
批发和零售业	94308	91285	720	1184	143	339	636
交通运输、仓储和邮政业	98275	95886	508	888	230	461	302
住宿和餐饮业	49529	45628	471	1564	912	458	495
信息传播、软件和信息技术服务	46680	37395	2748	2625	1235	1262	1416
金融业	8400	7702	145	199	122	103	129
房地产业	48148	47366	80	373	32	171	126
租赁和商务服务业	39917	29341	5483	3095	795	947	257
公共服务及管理组织	283482	243993	24493	5665	2808	3952	2572
城乡居民生活用电	**656753**	**502586**	**47163**	**46196**	**19813**	**17407**	**23589**
城　镇	425906	375665	11875	19051	6051	6370	6894
乡　村	230847	126921	35288	27145	13761	11037	16695

注：本表数据来自于南宁市供电局。

九 商业旅游物价

CHAPTER 9 BUSINESS,TRAVEL,PRICE

9-1 全市主要年份商品销售总额和社会消费品零售总额、居民消费价格总指数

单位：万元

年份	商品销售总额	社会消费品零售总额	#批发零售业	#住宿餐饮业	居民消费价格总指数（%）
1950	3760	3331	2698	326	
1965	41791	17034	14651	1008	
1978	50735	34737	28682	1916	
1980	67827	49381	37008	2595	
1985	180035	117249	89369	5129	118.3
1986	192905	124956	90024	5966	105.2
1987	278652	151615	106832	6823	111.1
1988	403478	205927	142668	8656	121.6
1989	506027	237944	173722	10727	119.4
1990	688049	251606	173490	13231	98.0
1991	1183943	306330	209751	17191	104.1
1992	1330612	367574	236449	22925	106.7
1993	1858423	520934	320946	28447	125.1
1994	2778661	667903	423470	39138	124.8
1995	2393263	839856	545805	62980	118.6
1996	2121924	1006556	654329	109594	103.3
1997	2555047	1153593	595818	170827	100.2
1998	2553541	1286387	738214	164742	96.7
1999	2629390	1371382	845114	181460	95.9
2000	4967441	2124265	1902756	213107	100.0
2001	5332548	2313462	2054150	249629	102.8
2002	6160693	2567758	2270643	287402	99.4
2003	7865973	2884483	2559611	318557	100.8
2004	9308593	3320502	2963591	353524	104.2
2005	10108931	3803408	3396513	400436	101.1
2006	9965245	4382033	3922893	452025	102.5
2007	10937511	5188124	4662019	511603	104.4
2008	14856054	6474617	5914285	581784	108.4
2009	15526320	7549161	6690923	866028	98.2
2010	18567715	9059318	8274696	784622	102.5
2011	24523398	10731541			105.7
2012	29974127	12555902			102.9
2013	34986886	14428367			102.1
2014	39240173	16169020			101.6
2015	43611658	17866839			101.9
2016	49231802	19803601			101.4
2017	55184950	22041551			102.3
2018	55367863	22146937			102.5

注：2000 年以后为区划调整后的数据，其余年份仍为原南宁口径。2013 年数据根据第三次经济普查作了相应调整。

9-2 全市及各县区社会消费品零售总额

单位：万元

指标名称	2018 年	比上年增长（%）
全市	**22146937**	**9.0**
兴宁区	4910582	9.0
青秀区	4369615	10.6
江南区	3016127	5.8
西乡塘区	5138143	10.3
良庆区	386272	4.0
邕宁区	265726	14.5
武鸣区	909470	4.6
隆安县	221495	4.4
马山县	276709	9.2
上林县	227623	3.7
宾阳县	1246582	7.7
横　县	1178593	13.9

9-3 全市限额以上批发业商品购销存总额（法人企业数据）

（2018 年）

单位：万元

指标名称	企业数（个）	年末从业人员数（人）	购进总额	进口	年末商品库存额
总计	**490**	**28782**	**35585880**	**663980**	**1912058**
按批发行业小类分组					
农、林、牧、渔产品批发	23	435	617496	31526	65523
食品、饮料及烟草制品批发	70	4177	3470363	7	204003
纺织、服装及家庭用品批发	41	4019	1081776		202621
文化、体育用品及器材批发	11	502	271330		32987
医药及医疗器材批发	63	5795	2071880	6695	157091
矿产品、建材及化工产品批发	182	7791	26574138	625217	959244
机械设备、五金产品及电子产品批发	97	4999	1188675	536	162767
其他批发业	3	1064	310222		127823
按登记注册类型分组					
内资企业	485	28652	35550445	663980	1902588
国有企业	3	937	608595		24933
集体企业	1	25	4791		60
股份合作企业	1		27480		
有限责任公司	155	12846	26685301	607438	1014987
股份有限公司	15	2473	2592078	137	271163
私营企业	310	12371	5632200	56405	591446
港、澳、台商投资企业	2	48	8716		1309
外商投资企业	3	82	26718		8161
按企业控股情况分					
国有控股	72	8380	25146806	599351	958318
集体控股	4	213	149134	137	16020
私人控股	377	16695	7906416	56405	748468
港澳台商控股	2	48	8716		1309
外商控股	3	82	26718		8161
其他	32	3364	2348089	8087	179782
按经营形式分组					
独立门店	261	13938	11144608	114138	1024902
连锁总店（总部）	6	2264	5529580		80537
连锁直营店	1	123	27184		2273
其他	222	12457	18884508	549843	804346

9-3 续表

单位：万元

指标名称	商品销售总额	批发额	出口	零售额	年末零售营业面积（平方米）
总计	**31979755**	**30394400**	**165476**	**1228924**	**1293186**
按批发行业小类分组					
农、林、牧、渔产品批发	618542	617694	19049	848	102498
食品、饮料及烟草制品批发	4107127	3723594		30608	29949
纺织、服装及家庭用品批发	1192334	1141815	42885	50519	15801
文化、体育用品及器材批发	323074	321810		1264	1022
医药及医疗器材批发	2368208	2178362		189846	153381
矿产品、建材及化工产品批发	21665965	20789967	95599	875997	937898
机械设备、五金产品及电子产品批发	1474096	1390748	7943	79841	52637
其他批发业	230409	230409			
按登记注册类型分组					
内资企业	31936530	30357448	165476	1222650	1280050
国有企业	868737	868374		364	240
集体企业	4965	4965			500
股份合作企业	28518	28518			
有限责任公司	23742398	22682147	69688	707327	827696
股份有限公司	1144678	891921	9747	252757	263253
私营企业	6147234	5881525	86040	262203	188361
港、澳、台商投资企业	11687	11334		353	8471
外商投资企业	31538	25618		5920	4665
按企业控股情况分					
国有控股	20436095	19264292	3140	818879	984663
集体控股	158995	158995	9747		2055
私人控股	8617843	8321352	86115	292984	245367
港澳台商控股	11687	11334		353	8471
外商控股	31538	25618		5920	4665
其他	2723596	2612809	66473	110787	47965
按经营形式分组					
独立门店	10007300	9759449	20923	247851	478525
连锁总店（总部）	1429283	653149		776135	648913
连锁直营店	25897	25897			90
其他	20517274	19955905	144553	204938	165658

9-4 全市限额以上零售业商品购销存总额（法人企业数据）

（2018 年）

单位：万元

指标名称	企业数（个）	年末从业人员数（人）	购进总额	进口	年末商品库存总额
总计	**555**	**44543**	**6093071**	**139280**	**694993**
按零售行业小类分组					
综合零售	65	13031	967245	51	88244
食品、饮料及烟草制品专门零售	43	1399	116374	1930	18448
纺织、服装及日用品专门零售	32	2081	134639	3902	23223
文化、体育用品及器材专门零售	27	1913	143487		56664
医药及医疗器材专门零售	23	6535	207379		54339
汽车、摩托车、零配件和燃料及其他动力销售	229	13226	3828800	133211	410097
家用电器及电子产品专门零售	98	4158	608212		39234
五金、家具及室内装饰材料专门零售	17	342	17494		2866
货摊、无店铺及其他零售业	21	1858	69442	186	1878
按登记注册类型分组					
内资企业	541	38438	5480745	96402	624037
国有企业	7	382	56413		2492
有限责任公司	183	19478	3452645	54899	356632
股份有限公司	5	1755	295894		20929
私营企业	345	16813	1674912	41503	243982
其他企业	1	10	883		1
港、澳、台商投资企业	11	2837	444445	42878	44204
外商投资企业	3	3268	167881		26752
按企业控股情况分					
国有控股	40	4942	781479		58253
集体控股	4	437	130544	42878	13660
私人控股	431	23702	3242418	56824	388263
港澳台商控股	9	2525	318390		31476
外商控股	4	4132	206105		59145
其他	67	8805	1414136	39578	144196
按经营形式分组					
独立门店	445	28340	4945351	139280	565719
连锁总店（总部）	24	9008	622989		51423
连锁直营店	7	3781	77096		23042
连锁加盟店	2	187	6790		669
其他	77	3227	440847		54141
按零售业态分组					
有店铺零售	456	41474	5655426	139094	642435
食杂店	9	315	25853		3047
便利店	11	1096	85371		8368
折扣店	1	8	2170		267
超市	23	1647	63112		8100
大型超市	26	7579	491055	51	53387
仓储会员店	1	26	2842		359
百货店	16	2972	410770	3902	22216
专业店	151	14086	1637613	33537	188832
专卖店	187	12268	2797158	92929	344656
家居建材商店	9	166	9436		1042
购物中心	4	284	6440		1707
厂家直销中心	18	1027	123605	8675	10456
无店铺零售	99	3069	437646	186	52558
电视购物	1	118	4107		107
邮购	1	10	883		1
网上商店	8	300	16811		436
电话购物	1	22	10914		86
其他	88	2619	404931	186	51929

9-4 续表　　单位：万元

指标名称	商品销售总额	批发额	零售额	年末零售营业面积（平方米）
总计	**7055296**	**421992**	**6633304**	**2293198**
按零售行业小类分组				
综合零售	1276824	6164	1270660	987002
食品、饮料及烟草制品专门零售	136677	28104	108574	71656
纺织、服装及日用品专门零售	189053	19647	169405	49963
文化、体育用品及器材专门零售	195457	25964	169494	36669
医药及医疗器材专门零售	308636	41017	267618	133879
汽车、摩托车、零配件和燃料及其他动力销售	4124571	171447	3953125	812143
家用电器及电子产品专门零售	696010	103663	592347	156544
五金、家具及室内装饰材料专门零售	29838	3839	26000	31140
货摊、无店铺及其他零售	98230	22149	76081	14202
按登记注册类型分组				
内资企业	6254114	409958	5844157	2072676
国有企业	65618	6347	59271	34584
有限责任公司	3771128	190610	3580518	1105544
股份有限公司	322011	120	321891	109810
私营企业	2094358	212881	1881477	822072
其他企业	1001		1001	666
港、澳、台商投资企业	603598	12035	591563	101802
外商投资企业	197584		197584	118720
按企业控股情况分				
国有控股	870884	74728	796156	295743
集体控股	137191		137191	9757
私人控股	3799786	262616	3537170	1214627
港澳台商控股	472591	12035	460557	94682
外商控股	275401	20058	255343	123720
其他	1499443	52555	1446888	554669
按经营形式分组				
独立门店	5543506	274582	5268924	1597478
连锁总店（总部）	802776	53491	749285	354817
连锁直营店	155709		155709	78035
连锁加盟店	6535	6049	487	4750
其他	546770	87870	458900	258118
按零售业态分组				
有店铺零售	6550843	375686	6175158	2179527
食杂店	28433	9931	18502	7997
便利店	103725	10054	93672	45980
折扣店	1944		1944	60
超市	76430	72	76358	65675
大型超市	578157		578157	457298
仓储会员店	2813	1407	1407	78
百货店	602619	1650	600970	423962
专业店	1887796	138274	1749522	589617
专卖店	3100711	203710	2897001	473730
家居建材商店	11551	2404	9147	25913
购物中心	24637		24637	53653
厂家直销中心	132027	8185	123842	35564
无店铺零售	504453	46306	458147	113671
电视购物	6293		6293	
邮购	1001		1001	666
网上商店	27685	422	27264	2046
电话购物	13100		13100	300
其他	456375	45885	410490	110659

9-5 全市限额以上批发和零售业商品销售类值

（2018 年）

单位：万元

指标名称	合计	批发	零售
合　计	**37714754**	**30258869**	**7455885**
粮油、食品、饮料、烟酒类	3995151	3370413	624738
粮油、食品类	2816849	2314429	502420
# 粮油类	774149	687090	87059
肉禽蛋类	102376	45654	56722
水产品类	42655	21511	21144
蔬菜类	39346		39346
干鲜果品类	143225	109466	33759
饮料类	207522	147219	60304
烟酒类	970780	908766	62014
服装、鞋帽、针纺织品类	558827	56741	502085
服装类	428071	37941	390130
鞋帽类	100315	18590	81725
针纺织品类	30441	211	30231
化妆品类	241328	134063	107265
金银珠宝类	99848		99848
日用品类	426920	155813	271108
儿童玩具类	5613	45	5568
五金、电料类	14812	4277	10535
体育、娱乐用品类	96619	2853	93766
# 照相器材类	8727	1927	6801
书报杂志类	279166	205569	73597
电子出版物及音像制品类	1963	468	1495
家用电器和音像器材类	1446292	852212	594080
中西药品类	2298619	1979105	319515
# 西药类	1599973	1368280	231693
中草药及中成药类	216514	149095	67418
文化办公用品类	412411	259232	153179
# 计算机及其配套产品	224520	119168	105353
家具类	11190	40	11150
通讯器材类	220210	91723	128487
煤炭及制品类	923967	922626	1340
木材及制品类	140840	140840	
石油及制品类	3694617	3311893	382724
化工材料及制品类	1081391	1081339	52
# 化肥类	278944	278896	48
金属材料类	15247837	15247837	
建筑及装潢材料类	558013	378572	179442
机电产品及设备类	765098	750582	14516
# 农机类	22804	22561	243
汽车类	4110201	366579	3743622
种子饲料类	276280	276279	1
棉麻类	3052	3052	
其他类	810103	666762	143340

9-6 全市限额以上批发和零售业商品购销存数量

（2018 年）

指标名称	计量单位	购进量	销售量	年末库存量
大米（稻米）	千克	66826845	57327222	25306782
白面（小麦面）	千克	7033445	6933955	385945
杂粮	千克	158829418	137881136	21489787
食用植物油	千克	49472166	68019774	6487958
猪肉	千克	10116457	10051443	570294
牛肉	千克	348991	377999	39076
羊肉	千克	406295	132812	9730
禽肉	千克	5873207	5905635	427844
鲜蛋	千克	3675741	3499799	219844
彩色电视机	台	414920	377980	56161
家用电冰箱	台	316095	310885	22011
房间空调器	台	1996114	1925794	388984
电脑（微型计算机）	台	302727	302610	24158
汽车	辆	230959	224311	27026
# 轿车	辆	132070	128420	14619
钢材	吨	5977022	6409511	292599
铜	吨	112413	110970	1443
铝	吨	5359269	5308069	4629
水泥	吨	4256091	4222783	104559
化学肥料	吨	1335868	1299195	110703
化学农药	吨	41870	41948	2953

9-7 全市限额以上批发业法人企业财务状况

（2018 年）

单位：万元

指标名称	企业数（个）	年初存货	流动资产合计	#应收账款	#存货	固定资产合计	固定资产原价
总计	**490**	**1767373**	**14081487**	**2563559**	**2007191**	**473351**	**737510**
按批发行业小类分组							
农、林、牧、渔产品批发	23	108623	347478	48476	122729	5673	10980
食品、饮料及烟草制品批发	70	223736	1824815	232029	149525	74881	132818
纺织、服装及家庭用品批发	41	205890	1184704	55739	160590	12447	20150
文化、体育用品及器材批发	11	41842	427168	24219	57794	14105	21374
医药及医疗器材批发	63	145746	1153532	754322	164788	40626	68467
矿产品、建材及化工产品批发	182	773797	7932820	1212313	1031041	187590	299952
机械设备、五金产品及电子产品批发	97	174147	884536	215894	192900	28701	50009
其他批发业	3	93591	326434	20568	127823	109329	133759
按登记注册类型分组							
内资企业	485	1757881	14025212	2539030	1998270	471254	734885
国有企业	3	29008	191172	762	21730	24164	48382
集体企业	1	60	59	7	52	138	138
股份合作企业	1	312	4327	3398			
有限责任公司	155	1063084	9716193	1772500	1121519	215708	347606
股份有限公司	15	189208	1714563	108425	259484	153106	202531
私营企业	310	476209	2398898	653940	595484	78139	136227
港、澳、台商投资企业	2	1287	5638	3323	761	2023	2418
外商投资企业	3	8205	50636	21206	8161	74	206
按控股情况分组							
国有控股	72	887027	8354017	1098949	995603	336782	508004
集体控股	4	16490	39092	8810	14960	253	657
私人控股	377	721411	4274722	909345	811839	114151	187118
港澳台商控股	2	1287	5638	3323	761	2023	2418
外商控股	3	8205	50636	21206	8161	74	206
其他	32	132953	1357382	521926	175867	20069	39106
按经营形式分组							
独立门店	261	905901	5157631	1210601	983248	205431	297310
连锁总店（总部）	6	126177	1170154	58220	137425	71774	132114
连锁直营店	1	1377	19775	9882	1689	56	221
其他	222	733917	7733927	1284855	884829	196090	307866

9-7 续表 1

单位：万元

指标名称	累计折旧		在建工程	资产总计	流动负债合计		非流动负债合计
		本年折旧				应付账款	
总计	**259495**	**42686**	**373935**	**18059534**	**12586045**	**1951229**	**524385**
按批发行业小类分组							
农、林、牧、渔产品批发	5307	830	3993	453833	385036	38757	6764
食品、饮料及烟草制品批发	58153	6052	4897	2634746	1571820	207294	94742
纺织、服装及家庭用品批发	7700	1354		1205989	1144721	139056	2105
文化、体育用品及器材批发	7269	950	4115	669493	377249	118621	67390
医药及医疗器材批发	24178	6816	14500	1289473	980012	432199	4530
矿产品、建材及化工产品批发	111149	14979	318727	10193941	6811226	806102	239921
机械设备、五金产品及电子产品批发	21309	5065	6261	960191	785893	157965	12693
其他批发业	24430	6639	21443	651869	530089	51235	96239
按登记注册类型分组							
内资企业	258967	42535	373637	17996092	12537126	1935284	524385
国有企业	24219	2771	848	232664	76650	27987	221
集体企业				197	12	9	
股份合作企业				4327	1083	968	
有限责任公司	130906	19067	270916	12576271	8864996	1187446	326792
股份有限公司	49425	9771	87813	2537708	1468278	194129	165665
私营企业	54417	10926	14061	2644926	2126107	524746	31706
港、澳、台商投资企业	395	135		7761	3066	24	
外商投资企业	133	16	298	55681	45853	15921	
按控股情况分组							
国有控股	170233	25728	314212	11605361	7218011	801100	468568
集体控股	404	14		39605	34911	7090	
私人控股	69296	13674	20009	4757706	3989629	744631	53319
港澳台商控股	395	135		7761	3066	24	
外商控股	133	16	298	55681	45853	15921	
其他	19034	3118	39417	1593420	1294576	382464	2497
按经营形式分组							
独立门店	88204	17098	165560	6642023	4621474	946708	215498
连锁总店（总部）	59149	6349	127413	1572740	1565177	80090	5495
连锁直营店	164	40		20081	17133	9882	8
其他	111978	19199	80963	9824690	6382261	914549	303383

9-7 续表 2

单位：万元

指标名称	负债合计	所有者权益合计					
			实收资本	国家资本	集体资本	法人资本	个人资本
总计	**13304226**	**4798788**	**7518648**	**5959600**	**3382**	**992006**	**556550**
按批发行业小类分组							
农、林、牧、渔产品批发	391800	62034	52382	40221		1991	10170
食品、饮料及烟草制品批发	1864281	813958	907074	314052		307501	285521
纺织、服装及家庭用品批发	1146826	59163	39639	2700		26275	10664
文化、体育用品及器材批发	444639	224854	127306	124115		1708	1483
医药及医疗器材批发	984842	304631	186122	52141		63020	65010
矿产品、建材及化工产品批发	7044284	3149656	6102100	5407218	2067	557915	134400
机械设备、五金产品及电子产品批发	801227	158951	81292	252	1315	33296	45771
其他批发业	626328	25541	22732	18902		300	3530
按登记注册类型分组							
内资企业	13255308	4784265	7505490	5959600	3382	981126	555950
国有企业	76870	155794	3224	3224			
集体企业	12	184	184		184		
股份合作企业	1083	3245	2990	1794			1196
有限责任公司	9393686	3226078	5819658	5189588	2295	578781	43562
股份有限公司	1629412	908296	792100	764995	600	800	25706
私营企业	2154245	490667	887334		303	401546	485485
港、澳、台商投资企业	3066	4696	2657			880	600
外商投资企业	45853	9828	10500			10000	
按控股情况分组							
国有控股	7888176	3760678	6348679	5897910		437529	13241
集体控股	30379	9226	1984	530	784	650	20
私人控股	4039380	718313	1058416	3500	303	510293	540689
港澳台商控股	3066	4696	2657			880	600
外商控股	45853	9828	10500			10000	
其他	1297373	296047	96410	57661	2295	32654	2000
按经营形式分组							
独立门店	4834642	1807381	1415691	1022126	1800	201422	188043
连锁总店	1570672	2068	3528097	3522097		3561	2439
连锁直营店	17140	2941	2000			1300	700
其他	6881773	2986398	2572860	1415378	1583	785723	365368

单位：万元

指标名称	港澳台资本及外商资本	营业收入	主营业务收入	营业成本	主营业务成本	税金及附加
总计	**7109**	**28032225**	**27916017**	**26774305**	**26667397**	**138218**
按批发行业小类分组						
农、林、牧、渔产品批发		586516	586299	562700	502746	748
食品、饮料及烟草制品批发		3610608	3585167	3311916	3297896	108207
纺织、服装及家庭用品批发		1032707	1013993	962669	947185	1274
文化、体育用品及器材批发		307788	306427	280076	279677	428
医药及医疗器材批发	5952	2038330	2032979	1821527	1819376	5035
矿产品、建材及化工产品批发	500	18896376	18840391	18436501	18425812	18440
机械设备、五金产品及电子产品批发	657	1298791	1289650	1174991	1170778	2642
其他批发业		261110	261110	223926	223926	1444
按登记注册类型分组						
内资企业	5432	27994728	27878523	26741694	26634787	138112
国有企业		750400	750400	530160	530160	104023
集体企业		4965	4965	4761	4761	2
股份合作企业		25925	25925	24982	24982	25
有限责任公司	5432	20756048	20676430	20188726	20115882	23508
股份有限公司		1081054	1057335	965682	947052	2183
私营企业		5376336	5363468	5027384	5011950	8372
港、澳、台商投资企业	1177	10049	10049	7708	7708	68
外商投资企业	500	27448	27445	24903	24903	38
按控股情况分组						
国有控股		17940736	17878745	17301389	17239640	122534
集体控股		145807	145807	137477	137477	191
私人控股	3632	7554872	7504567	7088067	7045230	12019
港澳台商控股	1177	10049	10049	7708	7708	68
外商控股	500	27448	27445	24903	24903	38
其他	1800	2353313	2349403	2214761	2212439	3368
按经营形式分组						
独立门店	2300	8814524	8782584	8333065	8303088	14344
连锁总店		1275812	1268876	1200004	1195040	1628
连锁直营店		22907	22382	18512	18512	77
其他	4809	17918982	17842175	17222725	17150757	122169

9-7 续表 4

单位：万元

指标名称	主营业务税金及附加	其他业务利润	销售费用	管理费用	财务费用	#利息收入
总计	**135909**	**25494**	**448857**	**284243**	**233184**	**93765**
按批发行业小类分组						
农、林、牧、渔产品批发	682	120	14008	4557	5031	485
食品、饮料及烟草制品批发	108124	5274	52841	59457	63432	11931
纺织、服装及家庭用品批发	1236	3584	36926	23516	2073	28
文化、体育用品及器材批发	207	993	17308	9714	1912	1318
医药及医疗器材批发	4790	2685	86793	54045	16145	640
矿产品、建材及化工产品批发	17131	8102	176002	93549	114665	78685
机械设备、五金产品及电子产品批发	2294	4737	60983	31932	8285	448
其他批发业	1444		3997	7473	21642	230
按登记注册类型分组						
内资企业	135803	25494	446964	282925	233020	93761
国有企业	104023	232	9504	33024	-4853	4884
集体企业	2		106	95		
股份合作企业	25			1	5	3
有限责任公司	22284	17485	207636	126477	182292	84032
股份有限公司	1653	1261	47602	26108	27644	1708
私营企业	7817	6516	182116	97220	27931	3134
港、澳、台商投资企业	68		729	821	2	1
外商投资企业	38		1163	497	162	3
按控股情况分组						
国有控股	121100	13540	147622	129269	169646	87828
集体控股	125	-151	5202	508	1521	6
私人控股	11426	10317	235199	131020	52207	3376
港澳台商控股	68		729	821	2	1
外商控股	38		1163	497	162	3
其他	3152	1788	58941	22128	9647	2551
按经营形式分组						
独立门店	12948	5603	180230	121477	121955	8322
连锁总店	1079	3173	44933	19395	740	18
连锁直营店	77		1967	1113	7	
其他	121804	16718	221727	142258	110482	85425

单位：万元

指标名称	#利息支出	资产减值损失	公允价值变动收益	投资收益	营业利润	营业外收入
总计	**256066**	**23040**	**198**	**66324**	**204465**	**26409**
按批发行业小类分组						
农、林、牧、渔产品批发	5530	36		–723	–1101	6363
食品、饮料及烟草制品批发	61349	3487	–321	–3223	8171	10326
纺织、服装及家庭用品批发	2636	49		191	7399	1171
文化、体育用品及器材批发	605	843		565	–1774	156
医药及医疗器材批发	8741	1334	1	–71	54491	1457
矿产品、建材及化工产品批发	155485	16464	517	68862	114890	5991
机械设备、五金产品及电子产品批发	4147	811		718	19501	914
其他批发业	17574	16		5	2887	31
按登记注册类型分组						
内资企业	255944	23104	198	66025	202692	26353
国有企业	21	–16		70	79006	75
集体企业					1	
股份合作企业				–723	189	36
有限责任公司	216435	22869	629	57936	68870	21027
股份有限公司	18942	542		6426	19524	461
私营企业	20547	–291	–432	2316	35103	4754
港、澳、台商投资企业	1				722	35
外商投资企业	121	–65		299	1051	21
按控股情况分组						
国有控股	207897	16098	596	55690	115751	19753
集体控股	1519				1473	23
私人控股	39027	1575	–431	5494	39214	5342
港澳台商控股	1				722	35
外商控股	121	–65		299	1051	21
其他	7502	5432	33	4842	46254	1236
按经营形式分组						
独立门店	101418	10040	–361	13644	49988	12956
连锁总店	729	98		11904	20651	885
连锁直营店		168			1064	
其他	153920	12734	558	40776	132762	12568

9–7 续表 6

单位：万元

指标名称	利润总额	应交所得税	应付职工薪酬	应交增值税
总计	**196250**	**73742**	**264710**	**191435**
按批发行业小类分组				
农、林、牧、渔产品批发	5235	1241	3015	2272
食品、饮料及烟草制品批发	–1106	20265	65094	46499
纺织、服装及家庭用品批发	8373	1939	22635	8522
文化、体育用品及器材批发	–2657	99	7176	818
医药及医疗器材批发	52754	9989	36925	36941
矿产品、建材及化工产品批发	111404	36983	91679	64598
机械设备、五金产品及电子产品批发	19364	2858	33055	20486
其他批发业	2884	369	5130	11298
按登记注册类型分组				
内资企业	194432	73328	263522	190758
国有企业	78899	20010	33432	36892
集体企业	1		95	1
股份合作企业	255			112
有限责任公司	60078	44797	131436	86568
股份有限公司	19398	474	27508	9039
私营企业	35803	8048	71051	58146
港、澳、台商投资企业	750	199	458	432
外商投资企业	1068	215	730	245
按控股情况分组				
国有控股	106895	50895	132360	97488
集体控股	1490	403	1384	909
私人控股	39399	12313	100745	77239
港澳台商控股	750	199	458	432
外商控股	1068	215	730	245
其他	46649	9718	29033	15121
按经营形式分组				
独立门店	58516	15334	101450	82133
连锁总店	15129	13137	22228	7237
连锁直营店	1064		1278	691
其他	121542	45271	139754	101374

9-8 全市限额以上零售业法人企业财务状况

（2018 年）

单位：万元

指标名称	企业数（个）	年初存货	流动资产合计	# 应收账款	# 存货	固定资产合计	固定资产原价
总计	**555**	**543439**	**2666765**	**268466**	**687894**	**273060**	**494468**
按零售行业小类分组							
综合零售	65	91365	428167	46501	90828	133099	229760
食品、饮料及烟草制品专门零售	43	17108	69520	13484	18707	2343	4511
纺织、服装及日用品专门零售	32	25107	412055	14508	21998	2239	4490
文化、体育用品及器材专门零售	27	18914	115246	10222	60739	17490	29665
医药及医疗器材专门零售	23	41639	136612	41450	48977	5740	12857
汽车、摩托车、零配件和燃料及其他动力销售	229	301033	1179512	81210	395042	99049	187992
家用电器及电子产品专门零售	98	40925	268490	49175	44306	6265	13465
五金、家具及室内装饰材料专门零售	17	3784	22524	7812	3588	1264	1699
货摊、无店铺及其他零售业	21	3565	34638	4104	3709	5573	10030
按登记注册类型分组							
内资企业	541	489063	2441441	249315	621451	254498	439414
国有企业	7	2221	22074	3572	3116	1651	5001
有限责任公司	183	251377	1485825	121701	342737	90390	181641
股份有限公司	5	24903	94270	4330	22956	111146	158778
私营企业	345	210560	839225	119697	252641	51274	93953
其他企业	1	1	48	15	1	38	40
港、澳、台商投资企业	11	36777	170067	12983	41230	15417	37027
外商投资企业	3	17600	55257	6168	25214	3145	18028
按控股情况分组							
国有控股	40	52534	258610	14546	57263	133776	204059
集体控股	4	13191	23504	2744	12517	2858	6578
私人控股	431	310195	1276038	187156	386901	79932	156145
港澳台商控股	9	27720	149602	10832	29425	12806	30852
外商控股	4	18460	97474	7307	64437	5297	21427
其他	67	121340	861538	45880	137351	38391	75408
按经营形式分组							
独立门店	445	438410	2122587	174515	562939	232143	403786
连锁总店（总部）	24	42441	222425	28801	51661	21032	54572
连锁直营店	7	20513	53128	6832	22965	4380	9391
连锁加盟店	2	290	2754	337	758	168	197
其他	77	41786	265871	57981	49570	15337	26522
按零售业态分组							
有店铺零售	456	501806	2430571	221432	637759	260263	469420
食杂店	9	2638	9877	-361	2666	451	1282
便利店	11	6685	49269	2456	7577	4837	6991
折扣店	1	41	911	169	150		180
超市	23	9996	31314	7580	10736	3261	8591
大型超市	26	50152	126593	6631	50523	14065	45322
仓储会员店	1	93	1199	118	310	10	156
百货店	16	29653	263071	38559	27977	115060	173482
专业店	151	144037	938333	81044	181558	47213	86770
专卖店	187	242748	944323	75517	343244	70338	138039
家居建材商店	9	2025	12529	3480	1111	878	1144
购物中心	4	1668	3763	382	1739	110	247
厂家直销中心	18	12070	49391	5857	10169	4039	7216
无店铺零售	99	41633	236194	47033	50136	12798	25049
电视购物	1	105	3169	72	107	203	520
邮购	1	1	48	15	1	38	40
网上商店	8	450	6170	475	550	512	780
电话购物	1	10	1550	1247	10		
其他	88	41067	225257	45224	49468	12046	23709

9-8 续表 1

单位：万元

指标名称	累计折旧	本年折旧	在建工程	资产总计	流动负债合计	应付账款	非流动负债合计
总计	**212050**	**31778**	**63672**	**3518370**	**2251835**	**494179**	**66068**
按零售行业小类分组							
综合零售	87594	11207	50303	799266	514891	190561	28817
食品、饮料及烟草制品专门零售	2183	480	1192	74201	43003	7600	4203
纺织、服装及日用品专门零售	2224	650	750	542136	331126	35271	382
文化、体育用品及器材专门零售	12129	1413	132	140467	98897	19287	2844
医药及医疗器材专门零售	7117	1113	139	171545	108154	54646	3456
汽车、摩托车、零配件和燃料及其他动力销售	88788	14958	9764	1414084	901605	131911	12196
家用电器及电子产品专门零售	7148	1123		305191	208830	45174	11935
五金、家具及室内装饰材料专门零售	419	192	1390	27461	22392	6089	14
货摊、无店铺及其他零售业	4448	643	2	44019	22937	3640	2221
按登记注册类型分组							
内资企业	182375	26942	62531	3231196	2113131	446001	54978
国有企业	3198	230	1145	38040	18729	2706	1237
有限责任公司	91222	13808	4150	1896562	1197228	221630	19885
股份有限公司	45385	4913	128	247151	132239	37244	79
私营企业	42568	7989	57107	1049358	764934	184420	33746
其他企业	2	2		86	1	1	31
港、澳、台商投资企业	21609	2801	1002	208197	83474	25819	7693
外商投资企业	8065	2036	139	78977	55230	22359	3398
按控股情况分组							
国有控股	67864	6714	3927	459521	240716	56620	2589
集体控股	3720	592	600	29057	19811	6019	51
私人控股	76095	13578	57797	1639791	1120834	288032	50394
港澳台商控股	18046	2313	402	183653	67178	23111	7693
外商控股	9312	2984	139	123349	97835	22179	3398
其他	37013	5598	806	1082998	705461	98219	1943
按经营形式分组							
独立门店	169156	25440	62264	2790632	1776787	298042	37460
连锁总店（总部）	26723	3178	313	357264	220023	87799	21054
连锁直营店	5011	1035	417	71480	55871	21356	56
连锁加盟店	29	26		3014	2993	1023	
其他	11131	2100	678	295980	196162	85960	7498
按零售业态分组							
有店铺零售	199799	29298	63036	3248279	2097092	457950	58957
食杂店	831	52	1145	12126	5817	3299	933
便利店	2154	629	236	57130	31418	5634	1
折扣店	152	28		914	264	164	
超市	5330	614		38478	30947	11286	1613
大型超市	24438	4545	362	254408	150345	76471	18119
仓储会员店	145	2		1209	666	446	
百货店	56175	5679	50291	497745	313142	96327	9086
专业店	39527	5514	5473	1200181	739458	110656	17454
专卖店	67536	11436	4005	1107491	760762	142674	9934
家居建材商店	251	178	1390	17078	15536	2454	14
购物中心	137	27		4644	6925	3111	
厂家直销中心	3125	595	134	56877	41813	5429	1815
无店铺零售	12251	2481	636	270091	154743	36230	7101
电视购物	317	33		3372	1426	463	
邮购	2	2		86	1	1	31
网上商店	268	108		8165	4402	1167	
电话购物				1550	447	18	
其他	11663	2337	636	256918	148467	34581	7070

单位：万元

指标名称	负债合计	所有者权益合计	实收资本				
				国家资本	集体资本	法人资本	个人资本
总计	**2318628**	**1199113**	**803835**	**40298**	**9691**	**568724**	**159844**
按零售行业小类分组							
综合零售	543777	255489	150458	13486	4853	70695	48284
食品、饮料及烟草制品专门零售	47487	26709	19037	644		10878	6868
纺织、服装及日用品专门零售	331531	210588	196716			193020	1570
文化、体育用品及器材专门零售	101730	38737	15114	3388		5520	5706
医药及医疗器材专门零售	111610	59936	56104			42524	13580
汽车、摩托车、零配件和燃料及其他动力销售	914139	499339	240122	21115	4446	163355	44340
家用电器及电子产品专门零售	220791	84400	108622	500		79699	28423
五金、家具及室内装饰材料专门零售	22406	5056	6302	55		1153	5094
货摊、无店铺及其他零售业	25159	18861	11360	1109	392	1881	5979
按登记注册类型分组							
内资企业	2168833	1061734	772676	40298	9691	563173	159014
国有企业	19966	18074	3418	2092		1300	26
有限责任公司	1217301	679261	422662	29146	4808	352989	35218
股份有限公司	132318	114833	64472	9060	4803	8004	42605
私营企业	799216	249513	282125		80	200880	81165
其他企业	32	54					
港、澳、台商投资企业	91167	117030	22615			4051	830
外商投资企业	58628	20349	8545			1500	
按控股情况分组							
国有控股	243306	216216	108972	31778	5195	29861	42138
集体控股	19863	9195	6300			6300	
私人控股	1171884	467278	395453	1770	80	279638	113395
港澳台商控股	74870	108783	19115			1551	400
外商控股	101233	22116	9045			1500	
其他	707473	375525	264952	6750	4416	249875	3911
按经营形式分组							
独立门店	1814972	975031	657406	25605	8699	484954	122041
连锁总店（总部）	241076	116187	45834	3540		31888	3361
连锁直营店	55927	15554	30883	1000	600	27156	
连锁加盟店	2993	21	800			600	200
其他	203660	92320	68913	10153	392	24126	34242
按零售业态分组							
有店铺零售	2156651	1090999	738541	34190	7799	547093	126181
食杂店	6750	5376	3232	644		1546	395
便利店	31419	25711	23647	6045	600	14335	2667
折扣店	264	650	100				100
超市	32560	5918	8382	376	50	6062	1893
大型超市	168532	85876	58800	3250		42099	5072
仓储会员店	666	544	500				500
百货店	322228	175517	83237	9060	4203	23531	41683
专业店	757208	442950	332348	8635		284767	36219
专卖店	770923	335962	213177	5679	2946	166788	30998
家居建材商店	15550	1528	3495			282	3213
购物中心	6925	–2281	1217			1068	149
厂家直销中心	43628	13249	10407	501		6614	3292
无店铺零售	161977	108114	65295	6108	1892	21631	33663
电视购物	1426	1945	392	200			192
邮购	32	54					
网上商店	4402	3763	5038			3838	1200
电话购物	447	1103	774			774	
其他	155669	101249	59090	5908	1892	17019	32271

9-8 续表 3

单位：万元

指标名称	港澳台资本	外商资本	营业收入	主营业务收入	营业成本	主营业务成本	税金及附加
总计	**17734**	**7545**	**6303999**	**6162317**	**5510176**	**5467604**	**19207**
按零售行业小类分组							
综合零售	6094	7045	1157213	1102848	934162	930967	5753
食品、饮料及烟草制品专门零售	646		121791	121081	103788	103572	170
纺织、服装及日用品专门零售	2127		162448	162357	123830	123793	663
文化、体育用品及器材专门零售		500	178899	176491	144012	143701	785
医药及医疗器材专门零售			267411	260455	193360	193044	1406
汽车、摩托车、零配件和燃料及其他动力销售	6866		3676522	3608270	3362280	3327149	8458
家用电器及电子产品专门零售			611116	603250	551416	548213	1193
五金、家具及室内装饰材料专门零售			26409	26244	23095	22991	272
货摊、无店铺及其他零售业	2000		102190	101322	74233	74175	509
按登记注册类型分组							
内资企业		500	5593113	5466190	4930995	4890939	16099
国有企业			58657	57352	48688	48619	296
有限责任公司		500	3362688	3279157	2995015	2965459	8310
股份有限公司			301828	297836	262090	260018	2591
私营企业			1868940	1830844	1624320	1615960	4902
其他企业			1001	1001	883	883	
港、澳、台商投资企业	17734		531589	522330	449266	447002	2415
外商投资企业		7045	179298	173798	129916	129663	694
按控股情况分组							
国有控股			799554	790354	683364	680771	4313
集体控股			135612	131418	121212	118700	933
私人控股	570		3359214	3289323	3001226	2977742	7827
港澳台商控股	17164		404290	399029	334542	334541	1560
外商控股		7545	246381	240881	183412	183160	823
其他			1358948	1311312	1186421	1172690	3752
按经营形式分组							
独立门店	15607	500	4976231	4877803	4415664	4385958	14685
连锁总店（总部）		7045	693523	674993	576052	573574	2278
连锁直营店	2127		142211	138546	93286	93224	985
连锁加盟店			6491	5703	5192	5192	19
其他			485544	465273	419982	409657	1241
按零售业态分组							
有店铺零售	15734	7545	5849309	5718312	5119473	5085311	17931
食杂店	646		26625	26059	22466	22451	41
便利店			95746	90966	75889	73633	307
折扣店			1661	1661	842	842	2
超市			68421	65737	53105	53086	183
大型超市	1334	7045	520885	494433	420211	419822	1488
仓储会员店			2425	2425	2233	2233	4
百货店	4760		544239	523758	444316	443328	3970
专业店	2727		1668773	1644261	1430395	1424306	4927
专卖店	6266	500	2754216	2705395	2521186	2497231	5452
家居建材商店			10612	10447	9418	9314	179
购物中心			21785	21408	21444	21312	39
厂家直销中心			133920	131763	117968	117753	340
无店铺零售	2000		454691	444005	390703	382293	1277
电视购物			5554	5405	3349	3312	41
邮购			1001	1001	883	883	
网上商店			24945	24698	17941	17920	121
电话购物			11747	11747	11093	11093	10
其他	2000		411444	401154	357438	349085	1105

单位：万元

指标名称	主营业务税金及附加	其他业务利润	销售费用	管理费用	财务费用	#利息收入
总计	**18048**	**67333**	**429301**	**184836**	**22256**	**1150**
按零售行业小类分组						
综合零售	5439	27788	151824	47465	3753	-423
食品、饮料及烟草制品专门零售	169	194	6768	7355	485	12
纺织、服装及日用品专门零售	561	1096	23876	7644	-1821	-327
文化、体育用品及器材专门零售	768	1388	9557	7310	37	99
医药及医疗器材专门零售	1406	1568	48059	15921	1510	649
汽车、摩托车、零配件和燃料及其他动力销售	7745	17435	141350	72612	13372	1036
家用电器及电子产品专门零售	1186	17499	33742	19850	4812	55
五金、家具及室内装饰材料专门零售	266	10	1072	1544	50	3
货摊、无店铺及其他零售业	508	356	13052	5134	58	46
按登记注册类型分组						
内资企业	15050	56098	345259	166114	22563	863
国有企业	195	1003	4253	2921	174	42
有限责任公司	7707	35311	189139	64713	9475	194
股份有限公司	2591	1921	14650	19510	2388	139
私营企业	4557	17864	137198	78914	10526	489
其他企业			20	57		
港、澳、台商投资企业	2304	9364	46025	14539	-659	243
外商投资企业	694	1871	38017	4183	352	44
按控股情况分组						
国有控股	4173	3694	44599	31690	3027	289
集体控股	933	1758	6255	3602	103	174
私人控股	7236	35233	200054	102944	17402	817
港澳台商控股	1449	7769	41269	11724	-577	76
外商控股	823	1884	38973	5458	360	44
其他	3435	16995	98151	29419	1942	-250
按经营形式分组						
独立门店	13716	37365	279999	135925	16579	848
连锁总店（总部）	2275	21457	75591	24963	2571	170
连锁直营店	985	771	37360	8872	502	-27
连锁加盟店	19		929	1146	27	1
其他	1054	7740	35423	13929	2576	158
按零售业态分组						
有店铺零售	16800	66044	405220	166395	19850	1016
食杂店	41	194	3286	1011	84	1
便利店	304	782	10306	5014	368	49
折扣店	2		45	117	2	
超市	178	2046	8524	5948	420	7
大型超市	1483	6385.6	75499	12564	684	-464
仓储会员店	4		64	140	2	
百货店	3668	18603	60178	26131	2445	22
专业店	4371	22021	132633	59735	5787	354
专卖店	6202	15912	106136	51751	8975	1015
家居建材商店	172	10	212	760	24	1
购物中心	37		1964	391	97	-2
厂家直销中心	339	92	6375	2834	963	32
无店铺零售	1248	1289	24080	18441	2406	134
电视购物	41	112	1318	388	-11	11
邮购			20	57		
网上商店	120	244	3928	2131	16	7
电话购物	10		99	387	27	7
其他	1077	933	18716	15477	2374	109

9-8 续表 5

单位：万元

指标名称	# 利息支出	资产减值损失	公允价值变动收益	投资收益	营业利润	营业外收入
总计	**17688**	**4761**	**-4**	**46313**	**165299**	**10919**
按零售行业小类分组						
综合零售	967	417	-3	45816	58412	2065
食品、饮料及烟草制品专门零售	232	3	1	0.3	3223	724
纺织、服装及日用品专门零售	3898	53		-946	6829	639
文化、体育用品及器材专门零售	11	247	11	12	5615	774
医药及医疗器材专门零售	914	540		21	6716	899
汽车、摩托车、零配件和燃料及其他动力销售	7735	3346	-16	1077	73677	4898
家用电器及电子产品专门零售	3841	100	3	358	1536	731
五金、家具及室内装饰材料专门零售	23				60	24
货摊、无店铺及其他零售业	68	56		-25	9231	165
按登记注册类型分组						
内资企业	17502	4720	-4	46309	139161	9462
国有企业	167	458	-16	378	2553	618
有限责任公司	11738	3488	11	45062	123676	5217
股份有限公司	151.4	-11		546	1074	297.1
私营企业	5445	785	1	324	11816	3330
其他企业					42	
港、澳、台商投资企业	222	32		4	19982	696
外商投资企业	-36	10			6156	760
按控股情况分组						
国有控股	621	1186	-5	340	30813	1401
集体控股	202	-2			3510	219
私人控股	9438	1119	1	46202	72914	5465
港澳台商控股	138	32		4	15757	561
外商控股	-36	10			7112	980
其他	7326	2417		-233	35193	2293
按经营形式分组						
独立门店	14239	3720	-4	501	95566	8606
连锁总店（总部）	1681	469		45822	57267	1629
连锁直营店	162	520		21	729	184
连锁加盟店	29				-822	13
其他	1578	51		-31	12559	486
按零售业态分组						
有店铺零售	15784	3409	-4	46318	148503	10159
食杂店	74	1			-262	593
便利店	27	417		2	3465	205
折扣店	2				371	
超市	331	3	-2	17	-319	267
大型超市	324	-43		45797	55614	1201
仓储会员店					-14	
百货店	392	41		40	7198	343
专业店	9377	1053	13	-217	33518	3596
专卖店	4738	1890	-15	729	46458	3425
家居建材商店	2				-298	9
购物中心					-2151	87
厂家直销中心	516	48		-50	4924	434
无店铺零售	1904	1352		-5	16796	760
电视购物					469	16
邮购					42	
网上商店		-1			807	118
电话购物	20				131	
其他	1884	1354		-5	15347	626

单位：万元

指标名称	利润总额	应交所得税	应付职工薪酬	应交增值税
总计	**170816**	**24558**	**243990**	**83673**
按零售行业小类分组				
综合零售	59020	4180	61064	19379
食品、饮料及烟草制品专门零售	3859	439	6047	1517
纺织、服装及日用品专门零售	7392	739	10622	4308
文化、体育用品及器材专门零售	6297	302	11329	1801
医药及医疗器材专门零售	6835	1444	24165	8809
汽车、摩托车、零配件和燃料及其他动力销售	76198	14407	96693	38133
家用电器及电子产品专门零售	1903	693	21923	6310
五金、家具及室内装饰材料专门零售	-19	42	1249	224
货摊、无店铺及其他零售业	9330	2312	10898	3192
按登记注册类型分组				
内资企业	144487	19498	209520	69061
国有企业	3156	854	4871	1130
有限责任公司	126140	14060	118732	38866
股份有限公司	1334	86	9262	5171
私营企业	13815	4498	76601	23894
其他企业	42		54	
港、澳、台商投资企业	20191	4147	20149	9230
外商投资企业	6138	913	14321	5382
按控股情况分组				
国有控股	31932	6038	35400	16565
集体控股	3576	595	4130	2292
私人控股	76047	7819	116962	35599
港澳台商控股	15908	3473	16825	7409
外商控股	7311	1204	18549	6431
其他	36042	5430	52125	15376
按经营形式分组				
独立门店	101545	19937	169869	61633
连锁总店（总部）	58202	2032	39416	11038
连锁直营店	759	717	13852	5535
连锁加盟店	-810	4	1173	93
其他	11121	1868	19680	5374
按零售业态分组				
有店铺零售	155430	22084	223843	78679
食杂店	328	96	1479	328
便利店	3505	1298	8208	2135
折扣店	371	93	42	16
超市	-96	79	6096	671
大型超市	55847	2531	33146	8353
仓储会员店	-14		108	32
百货店	7242	1526	15667	10055
专业店	36394	5712	70222	28158
专卖店	49055	9209	80987	26579
家居建材商店	-387	18	597	173
购物中心	-2066	2	1258	193
厂家直销中心	5251	1520	6035	1986
无店铺零售	15386	2475	20146	4994
电视购物	482		980	314
邮购	42		54	
网上商店	920	236	2097	730
电话购物	131	39	156	98
其他	13812	2199	16859	3852

9-9 全市限额以上住宿业法人单位经营情况

（2018 年）

指标名称	法人企业数（个）	从业人员期末人数（人）	客房数（间）	床位数（个）	餐位数（位）	年末餐饮营业面积（平方米）
总计	**158**	**14583**	**29441**	**45387**	**41584**	**439667**
按住宿行业小类分组						
旅游饭店	81	10632	17385	27382	33627	282082
一般旅馆	76	3883	11843	17671	6957	155585
其他住宿业	1	68	213	334	1000	2000
按登记注册类型分组						
内资企业	152	12435	27446	42289	34794	415860
国有企业	13	2202	1989	3596	7560	37480
集体企业	1	60	202	362	60	936
有限责任公司	41	3673	8130	12120	8840	78811
私营企业	97	6500	17125	26211	18334	298633
港、澳、台商投资企业	6	2148	1995	3098	6790	23807
按控股情况分组						
国有控股	19	3041	3305	5761	9250	46940
集体控股	1	60	202	362	60	936
私人控股	117	7590	20852	31360	20442	332399
港澳台商控股	4	1746	1415	2102	4990	15600
外商控股	1	400	321	460	1920	3756
其他	16	1746	3346	5342	4922	40036
按经营形式分组						
独立门店	142	13707	26920	41915	39632	396225
连锁直营店	6	140	813	1092	36	12275
连锁加盟店	2	90	301	485		10387
其他	8	646	1407	1895	1916	20780
按星级分组						
五星级	3	1205	987	1479	4232	8300
四星级	19	2766	4026	6174	9864	93228
三星级	21	1190	3559	5710	3160	65622
二星级	4	184	526	861	690	8696
其他	111	9238	20343	31163	23638	263321

9-9 续表

单位：万元

指标名称	营业额	客房收入	餐费收入	商品销售收入	其他收入
总计	**306964**	**182125**	**89495**	**11924**	**23420**
按住宿行业小类分组					
旅游饭店	215310	110316	74968	11173	18853
一般旅馆	90582	70973	14337	742	4529
其他住宿业	1072	836	190	9	38
按登记注册类型分组					
内资企业	254873	160445	62567	10340	21521
国有企业	36645	9626	12523	8026	6469
集体企业	858	592	44		223
有限责任公司	79908	51996	19463	936	7514
私营企业	137462	98232	30537	1379	7314
港、澳、台商投资企业	52091	21680	26928	1584	1899
按控股情况分组					
国有控股	48319	15048	16091	8293	8888
集体控股	858	592	44		223
私人控股	162670	119510	31933	1492	9734
港澳台商控股	45658	19054	23879	1209	1516
外商控股	12435	5567	5216	364	1289
其他	37024	22355	12332	567	1770
按经营形式分组					
独立门店	285727	166604	85319	11637	22167
连锁直营店	5253	5159	26	9	59
连锁加盟店	1033	1033			
其他	14952	9330	4149	279	1194
按星级分组					
五星级	30642	12571	15832	1250	989
四星级	54653	23449	15486	7710	8008
三星级	25082	15679	5638	168	3597
二星级	2606	1072	645	132	757
其他	193981	129354	51894	2664	10069

9-10 全市限额以上餐饮业法人单位经营情况

（2018 年）

指标名称	法人企业数（个）	从业人员期末人数（人）	客房数（间）	床位数（个）	餐位数（位）	年末餐饮营业面积（平方米）
总计	**112**	**16297**	**952**	**1497**	**69796**	**257779**
按餐饮行业小类分组						
正餐服务	105	6492	952	1497	42957	206903
快餐服务	5	8952			24140	46076
饮料及冷饮服务	1	25			60	200
其他餐饮业	1	828			2639	4600
按登记注册类型分组						
内资企业	108	10881	952	1497	58390	220846
集体企业	1	47			300	600
有限责任公司	36	6833	508	789	27430	87156
股份有限公司	2	27			328	3424
私营企业	69	3974	444	708	30332	129666
港、澳、台商投资企业	3	186			1366	5637
外商投资企业	1	5230			10040	31296
按控股情况分组						
国有控股	1	282	213	315	350	4500
集体控股	2	47	38	78	429	2100
私人控股	92	8940	444	708	45137	176604
港澳台商控股	3	186			1366	5637
外商控股	1	5230			10040	31295
其他	13	1612	257	396	12474	37642
按经营形式分组						
独立门店	103	6334	952	1497	42476	206932
连锁总店（总部）	4	9456			21417	44821
连锁直营店	2	322			760	2876
其他	3	185			5143	3100

9-10 续表

单位：万元

指标名称	营业额	客房收入	餐费收入	商品销售收入	其他收入
总计	**286777**	**4243**	**251298**	**23386**	**7849**
按餐饮行业小类分组					
正餐服务	134536	4243	110012	13720	6561
快餐服务	126517		126123	277	117
饮料及冷饮服务	426		426		
其他餐饮业	25298		14738	9389	1171
按登记注册类型分组					
内资企业	204787	4243	169772	23337	7435
集体企业	636		636		
有限责任公司	128172	2883	104256	19608	1426
股份有限公司	2374		2374		
私营企业	73606	1361	62507	3729	6009
港、澳、台商投资企业	6259		5795	50	414
外商投资企业	75731		75731		
按控股情况分组					
国有控股	4082	1548	2497		38
集体控股	1392	40	1351		
私人控股	153886	1361	132630	13790	6105
港澳台商控股	6259		5795	50	414
外商控股	75731		75731		
其他	45427	1295	33294	9546	1292
按经营形式分组					
独立门店	122579	4243	107885	3936	6515
连锁总店（总部）	140187		129628	9389	1171
连锁直营店	8504		8437		67
其他	15506		5349	10061	96

9-11 全市限额以上住宿业法人企业财务状况

（2018 年）

单位：万元

指标名称	法人企业数（个）	年初存货	流动资产合计	# 应收账款	# 存货	固定资产合计	固定资产原价
总计	**158**	**10440**	**309237**	**27763**	**10828**	**349996**	**608313**
按行业小类分组							
旅游饭店	81	9556	252721	19054	8616	285807	524289
一般旅馆	76	882	56222	8721	2210	64118	83539
其他住宿业	1	2	294	-12	2	71	484
按登记注册类型分组							
内资企业	152	4718	226304	22947	6252	198692	323924
国有企业	13	860	29963	1455	879	24295	72650
集体企业	1	2	396	58	2	796	1789
有限责任公司	41	918	72828	6190	1166	154202	187763
私营企业	97	2938	123116	15244	4205	19399	61723
港、澳、台商投资企业	6	5722	82934	4816	4576	151304	284388
按控股情况分组							
国有控股	19	988	54227	2039	1073	38506	112624
集体控股	1	2	396	58	2	796	1789
私人控股	117	3268	139295	20346	4581	31741	84704
港澳台商控股	4	5599	78103	4439	4447	144840	243503
外商控股	1		9101	382	100	50542	50548
其他	16	583	28116	498	624	83572	115146
按经营形式分组							
独立门店	142	9999	273113	26113	10602	316120	549652
连锁直营店	6	32	3580	164	36	891	2276
连锁加盟店	2	22	1038	947		2	6
其他	8	387	31507	539	189	32983	56379
按星级分组							
五星级	3	445	63895	3627	622	54497	118841
四星级	19	1133	47814	1994	1454	13375	65582
三星级	21	265	37286	3378	1076	20327	35799
二星级	4	67	1697	152	27	2458	5928
其他	111	8530	158546	18611	7649	259339	382063

9-11 续表 1 单位：万元

指标名称	累计折旧	本年折旧	在建工程	资产总计	流动负债合计	应付账款	非流动负债合计
总计	**257395**	**22266**	**6595**	**790680**	**331081**	**48386**	**213449**
按行业小类分组							
旅游饭店	237566	19804	6480	641630	268162	39573	201838
一般旅馆	19417	2437	115	148539	63390	9362	10639
其他住宿业	413	25		512	–471	–550	972
按登记注册类型分组							
内资企业	124442	10795	6496	538223	246290	34271	113218
国有企业	48275	2311	4311	82291	38716	1666	5675
集体企业	993	–6		1254	417		
有限责任公司	33625	4789	1642	266054	89431	10375	69342
私营企业	41549	3701	543	188624	117726	22230	38201
港、澳、台商投资企业	132954	11471	99	252457	84790	14115	100231
按控股情况分组							
国有控股	73972	2599	4312	124860	93719	9674	12564
集体控股	993	–6		1254	417		
私人控股	52188	4981	724	222171	147942	27532	40091
港澳台商控股	98664	10600	34	240883	33582	7008	93118
外商控股	6	6		64493	5806	861	
其他	31574	4086	1526	137018	49616	3312	67676
按经营形式分组							
独立门店	232610	19122	6420	715680	306937	38669	205488
连锁直营店	1385	178		5507	2294	321	
连锁加盟店	5	0.4		1810	1485	161	
其他	23396	2966	175	67683	20365	9235	7961
按星级分组							
五星级	64343	4417	4	124060	24907	2162	44220
四星级	52292	3064	4527	93228	60388	10048	7867
三星级	16142	1149	218	68442	23688	3010	1280
二星级	3470	149	1	4511	4251	97	161
其他	121148	13486	1844	500439	217846	33070	159921

9-11 续表 2

单位：万元

指标名称	负债合计	所有者权益	实收资本				
				国家资本	集体资本	法人资本	个人资本
总计	**541064**	**247549**	**311489**	**25354**	**2693**	**170280**	**38517**
按行业小类分组							
旅游饭店	466518	173045	178275	24681	1173	50863	26919
一般旅馆	74046	74493	133184	673	1520	119417	11569
其他住宿业	501	11	30				30
按登记注册类型分组							
内资企业	356043	180113	217178	25354	2693	151999	37127
国有企业	44391	37900	18035	9840		8195	
集体企业	417	837	723		723		
有限责任公司	158845	107149	141396	15514	1580	115571	8731
私营企业	152390	34227	57025		390	28233	28397
港、澳、台商投资企业	185021	67436	94311			18282	1390
按控股情况分组							
国有控股	106338	18463	30668	14064		14070	660
集体控股	417	837	723		723		
私人控股	184496	35668	119435		570	84122	34737
港澳台商控股	126700	114183	72653				1390
外商控股	5806	58688	58232			58232	
其他	117308	19710	29779	11290	1400	13857	1730
按经营形式分组							
独立门店	508959	204654	260176	25131	1293	169192	29923
连锁直营店	2294	3213	1555		1400	101	54
连锁加盟店	1485	325	500				500
其他	28326	39357	49257	223		988	8040
按星级分组							
五星级	69127	54933	66518				4840
四星级	68310	24858	38135	6907		23318	6408
三星级	26790	39646	16514	3524	180	4063	8748
二星级	4413	98	1940	1117	723	100	
其他	372424	128015	188383	13807	1790	142799	18522

9-11 续表 3

单位：万元

指标名称	港澳台资本	外商资本	营业收入	主营业务收入	营业成本	主营业务成本	税金及附加
总计	**72770**	**1875**	**297954**	**291266**	**89663**	**87857**	**4647**
按行业小类分组							
旅游饭店	72765	1875	212108	206162	57401	55605	3558
一般旅馆	5		84836	84095	32176	32166	1089
其他住宿业			1010	1010	86	86	1
按登记注册类型分组							
内资企业	5		241887	235576	79444	77638	3363
国有企业			36018	32624	12984	11438	1001
集体企业			812	812	21	21	3
有限责任公司			75720	74854	21331	21270	1144
私营企业	5		129337	127286	45108	44910	1215
港、澳、台商投资企业	72765	1875	56067	55691	10219	10219	1284
按控股情况分组							
国有控股		1875	47152	43704	15023	13477	1421
集体控股			812	812	21	21	3
私人控股	5		153304	150526	51528	51276	1383
港澳台商控股	71263		49977	49655	8421	8421	1102
外商控股			11701	11701	5472	5472	541
其他	1502		35007	34868	9197	9190	198
按经营形式分组							
独立门店	32763	1875	277780	271891	86231	84424	4203
连锁直营店			4989	4973	325	325	16
连锁加盟店			999	999	495	495	4
其他	40007		14186	13403	2613	2613	425
按星级分组							
五星级	61678		28909	28909	6120	6120	793
四星级	1502		51491	48773	19319	17909	714
三星级			24001	23346	7334	7289	406
二星级			2483	2483	467	467	49
其他	9590	1875	191068	187755	56423	56071	2685

9-11 续表 4

单位：万元

指标名称		其他业务利润	销售费用	管理费用	财务费用	
	主营业务税金及附加					利息收入
总计	**3810**	**3916**	**110456**	**89552**	**9993**	**91**
按行业小类分组						
旅游饭店	2728	1306	84193	66789	9137	–31
一般旅馆	1080	2610	25450	22723	853	120
其他住宿业	1		813	40	3	0.7
按登记注册类型分组						
内资企业	2528	3452	94248	66177	6321	–372
国有企业	495	37	14445	8468	376	48
集体企业	3		539	248	–1	2
有限责任公司	1117	275	29492	27142	3572	–526
私营企业	912	3140	49773	30319	2374	104
港、澳、台商投资企业	1282	464	16208	23375	3672	462
按控股情况分组						
国有控股	915	37	21436	12434	–202	–545
集体控股	3		539	248	–1	2
私人控股	1070	3284	61448	37074	2663	139
港澳台商控股	1100	464	13089	21723	3424	459
外商控股	541		541	4498	21	
其他	180	131	13404	13575	4087	36
按经营形式分组						
独立门店	3367	3238	102266	81066	9955	–350
连锁直营店	16	16	3237	453	5	0.2
连锁加盟店	3		56	538	0.1	0.1
其他	424	662	4897	7495	33	441
按星级分组						
五星级	705		9128	11301	1833	434
四星级	561	673	18307	13897	649	38
三星级	406		12800	4437	–342	–591
二星级	49	33	1094	1161	37	34
其他	2089	3211	69127	58756	7816	175

9-11 续表 5

单位：万元

指标名称		资产减值损失	公允价值变动收益	投资收益	营业利润	营业外收入	营业外支出
	# 利息支出						
总计	**8491**	**–17**	**–6**	**237**	**–6723**	**10800**	**959**
按行业小类分组							
旅游饭店	7855	–20	–6	220	–7684	10637	922
一般旅馆	636	3	0.1	17	893	161	37
其他住宿业					68	2	
按登记注册类型分组							
内资企业	6150	–14	–6	237	–8195	10444	849
国有企业	380	0	–6	220	201	298	112
集体企业					2	152	148
有限责任公司	3793	–17	–0.3	2	–7276	9421	497
私营企业	1977	3	0.1	14	–1122	574	92
港、澳、台商投资企业	2341	–3			1471	355	110
按控股情况分组							
国有控股	381	–3	–6	220	–1499	9473	599
集体控股					2	152	148
私人控股	2007	–14	0.1	17	–2419	680	97
港澳台商控股	2095				2363	172	108
外商控股					628		
其他	4007	–0.3	–0.3	–0.2	–5799	322	7
按经营形式分组							
独立门店	8028	–17	–6	233	–6309	10744	941
连锁直营店	3			4	956	15	2
连锁加盟店					–94	5	6
其他	460				–1277	36	10
按星级分组							
五星级	2310				–259	110	42
四星级	534	14			–189	501	148
三星级	33	–16			–644	9035	486
二星级	1	0.4			–326	157	151
其他	5612	–15	–6	237	–5306	997	131

9-11 续表 6

单位：万元

指标名称	利润总额	应交所得税	应付职工薪酬（本年贷方累计发生额）	应交增值税
总计	**3115**	**1615**	**75082**	**9353**
按行业小类分组				
旅游饭店	2029	819	55482	7005
一般旅馆	1016	795	19398	2341
其他住宿业	70	2	202	7
按登记注册类型分组				
内资企业	1399	1182	61962	8574
国有企业	387	304	14754	3234
集体企业	6	2	330	15
有限责任公司	1645	483	18077	1811
私营企业	-640	393	28801	3513
港、澳、台商投资企业	1717	433	13120	779
按控股情况分组				
国有控股	7375	304	18194	3363
集体控股	6	2	330	15
私人控股	-1835	356	33884	4036
港澳台商控股	2427	433	10801	698
外商控股	628	185	3000	289
其他	-5485	335	8872	951
按经营形式分组				
独立门店	3492	1388	70121	8960
连锁直营店	970	219	789	180
连锁加盟店	-95		285	26
其他	-1251	8	3887	187
按星级分组				
五星级	-191		6709	599
四星级	164	194	15455	3124
三星级	7905	5	4448	719
二星级	-320	4	1158	71
其他	-4443	1412	47311	4840

9-12 全市限额以上餐饮业法人企业财务状况

（2018 年）

单位：万元

指标名称	法人企业数（个）	年初存货	流动资产合计	# 应收账款	# 存货	固定资产合计	固定资产原价
总计	**112**	**7103**	**89593**	**12806**	**8089**	**48302**	**73347**
按行业小类分组							
正餐服务	105	5388	70258	11006	5108	32765	45887
快餐服务	5	1252	11472	888	1422	14871	25678
饮料及冷饮服务	1	20	225	71	25	176	288
其他餐饮业	1	442	7638	842	1533	490	1493
按登记注册类型分组							
内资企业	108	6371	80768	12497	7307	41259	61501
集体企业	1	0.1	144	3	0.1	6	95
有限责任公司	36	3665	43085	7454	4615	36244	50801
股份有限公司	2	46	5837	50	18	2	5
私营企业	69	2660	31701	4990	2675	5008	10600
港、澳、台商投资企业	3	127	3993	267	47	352	709
外商投资企业	1	604	4832	42	735	6691	11137
按控股情况分组							
国有控股	1	464	2086	239	629	443	955
集体控股	2	0.1	370	16	3	6	97
私人控股	92	4880	60927	8034	4830	14241	28481
港澳台商控股	3	127	3993	267	47	352	709
外商控股	1	604	4832	42	735	6691	11137
其他	13	1027	17385	4208	1845	26569	31967
按经营形式分组							
独立门店	103	4537	63941	10712	5101	32927	46169
连锁总店（总部）	4	1459	17277	1319	2842	15028	26047
连锁直营店	2	20	1663	172	104	128	638
其他	3	1087	6712	603	41	219	493

9-12 续表 1

单位：万元

指标名称	累计折旧		在建工程	资产总计	流动负债合计		非流动负债合计
		本年折旧				应付账款	
总计	**25136**	**4430**	**1719**	**181614**	**113830**	**27276**	**41538**
按行业小类分组							
正餐服务	13298	2488	240	122329	82544	19193	39564
快餐服务	10722	1708	1172	49328	26464	4868	1974
饮料及冷饮服务	112	60		401	389		
其他餐饮业	1003	175	306	9557	4434	3215	
按登记注册类型分组							
内资企业	20394	3352	661	150321	101711	25281	40175
集体企业	90	1		41	6	6	
有限责任公司	14535	2367	322	94452	58374	12868	33220
股份有限公司	15	5		10753	6	6	
私营企业	5754	979	339	45074	43325	12401	6955
港、澳、台商投资企业	357	134		4753	1449	189	
外商投资企业	4385	944	1058	26541	10671	1807	1363
按控股情况分组							
国有控股	512	183		3063	3782	374	
集体控股	92	1		266	424	424	
私人控股	14415	1929	351	99602	78071	18166	14635
港澳台商控股	357	134		4753	1449	189	
外商控股	4385	944	1058	26541	10671	1807	1363
其他	5375	1240	310	47390	19435	6317	25540
按经营形式分组							
独立门店	13418	2549	240	113867	74691	18904	39804
连锁总店（总部）	10958	1778	1364	56209	28911	7591	1734
连锁直营店	509	76		2104	1881	478	
其他	251	28	114	9435	8347	304	

9-12 续表 2　　单位：万元

指标名称	负债合计	所有者权益					
			实收资本				
				国家资本	集体资本	法人资本	个人资本
总计	**163985**	**11391**	**29956**	**3500**	**221**	**16752**	**7993**
按行业小类分组							
正餐服务	130724	-14634	22381	3500	221	11130	6040
快餐服务	28438	20890	4218			2465	1753
饮料及冷饮服务	389	12	200				200
其他餐饮业	4434	5123	3158			3158	
按登记注册类型分组							
内资企业	150502	-6420	26030	3500	221	14317	7993
集体企业	6	35	35		35		
有限责任公司	93498	742	14965	3500	72	8132	3261
股份有限公司	5409	43	43			43	
私营企业	51589	-7240	10988		114	6142	4731
港、澳、台商投资企业	1449	3304	1691			200	
外商投资企业	12034	14507	2235			2235	
按控股情况分组							
国有控股	3782	-719	3500	3500			
集体控股	424	-157	115		107		8
私人控股	99657	-6082	16692		114.0	8993	7585
港澳台商控股	1449	3304	1691			200	
外商控股	12034	14507	2235			2235	
其他	46640	538	5724			5324	400
按经营形式分组							
独立门店	123111	-15483	21341	3500	221	9917	6212
连锁总店（总部）	30645	25564	7385			5605	1781
连锁直营店	1881	223	30			30	
其他	8347	1087	1200			1200	

9-12 续表 3

单位：万元

指标名称	港澳台资本	营业收入	主营业务收入	营业成本	主营业务成本	税金及附加
总计	**1491**	**270889**	**265900**	**135484**	**131515**	**1145**
按行业小类分组						
正餐服务	1491	126329	122887	66552	64553	921
快餐服务		120349	118918	55458	54417	144
饮料及冷饮服务		413	413	163	163	2
其他餐饮业		23798	23682	13310	12381	78
按登记注册类型分组						
内资企业		192286.2	189069	97270	94664	1062
集体企业		600	600	504	504	4
有限责任公司		120387	119122	56078	54383	582
股份有限公司		2364	2364	947	947	15
私营企业		68936	66984	39741	38831	460
港、澳、台商投资企业	1491	5945	5556	3306	2983	36
外商投资企业		72658	71275	34909	33868	47
按控股情况分组						
国有控股		4082	4082	889	889	4
集体控股		1313	1313	1179	1179	4
私人控股		144464	141744	70272	68850	633
港澳台商控股	1491	5945	5556	3306	2983	36
外商控股		72658	71275	34909	33868	47
其他		42427	41930	24930	23747	421
按经营形式分组						
独立门店	1491	115164	112311	60516	58959	933
连锁总店（总部）		133412	131912	60091	58120	128
连锁直营店		8074	8074	5993	5993	11
其他		14239	13603	8885	8443	73

9-12 续表 4

单位：万元

指标名称		其他业务利润	销售费用	管理费用	财务费用	
	主营业务税金及附加					利息收入
总计	**784**	**1230**	**90181**	**22184**	**4128**	**62**
按行业小类分组						
正餐服务	607	1230	44342	11530	3525	20
快餐服务	97		40054	8413	601	42
饮料及冷饮服务	2		92	166	1	
其他餐饮业	78		5694	2075	2	
按登记注册类型分组						
内资企业	748	1230	71315	15455	4110	19
集体企业	4			54	0.3	0.3
有限责任公司	283	615	49590	8652	1777	10.7
股份有限公司	15		1127	305	11	0.3
私营企业	446	615	20597	6444	2322.3	7.3
港、澳、台商投资企业	36		1480	926	57	2
外商投资企业			17386	5804	–40	42
按控股情况分组						
国有控股	4		2287	1704	83	
集体控股	4			92	–0.3	1
私人控股	553	1212	57340	10784	3326	15
港澳台商控股	36		1480	926	57	2
外商控股			17386	5804	–40	42
其他	187	17	11688	2875	702	2
按经营形式分组						
独立门店	676	1230	40596	11190	3356	20
连锁总店（总部）	81		45201	9433	398	42
连锁直营店	11		1006	906	206	
其他	16		3378	656	168	1

9-12 续表 5 单位：万元

指标名称	# 利息支出	资产减值损失	公允价值变动收益	投资收益	营业利润	营业外收入	营业外支出
总计	**3159**	**46**	**8**	**22**	**17114**	**630**	**651**
按行业小类分组							
正餐服务	2665	46	8	22	-1303	257	142
快餐服务	494				15787	322	497
饮料及冷饮服务					-10	10	
其他餐饮业					2640	41	12
按登记注册类型分组							
内资企业	3159	46	8	22	2366	427	310
集体企业							
有限责任公司	1121	0.2		3	3468	271	281
股份有限公司	4	0.1			-41	6	
私营企业	2034	46	8	19	-1062	150	29
港、澳、台商投资企业	0.2				137	14	60
外商投资企业					14612	188	281
按控股情况分组							
国有控股					-884	5	
集体控股					1		
私人控股	2657	46	8	19	1426	343	292
港澳台商控股	0.2				137	14	60
外商控股					14612	188	281
其他	503			3	1823	79	18
按经营形式分组							
独立门店	2498	46	8	22	-2137	261	118
连锁总店（总部）	435				18221	362	529
连锁直营店	59				-50	0.4	1
其他	167				1080	6	3

9-12 续表 6

单位：万元

指标名称	利润总额	应交所得税	应付职工薪酬（本年贷方累计发生额）	应交增值税
总计	**17119**	**5197**	**53057**	**3543**
按行业小类分组				
正餐服务	–1163	651	28205	2631
快餐服务	15613	3880	20316	374
饮料及冷饮服务	1		114	12
其他餐饮业	2668	666	4422	526
按登记注册类型分组				
内资企业	2509	1443	41940	3482
集体企业	31		190	34
有限责任公司	3458	1182	25778	2073
股份有限公司	–35		97	54
私营企业	–946	260	15875	1321
港、澳、台商投资企业	91	139	1700	61
外商投资企业	14519	3615	9417	1
按控股情况分组				
国有控股	–878		1599	21
集体控股	32	1	190	34
私人控股	1471	657	32182	2483
港澳台商控股	91	139	1700	61
外商控股	14519	3615	9417	1
其他	1884	785	7969	944
按经营形式分组				
独立门店	–1969	668	27534	2275
连锁总店（总部）	18054	4506	23391	621
连锁直营店	–50	21	1508	70
其他	1083	3	625	576

9-13 全市亿元以上商品交易市场基本情况

（2018年）

指标名称	市场数（个）	总摊位数（个）	年末出租摊位数（个）	营业面积（平方米）	成交额（万元）
总　计	**25**	**22078**	**20761**	**1436676**	**4417737**
按市场类别分组					
综合市场	5	5494	4687	483004	1263426
综合贸易市场	5	5494	4687	483004	1263426
农产品综合市场	4	4730	3923	470004	1237520
其他综合市场	1	764	764	13000	25906
专业市场	20	16584	16074	953672	3154311
生产资料市场	6	2045	2041	215631	1938876
农用生产资料市场	2	710	710	52000	195500
建材市场	1	106	106	20000	13176
金属材料市场	2	729	729	113631	1651300
机械设备市场	1	500	496	30000	78900
农产品市场	3	5213	5206	122620	620064
粮油市场	1	94	87	10000	10084
肉禽蛋市场	1	4739	4739	66000	529980
蔬菜市场	1	380	380	46620	80000
食品、饮料及烟酒市场	2	240	240	12500	105277
茶叶市场	2	240	240	12500	105277
纺织、服装、鞋帽市场	4	4555	4477	79303	55436
服装市场	4	4555	4477	79303	55436
电器、通讯器材、电子设备市场	1	780	780	20678	85000
计算机及辅助设备市场	1	780	780	20678	85000
家具、五金及装饰材料市场	4	3751	3330	502940	349658
家具市场	1	500	500	148000	200000
装饰材料市场	1	740	740	140000	28043
厨具、盥洗设备市场	1	2111	1690	164940	58615
五金材料市场	1	400	400	50000	63000
按营业状态分组					
常年营业	24	21956	20639	1430676	4367742
季节性营业	1	122	122	6000	49995
按经营方式分组					
以批发为主	15	9656	8604	968945	3459203
以零售为主	10	12422	12157	467731	958534
按经营环境分组					
露天式	2	1088	1088	82251	1248500
封闭式	16	15296	14793	841421	1882551
其他	7	5694	4880	513004	1286686

9-14 各县区限额以上批发和零售业商品销售类值

（2018 年）

单位：万元

指标名称	兴宁区	青秀区	江南区	西乡塘区	良庆区	邕宁区
合计	**3491133**	**19109739**	**4669819**	**7266749**	**1462410**	**1025799**
粮油、食品、饮料、烟酒类	335342	1762015	445446	1117050	34084	78194
粮油、食品类	325742	1655911	420402	240643	31056	77369
# 粮油类	140551	389005	140467	33712	11683	22310
肉禽蛋类	44712	23262	11337	9063	1502	458
水产品类	18912	18349	2175	1527	576	48
蔬菜类	4472	14073	6817	6430	1276	213
干鲜果品类	89410	16563	24075	4483	3982	220
饮料类	3496	25072	13518	9050	2237	439
烟酒类	6103	81033	11526	867357	791	387
服装、鞋帽、针纺织品类	223040	254480	38503	33495	4020	270
服装类	168756	208271	28562	19120	1444	134
鞋帽类	50351	34018	6961	5537	1819	55
针纺织品类	3934	12191	2979	8838	758	82
化妆品类	42763	50081	2537	143922	329	24
金银珠宝类	52728	37859	2358	6903		
日用品类	40756	179007	124142	63004	3852	1049
儿童玩具类	480	2613	660	1017	193	37
五金、电料类	3937	6184	1099	297	204	238
体育、娱乐用品类	2099	19820	74033	67	180	
# 照相器材类	648	8057				
书报杂志类	9498	224924	197	25864	1436	8
电子出版物及音像制品类	831	758	167	18	93	
家用电器和音像器材类	723832	519056	131798	43411	1916	1405
中西药品类	259257	137693	1382281	401836	105292	
# 西药类	53637	89556	1115904	329949	3443	
中草药及中成药类	4502	11014	141625	49841	4758	
文化办公用品类	19959	362612	15996	5225	8110	92
# 计算机及其配套产品	3006	208601	9	4952	7877	
家具类	596	5155	1741	1856	91	21
通讯器材类	94043	122343	2086	16		
煤炭及制品类	76349	800951		28443	14860	3364
木材及制品类	31	66075		295	3479	3533
石油及制品类	286347	1910160	44609	1398232	31979	5067
化工材料及制品类	8737	533335	29687	349579	13411	44048
# 化肥类	6737	40860	7271	189917		7739
金属材料类	342274	11054875		1913423	1203397	733868
建筑及装潢材料类	198595	327330	14437	670		5153
机电产品及设备类	21085	39875	552687	16816	31616	95111
# 农机类		240	22561			
汽车类	669482	148413	1562264	1651127	2321	
种子饲料类		138280	122390	15608		
棉麻类		3052				
其他类	79552	405407	121363	49592	1739	54353

单位：万元

指标名称	武鸣区	隆安县	马山县	上林县	宾阳县	横　县
合计	**49426**	**165899**	**17037**	**17816**	**148027**	**290901**
粮油、食品、饮料、烟酒类	3910	3492	4024	1229	44289	166076
粮油、食品类	2935	2932	3153	836	39229	16643
#粮油类	916	582	268	241	31338	3076
肉禽蛋类	560	1347	234	178	4416	5309
水产品类	247		57	18	133	613
蔬菜类	633	263	202	110	984	3873
干鲜果品类	578		135	178	941	2660
饮料类	576	344	347	190	3227	149026
烟酒类	399	217	524	203	1833	407
服装、鞋帽、针纺织品类	575	220	201	446	1178	2397
服装类	222	94	84	165	431	788
鞋帽类	148	67	21	135	338	865
针纺织品类	205	59	96	147	410	744
化妆品类	191	380	90	22	919	68
金银珠宝类						1
日用品类	2956	692	2555	351	3903	4652
儿童玩具类	163		140	9	250	53
五金、电料类	36		28		2765	23
体育、娱乐用品类	181		6	14	183	37
#照相器材类	15		6			1
书报杂志类	3925	1421	2424	2044	3030	4397
电子出版物及音像制品类	93					3
家用电器和音像器材类	3928	186	402	1663	14809	3888
中西药品类				0.3	9229	3031
#西药类					4845	2640
中草药及中成药类					4384	390
文化办公用品类	240		33	27	89	28
#计算机及其配套产品	28		33		6	8
家具类	32		101		453	1144
通讯器材类	17					1706
木材及制品类		67427				
石油及制品类	1445	652	945		4480	10702
化工材料及制品类	3902	89431		9209	0.1	52
#化肥类	3398	13809		9164	0.1	48
建筑及装潢材料类	10273				1555	
机电产品及设备类	913		401		2340	4254
其中：农机类						3
汽车类	16747	1999	5826	2810	42875	6338
种子饲料类						1
其他类	63				15931	82102

9-15 各县区限额以上批发和零售业法人企业财务状况

（2018 年）　　　　单位：万元

指标名称	兴宁区	青秀区	江南区	西乡塘区	良庆区	邕宁区
法人企业数（个）	122	423	168	178	22	16
年初存货	227895	851401	499629	447284	167289	74407
流动资产合计	1860172	8614281	2588818	2642126	588044	280228
#应收帐款	307460	1092476	709767	492308	101729	69092
存货	206952	956469	657914	500447	226284	97197
固定资产合计	154331	214146	201118	146172	4182	14448
固定资产原价	251883	356424	301450	272003	8757	19558
累计折旧	94340	135546	97471	124652	4574	5109
#本年折旧	10315	21295	22219	16570	1237	1157
在建工程	65308	293462	29003	46698	639	974
资产总计	2294230	11724145	3263703	3170548	611066	314698
流动负债合计	1817661	7475095	2407192	2232069	489048	268559
#应付帐款	228411	1126933	565653	338902	91760	50878
非流动负债合计	23546	395130	117023	34709	798	10878
负债合计	1841221	8067476	2520757	2267423	489846	279437
所有者权益合计	452991	3700149	742946	902514	121220	35262
#实收资本	296832	7055200	496196	326534	70419	51592
#国家资本	116735	5725829	79743	11990	59900	3555
集体资本	4595	603	2480	5161		
法人资本	71163	887348	347760	202349	4512	33214
个人资本	99009	430052	58217	102973	6007	11191
港澳台资本	5330	3823	5696	4061		3632
外商资本		7545	2300			
营业收入	2991394	17208021	4782338	6538900	1428410	898864
#主营业务收入	2966569	17103588	4719511	6480280	1424874	897408
营业成本	2772877	16587670	4300683	5925092	1376400	868111
#主营业务成本	2768172	16504031	4273776	5891954	1375328	868111
税金及附加	8227	20859	10848	112705	1354	1574
#主营业务税金及附加	7466	19895	10030	112013	1354	1358
其他业务利润	29437	34570	17437	9323	868	265
销售费用	101770	310593	228905	193646	15530	12295
管理费用	69519	167858	95023	112344	7510	7864
财务费用	19480	142658	42641	20670	15671	10416
#利息收入	2571	79877	1164	7361	3317	185
利息支出	13619	184411	35876	13893	12312	10395
资产减值损失	702	12794	4212	9745	-1241	1414
公允价值变动收益	1	532	-16	0.3	-335	
投资收益	1310	62323	-191	49060	51	
营业利润	20736	34005	90090	211765	12666	-2847
营业外收入	2095	22315	5047	5307	881	82
利润总额	20576	25016	92223	215116	12825	-3290
应交所得税	4594	34773	15396	38941	2248	1605
应付职工薪酬	53598	187071	122729	119672	6762	7221
本年应交增值税	23707	68860	61975	79062	22983	4533

9-15 续表 1

单位：万元

指标名称	武鸣区	隆安县	马山县	上林县	宾阳县	横　县
法人企业数（个）	22	9	8	6	37	34
年初存货	3781	1620	1315	359	29599	6232
流动资产合计	31108	24790	5751	8100	75379	29456
＃应收帐款	11425	13807	826	244	25928	6964
存货	5905	3145	1839	649	32751	5534
固定资产合计	1334	1218	475	1066	5403	2519
固定资产原价	2508	2407	1196	1351	9501	4941
累计折旧	1174	1190	721	284	4082	2402
＃本年折旧	298	306	114	55	553	345
在建工程		47		1476		
资产总计	32967	26217	6228	9921	87622	36558
流动负债合计	24766	23249	3869	5052	67500	23820
＃应付帐款	14882	2146	1055	1229	15007	8552
非流动负债合计	347	525	52	1820	2529	3097
负债合计	25113	23773	3921	6872	70098	26917
所有者权益合计	7854	2444	2307	3049	17524	9641
＃实收资本	4719	1709	1802	550	10303	6628
＃国家资本	132	40	9	78	1750	138
集体资本	50	184				
法人资本	922	1306	1151	427	7759	2821
个人资本	3615	178	643	45	795	3669
营业收入	52396	142120	16861	15523	133873	127527
＃主营业务收入	52076	141815	16510	15464	133468	126771
营业成本	45534	137347	14122	12370	125333	118943
＃主营业务成本	45533	137347	14113	12364	125332	118940
税金及附加	88	147	74	85	285	1181
＃主营业务税金及附加	80	147	74	81	279	1181
其他业务利润	125		0.1	55	179	567
销售费用	3057	1413	1658	1218	3738	4335
管理费用	1975	1123	279	455	3320	1810
财务费用	246	1682	152	145	1326	354
＃利息收入	1	0.4	1	1	426	11
利息支出	83	1632	68	24	1269	172
资产减值损失	6	22	80	−0.3	65	3
公允价值变动收益	−1		11	0.2	1	
投资收益		11	0.0	19.6		52
营业利润	1491	127	503	1282	−462	408
营业外收入	68	20	19	69	1362	63
利润总额	1485	124	509	1339	679	466
应交所得税	62	46	134	329	111	62
应付职工薪酬	1627	908	961	896	4060	3196
本年应交增值税	343	433	727	428	639	11417

9-16 各县区限额以上住宿和餐饮业法人单位经营情况

（2018 年）

指标名称	兴宁区	青秀区	江南区	西乡塘区	良庆区	邕宁区
法人企业数（个）	30	177	13	31	4	1
从业人员期末人数（人）	6543	20370	931	1752	531	201
营业额（万元）	97056	418981	18103	38327	8845	1852
客房收入（万元）	22651	125979	11852	18289	2359	810
餐费收入（万元）	56342	249160	5893	16301	6412	946
商品销售额收入（万元）	8335	25956	15	911	21	55
其他收入（万元）	9727	17887	343	2826	52	41
客房数（间）	4672	17701	1910	3704	1096	218
床位数（个）	7186	27189	3072	5683	1690	329
餐位数（位）	18163	67042	3821	9288	7800	262
年末餐饮营业面积（平方米）	96250	374545	57001	95549	24196	100

9-16 续表 1

指标名称	武鸣区	隆安县	马山县	上林县	宾阳县	横 县
法人企业数（个）	2	1		3	3	5
从业人员期末人数（人）	75	10		30	190	247
营业额（万元）	3570	382		368	1638	4620
客房收入（万元）	1465	382		334	362	1886
餐费收入（万元）	1970				1134	2634
商品销售额收入（万元）	14			3		
其他收入（万元）	121			31	142	100
客房数（间）	311	83		60	156	482
床位数（个）	498	113		120	248	756
餐位数（位）	1018				1910	2076
年末餐饮营业面积（平方米）	14300	5185		2100	13820	14400

注：马山县无限额以上住宿和餐饮法人企业，故本表无数据。

9-17 各县区限额以上住宿和餐饮业法人企业财务状况

（2018年）　　　　单位：万元

指标名称	兴宁区	青秀区	江南区	西乡塘区	良庆区	邕宁区
法人企业数（个）	30	177	13	31	4	1
年初存货	1514	13043	197	436	729	9
流动资产合计	66449	278288	7892	22678	15670	1346
应收帐款	3067	20203	1281	5039	8722	169
存货	1517	13987	310	452	1054	9
固定资产合计	45935	290339	20305	12104	1559	233
固定资产原价	122999	465009	35185	21470	3946	282
累计折旧	76918	175450	14880	9371	919	49
# 本年折旧	3272	19248	1513	1293	358	49
在建工程	4530	3566	187	–103	114	
资产合计	160227	679157	32391	38862	22846	1579
流动负债合计	115377	258904	12504	30699	9922	2256
# 应付帐款	13374	45194	1659	6369	1319	629
非流动负债合计	16896	183724	21538	3917	5678	
负债合计	132345	453053	34042	34628	10242	2256
所有者权益合计	27823	217860	–1651	4231	12604	–678
# 实收资本	36472	269500	12512	13241	6980	
# 国家资本	12974	12160	220		3500	
集体资本	35	1862		903		
法人资本	17155	163186	1687	3253	200	
个人资本	4429	27622	1020	9086	3280	
港澳台资本	5	64670	9585			
外商资本	1875					
营业收入	93165	402824	17335	36249	8290	1747
# 主营业务收入	89694	396128	16884	35347	8290	1747
营业成本	31257	164140	3554	14514	3699	1011
# 主营业务成本	29709	160395	3554	14114	3699	1011
税金及附加	1473	3605	81	264	37	8
# 主营业务税金及附加	968	3177	73	244	33	8
其他业务利润	111	4690	320	12	8	
销售费用	46476	129883	6331	13055	2918	119
管理费用	14033	77385	7134	9025	2564	675
财务费用	1100	11662	60	351	84	3
# 利息收入	–555	683	3	8	4	5
利息支出	1363	9385	18	35	1	
资产减值损失	12	–15	–16	12	35	
公允价值变动收益	–6	0.2		–0.3	7	
投资收益	233	6		2	7	
营业利润	238	13991	191	–1273	–1025	–67
营业外收入	9609	1431	65	298	14	
营业外支出	806	598	30	163	3	
利润总额	9072	14816	226	–1138	–1013	–67
应交所得税	619	6100	–40	124.6	3	
应付职工薪酬	28105	83619	4766	7281.6	2250	372
应交增值税	3642	7423	580	697	142	105

9-17 续表 1

单位：万元

指标名称	武鸣区	隆安县	马山县	上林县	宾阳县	横 县
法人企业数（个）	2	1		3	3	5
年初存货	148	2		100	1256	108
流动资产合计	591	47		572	3822	1475
应收帐款	133	7		2	1820	126
存货	113	2		152	1252	68
固定资产合计	25689	5		1343	140	646
固定资产原价	28784	8		1890	200	1887
累计折旧	3094	3		547	60	1240
# 本年折旧	838	2		45	13	66
在建工程	19					
资产合计	27516	53		2105	4290	3269
流动负债合计	6292	144		1104	3948	3760
# 应付帐款	2201	4		1104	3688	122
非流动负债合计	23177					57
负债合计	29469	144		1104	3948	3817
所有者权益合计	−1953	−91		1001	342	−548
# 实收资本	1010	50		1001	342	337
# 国家资本						
集体资本					114	
法人资本	1000	50			228	275
个人资本	10			1001		62
港澳台资本						
外商资本						
营业收入	3437	371		357	1590	3478
# 主营业务收入	3317	371		357	1553	3478
营业成本	3640	142		194	1244	1753
# 主营业务成本	3619	142		194	1183	1753
税金及附加	235	1		8	51	29
# 主营业务税金及附加	1	1		8	51	29
其他业务利润					5	
销售费用	200	119		61	180	1295
管理费用	151	148		20	45	556
财务费用	495	1		56	4	306
# 利息收入	1			0	3	1
利息支出	488			56	3	302
资产减值损失						1
公允价值变动收益						0.4
投资收益						10
营业利润	−1285	−39		17	95	−452
营业外收入	2	1			2	9
营业外支出	1				1	9
利润总额	−1284	−39		17	95	−452
应交所得税					1	7
应付职工薪酬（本年贷方累计发生额）	251	72		72	494	858
应交增值税	188	11		7	35	65

注：马山县无独立核算限额以上住宿和餐饮企业，故本表无数据。

9-18 国际旅游收入

（2018 年）

单位：万美元

指标名称	合计	指标名称	合计
合计	**28891.94**	长途交通费	13550.31
商品性收入	6876.27	市内交通费	404.49
商品销售收入	4940.51	邮政电讯费	462.28
饮食销售收入	1935.76	景区游览	808.98
劳务性收入	22015.67	文化娱乐费	1444.59
宿费	3351.46	其他	1993.56

9-19 接待过夜国际旅游人数

（2018 年）

单位：人次

指标名称	人数	人天数	指标名称	人数	人天数
合计	**644327**	**1498091**	日本	8752	
港澳同胞	150350	314096	韩国	11112	
台湾同胞	87323	180162	美国	8925	
外国人	406654	1003833	加拿大	6596	
# 东盟	316405		英国	7669	
印度尼西亚	30552		法国	6361	
马来西亚	34375		德国	5508	
菲律宾	29335		意大利	5707	
新加坡	31726		澳大利亚	5411	
泰国	34969		新西兰	3919	
越南	58523				
缅甸	8827				
文莱	5612				
柬埔寨	6635				
老挝	5891				

9-20 星级宾馆酒店接待能力

指标名称	单 位	2018 年	2017 年
星级宾馆酒店数	个	50	49
五星级	个	2	2
四星级	个	13	14
三星级	个	31	27
二星级	个	4	6
客房总数	间	8332	8595
床位总数	张	13521	14170

9-21 个体工商业基本情况

（2018 年）

指标名称	户数（户）	#城镇	从业人员（人）	#城镇	资金数额（万元）	#城镇
全市	**322878**	**193635**	**845883**	**338193**	**3992707**	**1595459**
农、林、牧、渔业	8008	4805	23507	9403	335807	134322
采矿业	32	19	460	184	3055	1222
制造业	11369	6821	48774	19510	146080	58432
电力、热力、燃气及水生产和供应业	52	31	136	54	1291	516
建筑业	408	245	1651	660	11402	4560
批发和零售业	183439	110063	391745	156698	2067245	826898
交通运输、仓储和邮政业	8915	5349	9211	3684	313699	125479
住宿和餐饮业	56910	34146	202210	80884	611146	244458
信息传输、软件和信息技术服务业	850	516	1838	719	14246	4321
金融业	20	8	53	15	246	53
房地产业	44	16	142	31	756	204
租赁和商务服务业	7391	4435	18552	7421	81917	32766
科学研究和技术服务业	468	281	1573	629	5356	2142
水利、环境和公共设施管理业	22	13	73	29	243	97
居民服务、修理和其他服务业	41740	25044	133464	53386	317369	126947
教育	184	23	499	86	2800	783
卫生和社会工作	1865	1119	6844	2738	21332	8532
文化、体育和娱乐业	1140	684	5096	2038	57231	22892
其他	21	17	55	24	1486	835

注：本表数据根据工商局统计报表整理。

9-22 私营企业基本情况

（2018 年）

指标名称	合 计				
	户数（户）	#分支机构（户）	投资者人数（人）	雇工人数（人）	注册资本（万元）
全市	**237307**	**21838**	**508909**	**873364**	**156080359**
农、林、牧、渔业	8835	747	15266	34180	3812857
采矿业	451	15	943	3098	246575
制造业	7245	457	17567	56594	5119798
电力、热力、燃气及水生产和供应业	548	176	1379	2028	1472875
建筑业	14820	1474	29858	46036	10370698
批发和零售业	98779	9074	213392	368493	24401309
交通运输、仓储和邮政业	4509	833	8546	15404	1478524
住宿和餐饮业	4052	883	7520	13457	743903
信息传输、软件和信息技术服务业	8516	650	16479	27359	2546125
金融业	1121	293	2607	4798	40604977
房地产业	7877	1194	16069	28302	5307117
租赁和商务服务业	46615	3411	107102	155684	44795649
科学研究和技术服务业	24357	1202	50431	77208	11820257
水利、环境和公共设施管理业	410	31	1054	2054	370923
居民服务、修理和其他服务业	4587	761	11200	22275	946585
教育	463	57	824	1535	98792
卫生和社会工作	414	66	764	1535	481711
文化、体育和娱乐业	2981	131	6586	10692	1392131
其他	727	383	1322	2632	69553

注：本表数据根据工商局统计报表整理。

9-22 续表

指标名称	其中：城镇		
	户数（户）	投资者人数（人）	雇工人数（人）
全市	**155017**	**284616**	**549858**
农、林、牧、渔业	5758	8485	21446
采矿业	293	528	1952
制造业	4709	9838	35654
电力、热力、燃气及水生产和供应业	350	762	1252
建筑业	9633	16720	29003
批发和零售业	64206	119500	232151
交通运输、仓储和邮政业	2931	4786	9705
住宿和餐饮业	2634	4211	8478
信息传输、软件和信息技术服务业	5483	9122	17075
金融业	727	1524	3004
房地产业	5028	8767	17614
租赁和商务服务业	30300	59977	98081
科学研究和技术服务业	15832	28241	48641
水利、环境和公共设施管理业	267	590	1294
居民服务、修理和其他服务业	3901	6272	14033
教育	285	436	1114
卫生和社会工作	269	428	967
文化、体育和娱乐业	1938	3689	6736
其他	473	740	1658

十 服务业、行政、事业

CHAPTER 10 Service Industry, Administration, Public Institution

10-1 全市规模以上服务业企业财务状况

单位：万元

指 标	单位数（个）	营业收入	营业成本
总计	**601**	**7733139**	**5889718**
按行业类型分			
交通运输、仓储和邮政业	100	3101197	2463071
信息传输、软件和信息技术服务业	53	1608796	1350331
房地产业	101	390690	229049
租赁和商务服务业	150	1289761	900172
科学研究和技术服务业	94	791869	579665
水利、环境和公共设施管理业	13	134828	112958
居民服务、修理和其他服务业	22	56888	38156
教育	4	19998	8143
卫生和社会工作	16	65814	43759
文化、体育和娱乐业	48	273297	164413
按登记注册类型分			
内资企业	**588**	**7544547**	**5734258**
国有企业	41	472894	362769
集体企业	6	12066	7274
股份合作企业	2	5114	4460
有限责任公司	225	3818225	2808941
股份有限公司	30	1791945	1448003
私营企业	276	1408267	1085732
其他企业	8	36037	17080
港、澳、台商投资企业	**11**	**168284**	**137339**
合资经营企业（港或澳、台资）	6	24234	46970
港、澳、台商独资经营企业	4	143997	90369
外商投资企业	**2**	**20307**	**18121**
中外合资经营企业	1	17375	16493
外资企业	1	2932	1628
按所有制分类			
公有制企业	166	4303603	3313879
非公有制企业	434	3429341	2575778

10-1 续表 单位：万元

指 标	销售费用	管理费用	财务费用	利润总额	平均用工人数（人）
总计	**367101**	**749783**	**638111**	**731914**	**190135**
按行业类型分					
交通运输、仓储和邮政业	35507	200372	379673	461326	50961
信息传输、软件和信息技术服务业	150976	141593	1865	−22429	22220
房地产业	23969	81356	81317	−32944	30898
租赁和商务服务业	97046	98113	161147	210675	48579
科学研究和技术服务业	13101	139144	4084	60630	23600
水利、环境和公共设施管理业	1238	12545	5726	7555	2201
居民服务、修理和其他服务业	6534	6257	2303	3139	2381
教育	1018	9724	−83	1102	1217
卫生和社会工作	9065	9700	129	2711	1999
文化、体育和娱乐业	28648	50979	1948	40149	6079
按登记注册类型分					
内资企业	**344875**	**742076**	**635892**	**702229**	**186385**
国有企业	4750	68456	13337	28712	12741
集体企业	1636	2857	−16	272	526
股份合作企业	92	471	−1	313	175
有限责任公司	186466	330321	507435	511695	73745
股份有限公司	85232	128755	107346	95302	20586
私营企业	66223	196830	7914	61631	77075
其他企业	476	14387	−124	4304	1537
港、澳、台商投资企业	**22226**	**6748**	**2307**	**28475**	**3656**
合资经营企业（港或澳、台资）	4974	2367	1320	1993	2872
港、澳、台商独资经营企业	17246	3525	−302	29162	767
外商投资企业		**959**	**−89**	**1210**	**94**
中外合资经营企业		501	−4	382	64
外资企业		458	−84	828	30
按所有制分类					
公有制企业	201437	396816	615787	344055	72721
非公有制企业	165664	352867	22272	387858	117384

10-2 全市科技活动综合情况

（2018 年）

指标名称	单位	2018 年	2017 年	增速（%）
单位个数	个	1353	1372	-1.4
有 R&D 活动	个	249	318	-21.7
R&D 人员合计	人	26225	25646	2.3
R&D 人员折合全时当量合计	人年	13197.5	12274.4	7.5
R&D 经费内部支出	万元	468427.7	477248.7	-1.9
# 基础研究支出	万元	103987.8	119240.7	-12.8
# 应用研究支出	万元	73029.1	101199.0	-27.8
# 试验发展支出	万元	291410.7	255975.5	13.8
科技机构数	个	292	301	-3.0
机构人员	人	9657	8606	12.2
# 博士毕业	人	2460	2245	9.6
# 硕士毕业	人	3017	2705	11.5
机构 R&D 经费支出	万元	268840.2	191004.5	40.8
专利申请数	件	3967	3985	-0.5
# 发明专利	件	2128	2697	-21.1
发表科技论文	篇	15542	13552	14.7
来自政府部门的研发资金	万元	229200.3	238568.8	-3.9

10-3 规模以上工业企业科技研发活动情况

指标名称	单位	2018 年	2017 年	增速（%）
单位个数	个	994	959	3.6
有 R&D 活动	个	110	161	-31.7
R&D 人员合计	人	4358	4797	-9.2
R&D 人员折合全时当量合计	人年	2288	2750	-17.0
R&D 经费内部支出	万元	118130.2	159482.2	-25.9
# 基础研究支出	万元	22.0		
# 应用研究支出	万元	2858.6	913.0	213.1
# 试验发展支出	万元	115249.6	158569.2	-27.3
科技机构数	个	68	46	8.7
机构人员	人	2524	2441	3.4
# 博士毕业	人	73	57	28.1
# 硕士毕业	人	415	440	-5.7
机构 R&D 经费支出	万元	98697.8	66620.2	48.1
专利申请数	件	1324	1185	11.7
# 发明专利	件	498	697	-28.6
发表科技论文	篇	309	694	-55.5
来自政府部门的研发资金	万元	9555.3	11568.3	-17.4

注：2018 年规模以上工业企业科技研发活动数据包含按在地统计原则统计的两个自治区直管企业。

10-4 规模以上非工业企业科技研发活动情况

指标名称	单位	2018 年	2017 年	增速（%）
单位个数	个	225	212	6.1
有 R&D 活动	个	21	21	
R&D 人员合计	人	2036	3325	-38.8
R&D 人员折合全时当量合计	人年	1289	573	125.0
R&D 经费内部支出	万元	92381.0	44661.9	106.8
# 基础研究支出	万元	6363.2	606.2	949.7
# 应用研究支出	万元	3880.5	5710.1	-32.0
# 试验发展支出	万元	82137.3	38345.6	114.2
科技机构数	个	7	12	-41.7
机构人员	人	743	662	12.2
# 博士毕业	人	37	29	27.6
# 硕士毕业	人	182	80	127.5
机构 R&D 经费支出	万元	54526.5	32454.8	68.0
专利申请数	件	185	171	8.2
# 发明专利	件	92	66	39.4
发表科技论文	篇	394		
来自政府部门的研发资金	万元	1045.7	1399.9	-25.3

规模以上非工业企业范围：特、一级总承包，一级专业承包建筑业企业法人单位；大中型交通运输、仓储和邮政业，信息传输、软件和信息技术服务业，租赁和商务服务业，科学研究和技术服务业，水利、环境和公共设施管理业，卫生和社会工作，文化、体育和娱乐业等企业法人单位。

十一 财政金融保险

CHAPTER 11 GOVERNMENT FINANCE, BANKING AND INSURANCE

11-1 全市主要年份财政、金融

单位：万元

年份	财政收入	#一般公共预算收入	地方财政支出	金融机构存款余额	#住户存款余额	金融机构贷款余额
1950	394	394	190	1364	21	34
1965	4479	4479	2116	39443	1426	18356
1978	20102	20102	7074	110660	5735	59521
1980	23682	23682	7410	110309	10358	71873
1985	35447	35447	17967	212380	43646	167691
1986	38873	38873	26745	226697	61348	222735
1987	44078	44078	28971	262623	82535	270298
1988	51071	51071	40532	260827	100160	297861
1989	57352	57352	39426	328250	138715	287226
1990	63930	63930	47677	464879	197821	346755
1991	70051	70051	48397	552636	258819	383694
1992	73459	73459	48401	685440	341946	444498
1993	106465	106465	66850	1077025	515981	657827
1994	150232	73492	85826	1537665	802162	880566
1995	171074	91236	94609	2063550	1123696	1107552
1996	190465	103583	105844	2724968	1439865	1385499
1997	215806	116778	119471	3014072	1618159	1731336
1998	245249	131583	139884	4461444	2001576	3460657
1999	270113	149700	172851	5268177	2190918	4262816
2000	364639	216484	290667	6834187	2938619	4779409
2001	452926	291860	348556	7424543	3329511	5260807
2002	525342	312805	452615	8547872	3916029	7701981
2003	610594	362435	524981	9434021	4514961	9597681
2004	746328	432526	621191	10909576	5157925	12087669
2005	1002186	451954	735508	12636347	5982307	13816546
2006	1203609	566191	930781	15853616	6814522	16625434
2007	1508393	701510	1180007	18715101	7147919	19223502
2008	1911682	928812	1660830	23204808	8886542	23166252
2009	2313664	1204628	2035519	32313624	11161975	32781209
2010	3008775	1560958	2612785	40214534	13758853	41423040
2011	3635192	1862928	3018491	47281399	15810297	48450689
2012	4219938	2297183	3765096	56271788	18638024	55012783
2013	4736644	2562467	4172858	64835258	21566911	61158787
2014	5265905	2748518	4657759	70644876	23217437	70914611
2015	5724781	2970501	5267231	82577730	27003678	82286621
2016	6138706	3127921	5869793	89017247	29245457	94237920
2017	6879808	3321500	6463707	93675341	31766881	104704409
2018	7532002	3589560	6979853	100931251	35428272	120521342

注：2000 年以后为行政区划调整后的数据，其余年份为原南宁口径。

11-2 全市财政收入

（2018 年）

单位：万元

指标名称	收入	指标名称	收入
财政收入	**7532002**	土地增值税	350849
上划中央收入	3103086	车船税	59638
#上划所得税收入	1186862	耕地占用税	34413
上划自治区税收收入	839356	契税	401105
一般公共预算收入	3589560	烟叶税	
增值税	747051	环境保护税	1909
营业税		专项收入	389701
企业所得税	402858	行政事业性收费收入	144086
个人所得税	149687	罚没收入	66011
资源税	11669	国有资本经营收入	78532
城市维护建设税	227467	国有资源（资产）有偿使用收入	171858
房产税	105566	捐赠收入	
印花税	78174	政府住房基金收入	
城镇土地使用税	43430	其他收入	125556

注：1. 环境保护税为 2018 年新增指标。
2. 因四税内容调整，原“上划自治区分享四税”指标 2018 年改为“上划自治区税收收入”。

11-3 全市财政支出

（2018 年）

单位：万元

指标名称	支出	指标名称	支出
本年支出合计	**6979853**	交通运输	225129
一般公共服务	648320	资源勘探信息等支出	117335
国防	12752	商业服务业等事务	46423
公共安全	530664	金融支出	4924
教育	1295459	国土海洋气象支出	63610
科学技术	78509	住房保障支出	145240
文化体育与传媒	90037	粮油物资储备管理事务	7257
社会保障和就业	744037	国债还本付息支出	182930
医疗卫生	704448	其他支出	81792
节能环保	174088	援助其他地区支出	
城乡社区事务	1143241	债务发行费用支出	1345
农林水事务	682313		

11-4 市区财政收入

（2018 年）

单位：万元

指标名称	收入	指标名称	收入
财政收入	**6996051**	土地增值税	326693
上划中央收入	2945471	车船税	54798
#上划所得税收入	1131746	耕地占用税	8202
上划自治区税收收入	789572	契税	379208
一般公共预算收入	3260994	烟叶税	
增值税	683661	环境保护税	759
营业税		专项收入	367605
企业所得税	383620	行政事业性收费收入	127448
个人所得税	142873	罚没收入	56430
资源税	6775	国有资本经营收入	17564
城市维护建设税	217825	国有资源（资产）有偿使用收入	160285
房产税	98639	捐赠收入	
印花税	75088	政府住房基金收入	
城镇土地使用税	38783	其他收入	114738

注：1. 环境保护税为 2018 年新增指标。
2. 因四税内容调整，原“上划自治区分享四税”指标 2018 年改为“上划自治区税收收入”。

11-5 市区财政支出

（2018 年）

单位：万元

指标名称	支出	指标名称	支出
本年支出合计	**4997225**	交通运输	193588
一般公共服务	461579	资源勘探信息等支出	108782
国防	11738	商业服务业等事务	39788
公共安全	442197	金融支出	4592
教育	876181	国土海洋气象支出	40344
科学技术	72109	住房保障支出	112520
文化体育与传媒	76026	粮油物资储备管理事务	3523
社会保障和就业	469418	国债还本付息支出	164279
医疗卫生	411929	其他支出	81309
节能环保	144319	援助其他地区支出	
城乡社区事务	978071	债务发行费用支出	1186
农林水事务	303747		

11-6 各县区财政收入

（2018 年）

单位：万元

指标名称	武鸣区	隆安县	马山县	上林县	宾阳县	横 县
财政收入	**174429**	**53733**	**35620**	**45597**	**197555**	**203446**
上划中央收入	60569	20520	12093	14876	51365	58747
# 上划所得税收入	21725	6067	4293	5550	19947	19259
上划自治区分享四税	19596	6635	3964	4856	15802	18527
上划市地税收入	24041					
公共财政预算收入	70223	26578	19563	25865	130388	126172
增值税	18745	9033	4675	5549	19214	24849
营业税	-7	3	25	21	4	17
企业所得税	5270	2200	1284	1505	7073	7176
个人所得税	2155	694	719	971	2386	2044
资源税	4547	907	50	750	1483	1704
城市维护建设税	2604	1010	793	926	2895	4018
房产税	1463	379	439	354	1858	3897
印花税	1047	555	209	215	1215	892
城镇土地使用税	833	378	434	230	1239	2366
土地增值税	5010	1482	434	1854	6951	13435
车船税	1332	442	570	670	1578	1580
耕地占用税	256	32	1499	2571	18275	3834
契税	6505	1824	1494	3024	7529	8026
烟叶税						
环境保护税	226	165	16	53	180	736
专项收入	3581	2290	2668	2268	9710	5160
行政事业性收费收入	6574	1792	1634	2434	4329	6449
罚没收入	4204	721	703	687	4664	2806
国有资本经营收入	176				29718	31250
国有资源（资产）有偿使用收入	4485	2075	1349	1581	2671	3897
捐赠收入						
政府住房基金收入						
其他收入	1217	596	568	202	7416	2036

注：武鸣区数据不包含广西东盟经济开发区。

11–6 续表

指标名称	兴宁区	青秀区	江南区	西乡塘区	良庆区	邕宁区
财政收入	**445179**	**2001011**	**196158**	**446721**	**501700**	**171691**
上划中央收入	199416	918563	83675	192728	221548	71185
# 上划所得税收入	99202	446248	54555	79139	113389	30409
上划自治区分享四税	60217	367124	21512	58189	62587	21530
上划地市税收	94166	367184	45443	98722	119267	41690
公共财政预算收入	91380	348140	45528	98722	98298	41690
增值税	29176	96458	8266	35677	32870	12225
营业税	236	196	–14	–5	10	1
企业所得税	17811	68792	7874	11354	24076	5095
个人所得税	5818	35282	3045	6998	3452	1509
资源税	37	1	294	1815	9	43
城市维护建设税	7250	33434	5014	8440	7287	2901
房产税	4638	17942	4038	4205	2227	1387
印花税	5217	25916	6392	7154	5513	2732
城镇土地使用税	605	1741	756	837	729	198
土地增值税	5960	23121	3017	6262	10803	3840
车船税						
耕地占用税	7	469	9	11	23	293
契税						
烟叶税						
专项收入	3035	14000	2107	3708	3311	1387
行政事业性收费收入	2702	26177	2050	2671	1356	947
罚没收入	3576	2567	2034	2820	3603	579
国有资本经营收入						26
国有资源（资产）有偿使用收入	5312	2041	46	1501	3026	4123
捐赠收入						
政府住房基金收入						
其他收入		3	600	3634	3	

11-7 各县区财政支出

（2018 年）

单位：万元

指标名称	武鸣区	隆安县	马山县	上林县	宾阳县	横 县
本年支出合计	**365676**	**269393**	**338819**	**315778**	**530619**	**528019**
一般公共服务	38424	22377	29420	22194	53644	59106
国防	311	151	255	119		489
公共安全	19810	9644	12458	11811	29409	25145
教育	99552	49804	59099	63416	116196	130763
科学技术	2810	254	225	131	582	5208
文化体育与传媒	2994	2166	3102	1944	4008	2791
社会保障和就业	49088	33946	43873	48009	73815	74976
医疗卫生	51571	33099	47043	46033	77431	88913
节能环保	3241	1428	2298	2632	10471	12940
城乡社区事务	11084	13934	24080	20027	63336	43793
农林水事务	52578	82965	94790	72836	64410	63565
交通运输	3053	4140	7810	5280	7324	6987
资源勘探电力信息等事务	2997	1500	1847	2343	2191	672
商业服务业等事务	413	252	2407	2255	872	849
金融监管等事务支出		200	69		41	22
国土资源气象等事务	3456	6519	4610	2268	7088	2781
住房保障支出	7520	4391	1601	11320	12072	3336
粮油物资储备管理事务	486	397	587	638	1391	721
其他支出	8066	200		248	30	5
债务付息支出	8198	2013	3223	2256	6234	4925
债务发行费用支出	24	13	22	18	74	32

注：武鸣区数据不含广西东盟经济开发区。

11-7 续表

指标名称	兴宁区	青秀区	江南区	西乡塘区	良庆区	邕宁区
本年支出合计	**211224**	**407154**	**183384**	**311308**	**226350**	**243451**
一般公共服务	22503	42427	19877	20960	26817	19301
国防	312		146		574	290
公共安全	22678	44733	17464	29155	18522	11629
教育	39160	89811	44013	91446	57298	56206
科学技术	710	1573	5785	1701	3396	1883
文化体育与传媒	1365	3560	1115	1473	2844	1176
社会保障和就业	23769	31895	26369	35148	21265	33253
医疗卫生	16094	32885	19874	34304	12879	18093
节能环保	756	8781	943	2717	2377	7804
城乡社区事务	53270	101942	21724	57842	17272	15949
农林水事务	15648	28015	14441	17748	26286	36164
交通运输	659	3479	3312	6615	14800	8102
资源勘探电力信息等事务	1345	3337	3652	2084	4803	6875
商业服务业等事务	357	3816	891	301	528	9969
金融监管等事务支出		357	18			
国土资源气象等事务	611	421	281	260	338	279
住房保障支出	11207	9360	3173	9162	15320	7698
粮油物资储备管理事务		4	190		106	210
其他支出	685	515	73	337	139	6947
债务付息支出	95	241	43	55	771	1622
债务发行费用支出		2			15	1

注：江南区数据不含南宁国家经济技术开发区，西乡塘区数据不含南宁高新技术产业开发区。

11-8 全社会金融机构存款余额

（2018年）

单位：万元

指标名称	存 款	指标名称	存 款
各项存款合计	**100931251**	定期及其他存款	15220083
（一）境内存款	**100766417**	3. 广义政府存款	20907649
1. 住户存款	35428272	# 财政性存款	3276165
# 活期存款	19430721	机关团体存款	17631484
定期及其他存款	15997551	4. 非银行业金融机构存款	4701371
2. 非金融企业存款	39729124	**（二）境外存款**	**164833**
# 活期存款	24509041		

11-9 全社会金融机构贷款余额

（2018年）

单位：万元

指标名称	贷 款	指标名称	贷 款
各项贷款合计	**120521342**	2. 非金融企业及机关团体贷款	84014693
（一）境内贷款	**120180024**	（1）短期贷款	15534742
1. 住户贷款	36165331	（2）中长期贷款	62735551
（1）短期贷款	3357243	（3）票据融资	5203468
# 消费贷款	2196080	（4）融资租赁	399096
经营贷款	1161163	（5）各项垫款	141835
（2）中长期贷款	32808088	3. 非银行业金融机构贷款	
消费贷款	29297867	**（二）境外贷款**	**341318**
经营贷款	3510221		

11-10 市区金融机构存款余额

（2018 年）

单位：万元

指标名称	存 款	指标名称	存 款
各项存款合计	**92796707**	定期及其他存款	15136503
（一）境内存款	**92633830**	3. 广义政府存款	20104204
1. 住户存款	28948666	# 财政性存款	3200097
# 活期存款	15522018	机关团体存款	16904107
定期及其他存款	13426648	4. 非银行业金融机构存款	4701361
2. 非金融企业存款	38879599	**（二）境外存款**	**162877**
# 活期存款	23743096		

11-11 市区金融机构贷款余额

（2018 年）

单位：万元

指标名称	贷 款	指标名称	贷 款
各项贷款合计	**115688520**	2. 非金融企业及机关团体贷款	82469916
（一）境内贷款	**115347229**	（1）短期贷款	14905620
1. 住户贷款	32877313	（2）中长期贷款	61819896
（1）短期贷款	2728064	（3）票据融资	5203468
# 消费贷款	1949903	（4）融资租赁	399096
经营贷款	778160	（5）各项垫款	141835
（2）中长期贷款	30149249	3. 非银行业金融机构贷款	
消费贷款	27847503	**（二）境外贷款**	**341291**
经营贷款	2301746		

11-12 各县金融机构存款余额

（2018 年）

单位：万元

指标名称	隆安县	马山县	上林县	宾阳县	横 县
各项存款合计	**1067593**	**913200**	**1008166**	**2382797**	**2762789**
（一）境内存款	**1067261**	**913192**	**1008125**	**2382341**	**2761669**
1. 住户存款	864965	704384	800551	1864531	2245176
（1）活期存款	553313	453297	517417	1148843	1235834
（2）定期及其他存款	311651	251087	283135	715688	1009342
2. 非金融企业存款	85157	93676	82856	320599	267237
（1）活期存款	79665	90668	74593	273675	247344
（2）定期及其他存款	5492	3009	8263	46924	19893
3. 广义政府存款	117139	115131	124719	197206	249251
（1）财政性存款	10989	9628	15945	13016	26490
（2）机关团体存款	106150	105503	108774	184190	222760
4. 非银行业金融机构存款				5	5
（二）境外存款	**332**	**9**	**40**	**455**	**1120**

11-13 各县金融机构贷款余额

（2018 年）

单位：万元

指标名称	隆安县	马山县	上林县	宾阳县	横 县
各项贷款合计	**605028**	**536435**	**661519**	**1420517**	**1609324**
（一）境内贷款	**605028**	**536408**	**661519**	**1420517**	**1609324**
1. 住户贷款	330330	319975	524392	1005750	1107571
（1）短期贷款	125016	50135	114160	135442	204427
消费贷款	27629	26738	40442	76189	75178
经营贷款	97387	23396	73718	59253	129249
（2）中长期贷款	205314	269840	410232	870308	903144
消费贷款	156446	124405	195784	529855	443874
经营贷款	48867	145435	214448	340453	459270
2. 非金融企业及机关团体贷款	274698	216433	137127	414767	501752
（1）短期贷款	140753	46586	59276	163392	219116
（2）中长期贷款	133945	169848	77851	251375	282637
（3）票据融资					
（4）融资租赁					
（5）各项垫款					
3. 非银行业金融机构贷款					
（二）境外贷款		**27**			

11-14 保险业务情况

（2018年）

单位：万元

指标名称	全市	市区
保费收入合计	**2016803**	**1864539**
各项赔款及给付合计	**725635**	**679728**
财产保险业务		
保费收入	**840710**	**780276**
# 财产险	39682	38303
机动车辆险	521491	485867
责任险	40451	38996
工程险	22914	22840
货运险	3494	3407
其他险种	212679	190864
各项赔款及给付	**413054**	**388298**
# 财产保险	348441	328972
意外险	11642	9641
健康险	52971	49685
人身保险业务		
保费收入	**1176092**	**1074471**
# 寿险	851831	766545
意外险	49225	44090
健康险	275037	263836
各项赔款及给付	**312581**	**287381**
# 寿险	201763	178923
意外险	8325	7779
健康险	102494	100679

11–15 各县保险业务情况

（2018 年）

单位：万元

指标名称	隆安县	马山县	上林县	宾阳县	横 县
保费收入合计	**17758**	**15940**	**18784**	**44712**	**55069**
各项赔款及给付合计	**5413**	**5119**	**6318**	**14355**	**14702**
财产保险业务					
保费收入	**8038**	**8770**	**9916**	**16830**	**16880**
# 财产险	282	90	168	303	535
机动车辆险	3269	4533	4632	12903	10287
责任险	202	91	186	646	330
工程险			20	17	37
货运险	2	6	14	21	44
其他险种	4282	4050	4895	2941	5647
各项赔款及给付	**3067**	**3314**	**4026**	**7672**	**6678**
# 财产保险	1648	1961	2879	6913	6069
意外险	97	219	508	646	531
健康险	1322	1133	639	113	79
人身保险业务					
保费收入	**12229**	**7170**	**8868**	**31760**	**41594**
# 寿险	10739	6151	7839	26851	33706
意外险	205	283	170	1848	2630
健康险	1286	736	859	3061	5258
各项赔款及给付	**2987**	**1806**	**2291**	**7876**	**10239**
# 寿险	2501	1451	2053	7285	9550
意外险	94	115	62	133	142
健康险	393	240	176	458	547

十二 广西及省会城市主要统计指标

CHAPTER 12 MAIN INDICATORS OF GUANGXI AND PROVINCIAL CAPITAL CITIES

12-1 广西主要年份国民经济主要统计指标

指标名称	单位	2014 年	2015 年	2016 年	2017 年	2018 年
地区生产总值	亿元	15672.97	16803.12	18317.64	20396.25	20352.51
第一产业	亿元	2412.21	2565.97	2796.8	2906.87	3019.37
第二产业	亿元	7335.60	7694.74	8273.66	9297.84	8072.94
# 工业	亿元	6065.34	6338.28	6816.64	7663.71	6288.72
第三产业	亿元	5925.16	6542.41	7247.18	8191.54	9260.20
地区生产总值指数	%	108.5	108.1	107.3	107.3	106.8
第一产业	%	103.8	104	103.4	103.7	105.6
第二产业	%	110.1	108.1	107.4	107	104.3
# 工业	%	110.1	107.7	107.3	107	
第三产业	%	108.1	109.7	108.6	108.9	109.4
社会消费品零售总额	亿元	5716.60	6348.06	7027.31	7813.03	9.3
全社会固定资产投资	亿元	13843.21	15654.95	18236.78	20499.11	
指数	%	116.3	117.8	112.4	112.4	110.8
地方财政收入	亿元	1422.05	1515.08	1556.27	1615.13	2790.35
指数	%	107.9	106.5	102.71	103.8	107.1
城镇居民人均可支配收入	元	24669	26416	28324	30502	32436
指数	%	108.7	107.1	107.2	107.7	106.3
农民人均可支配收入	元	7565	9467	10359	11325	12435
指数	%	111.4	109	109.4	109.3	109.8
居民消费价格指数（城市）	%	102.1	101.5	101.6	101.6	102.4

注：1、地区生产总值、农林牧渔业总产值、工业总产值绝对值按当年价计算，指数按可比价计算（以上年为 100）。
2、因统计调查制度调整，农民收入指标 2015 年之前为农民人均纯收入口径，2015 年调整为农民人均可支配收入口径。

12-2 各省会城市年末总人口

单位：万人

城市名称	2014年	位次	2015年	位次	2016年	位次	2017年	2018年	位次
南　宁	**729.66**	**10**	**740.23**	**9**	**751.74**	**9**	**715.33**	**725.41**	**16**
昆　明	550.50	17	555.57	17	559.79	17	678.30	685.00	17
成　都	1210.74	1	1228.10	1	1398.90	1	1604.50	1633.00	1
贵　阳	382.91	19	391.79	19	401.35	19	480.2*	488.19	19
西　安	815.29	6	815.66	6	824.93	7	905.68*	1000.37	7
兰　州	321.64	21	321.90	21	324.23	21	372.96	375.36	21
乌鲁木齐	266.91	22	266.83	22	267.87	22	350.40	350.58	22
呼和浩特	237.98	23	238.58	23	241.00	23	311.50	312.60	23
银　川	212.89	24	216.40	24	219.11	24	222.54	225.06	26
西　宁	202.64	25	201.17	25	203.28	25	235.50	237.10	24
拉　萨	52.73	27	53.03	27	53.78	27	54.36*	55.44*	
广　州	842.42	4	854.19	4	870.49	4	1449.84	1490.44	2
福　州	674.94	13	678.37	13	687.06	14	766.00	774.00	13
杭　州	715.76	11	723.55	11	736.00	10	946.80	980.60	8
南　京	648.72	15	653.40	15	662.79	15	833.50	843.62	9
海　口	165.31	26	164.80	26	167.03	26	227.21	230.23	25
沈　阳	730.84	9	730.40	10	734.40	11	829.40	831.60	10
哈尔滨	987.30	3	961.40	3	962.10	3	1092.90	1085.80	5
长　春	754.55	8	753.80	8	753.40	8	748.9*	751.30	14
石家庄	1024.93	2	965.10	2	1078.46	2	1087.99	1095.16	4
太　原	369.74	20	367.39	20	370.25	20	437.97	442.14	20
合　肥	712.81	12	717.72	12	729.83	12	796.50	808.70	12
南　昌	517.73	18	520.38	18	522.79	18	546.35	554.55	18
济　南	621.61	16	625.73	16	632.83	16	732.12	746.04	15
郑　州	794.10	7	810.50	7	827.10	6	988.10	1013.60	6
武　汉	827.31	5	829.27	5	833.84	5	1089.29	1108.10	3
长　沙	671.41	14	661.83	14	696.00	13	791.81	815.47	11

注：1、带“*”统计口径为户籍人口（不参与排位），其余为常住人口；
　　2、因2017年各市人口统计口径不统一，故不进行排位。

12-3 各省会城市地区生产总值

单位：亿元

城市名称	2014年	位次	2015年	位次	2016年	位次	2017年	位次	2018年比2017年增长（%）	位次
南　宁	**3148.30**	**18**	**3410.07**	**18**	**3703.33**	**18**	**4118.83**	**18**	**5.4**	**24**
昆　明	3712.99	16	3970	17	4300.43	17	4857.64	17	8.4	9
成　都	10056.59	3	10801.16	3	12170.23	2	13889.39	2	8.0	12
贵　阳	2497.27	22	2891.16	20	3157.7	20	3537.96	19	9.9	1
西　安	5474.77	10	5810.03	10	6257.18	10	7469.85	8	8.2	10
兰　州	1913.50	23	2095.99	23	2264.23	23	2523.54	23	6.5	22
乌鲁木齐	2510.00	21	2680	22	2459.0	22	2743.82	21	7.6	15
呼和浩特	2894.05	19	3090.52	19	3173.59	19	2743.72	22	3.9	27
银　川	1395.67	24	1480.73	24	1617.28	24	1803.17	24	7.2	19
西　宁	1077.14	25	1131.62	26	1248.16	26	1284.91	26	9.0	4
拉　萨	347.45	27	376.73	27	424.95	27	479.25	27	9.3	2
广　州	16706.87	1	18100.41	1	19610.94	1	21503.15	1	6.2	23
福　州	5169.16	14	5618.1	13	6197.77	11	7104.02	11	8.6	6
杭　州	9201.16	4	10053.58	4	11050.49	4	12556.16	4	6.7	21
南　京	8820.75	5	9720.77	5	10503.02	5	11715.1	5	8.0	12
海　口	1005.51	26	1161.28	25	1257.67	25	1390.48	25	7.6	15
沈　阳	7098.71	7	7280.5	8	5460	15	5865	15	5.4	24
哈尔滨	5340.10	12	5751.2	11	6101.6	12	6355	14	5.1	26
长　春	5382.00	11	5530	14	5928.5	13	6530	12	7.2	19
石家庄	5170.30	13	5440.6	15	5857.8	14	6460.9	13	7.4	17
太　原	2531.09	20	2735.34	21	2955.6	21	3382.18	20	9.2	3
合　肥	5157.97	15	5660.3	12	6274.3	9	7213.45	9	8.5	7
南　昌	3667.96	17	4000.01	16	4354.99	16	5003.19	16	8.9	5
济　南	5770.60	9	6100.23	9	6536.12	8	7201.96	10	7.4	17
郑　州	6776.98	8	7315.19	7	7994.16	7	9130.2	7	8.1	11
武　汉	10069.48	2	10905.6	2	11912.61	3	13410.34	3	8.0	12
长　沙	7824.81	6	8510.13	6	9323.7	6	10535.51	6	8.5	7

12-4 各省会城市第一产业增加值

单位：亿元

城市名称	2014年	位次	2015年	位次	2016年	位次	2017年	位次	2018年比2017年增长（%）	位次
南　宁	**355.09**	**5**	**371.1**	**5**	**395.93**	**5**	**404.18**	**6**	**4.3**	**5**
昆　明	187.56	16	188.1	16	200.51	16	210.13	16	6.3	2
成　都	357.07	4	373.15	4	474.94	4	500.9	3	3.6	8
贵　阳	108.02	20	129.89	19	137.14	19	147.33	19	6.6	1
西　安	214.55	15	220.2	15	232.01	15	281.12	11	3.3	10
兰　州	53.60	23	56.22	23	60.36	22	61.47	22	6.0	3
乌鲁木齐	29.00	26	31.2	26	28.37	26	29.62	26	2.2	19
呼和浩特	125.46	19	126.23	20	113.49	20	107.74	20	2.1	21
银　川	56.66	21	57.46	22	58.61	23	61.38	23	3.6	8
西　宁	37.75	25	37.46	24	39.15	24	41.8	24	4.2	7
拉　萨	12.94	27	13.8	27	15.12	27	17.54	27	3.0	15
广　州	218.70	14	228.09	14	240.04	14	233.49	15	2.5	17
福　州	416.09	3	434.74	3	492.65	2	519.49	2	4.3	5
杭　州	274.36	11	287.69	11	304.84	10	311.67	10	1.8	23
南　京	223.96	13	232.39	13	252.51	13	263.01	14	0.6	26
海　口	54.58	22	58.12	21	67.68	21	63.72	21	4.5	4
沈　阳	325.29	8	341.4	9	266.4	12	268.2	13	3.2	11
哈尔滨	626.50	1	672.6	1	691.2	1	688.8	1	-0.1	27
长　春	340.10	7	343.3	7	323.5	8	315.1	9	1.7	24
石家庄	487.50	2	494.4	2	480.9	3	480.5	4	3.2	11
太　原	38.93	24	37.43	25	38.22	25	40.82	25	0.7	25
合　肥	257.63	12	263.4	12	270.2	11	272.75	12	2.2	19
南　昌	166.10	17	171.26	17	181.77	17	192.13	17	3.2	11
济　南	290.30	10	305.39	10	317.31	9	317.4	8	2.5	17
郑　州	147.14	18	150.96	18	156.35	18	158.6	18	2.1	21
武　汉	350.06	6	359.81	6	390.62	6	408.2	5	2.9	16
长　沙	311.90	9	341.78	8	370.95	7	379.45	7	3.2	11

12-5 各省会城市第二产业增加值

单位：亿元

城市名称	2014年	位次	2015年	位次	2016年	位次	2017年	位次	2018年比2017年增长（%）	位次
南　宁	**1251.54**	**18**	**1345.1457**	**18**	**1426.5**	**18**	**1599.5**	**18**	**2.2**	**27**
昆　明	1642.03	17	1588.4	17	1660.46	17	1865.97	16	10.0	3
成　都	4508.53	3	4723.49	3	5232.02	2	5998.2	2	7.0	13
贵　阳	976.59	20	1108.52	19	1218.79	19	1375.18	19	7.9	10
西　安	2205.37	14	2165.54	15	2197.81	14	2596.08	13	8.5	6
兰　州	829.20	23	782.65	24	790.09	23	881.74	22	4.9	23
乌鲁木齐	928.00	21	788.8	22	704.94	24	827.63	23	5.4	21
呼和浩特	848.19	22	867.08	21	884.43	21	755.75	24	2.4	26
银　川	760.27	24	787.11	23	825.46	22	908.6	21	5.5	20
西　宁	560.73	25	543.47	25	595.64	25	556.44	25	8.8	5
拉　萨	127.75	27	140.95	27	162.8	27	189.38	27	17.4	1
广　州	5590.97	1	5786.21	1	5925.87	1	6015.29	1	5.4	21
福　州	2352.15	12	2482.44	11	2598.31	11	2962.94	10	8.4	8
杭　州	3858.90	5	3910.6	6	3977.39	6	4387.19	6	5.8	17
南　京	3671.45	6	3916.11	5	4117.2	5	4454.87	5	6.5	15
海　口	215.67	26	223.67	26	233.56	26	252.22	26	6.0	16
沈　阳	3541.41	7	3499	8	2135.6	15	2261.4	15	5.7	18
哈尔滨	1784.00	16	1862.8	16	1896.7	16	1820.7	17	2.7	25
长　春	2862.80	10	2770.9	10	2926.2	9	3175.2	9	7.3	12
石家庄	2417.50	11	2452.9	12	2638	10	2913.9	11	4.8	24
太　原	1012.31	19	1020.14	20	1068.04	20	1271.42	20	10.3	2
合　肥	2872.01	9	3097.9	9	3189.2	8	3643.08	8	9.5	4
南　昌	2017.01	15	2179.96	14	2307.24	13	2666.1	12	8.5	6
济　南	2261.70	13	2307	13	2368.9	12	2569.22	14	7.8	11
郑　州	3487.13	8	3625.52	7	3780.68	7	4247.5	7	8.1	9
武　汉	4785.66	2	4981.54	2	5227.05	3	5861.35	3	5.7	18
长　沙	4241.25	4	4478.2	4	4513.23	4	4998.26	4	6.8	14

12-6 各省会城市第三产业增加值

单位：亿元

城市名称	2014年	位次	2015年	位次	2016年	位次	2017年	位次	2018年比2017年增长（%）	位次
南　宁	**1541.67**	**19**	**1693.8309**	**19**	**1880.89**	**18**	**2115.15**	**18**	**7.8**	**17**
昆　明	1883.40	17	2193.5	16	2439.46	16	2781.54	16	7.3	23
成　都	5190.99	2	5704.52	3	6463.27	3	7390.3	3	9.0	10
贵　阳	1412.66	22	1652.75	21	1801.77	21	2015.45	20	11.3	1
西　安	3054.85	10	3424.29	10	3827.36	9	4592.65	8	8.3	13
兰　州	1030.70	23	1257.11	23	1413.78	23	1580.34	23	7.4	22
乌鲁木齐	1553.00	18	1860	18	1725.67	22	1886.56	21	8.6	12
呼和浩特	1920.40	16	2097.21	17	2175.67	17	1880.23	22	4.6	26
银　川	578.74	25	636.16	25	733.21	25	833.18	25	9.2	7
西　宁	478.66	26	550.69	26	613.37	26	686.67	26	9.4	6
拉　萨	206.77	27	221.98	27	247.04	27	272.33	27	4.6	26
广　州	10897.20	1	12086.11	1	13445.03	1	15254.37	1	6.6	24
福　州	2400.92	12	2700.92	12	3106.81	11	3621.6	11	9.2	7
杭　州	5067.90	3	5855.29	2	6768.26	2	7857.3	2	7.5	19
南　京	4925.34	5	5572.27	4	6133.31	5	6997.22	5	9.1	9
海　口	735.26	24	879.49	24	956.43	24	1074.54	24	8.1	15
沈　阳	3232.02	7	3440.1	9	3058	12	3335.4	12	5.4	25
哈尔滨	2929.60	11	3215.8	11	3513.8	10	3845.5	10	7.5	19
长　春	2179.10	14	2415.8	14	2678.8	15	3039.7	15	7.8	17
石家庄	2265.20	13	2493.3	13	2738.9	14	3066.4	14	10.2	3
太　原	1479.85	21	1677.77	20	1849.34	20	2069.94	19	8.8	11
合　肥	2028.33	15	2298.9	15	2814.8	13	3297.62	13	8.0	16
南　昌	1484.85	20	1648.79	22	1865.98	19	2144.96	17	10.1	4
济　南	3218.60	8	3487.84	8	3849.91	8	4315.34	9	7.5	19
郑　州	3142.70	9	3538.71	7	4057.14	7	4724.1	7	8.3	13
武　汉	4933.76	4	5564.25	5	6294.94	4	7140.79	4	10.1	4
长　沙	3271.66	6	3690.15	6	4439.52	6	5157.8	6	10.7	2

12-7 各省会城市人均地区生产总值

单位：亿元

城市名称	2014年	位次	2015年	位次	2016年	位次	2017年	位次	2018年	位次
南　宁	**43303**	**27**	**49066**	**27**	**52723**	**27**	**57948**	**25**	**55901**	**25**
昆　明	56036	20	59686	20	64162	21	71906	19	76387	20
成　都	70019	12	74273	13	76960	13	86911	13	94782	12
贵　阳	55018	21	63003	19	67771	18	74493	18	78449	18
西　安	63602	17	67343	17	71357	15	78346	15	85114	16
兰　州	54771	22	56972	23	61207	23	67882	21	73042	22
乌鲁木齐	68555	14	74340	12	69565	16	78306	16	88441	14
呼和浩特	95961	6	101977	6	102739	6	110561	6	93200	13
银　川	66277	16	69594	16	74269	14	81656	14	84964	17
西　宁	47261	25	49200	26	53800	26	54800	26	54400	27
拉　萨	56616	19	59233	21	64803	20			76700	19
广　州	128478	1	138377	1	142394	1	150678	1	155491	1
福　州	69995	13	75259	11	82253	9	93290	8	102037	6
杭　州	103757	4	112268	4	121394	4	134607	4	102037	6
南　京	107545	3	118171	2	127264	2	141103	2	152886	2
海　口	46000	26	52501	24	56284	24	61583	23	66042	23
沈　阳	85816	7	87833	7	65851	19	70722	20	75766	21
哈尔滨	53872	23	59027	22	63445	22	66301	22	57837	24
长　春	70891	10	72592	15	78667	12	86931	12	95663	11
石家庄	48970	24	51248	25	54526	25	59645	24	55723	26
太　原	59023	18	63483	18	68234	17	77536	17	88272	15
合　肥	67394	15	73102	14	80136	11	91113	11	97470	9
南　昌	70373	11	75879	10	81598	10	93145	9	95825	10
济　南	82502	8	85919	8	90999	7	98967	7	106302	5
郑　州	72293	9	77217	9	82872	8	93143	10	101349	8
武　汉	98000	5	104132	5	111468	5	123831	5	135136	4
长　沙	107683	2	115443	3	123681	3	135388	3	136920	3

12-8 各省会城市固定资产投资

单位：亿元

城市名称	2014年	位次	2015年	位次	2016年	位次	2017年	位次	2018年比2017年增长（%）	位次
南　宁	**2886.68**	**19**	**3366.89**	**18**	**3824.73**	**17**	**4307.95**	**16**	**11.8**	**6**
昆　明	3138.17	17	3497.88	17	3920.07	16	4217.9	17	5.5	23
成　都	6620.40	2	7007	2	8370.5	1	9404.2	1	10.0	13
贵　阳	3421.76	16	2804.45	19	3380.73	18	3850.6	18	15.0	3
西　安	5824.53	4	5165.98	11	5191.36	10	7556.47	5	8.5	18
兰　州	1610.68	22	1803.75	21	1990.95	20	1315.35	25	12.1	5
乌鲁木齐	1519.15	23	1708.39	22	1607.78	24	2020	19	10.0	13
呼和浩特	1736.50	21	1618.6	23	1849.2	21	1490.8	22	−26.5	27
银　川	1371.92	24	1540.88	24	1723.31	22	1719.05	20	−21.9	26
西　宁	1176.61	25	1295.95	25	1399.3	25	1600.03	21	9.0	17
拉　萨	455.39	27	546.04	27	582.27	27	611.73	27	13.1	4
广　州	4808.51	11	5405.95	9	5703.59	8	5919.83	9	8.2	19
福　州	4388.62	12	4853.61	12	5184.36	11	5823.39	11	11.7	7
杭　州	4952.70	10	5556.32	7	5842.42	7	5856.65	10	10.8	11
南　京	5460.03	5	5425.98	8	5533.56	9	6215.2	8	9.4	16
海　口	821.53	26	1012.05	26	1271.73	26	1415.5	24	−6.2	24
沈　阳	6564.06	3	5326	10	1631.6	23	1484	23	15.3	2
哈尔滨	4176.00	13	4595.7	13	5040.1	12	5395.5	12	−7.2	25
长　春	3924.50	14	4400	14	4659	13	5194.8	13	6.7	21
石家庄	5076.43	9	5689.9	6	5916	6	6310.1	7	6.4	22
太　原	1746.09	20	2025.61	20	2027.71	19	964.86	26	26.2	1
合　肥	5096.41	8	5851.9	5	6501.17	5	6351.43	6	7.1	20
南　昌	3434.25	15	4000.07	15	4540.26	14	5115.18	14	10.9	9
济　南	3063.40	18	3498.4	16	3974.3	15	4363.6	15	9.6	15
郑　州	5259.60	7	6288	4	6998.6	3	7573.44	3	10.9	9
武　汉	6962.53	1	7680.89	1	7093.17	2	7871.66	2	10.6	12
长　沙	5435.75	6	6363.29	3	6693.32	4	7567.77	4	11.5	8

12-9 各省会城市社会消费品零售总额

单位：亿元

城市名称	2014 年	位次	2015 年	位次	2016 年	位次	2017 年	位次	2018 年比 2017 年增长（%）	位次
南　宁	**1616.90**	**17**	**1786.68**	**17**	**1980.36**	**17**	**2204.16**	**17**	**9.0**	**14**
昆　明	1905.89	15	2061.66	16	2310.09	16	2590.95	16	10.0	5
成　都	4468.88	2	4946.19	3	5647.4	2	6403.5	2	10.0	5
贵　阳	888.58	23	1060.17	23	1195.34	23	1335.28	22	8.0	18
西　安	2872.90	12	3405.38	10	3730.7	11	4329.51	7	9.6	10
兰　州	944.90	22	1152.15	21	1263.33	21	1358.72	21	7.4	20
乌鲁木齐	1069.96	21	1152	22	1236.69	22	1317	23	5.0	25
呼和浩特	1256.08	20	1353.53	20	1481.46	20	1570.95	20	5.6	24
银　川	382.47	26	477.63	25	514.19	25	562.31	25	4.8	26
西　宁	412.86	25	461.94	26	513.07	26	560.79	26	6.7	21
拉　萨	180.33	27	205.8	27	229.67	27	258.76	27	14.2	1
广　州	7144.45	1	7932.96	1	8706.49	1	9402.59	1	7.6	19
福　州	2991.98	9	3488.74	8	3763.14	9	4193.87	8	11.3	2
杭　州	3838.73	5	4697.23	4	5176.2	4	5717.43	4	9.0	14
南　京	4167.19	4	4590.17	5	5088.2	5	5604.66	5	8.4	16
海　口	541.27	24	595.53	24	653.89	24	726.12	24	5.9	23
沈　阳	3570.11	6	3883.2	6	3985.9	7	3989.8	12	9.2	11
哈尔滨	3070.90	8	3394.5	11	3744.2	10	4044.8	11	4.2	27
长　春	2217.55	14	2409.3	14	2650.3	14	2922.8	14	6.2	22
石家庄	2423.50	13	2680.9	13	2975.2	13	3296	13	9.1	12
太　原	1411.13	19	1540.8	19	1666.24	19	1767.82	19	8.1	17
合　肥	1666.75	16	2183.65	15	2445.7	15	2728.51	15	9.1	12
南　昌	1429.21	18	1662.87	18	1868	18	2096.96	18	11.1	3
济　南	2964.40	10	3410.3	9	3764.8	8	4146.1	9	10.0	5
郑　州	2913.60	11	3294.71	12	3665.83	12	4057.22	10	9.7	9
武　汉	4369.32	3	5102.24	2	5610.59	3	6196.3	3	10.5	4
长　沙	3162.07	7	3690.59	7	4117.4	6	4547.68	6	9.9	8

12-10 各省会城市海关进出口贸易总额

城市名称	2014 年	位次	2015 年	单位	2016 年	单位	2017 年	单位	2018 年	单位	2018 年比 2017 年增长（%）
南宁	**48.14**	**21**	**364.46**	**亿元**	**416.23**	**亿元**	**607.09**	**亿元**	**738.79**	**亿元**	**21.7**
昆明	177.87	11	123.64	亿美元	66.81	亿美元	78.18	亿美元	131.20	亿美元	67.6
成都	558.43	4	2454.9	亿元	2713.4	亿元	3941.8	亿元	4983.20	亿元	26.4
贵阳	78.42	19	91.22	亿美元	39.04	亿美元	29.92	亿美元	34.94	亿美元	15.2
西安	249.83	8	1761.92	亿元	1828.46	亿元	2545.41	亿元	3303.87	亿元	29.6
兰州	45.6	22	315.07	亿元	281	亿元	125.11	亿元	133.18	亿元	23.9
乌鲁木齐	82.85	18	361.91	亿元	323.73	亿元	460.34	亿元	513.50	亿元	12.4
呼和浩特	21.95	25	20.72	亿美元	13.09	亿美元	15.99	亿美元	116.70	亿元	7.0
银川	45	23	32.67	亿美元	163.47	亿元	270.62	亿元	168.83	亿元	-37.6
西宁	15.97	27	114.13	亿元	85.08	亿元	32.91	亿元	31.28	亿元	-5.0
拉萨	20.76	26	41.29	亿元	41.21	亿元	44.27	亿元	40.96	亿元	-7.1
广州	1305.9	1	8306.41	亿元	8566.92	亿元	9714.36	亿元	9810.15	亿元	1.0
福州	346.13	6	2065.48	亿元	2082.2	亿元	2336.06	亿元	2452.75	亿元	5.0
杭州	679.98	2	665.66	亿美元	4485.97	亿元	5085.08	亿元	5245.30	亿元	3.1
南京	572.21	3	532.4	亿美元	3315.33	亿元	4143	亿元	4317.20	亿元	4.7
海口	34	24	270.49	亿元	258.18	亿元	210.22	亿元	341.17	亿元	62.3
沈阳	158	12	140.8	亿美元	113.3	亿美元	128.5	亿美元	149.50	亿美元	16.4
哈尔滨	68.1	20	47.8	亿美元	39.7	亿美元	33.5	亿美元	209.70	亿美元	-8.0
长春	207.19	9	139.9	亿美元	141.6	亿美元	952.5	亿元	1054.60	亿元	10.7
石家庄	143	13	121.4	亿美元	116.1	亿美元	862.2	亿元	915.50	亿元	6.1
太原	106.71	16	106.77	亿美元	879.38	亿元	915.25	亿元	1086.29	亿元	18.7
合肥	200.87	10	1262.99	亿元	186.87	亿美元	249.59	亿美元	308.13	亿美元	23.5
南昌	122.26	15	114.64	亿美元	619.7	亿元	669.2	亿元	787.55	亿元	18.2
济南	104.95	17	99.1	亿美元	639.7	亿元	708.1	亿元	825.00	亿元	16.2
郑州	464.31	5	570.3	亿美元	3645.66	亿元	4015.65	亿元	4105.00	亿元	2.2
武汉	264.29	7	280.7	亿美元	1570.1	亿元	1936.2	亿元	2146.00	亿元	10.9
长沙	125.71	14	806.47	亿元	746.75	亿元	938.02	亿元	1283.34	亿元	36.8

注：2014 年（含 2014 年）统计计量单位为万美元，2015–2018 年统计计量单位如表里所示。

12-11 各省会城市海关出口贸易总额

城市名称	2014年	位次	2015年	单位	2016年	单位	2017年	单位	2018年	单位
南宁	**261702**	**22**	**202.48**	**亿元**	**211.13**	**亿元**	**275.69**	**亿元**	**355.09**	**亿元**
昆明	1160800	10	94.54	亿美元	41.33	亿美元	29.43	亿美元	37.63	亿美元
成都	3381800	3	1483.88	亿元	1451	亿元	2064.9	亿元	2746.9	亿元
贵阳	727200	14	78.97	亿美元	32.61	亿美元	22.71	亿美元	15.15	亿美元
西安	1196100	9	819.86	亿元	946.75	亿元	1552.38	亿元	1957.49	亿元
兰州	400700	19	277.71	亿元	231	亿元	72.88	亿元	75.6	亿元
乌鲁木齐	721700	15	298.18	亿元	277.73	亿元	360.67	亿元	361.36	亿元
呼和浩特	124200	25	12.48	亿美元	6.82	亿美元	7.6	亿美元	55.9	亿元
银川	360000	20	25.11	亿美元	19.87	亿美元	195.99	亿元	127.79	亿元
西宁	108400	27	98.49	亿元	75.6	亿元	19.13	亿元	10.98	亿元
拉萨	207900	24	31.33	亿元	28.3	亿元	28.59	亿元	27.24	亿元
广州	7271300	1	5034.67	亿元	5187.05	亿元	5792.15	亿元	5607.58	亿元
福州	2123800	6	1312.28	亿元	1406.8	亿元	1482.4	亿元	1654.82	亿元
杭州	4916600	2	500.56	亿美元	3313.8	亿元	3455.61	亿元	3417.1	亿元
南京	3262800	4	315.03	亿美元	1952.28	亿元	2333	亿元	2500.7	亿元
海口	123000	26	59.77	亿元	52.23	亿元	55.46	亿元	67.24	亿元
沈阳	714300	16	67.9	亿美元	45.2	亿美元	317.7	亿元	342.1	亿元
哈尔滨	344400	21	23.6	亿美元	16.8	亿美元	91.7	亿元	103.5	亿元
长春	246700	23	19.2	亿美元	19.1	亿美元	129.8	亿元	152.5	亿元
石家庄	779000	13	73.2	亿美元	70.2	亿美元	531.2	亿元	571.6	亿元
太原	657000	17	65.92	亿美元	549.71	亿元	572.16	亿元	663.25	亿元
合肥	1251400	8	851.51	亿元	126.35	亿美元	145.66	亿美元	1203.46	亿元
南昌	841700	12	85.94	亿美元	379.75	亿元	428.27	亿元	451.67	亿元
济南	606000	18	59.96	亿美元	40.8	亿元	451	亿元	519.3	亿元
郑州	2665700	5	312.7	亿美元	2100.62	亿元	2327.94	亿元	2577.14	亿元
武汉	1379100	7	151.5	亿美元	905.8	亿元	1157.6	亿元	1272.7	亿元
长沙	877000	11	538.25	亿元	502.31	亿元	587.89	亿元	823.15	亿元

注：2014年（含2014年）统计计量单位为万美元，2015–2018年统计计量单位如表里所示。

12-12 各省会城市一般公共预算收入

单位：亿元

城市名称	2014 年	位次	2015 年	位次	2016 年	位次	2017 年	位次	2018 年	位次	2018 年比 2017 年增长（%）
南 宁	**274.85**	**20**	**297.05**	**20**	**312.79**	**20**	**332.15**	**20**	**359.0**	**21**	**8.1**
昆 明	477.97	13	502.22	13	530	13	560.86	13	595.6	14	6.2
成 都	1025.17	4	1154.4	4	1175.4	5	1275.5	4	1424.2	5	9.4
贵 阳	331.59	19	374.15	18	366.32	19	377.77	18	903.3	7	8.9
西 安	583.76	9	650.91	8	641.1	9	654.5	11	684.7	12	10.8
兰 州	152.33	24	185.58	23	215.5	23	234.2	22	253.3	22	8.9
乌鲁木齐	340.62	18	368.67	19	369.67	18	400.78	17	458.3	18	14.3
呼和浩特	211.54	22	247.4	22	269.7	22	201.63	23	204.7	23	1.5
银 川	153.60	23	171.28	24	173.2	24	177.46	24	181.2	24	2.1
西 宁	83.88	26	94.79	26	75.22	26	79.2	27	92.9	27	17.4
拉 萨	64.79	27	62.42	27	70.79	27	89.63	26	110.1	26	22.8
广 州	1243.10	1	1349.09	1	1393.85	2	1533.06	2	1632.3	2	6.5
福 州	510.87	11	560.46	12	598.91	12	634.16	12	680.4	13	7.3
杭 州	1027.32	3	1233.88	3	1402.38	1	1567.42	1	1825.1	1	12.5
南 京	903.49	5	1020.03	5	1142.6	6	1271.91	5	1470.0	4	15.6
海 口	100.12	25	111.5	25	115.51	25	125.36	25	169.9	25	13.9
沈 阳	785.50	7	606.2	10	620.9	10	656.2	9	720.6	10	10
哈尔滨	423.50	14	407.7	14	376.2	17	368.1	19	384.4	19	4.4
长 春	397.30	15	388.2	16	415.5	14	450.1	15	478.0	16	6.2
石家庄	343.47	16	375	17	410.7	15	460.7	14	519.7	15	12.8
太 原	258.85	21	274.24	21	282.69	21	311.85	21	373.2	20	19.7
合 肥	500.34	12	571.54	11	614.85	11	655.9	10	712.5	11	8.6
南 昌	342.21	17	389.22	15	402.18	16	417.08	16	461.8	17	10.7
济 南	543.10	10	614.3	9	641.2	8	677.2	8	752.8	9	11.2
郑 州	833.90	6	942.9	6	1011.2	7	1056.67	6	1152.1	6	9
武 汉	1101.02	2	1245.63	2	1322.1	3	1402.93	3	1528.7	3	11
长 沙	632.80	8	718.95	7	1231.02	4	800.35	7	879.7	8	9.9

12-13 各省会城市地方财政支出

单位：亿元

城市名称	2014年	位次	2015年	位次	2016年	位次	2017年	2018年	位次	2018年比2017年增长（%）
南宁	**465.77**	**18**	**527.69**	**18**	**586.98**	**18**	**646.31**	**697.9**	**18**	**8**
昆明	594.05	13	615.51	16	689.14	16	775.9	756.8	16	-2.5
成都	1340.00	2	1478.6	2	1597.2	2	1759.63	1837.5	3	9.7
贵阳	448.65	19	503.59	19	525.61	19	578.08	627.5	20	7.7
西安	819.50	8	916.81	8	942.52	8	1045.09	1151.6	8	10.2
兰州	280.14	23	343.51	23	424.16	20	434.53	465.7	22	11.4
乌鲁木齐	404.81	20	446.66	20	417.56	23	458.58	659.8	19	43.9
呼和浩特	310.79	22	367.67	22	420.9	22	402.27	357.0	24	-11.3
银川	263.90	24	309.27	24	397.04	24	341.53	370.8	23	8.5
西宁	248.14	25	280.03	25	287.81	25	560.79	297.5	26	3.2
拉萨	169.49	26	200.4	26	248.48	26	257.47	300.1	25	16.5
广州	1436.22	1	1728.15	1	1943.68	1	2185.99	2505.8	1	14.6
福州	571.02	15	723.68	13	831.24	11	940.82	923.4	14	-1.6
杭州	961.18	4	1205.48	3	1404.31	4	1540.92	1717.1	5	11.4
南京	921.20	5	1045.18	6	1173.79	6	1353.96	1532.7	6	13.2
海口	150.92	27	171.13	27	206.17	27	198.5	237.4	27	19.6
沈阳	914.40	7	808.6	10	829.4	12	848	964.9	12	12.9
哈尔滨	740.10	10	824.8	9	876.3	9	958.5	962.2	13	0.4
长春	675.80	12	765.7	12	770.6	13	875.7	894.3	15	2.1
石家庄	566.49	16	682.3	14	746.1	14	804.2	994.7	11	23.7
太原	322.69	21	420.09	21	424.07	21	479.06	542.5	21	13.2
合肥	698.79	11	772.66	11	859.85	10	965.34	1004.9	10	4.1
南昌	473.40	17	547.5	17	587.69	17	654.28	752.1	17	15.2
济南	571.90	14	658.6	15	741	15	834.2	1018.3	9	22.1
郑州	918.60	6	1103.36	5	1321.6	5	1514.94	1763.3	4	16.4
武汉	1179.88	3	1191.6788	4	1524.7	3	1728.28	1929.5	2	12.3
长沙	802.40	9	922.06	7	1041.43	7	1186.57	1329.5	7	12.4

12-14 各省会城市金融机构存款余额

单位：亿元

城市名称	2014 年	位次	2015 年	位次	2016 年	位次	2017 年	位次	2018 年	位次
南　宁	**7064.49**	**19**	**8257.77**	**20**	**8901.72**	**20**	**9367.53**	**20**	**10093.13**	**20**
昆　明	10582.22	11	11879.67	11	12655.68	12	13466.56	12	13583.62	13
成　都	26798.00	2	29474.92	2	31434.00	3	34423.3	3	37826.00	3
贵　阳	6992.20	20	8772.22	18	9928.30	17	10814.51	17	11418.52	18
西　安	15166.78	6	17796.38	6	19073.96	6	20047.62	7	21266.72	7
兰　州	6617.51	21	7803.12	21	8623.11	21	8513.59	21	8814.26	21
乌鲁木齐	6233.97	22	6984.6	22	7406.60	22	8320.71	22	8477.90	22
呼和浩特	4723.75	23	5364.66	23	6178.80	23	6312.6	23	5803.82	23
银　川	2608.97	26	3017.77	26	3343.40	26	3587.23	26	3718.57	26
西　宁	3104.76	25	3548.43	25	3756.01	25	3883.79	25	3802.21	25
拉　萨	1830.75	27	2123.1	27	2566.10	27	2732.78	27	2805.06	27
广　州	34170.66	1	41574.49	1	45937.34	1	49332.53	1	54788.06	1
福　州	9439.39	13	10875.62	13	12076.50	13	13136.68	13	14204.30	12
杭　州	23950.05	3	29003.07	3	33386.04	2	36483.24	2	39810.50	2
南　京	20161.85	4	25887.77	4	28355.89	4	30764.63	4	34524.86	4
海　口	3152.59	24	3962.82	24	4989.30	24	5420.27	24	4899.31	24
沈　阳	12309.60	8	13867.9	9	14446.30	10	15752.9	10	17746.20	9
哈尔滨	8884.00	16	9688.6	17	9804.00	18	10512.6	18	11616.00	16
长　春	8723.40	17	9848.6	15	11122.20	14	11540.9	16	11551.20	17
石家庄	9124.60	15	9800.2	16	11077.90	15	11703	14	13315.79	14
太　原	10011.26	12	10593.91	14	11070.04	16	11621.28	15	12317.27	15
合　肥	9142.68	14	10967.91	12	13479.68	11	14235.41	11	15677.27	11
南　昌	7296.23	18	8342.63	19	9503.00	19	10011.39	19	10733.08	19
济　南	11744.40	9	13553	10	15537.40	8	16560.6	9	17060.10	10
郑　州	13955.60	7	16936.27	7	19000.70	7	20349.6	6	22710.55	6
武　汉	16004.89	5	19057.17	5	22196.21	5	24499.41	5	26331.62	5
长　沙	11145.43	10	14065.66	8	15488.77	9	17141.80	8	18633.60	8

12-15 各省会城市金融机构贷款余额

单位：亿元

城市名称	2014年	位次	2015年	位次	2016年	位次	2017年	位次	2018年	位次
南宁	**7091.46**	**17**	**8228.66**	**17**	**9423.79**	**16**	**10470.44**	**15**	**12052.13**	**17**
昆明	10201.32	9	11976.49	9	13520.32	9	14789.35	9	16224.73	9
成都	19779.00	3	21970.64	3	25009.00	3	28359.3	3	32637	3
贵阳	6560.51	18	7875.58	18	9153.20	17	10403.12	16	12508.73	15
西安	11668.14	6	13714.02	6	15282.65	7	16954.81	7	19891.6	7
兰州	5612.72	20	6892.02	20	8663.00	19	9643.55	20	11269.24	19
乌鲁木齐	4502.33	23	4957.43	23	5287.20	23	6235.78	23	7001.8	23
呼和浩特	5145.89	21	6073.88	22	7051.80	22	7646.00	22	8056.96	22
银川	3185.93	25	3653.98	26	4076.57	26	4460.31	26	5028.54	26
西宁	3328.22	24	4095.93	24	4633.43	25	5109.15	25	5468.39	25
拉萨	931.42	27	1205.45	27	2011.51	27	2757.11	27	3134.86	27
广州	22688.33	1	26136.95	1	28885.54	1	33312.7	1	40749.32	1
福州	9331.49	11	10638.44	11	12124.69	12	13320.41	12	15364.34	11
杭州	20356.17	2	22395.29	2	26169.00	2	29270.94	2	36598.3	2
南京	16328.58	4	18217.8	4	22268.94	4	25159.48	4	29065.66	4
海口	2945.41	26	3656.03	25	5268.49	24	5600.33	24	5700.68	24
沈阳	10026.90	10	11343.8	10	12798.20	11	13160.6	13	14911.6	12
哈尔滨	7257.50	16	8492.3	16	9048.70	18	9968.3	19	11079.8	20
长春	7475.50	15	8935.1	15	9966.10	15	10375.7	17	11488.3	18
石家庄	5098.92	22	6121.1	21	7175.90	21	8925	21	10171.75	21
太原	7945.33	14	9027.59	14	10103.36	14	11340.29	14	12684.21	14
合肥	8169.64	13	9636.57	13	12064.18	13	13401.22	11	14196.54	13
南昌	6329.26	19	7376.05	19	8604.57	20	10209.28	18	12124.64	16
济南	8508.30	12	9674.2	12	13096.00	10	14350.3	10	16059.9	10
郑州	10868.30	7	12650.26	7	15422.40	6	17992.4	6	22055.67	6
武汉	14463.40	5	16018.3	5	20754.87	5	23947.76	5	28270.77	5
长沙	10377.71	8	12323.87	8	13866.96	8	16027.07	8	18360.89	8

12-16 各省会城市居民消费价格总指数

单位：%

城市名称	2014 年	位次	2015 年	位次	2016 年	位次	2017 年	位次	2018 年	位次
南　宁	**101.6**	**23**	**101.9**	**6**	**101.4**	**21**	**102.3**	**5**	**102.5**	**4**
昆　明	103.1	1	102.4	2	101.7	16	100.5	27	101.7	22
成　都	101.3	25	101.1	21	102.2	11	102	8	101.4	26
贵　阳	102.7	5	102.3	3	101.1	25	101	26	101.7	22
西　安	101.4	24	100.7	25	100.9	26	102	8	101.9	19
兰　州	102.2	9	101.3	17	100.8	27	101.5	16	101.7	22
乌鲁木齐	102.8	3	100.7	25	101.5	20	102.8	3	102.2	13
呼和浩特	101.2	26	101.8	8	101.4	21	101.4	17	102.1	15
银　川	102.1	15	101.6	12	101.7	16	101.7	15	102.2	13
西　宁	102.8	3	102.5	1	102.1	12	101.4	17	102.7	2
拉　萨	103.0	2	102.2	4	102.6	5	101.4	17	101.1	27
广　州	102.3	8	101.7	10	102.7	2	102.3	5	102.4	6
福　州	101.8	22	101.7	10	102.3	9	101.1	25	101.5	25
杭　州	102.0	16	101.8	8	102.6	5	102.5	4	102.3	10
南　京	102.6	6	102.0	5	102.7	2	101.9	11	102.4	6
海　口	102.2	9	101.2	19	103.0	1	103.3	2	102.4	6
沈　阳	102.2	9	101.2	19	101.7	16	101.4	17	103.0	1
哈尔滨	102.0	16	101.4	15	101.8	15	103.5	1	102.5	4
长　春	102.2	9	101.3	17	101.4	21	101.3	23	102.0	16
石家庄	102.0	16	101	24	101.6	19	101.4	17	102.3	10
太　原	102.2	9	100.4	27	101.2	24	101.8	13	101.8	21
合　肥	102.0	16	101.6	12	102.6	5	101.4	17	102.0	16
南　昌	102.5	7	101.6	12	102.1	12	102.1	7	102.3	10
济　南	102.2	9	101.9	6	102.7	2	102	8	102.6	3
郑　州	102.0	16	101.1	21	102.3	9	101.8	13	102.4	6
武　汉	101.9	21	101.4	15	102.4	8	101.9	11	101.9	19
长　沙	100.2	27	101.1	21	101.9	14	101.3	23	102.0	16

12-17 各省会城市城镇居民人均可支配收入

单位：元

城市名称	2014 年	位次	2015 年	位次	2016 年	位次	2017 年	位次	2018 年	位次	2018 年比 2017 年增长（%）
南　宁	**27075**	**18**	**29106**	**17**	**30728**	**20**	**33217**	**19**	**35276**	**23**	**6.2**
昆　明	31295	12	33955	10	36739	10	39788	10	42988	10	8.0
成　都	32665	9	33476	11	35902	11	38918	11	42128	11	8.2
贵　阳	24961	24	27241	24	29502	25	32186	25	35115	24	9.1
西　安	36100	6	39007	6	35630	12	38536	12	38729	16	8.1
兰　州	23030	26	27088	25	29661	23	32331	24	35014	25	8.3
乌鲁木齐	26890	19	31500	14	34200	15	37028	15	40101	14	8.3
呼和浩特	34723	7	37362	7	40220	6	43518	6	46565	7	7.0
银　川	25940	22	28261	20	30478	21	32981	21	35586	20	7.9
西　宁	21291	27	25232	27	27539	27	30043	27	32500	27	8.2
拉　萨	23057	25	26908	26	29383	26	32408	23	35842	19	10.6
广　州	42955	2	46735	2	50941	2	55400	2	59982	2	8.3
福　州	32451	10	27782	22	37833	9	40973	9	44457	8	8.5
杭　州	44632	1	48316	1	52185	1	56276	1	61172	1	8.7
南　京	42568	3	46104	3	49997	3	54538	3	59308	3	8.7
海　口	26530	20	28535	19	30775	19	33320	18	36137	18	8.5
沈　阳	31720	11	36664	8	39135	8	41359	8	44054	9	6.5
哈尔滨	28816	16	30977	16	33190	17	35546	17	37828	17	6.4
长　春	27299	17	29090	18	31069	18	33168	20	35332	22	6.5
石家庄	26071	21	28097	21	30459	22	32929	22	35563	21	8.0
太　原	25768	23	27727	23	29632	24	31469	26	33672	26	7.0
合　肥	29348	13	31989	12	34852	13	37972	13	41484	12	9.3
南　昌	29091	15	31942	13	34619	14	37675	14	40844	13	8.4
济　南	38763	4	39889	5	43052	5	46642	5	50146	5	7.5
郑　州	29095	14	31099	15	33214	16	36050	16	39042	15	8.3
武　汉	33270	8	36436	9	39737	7	43405	7	47359	6	9.1
长　沙	36826	5	39961	4	43294	4	46948	4	50792	4	8.2

12-18 各省会城市农民人均可支配收入

单位：元

城市名称	2014 年	位次	2015 年	2016 年	位次	2017 年	位次	2018 年	位次	2018 年比 2017 年增长（%）
南　宁	**8576**	**26**	**9408**	**11398**	**25**	**12515**	**25**	**13654**	**24**	**9.1**
昆　明	10366	21	11444	12555	21	13698	20	14895	18	8.7
成　都	14478	9	17690	18605	6	20298	6	22135	6	9
贵　阳	10826	19	11918	12967	18	14264	18	15648	17	9.7
西　安	14462	10	15778	15191	12	16522	12	13286	25	9
兰　州	8067	27	9621	10391	26	11305	26	12368	26	9.4
乌鲁木齐	13306	13	15200	16400	9	17839	10	19623	9	10
呼和浩特	12538	15	13491	14517	15	15710	14	17190	13	9.4
银　川	10275	23	11148	12037	23	13087	23	14160	23	8.2
西　宁	10097	24	8865	9678	27	10548	27	11504	27	9.1
拉　萨	9258	25	10378	11448	24	12994	24	14369	21	10.6
广　州	17663	3	19323	21449	3	23484	3	26020	3	10.8
福　州	14012	12	15203	16347	10	17865	9	19419	10	8.7
杭　州	23555	1	25719	27908	1	30397	1	33193	1	9.2
南　京	17661	4	19483	21156	4	23133	4	25263	4	9.2
海　口	10290	22	11635	12679	19	13763	19	14886	19	8.2
沈　阳	15945	6	13498	14445	16	15461	17	16530	16	6.9
哈尔滨	12125	17	13375	14439	17	15614	15	16934	14	8.9
长　春	11259	18	11749	12576	20	13431	21	14237	22	6
石家庄	10542	20	11609	12345	22	13345	22	14518	20	8.8
太　原	12616	14	13626	14591	14	15595	16	16860	15	8.1
合　肥	14407	11	15733	17059	8	18694	8	20389	8	9.7
南　昌	12414	16	13693	14952	13	16364	13	17866	12	9.2
济　南	14726	8	14232	15346	11	16594	11	17924	11	8
郑　州	15470	7	17125	18426	7	19974	7	21652	7	8.4
武　汉	16160	5	17722	19152	5	20887	5	22652	5	8.5
长　沙	21723	2	23601	25448	2	27360	2	29714	2	8.6

注：2015 年以前指标口径为农民人均纯收入。

指标解释

EXPLANATORY NOTES ON STATISTICAL INDI–CATORS

主要指标解释

地区生产总值 是按市场价格计算的地区生产总值的简称。它是一个国家(地区)所有常住单位在一定时期内生产活动的最终成果。地区生产总值有三种表现形态，即价值形态、收入形态和产品形态。从价值形态看，它是所有常住单位在一定时期内所生产的全部货物和服务价值超过同期投入的全部非固定资产货物和服务价值的差额，即所有常住单位的增加值之和；从收入形态看，它是所有常住单位在一定时期内所创造并分配给常住单位和非常住单位的初次分配收入之和；从产品形态看，它是最终使用的货物和服务减去进口货物和服务。在实际核算中，地区生产总值的三种表现形态表现为三种计算方法，即生产法、收入法和支出法。三种方法分别从不同的方面反映地区生产总值及其构成。

可比价格 指在不同时期的价值指标对比时，扣除了价格变动的因素，以确切反映物量的变化。按可比价格计算有两种方法：一种是直接用产品产量乘某一年的不变价格计算；另一种是用价格指数换算。

不变价格 指用同类产品的年平均价格作为固定价格，来计算各年产品价值。按不变价格计算的产品价值消除了价格变动因素，不同时期对比可以反映生产的发展速度。新中国成立后，随着工农业产品价格水平的变化，国家统计局先后五次制定了全国统一的工业产品不变价格和农业产品不变价格，从1949年到1957年使用1952年工(农)业产品不变价格，从1957年到1971年使用1957年不变价格，1971年到1981年使用1970年不变价格，从1981年到1990年使用1980年不变价格，从1990年开始使用1990年不变价格。

平均每年增长速度 在我国计算平均增长速度有两种方法，一种是习惯上经常使用的“水平法”，又称几何平均法，是以间隔期最后一年的水平同基期水平对比来计算平均每年增长(或下降)速度。另一种是“累计法”，又称代数平均法或方程法，是以间隔期内各年水平的总和同基期水平对比来计算平均每年增长(或下降)速度。

在一般正常情况下，两种方法计算的平均每年增长速度比较接近，但在经济发展不平衡，出现大起大落时，两种方法计算的结果差别较大。

国有经济单位 指生产资料归国家所有的各种企业、事业单位，以及各级国家机关、人民团体等单位。

集体经济单位 指生产资料归公民集体所有的各种企业、事业单位。包括农村各种经济组织经营的农、林、牧、副、渔业，乡、村经营的企业、事业单位；城市、县、镇以及街道举办的集体经济性质的企业、事业单位。

私营经济单位 指生产资料归公民私人所有的单位。包括私营独资企业、私营合伙企业和私营有限责任公司。

联营经济单位 指不同所有制性质的企业之间或者企业、事业单位之间共同投资组成新的经济实体。包括紧密型联营企业，半紧密型联营企业和松散型联营企业。

股份制经济单位 指全部注册资本由全体股东共同出资，并以股份形式投资举办企业。主要包括股份有限公司和有限责任公司。

外商投资经济单位 指外国投资者根据中华人民共和国有关涉外经济的法律、法规，以合资、合作或独资的形式在中国大陆境内开办企业。包括中外合资经营企业、中外合作经营企业和外资企业。

港澳台投资经济单位 指港、澳、台地区投资者参照中华人民共和国有关涉外经济的法律、法规，以合资、合作或独资的形式在大陆举办企业。包括合资经营企业、合作经营企业和独资企业。

三次产业 根据社会生产活动历史发展的顺序对产业结构的划分，产品直接取自自然界的部门称为第一产业，对初级产品进行再加工的部门称为第二产业。为生产和消费提供各种服务的部门称为第三产业。它是世界上通用的产业结构分类，但各国的划分不尽一致。我国的三次产业划分是：

第一产业：农业(包括种植业、林业、牧业、副业和渔业)。

第二产业：工业(包括采矿业，制造业，电力、燃气及水的生产和供应业)和建筑业。

第三产业：除第一、第二产业以外的其他各业。第三产业包括：交通运输、仓储和邮政业，信息传输、计算机服务和软件业，批发和零售业，住宿和餐饮业，金融业，房地产业，租赁和商务服务业，科学研究、技术服务和地质勘察业，水利、环境和公共设施管理业，居民服务和其他服务业，教育，卫生，社会保障和社会福利业，文化、体育和娱乐业，公共管理和社会组织、国际组织。

劳动者报酬 劳动者报酬是指劳动者因从事生产活动所获得的全部报酬。它包括劳动者获得的各种形式工资、奖金和津贴，既包括货币形式的，也包括实物形式的，它还包括劳动者所享受的公费医疗和医药卫生费、上下班交通补贴和单位支付的社会保险费等。单位支付的社会保险费，就是单位直接支付给负责社会保险的政府单位（一般指劳动部门）的社会保险金或为本单位职工离退休、发生死亡、伤残、医疗保险等而支付的保险费。对于个体经济来说，其所有者所获得的劳动报酬和经营利润不易区分，这两部分统一作为劳动者报酬处理。

生产税净额 指生产税减生产补贴后的差额。生产税指政府对生产单位生产、销售和从事经营活动以及因从事生产活动使用某些生产要素，如固定资产、土地、劳动力所征收的各种税、附加费和规费。具体包括销售税金及附加、增值税、管理费中开支的各种税、应交纳的养路费、排污费和水电费附加、烟酒专卖上缴政府的专项收入等。生产补贴与生产税相反，是政府对生产单位的单方面收入转移，因此视为负生产税处理，包括政策亏损补贴、粮食系统价格补贴、外贸企业出口退税收入等。

固定资产折旧 指一定时期内为弥补固定资产损耗按照核定的固定资产折旧率提取的固定资产折旧，或按国民经济核算统一规定的折旧率虚拟计算的固定资产折旧。它反映了固定资产在当期生产中的转移价值。各种类型企业和企业化管理的事业单位的固定资产折旧指实际计提并计入成本费用中的折旧费；不计提折旧的单位，如政府机关、非企业化管理的事业和居民住房的固定资产折旧则是按照统一规定的折旧率和固定资产原值计算的虚拟折旧。原则上，固定资产折旧应按固定资产的重置价值来计算，但是我国目前尚不具备对全社会固定资产进行重估价的基础，所以暂时只能采用上述方法来计算。

营业盈余 指常住单位创造的增加值扣除劳动者报酬、生产税净额和固定资产折旧后的余额。它相当于企业的营业利润加上生产补贴，但要扣除从利润中开支的工资和福利以及从税后利润中提取的公益金等。

人口数 指一定时点、一定地区范围内的有生命的个人的总和。

年度统计的年末人口数是指每年 12 月 31 日 24 时的人口数。年度统计的全国人口总数内未包括台湾省和港澳同胞以及海外华侨人数。

人口自然增长率 指在一定时期内（通常为一年）人口自然增加数（出生人数减死亡人数）与该时期内平均人数（或期中人数）之比，一般用千分率表示。计算公式：

$$\text{人口自然增长率} = \frac{\text{本年出生人数} - \text{本年死亡人数}}{\text{年平均人数}} 1000‰$$

$$\text{人口自然增长率} = \text{人口出生率} - \text{人口死亡率}$$

经济活动人口 指在 16 岁以上，有劳动能力，参加或要求参加社会经济活动的人口。包括：从业人员和失业人员。

从业人员 指从事一定社会劳动并取得劳动报酬或经营收入的人员。包括：

(1) 全部职工

(2) 再就业的离退休人员

(3) 私营业主

(4) 个体户主

(5) 私营和个体从业人员

(6) 乡镇企业从业人员

(7) 农村从业人员

(8) 其他从业人员（包括民办教师、宗教职业者、现役军人等）

这一指标反映了一定时期内全部劳动力资源的实际利用情况，是研究我国基本国情国力的重要指标。

各单位的从业人员是指在各级国家机关、政党机关、社会团体及企业、事业单位中工作，并取得劳动报酬的全部人员。包括职工、再就业的离退休人员、民办教师以及在各单位中工作的外方人员和港、澳、台方人员。

城镇私营和个体从业人员 城镇私营从业人员指在工商管理部门注册登记，其经营地址设在县城关镇（含城关镇）以上的私营企业从业人员。包括：私营企业投资者和雇工。城镇个体从业人员指在工商管理部门注册登记，并持有城镇户口或城镇长期居住，经批准从事个体工商经营的从业人员。包括：个体经营者和在个体工商户劳动的家庭帮工和雇工。

城镇登记失业人员及失业率 指有非农业户口，在一定的劳动年龄内，有劳动能力，无业而要求就业，并在当地就业服务机构进行求职登记的人员。城镇登记失业率指城镇登记失业人数同城镇从业人数与城镇登记失业

人数之和的比。计算公式为

$$城镇登记失业率=\frac{城镇登记失业人数}{城镇从业人数+城镇登记失业人数}\times 100\%$$

职工 指在国有经济、城镇集体经济、联营经济、股份制经济、外商和港、澳、台投资经济、其他经济单位及其附属机构工作，并由其支付工资的各类人员。

合同制职工 指各单位根据国务院国发(1986)77号文件和国务院第99号的规定，通过签订有固定期限劳动合同、无固定期限劳动合同和以完成一项工作为期限劳动合同所使用的职工。包括实行全员劳动合同制单位的全部职工。

国有经济单位职工 指在国有经济单位及其附属机构工作，并由其支付工资的各类人员，国有经济单位职工不包括：返聘的离退休人员、民办教师、在国有经济单位工作的外方人员和港、澳、台人员。

城镇集体经济单位职工 指在城镇集体经济单位及其管理部门工作，并由其支付工资的各类人员。

其他经济单位职工 指在联营经济、股份制经济、外商投资经济、港、澳、台投资经济单位工作，并由其支付工资的各类人员。

职工工资总额 指各单位在一定时期内直接支付给本单位全部职工的劳动报酬总额。

工资总额的计算原则应以直接支付给职工的全部劳动报酬为根据。各单位支付给职工的劳动报酬以及其他根据有关规定支付的工资，不论是计入成本的还是不计入成本的，不论是按国家规定列入计征奖金税项目的，还是未列入计征奖金税的，不论是以货币形式支付的还是以实物形式支付的，均包括在工资总额内。

职工平均工资 指企业、事业、机关单位的职工在一定时期内平均每人所得的货币工资额。它表明一定时期职工工资收入的高低程度，是反映职工工资水平的主要指标。计算公式为：

$$职工平均工资=\frac{报告期实际支付的全部职工工资总额}{报告期全部职工平均人数}$$

职工平均实际工资 指扣除物价变动因素后的职工平均工资。计算公式为：

$$职工平均实际工资=\frac{报告期职工平均工资}{报告期城镇居民消费价格指数}$$

农林牧渔业总产值 是以货币表现的农、林、牧、渔业全部产品的总量，它反映一定时期内农业生产总规模和总成果。

农、林、牧、渔业的统计范围包括国有经济的各种专业农(农、林、牧、渔)场以及国家各级机关团体学校、部队；集体所有制的乡、镇、村各级办农场；工矿企业经营的农、林、牧、渔业，农村各种经济组织和农户经营的农林牧渔业的农民家庭兼营的商品性工业等。

(1)农业 包括种植业和其他农业。

种植业 包括谷物、豆类、薯类、棉、油料、糖料、麻类、烟叶、蔬菜、药材、瓜类和其他农作物的种植，以及茶园、桑园、果园的生产经营。

其他农业 包括采集野生植物的果实、纤维、树胶、树脂、油料以及柴草、野生药材、菌类等及农民家庭兼营的商品性工业。

(2)林业 包括林木的栽培(不包括茶园、桑园和果园的栽培、管理和收获等活动)、林产品的采集和村及村以下合作经济组织和农户的竹木采伐。

(3)牧业 包括除渔业养殖以外的一切动物饲养和放牧以及野生动物的捕猎和饲养。

(4)渔业 包括水生动物和海藻类植物的养殖和捕捞。

农业总产值的计算方法通常是按农林牧渔业产品及其副产品的产量分别乘以各自单位产品价格求得，少数生产周期较长，当年没有产品或产品产量不易统计的，则采用间接方法匡算其产值，然后将四业产品产值相加即为农业总产值。

1957年以前的农业总产值中包括了厩肥和农民自给性手工业(如农民自制衣服、鞋、袜，自已从事粮食初步加工等)。1958年及以后的农业总产值，林业中增加了村及村以下竹木采伐产值；牧业中取消费厩肥产值；副业中取消了农民自给性手工业产值，增加了村及村以下办的工业产值；渔业中增加了海洋捕捞水产品产值。1980年及以后的农业总产值，在副业中增加了农民家庭兼营工业商品部分的产值。从1984年起村及村以下办工业产值划归工业。从1993年起，取消副业。将野生动物的捕猎划入牧业，野生植物采集和农民家庭兼营商品性工业划归农业。

粮食产量 指全社会的产量。包括国有经济经营的、集体统一经营的和农民家庭经营的粮食产量，还包括工矿企业办的农场和其他生产单位的产量。粮食除包括稻谷、小麦、玉米、高粱、谷子及其他杂粮外，还包括薯类和豆类。其产量计算方法，豆类按去豆荚后的干豆计算；薯类(包括甘薯和马铃薯，不包括芋头和木薯)1963年以前按每4公斤鲜薯折1公斤粮食计算，从1964年开始及以后改为按5公斤鲜薯折1公斤粮食计算。城市郊区作为蔬菜的薯类(如：马铃薯等)按鲜品计算，并且不做为粮食统计。其他粮食一律按脱粒后的原粮计算。

水产品产量 指人工养殖的水产品和天然生长的水产品的捕捞量。包括海水的鱼类、虾蟹类、贝类和藻类以及内陆水域的鱼类、虾蟹类和贝类，不包括淡水生植物。

猪、牛、羊肉产量 指当年出栏并已屠宰后除去头蹄下水后带骨肉(即胴体重)的重量。

灌溉面积 指具有一定的水源，地块比较平整，灌溉工程或设备已经配套，在一般年景下当年能够进行正常灌溉的耕地面积。

农用化肥施用量 指本年内实际用于农业生产的化肥数量。包括氮肥、磷肥、钾肥和复合肥。化肥施用量要求按折纯量计算数量。折纯法化肥施用量是把氮肥、磷肥和钾肥分别按含氮、含五氧化二磷、含氧化钾的百分之一百成份折算后的数量。复合肥按其所含主要成分折算。

工业 指从事自然资源的开采，对采掘品和农产品进行加工和再加工的物质生产部门。具体包括：⑴对自然资源的开采，如采矿、晒盐、森林采伐等(但不包括禽兽捕猎和水产捕捞)；⑵对农副产品的加工、再加工，如粮油加工、食品加工、轧花、缫丝、纺织、制革等；⑶对采掘品的加工、再加工，如炼铁、炼钢、化工生产、石油加工、机器制造、木材加工等，以及电力、自来水、煤气的生产和供应等；⑷对工业品的修理、翻新，如机器设备的修理、交通运输工具(包括小卧车)的修理等。

工业统计调查单位 工业统计调查单位分为两类：独立核算法人工业企业和工业活动单位。

(1) 独立核算法人工业企业 是指从事工业生产经营活动的单位。独立核算法人工业企业应同时具备以下条件：①依法成立，有自己的名称、组织机构和场所，能够承担民事责任；②独立拥有和使用资产，承担负债，有权与其他单位签订合同；③独立核算盈亏，并能够编制资产负债表。

(2) 工业活动单位 是指在一个场所从事一种或主要从事一种工业生产活动的经济单位。它包括独立核算工业企业按主营业务活动(即工业生产活动)划分的主营业务活动单位和非工业企业所属的工业生产活动单位(即原非独立核算工业生产单位)。工业活动单位，一般应同时具备以下三个条件：①具有一个场所，从事一种或主要从事一种工业活动；②单独组织工业生产、经营或业务活动；③单独核算收入和支出。

国有经济工业(即过去的全民所有制工业或国营工业)指生产资料归国家所有的一种经济类型。包括中央和地方各级国家机关、部队、科研机构、学校、人民团体和国有经济企事业单位等举办的国有经济工业。1957年以前的公私合营和私营工业，后均改造为国营工业，1992年改为国有工业，这部分工业的资料不单独分列时，均包括在国有工业内。

集体经济工业 指生产资料归公民集体所有的一种经济类型，是社会主义公有制经济的组成部分。包括城乡所有使用集体投资举办的企业，以及部分个人通过集资自愿放弃所有权并依法经工商行政管理机关认定为集体所有制的企业。

其他经济类型工业 指除国有经济、集体经济、私营经济、个体经济、联营经济以外的其他经济类型工业企业(单位)。包括股份制经济(股份有限公司，有限责任公司)；外商投资经济(中外合资经营、中外合作经营、外资企业)；港、澳、台投资经济(与大陆合资经营、与大陆合作经营、港、澳、台资企业)及其他经济类型的工业。

轻工业 指主要提供生活消费品和制作手工工具的工业。按其所使用的原料不同，可分为两大类：(1) 以农产品为原料的轻工业，是指直接或间接以农产品为基本原料的工业。主要包括食品制造、饮料制造、烟草加工、纺织、缝纫、皮革和毛皮制作、造纸以及印刷等工业；(2) 以非农产品为原料的轻工业，是指以工业品为原料的轻工业。主要包括文教体育用品、化学药品制造、合成纤维制造、日用化学制品、日用玻璃制品、日用金属制品、手工工具制造、医疗器械制造、文化和办公用机械制造等工业。

重工业 是指为国民经济各部门提供物质技术基础的主要生产资料的工业。按其生产性质和产品用途，可以分为下列三类：(1) 采掘(伐)工业，是指对自然资源的开采，包括石油开采、煤炭开采、金属矿开采、非金属矿开采和木材采伐等工业；(2) 原材料工业，指向国民经济各部门提供基本材料、动力和燃料的工业。包括金属冶炼及加工、炼焦及焦炭化学、化工原料、水泥、人造板以及电力、石油和煤炭加工等工业；(3) 加工工业，是指对工业原材料进行再加工制造的工业。包括装备国民经济各部门的机械设备制造工业、金属结构、水泥制品等工业，以及为农业提供的生产资料如化肥、农药等工业。

根据上述划分原则，修理业中以重工业产品为修理作业对象的划为重工业，反之划为轻工业。

工业总产值 是以货币表现的工业企业在一定时期内生产的已出售或可供出售工业产品总量，它反映一定时间内工业生产的总规模和总水平。它包括：在本企业内不再进行加工，经检验、包装入库 (规定不需包装的产品除外) 的成品价值，工业性作业价值，自制半成品、在产品期末初差额价值。工业总产值采用“工厂法”计算，即以工业企业作为一个整体，按企业工业生产活动的最终成果来计算，企业内部不允许重复计算，不能把企业内部各个车间 (分厂) 生产的成果相加。但在企业之间、行业之间、地区之间存在着重复计算。

轻重工业总产值的划分也是按“工厂法”计算的，即一个工业企业在正常情况下生产的主要产品的性质属于轻工业，则该企业的全部总产值作为轻工业总产值；一个工业企业生产的主要产品的性质属于重工业，则该企业的全部总产值作为重工业总产值。

工业增加值 是指工业行业在报告期内以货币表现的工业生产活动的最终成果。

固定资产原价 固定资产原值指企业在建造、购置、安装、改建、扩建、技术改造某项固定资产时所支出的全部货币总额。它一般包括买价、包装费、运杂费和安装费等。

固定资产净值 是指固定资产原价减去历年已提折旧额后的净额。

利税总额 指企业利润总额、产品销售税金及附加和应交增值税之和。

产品销售收入 指企业销售产品的销售收入和提供劳务等主要经营业务取得的业务总额。

产品销售税金及附加 指企业销售产品和提供工业性劳务等主要经营业务应负担的城市维护建设税、消费税、资源税和教育费附加。

产值利税率 指报告期已实现的利润、税金总额 (包括利润总额、产品销售税金及附加和应交增值税) 占同期全部工业总产值的百分比，计算公式为：

$$\text{产值利税率}(\%) = \frac{\text{利税总额}}{\text{工业总产值}} \times 100\%$$

全员劳动生产率 指根据产品的价值量指标计算的平均每一个职工在单位时间内的产品生产量。是考核企业经济活动的重要指标，是企业生产技术水平、经营管理水平、职工技术熟练程度和劳动积极性的综合表现。目前我国的全员劳动生产率是将工业企业的工业增加值除以同一时期全部职工的平均人数来计算的。计算公式：

$$\text{全员劳动生产率} = \frac{\text{工业增加值}}{\text{全部职工平均人数}}$$

为了使各年度的全员劳动生产率数字可以比较，1990 年以前各年的全员劳动生产率均按指数换算成 1990 年不变价格。

总负债 指企业承担并需要偿还的全部债务。包括流动负债和长期负债、递延税项等，即为企业资产负债表的负债合计项。

(1) 流动负债 指企业在一年内或者超过一年的一个营业周期内需要偿还的债务合计，其中包括短期借款、应付及预收款项、应付工资、应交税金和应交利润等。

(2) 长期负债 指企业在一年以上或者超过一年的一个生产周期以上需要偿还的债务合计，其中包括长期借款、应付债务、长期应付款项等。

所有者权益 指企业投资人对企业净资产的所有权。企业净资产等于企业全部资产减去全部负债后的余额，其中包括投资者对企业的最初投入，以及资本公积金、盈余公积金和未分配利润，对股份制企业即为股东权益。

货 (客) 运量 指在一定时期内，各种运输工具实际运送的货物 (旅客) 数量。是反映运输业为国民经济和人民生活服务的数量指标，也是制定和检查运输生产计划，研究运输发展规模和速度的重要指标。货运按吨计算，客运按人计算。货物不论运输距离长短，货物类别，均按实际重量统计；旅客不论行程远近或票价多少，均按一人一次作为客运量统计。半价票、小孩票也按一人统计。

货物 (旅客) 周转量 指在一定时期内，由各种运输工具运送的货物 (旅客) 数量与其相应运输距离的乘积之总和；是反映运输业生产总成果的重要指标，也是编制和检查运输生产计划，计算运输效率、劳动生产率以及核算运输单位成本的主要基础资料。通常以吨公里和人公里为计算单位。计算货物周转量通常按发出站与到达站之间的最短距离，也就是计费距离计算。

邮电业务总量 指以货币表现的邮电部门用于传递信息和提供其他邮电服务的总数量。它综合反映了一定时期邮电工作的总成果，是研究邮电业务量构成和发展趋势的重要指标。根据邮电管理体制不同，分为中央国营业务总量和地方国营业务总量。它用各种邮电分类业务量，如函件件数、电报份数、长话张数、市内电话和农村电话的年均户数、订销报刊累计份数等，分别乘以相应的平均单价 (不变价)，加总后再加上出租电路和设备的收入、代用户维护电话交换机和线路等设备的收入、其他业务收入求得。

市内电话 指接入县城 (包括个别城镇) 及县以上城市的市内电话网上，并按市内电话进行经营管理的电话。按计费办法分为包月制和计次制两种。

(1) 住宅电话 指话机装在居民住宅里的电话。它包括私人付费、公费和免费三个部分。

(2) 私人付费电话 指住宅居民自费安装并自己缴纳通话费的电话。

无线寻呼电话用户 指携带小型寻呼机，接收市话用户通过无线寻呼中心，在规定范围内向其发出声音、数字或文字显示信息的用户。目前在邮电部门办理登记手续的无线寻呼电话用户，每一部寻呼机按一户计算。

移动电话用户 指在邮电部门登记，通过移动电话交换机进入移动电话网、占有移动电话号码的电话用户。用户数量以实际办理登记手续进入邮电部门移动电话网的户数进行计算，一部或一台移动电话统计为一户。

全社会固定资产投资 固定资产投资是社会固定资产再生产的主要手段。通过建造和购置固定资产的活动，国民经济不断采用先进技术装备，建立新兴部门，进一步调整经济结构和生产力的地区分布，增强经济实力，为改善人民物质文化生活创造物质条件。这对我国的社会主义现代化建设具有重要意义。

固定资产投资额 是以货币表现的建造和购置固定资产活动的工作量，它是反映固定资产投资规模、速度、比例关系和使用方向的综合性指标。全社会固定资产投资包括国有经济单位投资、城乡集体经济单位投资、其他各种经济类型的单位投资和城乡居民个人投资。按照我国现行计划管理体制，全社会固定资产投资总额分为基本建设、更新改造、房地产开发投资和其他固定资产投资四个部分；城乡集体经济单位投资包括城镇集体所有制单位投资和农村集体所有制单位投资；其他各种经济类型单位投资包括联营经济、股份制经济、中外合资经营、中外合作经营、外资、与大陆合资经营、与大陆合作经营、港澳台独资及其他经济的单位投资。城乡居民个人投资包括城市、县城、镇、工矿区所辖范围内的个人建房和农村个人建房及购买生产性固定资产的投资。

基本建设投资 基本建设是企业、事业、行政单位以扩大生产能力或工程效益为主要目的的新建、扩建工程及有关工作。包括 (1) 列入中央和各级地方本年基本建设计划的建设项目，以及虽未列入本年基本建设计划，但使用以前年度基建计划内结转投资 (包括利用基建设备材料) 在本年继续施工的建设项目；(2) 本年基本建设计划内投资与更新改造计划内投资结合安排的新建项目和新增生产能力 (或工程效益) 达到大中型项目标准的扩建项目，以及为改变生产力布局而进行的全厂性迁建项目；(3) 国有单位既未入基建计划，也未列入更新改造计划的总投资在 5 万元以上的新建、扩建、恢复项目和为改变生产力布局而进行的全厂性迁建项目，以及行政、事业单位增建业务用房和行政单位增建生活福利设施的项目。

更新改造投资 更新改造是指企业、事业单位对原有设施进行固定资产更新和技术改造，以及相应配套的工程和有关工作 (不包括大修理和维护工程)。包括：(1) 列入中央和各级地方本年更新改造计划的项目和虽未列入本年更新改造计划，但使用上年更新改造计划内结转的投资在本年继续施工的项目；(2) 本年更新改造计划内投资与基本建设计划内投资结合安排的对企、事业单位原有设施进行技术改造或更新的项目，和增建主要生产车间、分厂等其新增生产能力 (或工程效益) 未达到大中型项目标准的项目，以及由于城市环境保护和安全生产的需要而进行的迁建工作；(3) 国有企、事业单位既未列入基建计划也未列入更新改造计划，总投资在 5 万元以上的属于改建或更新改造性质的项目，以及由于城市环境保护和安全生产的需要而进行的迁建工程。

房地产开发投资 包括各种经济类型的房地产开发公司、商品房建设公司及其他房地产开发单位统一开发的包括统代建、拆迁还建的住宅、厂房、仓库、饭店、宾馆、度假村、写字楼、办公楼等房屋建筑物和配套的服务设施、土地开发工程，如道路、给水、排水、供电、供热、通讯、平整场地等基础设施工程的投资。包括非房地产企业实际从事房地产开发或经营活动，不包括单纯的土地交易活动。

新增生产能力 指通过固定资产投资活动而增加的设计能力或工程效益，它是用实物形态表示的固定资产投资的成果。新增生产能力的计算，是以能独立发挥生产能力或效益的单项工程(或项目)为对象。当单项工程(或项目)建成，经有关部门鉴定合格，正式移交投入生产，即可计算新增生产能力。

新增生产能力或工程效益有以下几种表现形式：

(1) 以建设项目或单位工程建成后的年产能力表示。如煤炭开采、石油开采等。

(2) 以建设项目或单项工程建成后处理原料的能力表示。如选矿工程的年处理矿石能力，洗煤厂年洗原煤能力等。

(3) 以新增的主要设备数量或容量表示。如棉纺锭枚数，发电机组容量等。

(4) 以建筑物容积、容量、面积或长度表示。如水库容量、铁路公路里程等。

新增生产能力的数量一般按设计能力计算。设计能力是指设计文件中规定的在正常情况下能够达到的生产能力，而不论投产后的实际产量如何。以设备数量、建筑物容积、面积、长度等表示的新增生产能力(或效益)，则按建成的实际数量计算。

施工和竣工房屋建筑面积 房屋建筑面积是从房屋外墙线算起的各层平面面积的总和，包括房屋结构(如柱、墙)占用的面积和地下室面积。多层建筑按各自然层面积总和计算，包括房屋内的楼隔层，突出墙面的眺望间、门斗、有柱雨罩的面积。不包括突出墙面结构的构件、艺术装饰等所占的面积，如台阶等。凹阳台、挑阳台按其水平投影面积一半计算建筑面积。

住宅建筑面积 指施工和竣工房屋建筑面积中供居住用的施工和竣工房屋建筑面积。

竣工面积 指在报告期内房屋建筑按照设计要求已全部完工，达到住人和使用条件，经验收鉴定合格，正式移交使用单位的建筑面积。

房屋建筑面积竣工率 指一定时期内房屋竣工面积占同期房屋施工面积的比率。它是从房屋建筑施工速度的角度反映投资效果和建筑业经济效益的指标。

新增固定资产 指通过投资活动所形成的新的固定资产价值。包括已经建成投入生产或交付使用的工程价值和达到固定资产标准的设备、工程、器具的价值及有关应摊入的费用。它是以价值形式表示的固定资产投资成果的综合性指标，可以综合反映不同时期、不同部门、不同地区的固定资产投资成果。

建设项目投产率 指一定时期内全部建成投入生产项目个数占同期正式施工项目个数的比率。它是从项目建设速度的角度反映投资效果的指标。

固定资产交付使用率 指一定时期新增固定资产与同期完成投资额的比率。它是反映各个时期固定资产动用速度，衡量建设过程中投资效果的一个综合性指标。

年底自来水生产能力 指年底城建部门管理的自来水厂和自备水源的社会单位取水、净化、送水、出厂输水干管等环节的实际生产能力。

年底供水管道长度 指从送水泵到用户水表之间所有管道的长度。

全年供水总量 指公用自来水厂和自备水源的社会单位全年的供水总量，包括有效供水量及损失水量。

生活用水量 指居民日常生活与公共福利设施的用水量。包括居民、饮食店、旅馆、医院、理发店、浴池、洗衣店、游泳池、商店、学校、机关、部队等单位的用水量。

城市人口用水普及率 指城市用水的非农业人口数(不包括临时人口和流动人口)与城市非农业人口总数之比。计算公式：

用水普及率=(城市用水的非农业人口数÷城市非农业人口数)×100%

全年供气总量 指全年售给各类用户的全部煤气量。包括工业用量、家庭用量和其他用量。

城市用气普及率 指使用煤气(包括人工煤气、液化石油气、天然气)的城市非农业人口数(不包括临时人口和流动人口)与城市非农业人口总数之比。计算公式：

$$\text{城市煤气普及率}=\frac{\text{城市用气的非农业人口数}}{\text{城市非农业人口总数}}$$

年底实有铺装道路长度 指除土路外，路面经过铺装宽度在3.5米以上的道路，包括高级、次高级道路和普通道路。

城市下水道总长度 指所有排水总管、干管、支管及暗渠、检查井、连接井进出水口等长度之和。

城市污水日处理能力 指污水处理厂每昼夜处理污

水量的设计能力。

年末实有公共汽(电)车 指年底可参加营运的全部车辆数，包括年底营运车辆数和库存查封未参加营运的车辆，不包括非营运车辆，如架线车、油罐车、工程车、货车及其他专用车辆和借人的客运车辆。

城市园林绿地面积 指城市公共绿地、专用绿地、生产绿地、防护绿地、郊区风景名胜区的全部面积。

公共绿地 指供游览休息的各种公园、动物园、植物园、陵园以及花园、游园和供游览休息用的林荫道绿地、广场绿地。不包括一般栽植的行道树及林荫道的面积。

能源生产总量 指一定时期内全国(地区)一次能源生产量的总和，是观察全国(地区)能源生产水平、规模、构成和发展速度的总量指标。一次能源生产量包括原煤、原油、天然气、水电及其他动力能(如风能、地热能等)发电量。不包括低热值燃料生产量、生物质能、太阳能等的利用和由一次能源加工转换而成的二次能源产量。

能源消费总量 指一定时期内全国(地区)物质生产部门、非物质生产部门和生活消费的各种能源的总和，是观察能源消费水平、构成和增长速度的总量指标，能源消费总量包括原煤和原油及其制品、天然气、电力。不包括低热值燃料、生物质能和太阳能等的利用。能源消费总量分为三部分，即终端能源消费量、能源加工转换损失量和损失量。

(1) 终端能源消费量 指一定时期内全国(地区)物质生产部门、非物质生产部门和生活消费的各种能源在扣除了用于加工转换二次能源消费量和损失量以后的数量。

(2) 能源加工转换损失量 指一定时期内全国(地区)投入加工转换的各种能源数量之和与产出各种能源产品之和的差额。它是观察能源在加工转换过程中损失量变化的指标。

(3) 能源损失量 指一定时期内能源在输送、分配、储存过程中发生的损失和由客观原因造成的各种损失量。不包括各种气体能源放空、放散量。

社会消费品零售额 指各种经济类型的批发零售贸易业、餐饮业、制造业和其他行业对城乡居民和社会集团的消费品零售额。这个指标反映通过各种商品流通渠道向居民和社会集团供应的生活消费品来满足他们生活需要，是研究人民生活，社会消费品购买力、货币流通等问题的重要指标。社会消费品零售额包括：(1) 售给城乡居民作为生活用的商品和修建房屋用的建筑材料；(2) 售给机关、团体、学校、部队、企业、事业单位的职工食堂和旅店(招待所)附设专门供本店旅客食用，不对外营业的食堂的各种食品、燃料；企业、单位和国营农场直接售给本单位职工和职工食堂的自己生产的产品；(3) 售给部队干部、战士生活用的粮食、副食品、衣着品、日用品、燃料；(4) 售给来华的外国人、华侨、港澳台同胞的消费品；(5) 居民自费购买的中、西药品、中药材及医疗用品；(6) 报社、出版社直接售给居民和社会集团的报纸、图书、杂志、集邮公司出售的新、旧纪念邮票、特种邮票、首日封、集邮册、集邮工具等；(7) 旧货寄售商店自购、自销部分的商品；(8) 煤气公司、液化石油气站售给居民和社会集团的煤气灶具和罐装液化石油气；(9) 农民售给非农业居民和社会集团的商品。不包括售给国民经济各部门企业、事业单位(包括国有经济的农场)生产经营用的各种原料、燃料、设备、工具等和给批发零售贸易业、餐饮业作为转卖用的商品、旧货寄售商店受托寄售卖出的商品、服务业的营业收入、邮局出售邮票的收入、自来水、电力、煤气生产(供应)单位的产品供应收入，也不包括农民之间的商品销售。

批发零销贸易业商品购、销、存总额 指以各种经济类型的批发、零售贸易业(不包括个体)为总体的商品购、销、存。

商品购进总额 指从本企业(单位)以外的单位和个人购进(包括从国外直接进口)作为转卖或加工后转卖的商品。这个指标反映批发零售贸易业从国内、国外市场上购进商品的总量。商品购进总额包括：(1) 从工农业生产者购进的商品；(2) 从出版社、报社的出版发行部门购进的图书、杂志和报纸；(3) 从各种经济类型的批发零售贸易企业(单位)购进的商品；(4) 从其他单位购进的商品，如从机关、团体、企业、单位购进的剩余物资，从餐饮业、服务业购进的商品，从海关、市场管理部门购进的缉私和没收的商品，从居民收购的废旧商品等；(5) 从国(境)外直接进口的商品。不包括企业(单位)为自身经营用，和未通过买卖行为而收入的商品以及销售退回、商品升溢等。

商品销售总额 指对本企业(单位)以外的单位和个人出售(包括对国(境)外直接出口)的商品。这个指标反映批发零售贸易业在国内市场上销售商品以及出口商品的总量。商品销售总额包括：(1) 售给城乡居民和社会集团消费用的商品；(2) 售给工业、农业、建筑业、运输邮电业、批发零售贸易业、餐饮业、服务业等作为生产、经营使用的商品；(3) 售给批发零售贸易业作为转卖或加工后转卖的商品；(4) 对国（境）外直接出口的商品。不包括：出售本企业（单位）自用的废旧包装用品，未通过买卖行为付出的商品，经本单位介绍，由买卖双方直接结算，本单位只收取手续费的业务，购货退出的商品以及商品损耗和损失等。

城乡集市贸易成交额 指在农村集市和城市集市上买卖双方（包括农民、非农业居民、机关、团体、工商企业、个体商贩）成交的全部商品金额，是反映集市贸易规模的综合性指标。

批零贸易业法人机构 指独立核算批发零售贸易业、餐饮业法人企业。独立核算法人批发零售贸易企业、餐饮企业应同时具备以下条件：

(1) 依法成立，有自己的名称、组织机构和场所，能够承担民事责任；

(2) 独立拥有和使用（或授权使用）资产，承担负债，有权与其他单位签订合同；

(3) 会计上独立核算，并能编制资产负债表。

批零贸易业网点 指本批发零售贸易企业（单位）设立的从事批发、零售贸易业务的自然单位 [包括本企业（单位）自身]，凡具有独立固定的营业场所，配备一定的业务人员，不论单位大小，不论是否单独核算，均按自然网点计算，即有一个点就算一个网点。不包括同一营业场所内各柜组以及派出的流动推销小组，流动售货车等。

城市居民消费价格指数 是反映城市居民所购买的生活消费品和服务项目价格变动趋势及其程度的相对数。编制城市居民消费价格指数，可以观察和分析消费品的零售价格和服务项目价格变动对职工货币工资的影响，作为研究职工生活和确定工资政策的依据。

利用外资 指我国各级政府、部门、企业和其他经济组织通过对外借款、吸收外商直接投资以及用其他方式筹措的境外现汇、设备、技术等。

对外借款 是我国利用外资的主要部分。包括我国通过外国政府贷款，国际金融组织贷款，外国银行商业贷款，出口信贷以及对外发行债券，股票等方式，从境外筹措的资金。

外商直接投资 是指外国企业和经济组织或个人（包括华侨、港澳台胞以及我国在境外注册的企业）按我国有关政策、法规，用现汇、实物、技术等在我国境内开办外商独资企业、与我国境内的企业或经济组织共同举办中外合资经营企业、合作经营企业或作合作开发资源的投资（包括外商投资收益的再投资）以及经政府有关部门批准的项目投资总额内，企业从境外借入的资金。

旅游人数 指来我国参观、访问、旅行、探亲、访友、休养、考察、参加会议和从事经济、科技、文化、教育、体育、宗教等活动的外国人、华侨、港澳和台湾同胞的人数。不包括外国在我国的常住机构，如使领馆、通讯社、企业办事处的工作人员；来我国常驻的外国专家、留学生以及在岸逗留不过夜人员。

国际旅游（外汇）收入 指入境旅游的外国人、华侨、港澳台同胞在中国大陆旅游过程中发生的一切旅游支出，对于国家来说就是国际旅游（外汇）收入。

进出口总额 海关进出口总额指实际进出我国国境的货物总金额。包括对外贸易实际进出口货物，来料加工装配进出口货物，国家间、联合国及国际组织无偿援助物资和赠送品，华侨、港澳台同胞和外籍华人捐赠品，租赁期满归承租人所有的租赁货物，进料加工进出口货物，边境地方贸易及边境地区小额贸易进出口货物（边民互市贸易除外），中外合资经营企业、中外合作经营企业、外商独资经营企业进出口货物和公用物品，到、离岸价格在规定限额以上的进出口货样和广告品（无商业价值、无使用价值和免费提供出口的除外），从保税仓库提取在中国境内销售的进口货物，以及其他进出口货物。进出口总额用以观察一个国家在对外贸易方面的总规模。我国规定出口货物按离岸价格统计，进口货物按到岸价格统计。

财政收入 国家财政参与社会产品分配所取得的收入，是实现国家职能的财力保证。财政收入所包括的内容几经变化，目前主要包括：

(1) 各项税收 包括增值税、营业税、消费税、土地增值税、城市维护建设税、资源税、城市土地使用税、印花税、固定资产投资方向调节税、个人所得税、企业所得税、关税、农牧业税和耕地占用税等。

(2) 专项收入 包括征收排污费、征收城市水资源费收入，教育费附加收入等。

(3) 其他收入 包括基本建设贷款归还收入、国家能源交通重点建设基金收入、国家预算调节基金等。

(4) 国有企业计划亏损补贴 这项为负收入，冲减财政收入。

中央财政收入和地方财政收入 按财政体制划分的中央本级收入和地方本级收入。1994 年分税制财政体制以后，属于中央财政的收入包括关税、海关代征消费税和增值税，消费税，中央企业所得税，地方银行和外资银行及非银行金融企业所得税，铁道、银行总行、保险总公司等集中缴纳的营业税、所得税、利润和城市维护建设税，增值税的 75%部分，海洋石油资源税和证券(印花)税 50%部分。属于地方财政的收入包括营业税，地方企业所得税，个人所得税，城镇土地使用税，固定资产投资方向调节税，城镇维护建设税，房产税，车船使用税，印花税，屠宰税，农牧业税，农业特产税，耕地占用税，契税，增值税 25%部分，证券交易税(印花税)的 50%部分和除海洋石油资源税以外的其他资源税。

中央财政支出和地方财政支出 根据政府在经济和社会活动中的不同职责，划分中央和地方政府的责权，按照政府的责权划分确定的支出。中央财政支出包括国防支出，武装警察部队支出，中央级行政管理费和各项事业费，重点建设支出以及中央政府调整国民经济结构、协调地区发展，实施宏观调控的支出。地方财政支出主要包括地方行政管理和各项事业费，地方统筹的基本建设、技术改造支出，支援农村生产支出，城市维护和建设经费，价格补贴支出等。

预算外资金收支 预算外资金是有关单位凭借国家权力或由国家授权而取得的没有纳入国家预算管理的财政性资金。其收入包括地方财政部门的各项附加收入，集中事业收入，专项收入等，事业行政单位的专用基金，经营性服务纯收入，行政事业性收费，专项资金，中小学勤工俭学收入，税收分成等。其支出包括固定资产投资支出，城市维护支出，福利奖励支出，行政事业支出等。

信贷资金 国家银行用于发放贷款的资金叫信贷资金。中国人民银行信贷资金的来源有各项存款、对国际金融机构负债、流通中货币、银行自有资金及当年结益等。信贷资金的运用有各项贷款、黄金占款、外汇占款、财政借款及在国际金融机构中的资产等。

存款 企业、机关、团体或居民根据可以收回的原则，把货币资金存入银行或其他信用机构保管并取得一定利息的一种信用活动形式。根据存款对象的不同可划分为企业存款、财政存款、机关团体存款、基本建设存款、城镇储蓄存款、农村存款等科目。它是银行信贷资金的主要来源。

城乡居民储蓄存款余额 包括城镇居民储蓄存款和农民个人储蓄存款两部分。不包括居民的手存现金和工矿企业、部队、机关团体等集团存款。储蓄存款余额，是指城乡居民存入银行及农村信用社储蓄的时点数(存入数扣除取出数的余额)，如月末、季末或年末数额。

贷款 银行或其他信用机构根据必须归还的原则，按一定利率， 为企业、个人等提供资金的一种信用活动形式。我国银行贷款分为流动资金贷款、固定资产贷款、城乡个体工商户贷款以及农业贷款等科目。

承保额 又叫保险金额。 它是保险人对被保险人负担损失补偿或约定给付的金额。它是保险合同上的最高责任额，也是计算保费的依据。

保费 又叫保险费。是保险人根据保险合同的有关规定， 为被保险人取得因约定危险事故发生所造成的经济损失补偿(或给付)权利，付给保险人的代价。包括财产险和人身险储金收入。

赔款 保险事故发生后，经查证确属保险责任范围以内的保险标的损失，保险人根据保险合同的规定履行赔偿义务，给予被保险人的款项叫做赔款。赔款可分为已决赔款和未决赔款两种。